UZBEK

AN ELEMENTARY TEXTBOOK

O'ZBEK TILI

BIRINCHI BOSQICH

Nigora Azimova

This textbook, as well as other language materials for Central Asian Languages produced by CeLCAR, is supported by a Title-VI grant from the Department of Education.

Library of Congress Cataloging-in-Publication Data

Azimova, Nigora.
Uzbek : an elementary textbook / Nigora Azimova.
p. cm.
Includes bibliographical references and index.
ISBN 978-1-58901-706-1 (pbk. : alk. paper)
1. Uzbek language--textbooks for foreign speakers--English. 2. Uzbek language--grammar.
3. Uzbek language--Spoken Uzbek. 4. Uzbek language--Sound recordings for English speakers.
I. Center for the Languages of the Central Asian region. II. Title.
PL56.1.A95 2010
494'.32582421--dc22
2010003705

∞ This book is printed on acid-free paper meeting the requirements of the American National Standard for Permanence in Paper for Printed Library Materials.

15 14 13 12 11 10 9 8 7 6 5 4 3 2

Printed in the United States of America

CONTENTS

SCOPE AND SEQUENCE

Chapter	Language Use	Language Tools	Language and Culture
1. O'zbek alifbosi	- Uzbek alphabet	- Pronunciation of consonant and vowel sounds - Sounds with no English correspondence - Stress in Uzbek	- Information about the Uzbek alphabet
2. Yaxshimisiz?	- Greetings - Leave-takings	- Simple sentences - Word order - Personal pronouns - Personal predicate endings - Interrogative particles -mi and -chi - Negation with emas	- "Siz" and "Sen" - Muomala odobi: Greetings
3. Ismingiz nima?	- Introductions - Telling where you are from - Talking about countries and languages	- Ablative case -dan - Conjuctions: va, ham, lekin, chunki - Ending -lik	- Ethnic population of Uzbekistan - Uzbek dialects - Muomala odobi: Introductions - Writing letters in Uzbek - Uzbek names
4. Bu kim? U nima?	- Classroom objects - Describing people and objects - Telling what is available	- Demonstrative pronouns - Adjectives - Plurality of nouns - Numbers 0 - 10 - Locative case -da - Expressing existence and availability with bor and yo'q.	- Uzbek currency - Uzbek schools
5. Shu atrofda mehmonxona bormi?	- Requesting - Giving commands - Asking for directions - Apologizing	- Imperative - Dative case -ga - Accusative case -ni - Verbs and cases	- Regions of Uzbekistan - Muomala odobi: Asking for directions - Muomala odobi: Requesting
6. Kundalik ishlar	- Daily routines - Likes and dislikes - Times of the day - Days of the week - Months of the year	- Present-future tense - Adverbs - Word order - Intonation in Uzbek	- Uzbek holidays - Navro'z bayrami - Muomala odobi: Speaking on the phone

Chapter	Language Use	Language Tools	Language and Culture
7. Oilangiz kattami?	- Talking about the family	- Possessive endings - Genitive case -ning - Fleeting vowels - Consonantal voicing - Kinship terms	- Uzbek families - Muomala odobi: Congratulations
8. Kimga o'xshaysiz?	- Describing people and things - Colors - Describing the specific location of people and objects	- Adjectives: comparative and superlative degrees - Postpositions (tagida, ustida, yonida) - Present continuous tense (-yap) - Genitive case	- A piece from Abdulla Qodiriy's "O'tkan kunlar"
9. Kecha nima qildingiz?	- Telling people's age - Describing past events	- Definite past tense (-di) - Adverbs - Numbers beyond 10 - Suffix -gi - Postpositions (avval, keyin)	- Texts about well-known people from the history of Uzbekistan and Central Asia - Forms of address
10. Olma bormi? Necha pul?	- Talking about food - Shopping for food - Bargaining in the Uzbek bazaar	- Expressing availability: more about bor/yo'q - Expressing necessity: kerak - Expressing quantity: dona, -ta - Question words: qancha, nechta, necha - Emphatic particles and Interjections - Compound verbs	- Marketplaces in Uzbekistan - Muomala odobi: Bargaining - Chorsu bozori
11. Restoranda	- Ordering food and drinks - Discussing the food you like and dislike - Complaining	- Adjectives and suffixes -li, -siz, -gina - bor/yo'q and kerak with past and future tenses - Expressing ability: -a/-y olmoq	- Uzbek food - Nahorgi osh - Uzbek restaurants. - Muomala odobi: Invitations

Chapter	Language Use	Language Tools	Language and Culture
12. Xush kelibsiz, aziz mehmon!	- Being a host and being a guest - Uzbek table etiquette	- Verbal nouns - Expressing possibility, obligation and necessity with mumkin, shart, kerak - Adverbs - Constructions with deb (deb aytmoq; deb eshitmoq, etc.)	- Generation gaps in Uzbek families - Uzbek etiquette: to'r - Uzbek superstitions - Muomala odobi: Asking permission
13. Iqlim va fasl	- Talking about the weather and climate - Discussing natural disasters - Telling time in Uzbek	- Conditional mood - Constructions with bo'ladi, kerak, ham - Telling time - Compound verbs	- Geography and climate - About earthquakes and other natural disasters - Muomala odobi: Asking for help
14. Kiyim-kechak	- Talking about clothing - Uzbek traditional clothing - Discussing likes and dislikes	- Indefinite past tense (-gan/-qan/kan) - Repeated conjunctions - Further application of verbal nouns (yozishni biladi, ko'rishni xohlayman)	- Uzbek traditional clothing - Muomala odobi: Compliments
15. Nima bezovta qilyapti?	- Discussing medical matters - Talking about future plans	- Future tense of intention (-moqchi) - Adverbs - Subordinate clause of time - Postpositions (beri, buyon)	- Medicine in Uzbekistan - Readings and a cultural note about ibn Sina - Muomala odobi: Agreeing and disagreeing
16. Sayohat	- Discussing travel and leisure - Transportation - Renting an apartment in Tashkent - Checking into a hotel - Complaining	- Participles - Past gerund - Passive voice	- Reading about the history of Tashkent - Learning about the Tashkent dialect - Traveling around Uzbekistan

ACKNOWLEDGMENTS

I would like to express my most sincere gratitude to Dr. William Fierman, Director of the Inner Asian and Uralic National Resource Center at Indiana University (IU), for the opportunity to work on this project. I am equally indebted to Dr. Bill Johnston, professor of Second Language Studies at IU, for years of advice in teaching methodology, language pedagogy, and his overall support and guidance.

I also wish to express appreciation to everyone at the Center for Languages of the Central Asian Region (CeLCAR) at IU for their support. I am grateful to Dave Baer, Mikael Thompson, and Amber Kennedy Kent for their editing of the English text; Jim Woods and Tom Tudek for layout and design; and Nasrullo Khodjaerov for technical support. A very special thanks goes to Sukhrob Karimov for going above and beyond and being my jack-of-all-trades in formatting, layout and design, and technical support.

Much appreciation goes to the countless individuals from Uzbekistan without whose support and participation this textbook would be incomplete. I would like to recognize Dr. Nodira Ahundjanova, chief editor of Sharq Publishing House in Taskent, for editing the Uzbek text, and credit Ghayrat Imomjonov and Oybek Ismoilov for providing a number of drawings. I am grateful to all the people who generously agreed to be interviewed and filmed for the videos used in the textbook. And I am also thankful to Khurshid Davron, director of the Yoshlar TV channel, for graciously granting us permission to use some clips of Uzbek TV programs, as well as Dr. William Fierman for allowing me to make extensive use of his personal collection of photographs.

A special acknowledgment for the contributions of many colleagues, including Hulkar Matchonova, Zebo Abduvakhabova, Dr. Rakhmon Inomkhojayev, Nigora Umarova, Malik Hodjaev, and Avazbek Karimov, and to the students who have tested and provided excellent feedback over the years.

I would also like to thank the staff of Georgetown University Press for their support. Special acknowledgments go to Gail Grella, acquisition editor, for her support and encouragement. I also want to express my deep appreciation to the anonymous reviewers of this textbook; their feedback and critiques were crucial.

Last, and perhaps most important, I would like to thank my family and friends who have given me a great deal of support over the years.

PREFACE

Our goal in the development of *Uzbek: An Elementary Uzbek Textbook* at the Center for Languages for the Central Asian Region (CeLCAR) at Indiana University was to create instructional materials that would make a difference in the classroom and provide instructors with a wide array of activities to make their classes interactive. The book offers a thematically organized and integrative approach to the Uzbek language and culture combined with current innovations in foreign language teaching. Some of these innovations include the functional approach to grammar; an emphasis on integrated skills development; and the use of various authentic materials, especially the videos filmed in the different regions of Uzbekistan. We believe that a large number of the activities provided in the textbook and the supplementary materials, such as the multimedia CD, will help students to develop strong speaking, listening, reading, and writing skills.

This textbook is distinguished by the following features:

- the emphasis on communicative activities and tasks
- the step-by-step development of language skills
- the presentation of Uzbek culture, integrated into various texts
- opportunities for classroom practice

Besides emphasizing Uzbek culture, the textbook contains universal topics and contemporary themes that are meaningful to learners. While developing activities, we kept in mind the idea that languages are best learned when real-world tasks become the focus of language activities. Therefore, we organized the sequence of our activities by providing students with:

- sources for gaining information in Uzbek, such as texts, listening materials, real-life dialogues, and videos
- the linguistic tools for understanding those sources
- tasks, activities, and questions to use their linguistics skills and evaluate their own progress

Overall, we hope that our materials will make a difference in your classroom and that you will enjoy many hours of teaching and learning Uzbek.

NOTE TO THE INSTRUCTOR

The elementary Uzbek textbook is developed specifically for classroom use. Its purpose is to provide learners and their instructors with a wide selection of materials and task-oriented, communicative activities to facilitate the development of language learning. The textbook is divided into sixteen thematic chapters that cover topics commonly found in beginning textbooks, such as work, study, family, shopping, and travel. Language learners who successfully complete the elementary Uzbek textbook are expected to:

- read simple texts on familiar topics and understand the main ideas
- engage in conversations on a number of familiar, daily life topics
- understand native speakers who are accustomed to dealing with learners of Uzbek
- write short texts in Uzbek on familiar topics
- form and understand basic sentence structure of Uzbek
- passively recognize more complicated structures and vocabulary
- be aware of Uzbek culture related to daily life

Organization of the Text

The textbook consists of sixteen chapters each divided into eight parts. The best way of approaching each part is explained below.

Part I: Yangi darsni boshlaymiz!

Part I is dedicated to the acquisition and activation of new vocabulary used throughout the chapter. The recorded vocabulary list can be found on the audio-video section of the CD, and the multimedia section of the CD includes a number of activities dedicated to reinforcing this vocabulary. We suggest that students study the new vocabulary at home by listening to the recordings and completing the activities independently. We believe that class time should be devoted to practicing the new vocabulary by completing the various interactive activities provided throughout the textbook. It is important that the students practice the contextualized vocabulary as they read, listen, and engage in speaking with you and their classmates. In later chapters, Part I will include short reading passages will require knowledge of language structures that will be introduced in Part II.

Part II: Diqqat, qoida!

In this section grammar points are presented; and followed by supporting activities. Part II may be introduced before or after Part I. As an instructor of the course, you might use Part I merely to draw your students' attention to a specific grammar point. Similar to vocabulary, we encourage the students to read the grammar points at home before the class. We believe that the grammar points are written in accessible language, and in general should not require lengthy explanations from the instructor. This allows the instructor to more effectively use classroom time completing the follow-up activities and practicing the new grammar.

Part III: Keling, suhbatlashaylik!

This section includes dialogues, texts, and activities to reinforce reading, listening, writing, and especially speaking skills. Most of these activities encourage students to work with a classmate or in a small group. As the activities require knowledge of the vocabulary and structures newly introduced in Parts I and II, it is advisable that this section be introduced after these parts.

In Part III, you will find a number of short texts followed by comprehension questions and interactive activities. These texts are not meant to be translated into English but rather skimmed, analyzed, and discussed in Uzbek as much as possible. This part also includes a number of activities that would require your students to use Uzbek by creating their own dialogues, role-playing, preparing brief presentations, and writing stories. A number of dialogues and reading texts usually precede these activities and serve as models. Thus, your students should have an opportunity to read and listen to the new vocabulary and grammar in a meaningful and relevant context before they attempt to create their own. However, it is also important that you, as an instructor, provide them with these models before expecting your students to produce certain forms.

Furthermore, activities in Part III are aimed at language acquisition, and we expect students to make errors while engaging in them. We recommend that you do not correct these errors while your students are actively engaged. Rather, it is better to draw their attention to only the most important errors after they have completed the activity. These errors are not going to become permanent, and most importantly, they are not going to affect your students' language development. With the sufficient input of Uzbek, in time, your students' ability to produce the language in the correct form will increase.

Part IV: Asl o'zbekcha

This section includes short video clips filmed in Uzbekistan. The purpose of these video clips is to introduce students to authentic use of the Uzbek language. The activities given in this section do not require the understanding of every single word or grammatical structure. Instead, students are encouraged to grasp the main idea and to be attentive to some non-linguistic features introduced in these videos. As the speakers use authentic language (dialogues were not scripted), it might be useful to revisit these video clips later in the course when students become more proficient in Uzbek.

Part V: Qo'shimcha mashqlar

This part of the chapter is designed to enhance students' abilities to understand the grammar points introduced in Part II, and read, write, and listen to Uzbek as they progress throughout the textbook. These activities have been designed to provide students with a deeper understanding of Uzbek. The activities and exercises in this section have various formats: some of them are open-ended and require individualized responses; others are more structured and allow only one possible response. Many of these activities can be assigned as homework and will help students to activate vocabulary and practice new grammar points outside of class.

Part VI: Sizga xat keldi!

Every third chapter of the textbook will include short e-mails exchanged between two friends: Tom, an American student who is learning Uzbek, and Sherzod, an Uzbek student. By reading the e-mails, students will learn more about Uzbek culture and people. The messages are usually followed up by comprehension questions and activities to develop students' writing skills.

Part VII: Yangi so'zlar

This section includes a list of new words and phrases used in the chapter. Certain vocabulary items are contextualized in a sentence to give students an opportunity to better understand the use of these words.

Part VIII: Muomala odobi

In English this can be roughly interpreted as "Social Interaction." This section will provide you and your students with different types of phrases that did not get special attention in the chapter. These are so-called "speech acts;" they are phrases that are used by native Uzbek speakers in their everyday interactions. Here you can find various ways to greet, apologize, congratulate, or even praise someone or something. It is hoped that these phrases will give the learners deeper understanding of the Uzbek language, especially its use in different social situations.

Cultural Notes

Every chapter includes notes describing elements of Uzbek culture. These notes are short; however, as an instructor, you might give further explanations regarding their content. Moreover, you may follow them up with short discussions that would encourage students to compare and contrast these cultural aspects with their own culture. Some video clips for these cultural notes can be found in the audio and video materials. Furthermore, the later chapters include some of the most commonly used proverbs and common superstitions in Uzbek. However, the explanation of these proverbs is not provided, for it is hoped that this will provide an opportunity for interesting discussion between you and your students about the meaning and the use of these proverbs.

A Note on Using Multimedia Materials

The multimedia materials are designed to help students build vocabulary by completing a number of interesting and fun activities. Each chapter of the textbook has relevant interactive activities, short texts, and video clips followed by various questions to check students' comprehension and progress. These materials can be used to review structures and vocabulary introduced in each chapter. Students can be assigned to work on these materials independently.

Cyrillic Reader

The Cyrillic Reader is designed to assist students in learning to read Uzbek texts in the Cyrillic alphabet. The texts used in this reader reinforce the grammatical structures and vocabulary used in the textbook. Thus, it is highly recommended that it be used after the student has completed all of the chapters in the textbook. The Cyrillic Reader is divided into three sections:

The first section (**Uzbek Cyrillic Alphabet**) introduces students to the Uzbek Cyrillic alphabet. To make the learning more meaningful, letters of the alphabet are grouped and introduced in sequence. After the introduction of each group of letters, students are asked to complete various activities by reading cognates. By engaging in these activities, students are able to learn the Cyrillic alphabet quickly and easily. Students are also introduced to the Cyrillic cursive script in this section.

The second section (**Authentic Texts**) offers learners more practice in recognizing Cyrillic letters by reading short texts. There are a number of authentic materials, including newspaper ads, street signs, food recipes, and business cards, and each text is followed by a number of questions. Students are encouraged to write down their answers so they can practice their writing as well as reading in Cyrillic.

The third section (**Additional Reading Texts)** consists of five texts complete with a number of content- and task-based activities. Each text starts with a list of key vocabulary used in the text, followed by a number of activities, then a short passage, and finally comprehension questions and activities for reinforcement. The section ends with selected passages from Uzbek literature. They can be used in the class to practice students' reading skills, as well as to draw their attention to grammar points, vocabulary notes, or cultural nuances.

NOTE TO THE STUDENT

If you have studied a foreign language before, you know that language learning requires motivation and effort. This is especially true for learning a language such as Uzbek, which can be structurally different from your native tongue. As you start learning Uzbek, you might feel lost, as both the structure and vocabulary do not easily correspond to those in your native language. However, do not let the first impression discourage you. Once you master the basics you will notice an amazing consistency in Uzbek grammar. It's true that you will have to learn things like case endings, postpositions, and some sounds that do not have any correspondence in English! However, you will also notice that while speaking Uzbek you do not have to worry about gender or irregular verbs, because they do not exist in Uzbek. You will also notice that the endings for tense, case, mood, and person never change as they do in other languages. This textbook has been piloted with English-speaking learners of Uzbek for five years. Throughout these years we have observed different strategies used by the students of Uzbek. Here we present some of them. However, we believe that each student has to find the strategies that work best for him or her. Consider the following as a piece of advice, and try to find what works best for you.

Vocabulary is different!

Keep this in mind. Unlike learning Spanish, German or French, there will be very few cognates, and the bulk of the vocabulary is going to be totally unfamiliar. Try various ways of learning new words. Some people use flash cards, while others make a list, or divide the words based on themes. Other strategies may include making interesting and catchy sentences using the new vocabulary, or making word clusters on a piece of paper. No matter what you do, make sure to go back to your vocabulary list or flash cards often, even once the chapter is over.

Read ahead!

The structural points in the textbook are explained in clear, accessible language. You do not need to wait for your instructor to explain each grammar point in the classroom. Instead, come to class prepared by studying the grammar points ahead of time. In this way you will have more time to practice instead of trying to understand and process what was just explained to you.

Participate and speak up!

Remember that actively engaging in conversations with your instructor and peers helps you to acquire Uzbek faster and better. Listen actively to your instructor's speech; concentrate on structures and vocabulary he or she is using.

When working in small groups or in pairs, listen to your classmates and improve upon their efforts, if possible. Most important, speak up! And don't be afraid to make mistakes! That is how we learn.

Create an environment!

Learning a less commonly taught language such as Uzbek might feel isolating. Your instructor and the textbook may seem to be the only source for learning about Uzbek and its speakers. However, you can find a number of sources on the web: listen to online radio, watch movies, or just listen to Uzbek music. Always remember that in language acquisition input is king! These extra activities can be an excellent source of input. Even though you might not understand everything, you will still be exposed to Uzbek outside of the classroom.

Stay motivated!

Remember that motivation is very important in language learning. Set realistic objectives for yourself and try to achieve them. Always stay positive.

We hope that your language learning experience will be exciting and fruitful.

Oq yo'l!

AN INTRODUCTION TO UZBEK

The Uzbek Language and Its Speakers

O'zbek tili – The Uzbek Language belongs to the Qarluq branch of the Turkic languages. This group also includes languages such as Turkish, Uyghur, Kazakh, Tatar, and Kyrgyz. The precursor of the Uzbek language, Turki, was a literary language used during Timur's (Tamerlane) and his successors' rule. The first literary works in Turki (also known as Chagatay) were written by the famous poet Mir Alisher Navoiy.

Uzbek is an agglutinative language. In this language words contain morphemes, or suffixes, that are always clearly differentiable from one another. In forming words or sentences, the morphemes are attached to the word stem one after another in a specific order. This process creates words that can be very long and can sometimes correspond to a whole sentence in English.

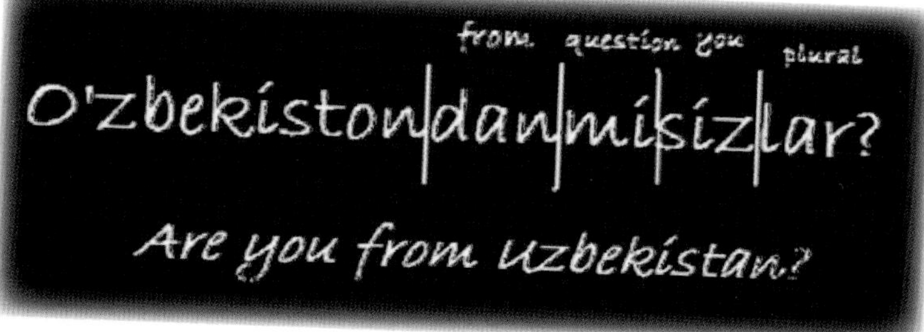

Uzbek is predominantly spoken in the Republic of Uzbekistan, the most populous state of Central Asia. According to some estimates, there are about 20 million Uzbek native speakers here. Another 5 million speakers live in neighboring countries such as Afghanistan, Tajikistan, Kyrgyzstan, Turkmenistan, and Kazakhstan. Also, a large number of minority populations, especially those who live in rural areas of Uzbekistan, speak Uzbek as their second language.

Writing System

The Uzbek language has used a number of alphabets. Before 1928, the language was written in Arabic script. However, during the early years of the Soviet Union the language went through many changes; it was codified and standardized. The dialects of the urban cities, such as in Tashkent and Fergana (both dialects lack vowel harmony, a distinctive feature of Turkic languages), served as a basis for standard Uzbek. In 1929, the Arabic script was replaced by the new Latin alphabet, also known as Yanalif (*Yangi alifbo* – New Alphabet). Later, in 1940, the Latin script was abolished and Uzbek switched to the Cyrillic alphabet.

In 1993, after the collapse of the Soviet Union, the Latin script was re-introduced. The re-introduction of this alphabet was planned to be gradual. Today, the Latin alphabet is used in education and in some areas of administration.

Vocabulary and Loanwords

The vocabulary of Uzbek is heavily influenced by Persian. Moreover, Arabic words also make up much of Uzbek vocabulary. Many international words, such as *telefon, mashina,* and *garaj,* entered Uzbek through Russian. Since the majority of them were introduced into Uzbek after the 1940s, their spelling and pronunciation are not altered. They are pronounced and spelled (in Uzbek Cyrillic Alphabet) as in Russian. However, a number of loanwords introduced earlier were adapted to the phonetic rules of Uzbek. Since late 1985, however, the Uzbek language has gone through a de-Russification process of its vocabulary. The majority of Russian loanwords were replaced by native words. In many cases, new words are created through a process of calquing, where Uzbek words are formed by word-for-word or morpheme-by-morpheme translation of an existing Russian loanword.

mamnuniyat Mamnun bo'lgan holat, xursandlik. *Xonadan mamnuniyat bilan chiqmoq.*

man: ~ qilmoq Taqiqlamoq, ruxsat bermaslik. *Mashinalarning kirishi man etiladi.*

mana 1 *olm.* So'zlovchining yonida yoki o'zida turgan narsani, bo'lgan yoki bo'layotgan voqea-hodisani ko'rsatadi, unga ishora qiladi. *Mana uyim.*

Uzbek Dialects

Uzbek, spoken in Uzbekistan, is comprised of many dialects and regional variations. Generally, these dialects are divided into three groups. The first are Oghuz varieties, *O'g'uz shevasi*, spoken in the south of *Xorazm* and its surrounding areas. These varieties share similar linguistic features with Turkman and other Turkic languages that belong to the Oghuz branch. The second are the Kipchak varieties, *Qipchoq shevasi*, spoken in regions such as *Qashqadaryo*, *Surxondaryo*, Southern Kazhakstan, and in territories around the *Jizzax* and *Samarqand* regions. The features of this dialect resemble Kazakh and Karakalpak. Finally, the urban dialects (in Uzbek these are referred as *Toshkent-Farg'ona shevasi*) are comprised of varieties spoken in urban centers, such as in *Toshkent*, *Farg'ona*, *Andijon*, *Namangan*, and *Qo'qon*. Within each dialect some differences exist, which are usually referred to in Uzbek as *lahja*.

The commonly understood standard Uzbek, based on the *Toshkent-Farg'ona shevasi*, is used in mass media and printed materials.

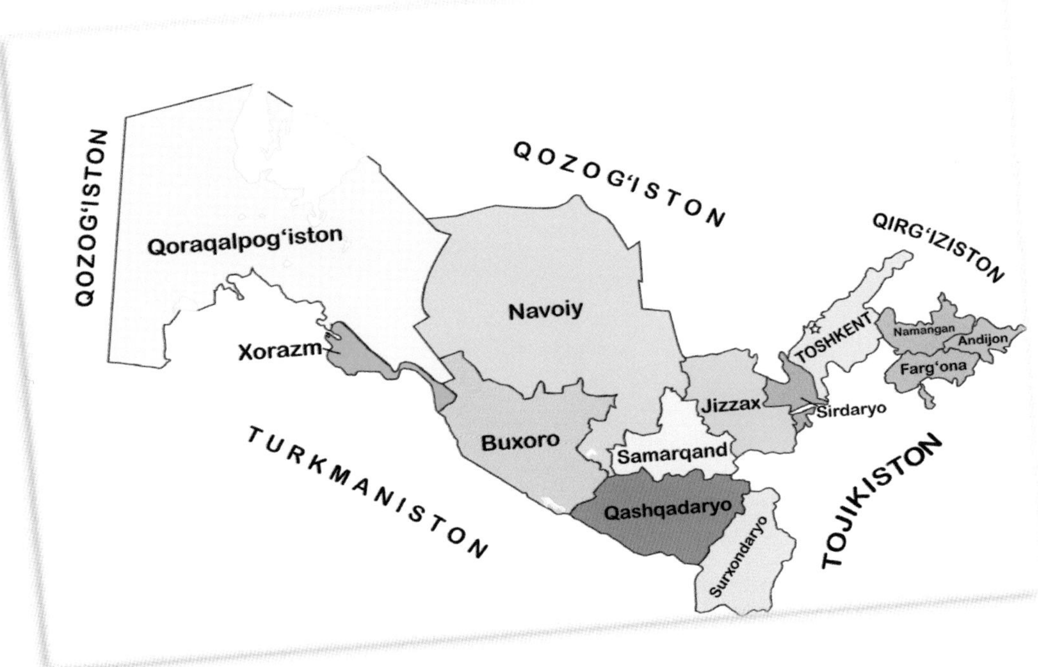

BIRINCHI DARS

CHAPTER ONE

O'ZBEK ALIFBOSI

UZBEK ALPHABET

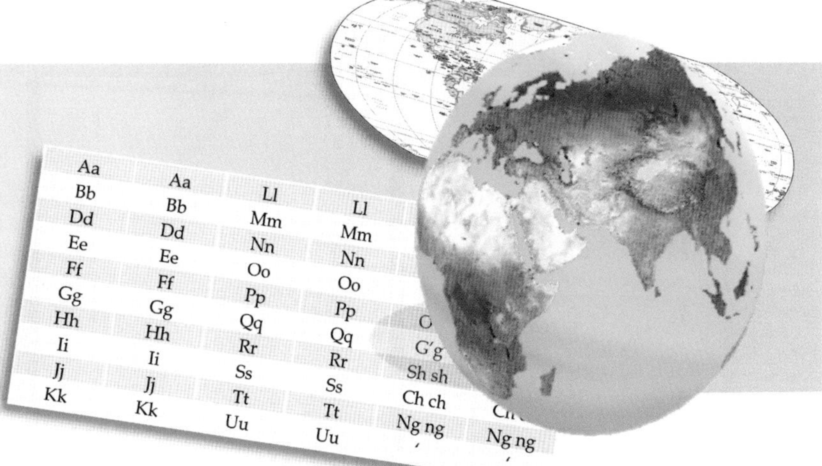

IN THIS CHAPTER

- **Yangi darsni boshlaymiz!** Let's Get Started

  The Uzbek Latin alphabet

- **Diqqat, qoida!** Language Points

  Pronunciation of consonant and vowel sounds
  Sounds with no English correspondence
  Word stress

- **Keling, suhbatlashaylik!** Language in Use

  Activities to practice the pronunciation of Uzbek sounds

- **Asl o'zbekcha** Uzbek Realia

  Authentic video clips

- **Yangi so'zlar** Vocabulary

  Vocabulary used in this chapter

Yangi darsni boshlaymiz! Let's Get Started

In this section, you will learn about the Uzbek Latin alphabet.

- *The Uzbek Latin alphabet has a simple correspondence system in which most of the sounds are represented by one letter of the alphabet.*
- *Below are the letters of the Uzbek Latin alphabet and their names.*

UZBEK LETTER	NAME OF THE LETTER	IPA	UZBEK LETTER	NAME OF THE LETTER	IPA	UZBEK LETTER	NAME OF THE LETTER	IPA
A	*a*	a or æ	**L**	*le*	l	**V**	*ve*	v or w
B	*be*	b	**M**	*me*	m	**X**	*xe*	χ
D	*de*	d̪	**N**	*ne*	n	**Y**	*ye*	j
E	*e*	ɛ or e	**O**	*o*	ɑ	**Z**	*ze*	z
F	*fe*	ɸ	**P**	*pe*	p	**O‘**	*o‘*	o or ø
G	*ge*	ɡ	**Q**	*qe*	q	**G‘**	*g‘e*	ɣ
H	*he*	h	**R**	*re*	r	**Sh**	*she*	ʃ
I	*i*	i or ɨ	**S**	*se*	s	**Ch**	*che*	tʃ
J	*je*	dʒ	**T**	*te*	t̪	**ng**	*nge*	ŋ
K	*ke*	k	**U**	*u*	u or ʉ	**’**	*apostrof*	ʔ

1-mashq: Listen to the audio and follow along. Then listen a second time and repeat each sound aloud.

2-mashq: Listen as your teacher says ten letters and write them on the lines below.

______	______	______	______	______
______	______	______	______	______

3-mashq: Now read a letter and ask your partner to write down the letter you are saying. Verify that your partner noted the correct letter. Alternate the roles.

Diqqat, qoida! Language Points

In this part of the lesson you will learn about Uzbek vowels and consonants.

1. Uzbek Vowels

There are six vowels in the Uzbek alphabet. The pronunciation of each vowel may vary slightly depending on its position in the word and whether it is stressed. In alphabetical order the vowels are:

Aa	Ee	Ii	Oo	Uu	O‘o‘

4-mashq: **a.** Listen to the vowel sounds.

b. Listen again. This time, repeat the sounds aloud.

5-mashq: With the help of your instructor, read the following words.

The vowel **A**

ona - *mother*	**maktab** - *school*
nafaqa - *pension*	**ammo** - *but*
bola - *child*	**tana** - *body*

The vowel **E**

erkak - *man*	**sen** - *you*
lekin - *but*	**nega** - *why*
yelka - *shoulder*	**kema** - *ship*

The vowel I

Pronunciation: The sound **i** in Uzbek is short. You can listen to the pronunciation of this sound on the audio. However, it is pronounced a little bit longer when followed by another sound **i** or a sound **y**.

6-mashq: Listen to the audio to hear how the sound **i** is pronounced.

bil - *(you) know!*	**tish** - *tooth*
qil - (*you) do!*	**ilhom** - *inspiration*
qish - *winter*	**shimol** - *north*
zilzila - *earthquake*	**Navoiy** - *name of a poet*
Hakim - *a male Uzbek name*	**salbiy** - *negative (personality)*
dilim - *my soul*	**tabiiy** - *natural*
til - *tongue, language*	**manfiy** - *negative (mathematical)*

Toshkentdagi Ko'kaldosh madrasasi

Toshkent sirki

Alisher Navoiy

Zilzila

Earthquakes are quite frequent in Uzbekistan. For example, much of Tashkent was destroyed in a major earthquake in 1966. This earthquake was actually a series of earthquakes that lasted several months; about 700 separate quakes were registered . The earthquake resulted in the full or partial destruction of 36,000 homes and public buildings.

Alisher Navoiy was born in 1441. He was the first poet in the region to start writing poems in a Turkic language. In Tashkent, an opera house, a ballet theater, and a beautiful metro station are named after Alisher Navoiy.

The vowel O...

qor - *snow*	**hozir** - *now*
lola - *tulip*	**bahor** - *spring*
Laylo - *a female Uzbek name*	**qonun** - *law*
osmon - *sky*	**dono** - *wise*

The vowel U...

umid - *hope*	**uzum** - *grape*
kuyov - *groom*	**tanbur** - *tamboor (musical instrument)*
kul rang - *gray*	**tabassum** - *smile*

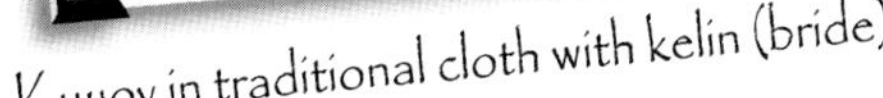

Kuyov in traditional cloth with kelin (bride)

Traditional musical instruments: dutor, tanbur, and rubob.

The vowel O‘

o‘roq - *scythe*	**ko‘r** - *blind*
qo‘g‘irchoq - *doll*	**o‘rtoq** - *friend*
o‘tmish - *past*	**o‘ng** - *right*
o‘rgimchak - *spider*	**o‘rmon** - *forest*

Note:
The vowels o and o' are distinct sounds in Uzbek. They might sound very close to each other, but they can make a great difference in meaning!

7-mashq: **A.** Follow along with the words and listen to how they are pronounced.

ona - *mother*	**lola** - *tulip*	**o'rtoq** - *friend*	**to'ng'ich** - *older*
qovun - *melon*	**savob** - *good deed*	**o'zbek** - *Uzbek*	**mo'l** - *plenty*
olim - *scholar*	**tovuq** - *chicken*	**o'rmon** - *forest*	**o't** - *herb*
Olmaliq - *the name of a city in Uzbekistan*	**o'yin** - *game*	**to'la** - *full*	

 **B.** Listen again. This time repeat the sounds.

Traditional Uzbek musical instruments: nog'ora, doira, and karnay.

Uzbekistan is famous for its melons. Every year in the fall farmers get together for a special holiday called "Qovun sayli." During this holiday, farmers exhibit their best melons.

8-mashq: Listen to the audio and mark which vowel is being pronounced.

□ ot	□ o‘t	□ ol	□ o‘l
□ mol	□ mo‘l	□ osh	□ O‘sh

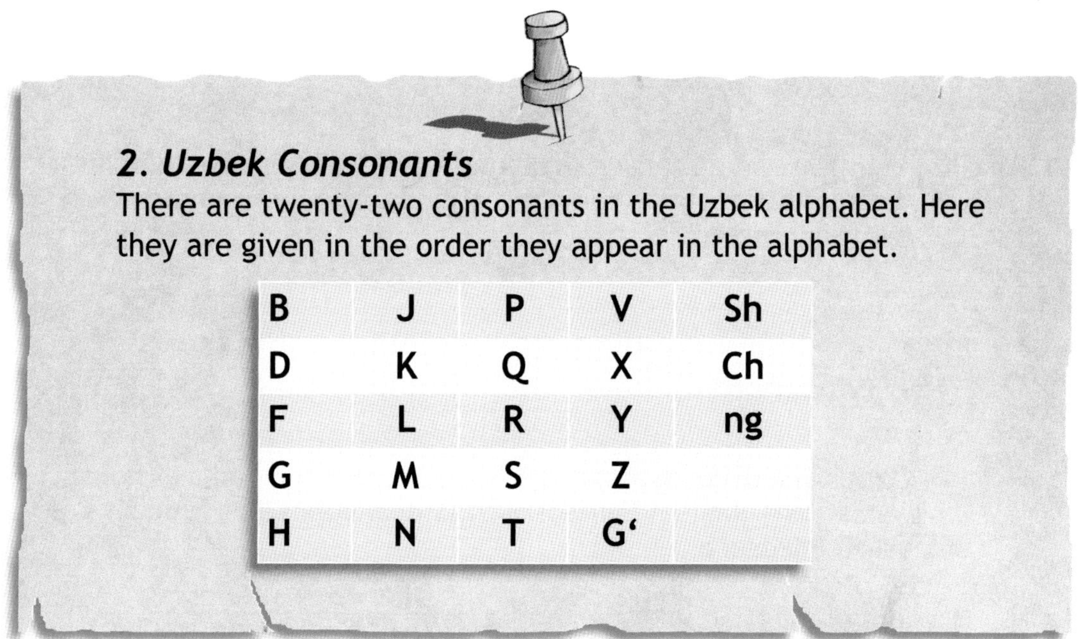

2. Uzbek Consonants

There are twenty-two consonants in the Uzbek alphabet. Here they are given in the order they appear in the alphabet.

B	J	P	V	Sh
D	K	Q	X	Ch
F	L	R	Y	ng
G	M	S	Z	
H	N	T	G‘	

9-mashq: Follow along with the audio to hear how the consonants are pronounced.

10-mashq: There are some consonants in Uzbek which do not have any corresponding sound in English. With the help of your instructor, practice these consonant sounds.

The consonant R

rasm - *painting*	**harbiy** - *military*
arpa - *barley*	**tor** - *string*
qari - *old*	**kurka** - *turkey*

The consonants Q, X, and G‘

quloq - *ear*	**xalq** - *nation, people*
tuproq - *soil*	**qog‘oz** - *paper*
qonun - *law*	**g‘o‘za** - *cotton*
xotin - *woman, wife*	**g‘or** - *cave*

11-mashq: Below are some consonant sounds which have more than one pronunciation. Read the notes and practice these sounds with your instructor.

The consonant J

In Uzbek words this consonant sound is pronounced as English **j** in words **just, jam**. In loanwords it is pronounced as English **s** in **pleasure, measure**.

jigar - *liver*	**garaj** - *garage*
jiyan - *cousin*	**Parij** - *Paris*
jag‘- *jaw*	**jurnal** - *journal*

The consonant V

In Uzbek words, this consonant sound is pronounced as English **w** in **weak**. In Russian loan words it is pronounced as English **v** in **very**. The consonant sound **v** is almost not pronounced if it precedes the vowel sound **u**.

vaqt - *time*	**zavod** - *plant (Russian)*
vazn - *weight*	**vertolyot** - *helicopter (Russian)*
tavba - *confession*	**tovuq** - *chicken*
velosiped - *bicycle (Russian)*	**o‘qituvchi** - *teacher*

12-mashq: Consonant practice: follow along with the audio and repeat these words.

buvi - *grandmother*	**rasm** - *picture*	**vaqt** - *time*
paypoq - *sock*	**chizg'ich** - *ruler*	**kalit** - *keys*
fikr - *idea*	**gul** - *flower*	**xo'roz** - *rooster*
g'ildirak - *wheel*	**soat** - *clock*	**men** - *I*
dala - *field*	**bodring** - *cucumber*	**yo'lbars** - *tiger*
qon - *blood*	**havo** - *air*	**non** - *bread*
shamol - *wind*	**tarvuz** - *watermelon*	**zilzila** - *earthquake*
	janob - *mister*	

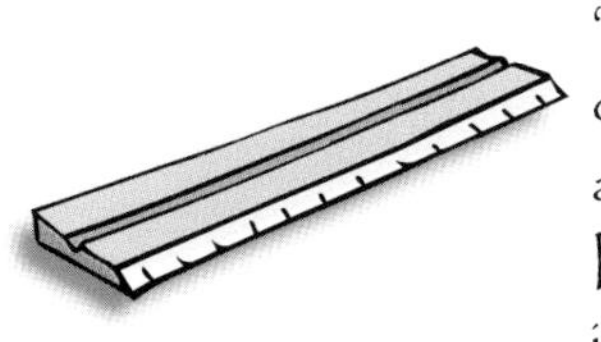

"Non" - Uzbek bread is a sign of well-being. It is more than just a food—it is sacred to Uzbeks. People here swear oaths on bread just as they do on holy books in other cultures.

"Turon-yo'lbarsi" - A Turan tiger. These tigers occupied Central Asia, the region around the eastern and southern coasts of the Caspian Sea, Caucasus, and places near Iran. This species of tiger is now almost extinct.

In the fall, you can find a variety of melons, "qovun," and watermelons, "tarvuz," in the bazaars.

Note:

Change in consonant sounds

In spoken Uzbek, many of the consonants change sound at the end of a word. For instance, the sound **b** at the end of the word becomes **p.** The sound **d** becomes **t** or is not even pronounced at all. You don't necessarily have to devoice these sounds when you speak Uzbek, but expect to hear these differences in native speakers' speech. Note that devoicing consonants does not change the meaning of the word. Below you can see some examples of consonant alternation.

written	spoken	English
maktab	maktap	*school*
kitob	kitop	*book*
magiz	magis	*raisin*
Samarqand	Samarqan	*Samarkand*
baland	balan	*high; tall*

Samarqand is situated in the valley of the river Zarafshan. It is the second-largest city of Uzbekistan and is as old as the cities of Babylon and Rome.

Note:

Double consonants

In Uzbek, there are words with double consonants. The double consonants are usually found in the middle of the word; they are pronounced a bit longer than when they occur singly. For example, the word **katta** is pronounced as **kat-ta.**

amma - *aunt*	**ammo** - *but*
battar - *worse*	**pochcha** - *brother-in-law*
katta - *big*	**favvora** - *fountain*

Note:

Apostrophe

[']- 'apostrof' or 'tutuq belgisi' (glottal stop) can come after a vowel or a consonant. When it comes after a vowel, it lengthens it. For example: **Ra'no - pronounced as [raano].** When an 'apostrof' comes after a consonant, it causes the speaker to make a short stop before pronouncing the following sound. For example: **bid'at** is pronounced as **[bid-at]**.

ma'no - *meaning*	**she'r** - *poem*
san'at - *art*	**a'lo** - *excellent*

3. Stress in Uzbek

Stress is a common feature of many languages in which a syllable is pronounced more prominently than other syllables around it; stressed syllables tend to be louder, longer, and higher in pitch than other syllables. In Uzbek the stress falls on the final syllable of words. The exceptions include: a) certain Persian and Arabic loan words (adverbs and interjections): albȧtta-**certainly**, lėkin-**but**; b) interrogative words qȧnday-**how**, qȧysi-**which**. (In these words the the vowel of the stressed syllable has a stress mark.) If suffixes are added to the word stem, the stress shifts to the final suffix.

For more information on Uzbek sounds see Appendix B.

Keling, suhbatlashaylik! Language in Use

In this part of the lesson you will practice the language structures you've learned.

13-mashq: Categorize the following countries according to continent.

Ispaniya	Kanada
Argentina	Zambiya
Aljir	Panama
Hindiston	Misr
Yaponiya	Meksika
Braziliya	Portugaliya
Buyuk Britaniya	Viyetnam
Janubiy Koreya	Kuba
Xitoy	Pokiston

Osiyo	Afrika	Amerika	Yevropa

14-mashq: A. Listen to the names of states in Uzbek. Note their pronunciation and spelling.

Alabama	Jorgiya	Missuri	Tennessi
Alyaska	Kaliforniya	Montana	Texas
Arizona	Kanzas	Nebraska	Vashington
Arkanzas	Kentukki	Nevada	Vayoming
Aydaho	Kolorado	Nyu-Hempshir	Vermont
Ayova	Konnektikut	Nyu-Jersi	Virjiniya
Delaver	Luiziana	Nyu-Meksiko	Viskonsin
Florida	Massachusets	Nyu-York	Yuta
Gavayi	Men	Ogayo	G'arbiy Virjiniya
Illinoys	Merilend	Oklohoma	Shimoliy Dakota
Indiana	Michigan	Oregon	Shimoliy Karolina
Janubiy Dakota	Minnesota	Pensilvaniya	
Janubiy Karolina	Missisipi	Rod-Aylend	

B. Three people are coming from Uzbekistan to the United States. Shuhrat is a geographer; he is interested in rural areas and nature. Lola is a musician and wants to visit the cultural centers of the United States. Jasur is a student and he just wants to have fun. Look at the map and decide which states these people should visit. Keep their personalities and interests in mind.

Shuhrat	Lola	Jasur
	Nyu-York	

15-mashq: Indicate the order in which you hear the cities below. For example, place the number 1 next to the first city you hear.

Toshkent	
Ashgabat	
Ostona	
Dushanbe	
Kiyev	

Pekin	
Bishkek	
Kobul	
Tehron	
Boku	

16-mashq: Look at the following map; this is how the name of each country is written in Uzbek. Read them with the help of your instructor.

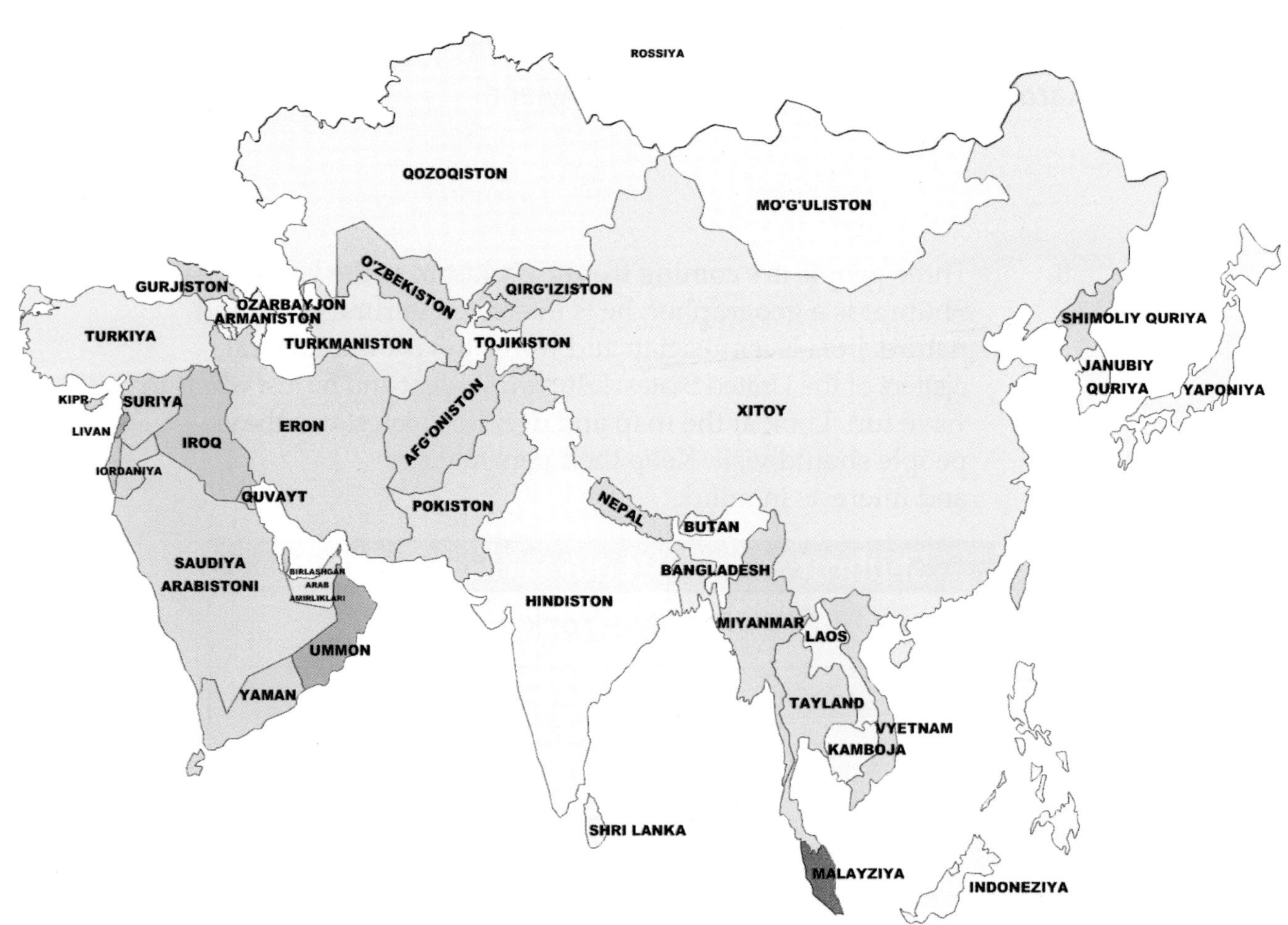

Asl o'zbekcha Uzbek Realia

In this part of the lesson you will watch a video clip and practice Uzbek sounds.

17-mashq: Write down (in Uzbek) the names of the cities below as your instructor reads them. Be sure to place them in the "write" column. Use the column "check" while completing the 19-mashq.

NAMES OF CITIES	WRITE	CHECK
Rome		
Paris		
Moscow		
Cape Town		
Vancouver		
Washington		
New York		
Seattle		
Los Angeles		
Rio de Janeiro		
Caracas		
Wellington		

18-mashq: Now get together with a classmate and discuss what you've written. Use the alphabet chart in this lesson to check your spelling.

19-mashq: Now watch the TV forecast. During this forecast you will see the names of the cities in the chart written in Uzbek. Compare what you wrote down in the chart to what you saw in the video. Did you write any incorrectly? If so, which ones?

Several mountain systems that run east to west cross into Uzbekistan from neighboring Kyrgyzstan and Tajikistan, with some peaks reaching above 4,000 meters.

More than two-thirds of Uzbekistan's territory is covered by desert and grasslands, where it gets really hot in summer and extremely cold in winter .

You will find a lot of parks in Tashkent with monuments and fountains. In good weather people come here to stroll and relax.

Yangi so'zlar Vocabulary

 Listen and review the new vocabulary used in this chapter.*

*The vocabulary used throughout this chapter is for practicing your Uzbek pronunciation only. The following chapter does not require the knowledge of any of these words.

amma	*aunt*
ammo	*but*
arpa	*barley*
a'lo	*excellent*
bahor	*spring*
battar	*worse*
bil	*(You) know!*
bola	*child*
dilim	*my soul, my heart*
dono	*wise*
erkak	*man*
favvora	*fountain*
garaj	*garage*
Hakim	*a male Uzbek name*
harbiy	*military*
hozir	*now*
ilhom	*inspiration*
jag'	*jaw*
jigar	*liver*
jiyan	*cousin*
jurnal	*journal*
katta	*big*
kema	*ship*
kul rang	*gray*
kurka	*turkey*
kuyov	*groom*
ko'r	*blind*
Laylo	*a female Uzbek name*
lekin	*man*
lola	*tulip*
maktab	*school*
ma'no	*meaning*
mo'l	*plenty*
nafaqa	*pension*
Navoiy	*name of a poet*
nega	*why*
nog'ora	*drum*
olim	*scholar*
Olmaliq	*the name of a city in Uzbekistan*
ona	*mother*
osmon	*sky*
Parij	*Paris*
pochcha	*brother-in-law*
qari	*old*
qil	*(You) do!*
qish	*winter*
qonun	*law*
qor	*snow*
qovun	*melon*
qog'oz	*paper*
quloq	*ear*
qo'g'irchoq	*doll*
rasm	*painting*
salbiy	*negative*
san'at	*art*
savob	*good deed*
sen	*you*
she'r	*poem*
tabassum	*smile*
tabiiy	*natural*
tana	*body*

tanbur	*tamboor (musical instrument)*
tavba	*confession*
til	*tongue, language*
tish	*tooth*
tor	*string*
tovuq	*chicken*
tuproq	*soil*
to'la	*full*
to'ng'ich	*older*
umid	*hope*
uzum	*grape*
vaqt	*time*
vazn	*weight*
velosiped	*bicycle (Russian)*
vertolyot	*helicopter (Russian)*
xalq	*nation, people*
xotin	*woman, wife*
yelka	*shoulder*
zamonaviy	*modern*
zavod	*plant (Russian)*
zilzila	*earthquake*
o'ng	*right*
o'qituvchi	*teacher*
o'rgimchak	*spider*
o'rmon	*forest*
o'roq	*scythe*
o'rtoq	*friend*
o't	*herb*
o'tmish	*past*
o'yin	*game*
o'zbek	*Uzbek*
g'o'za	*cotton*
g'or	*cave*
shimol	*north*

IKKINCHI DARS

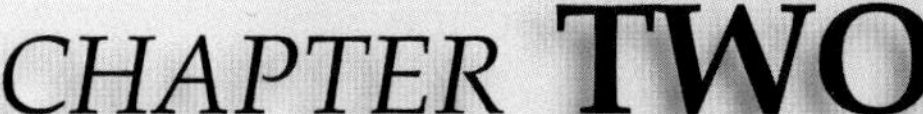

CHAPTER TWO

YAXSHIMISIZ?

GREETINGS
and FAREWELLS

IN THIS CHAPTER

- **Yangi darsni boshlaymiz!** Let's Get Started

  Greetings and leave-takings in Uzbek
- **Diqqat, qoida!** Language Points

  Personal pronouns, personal endings, simple sentences, and interrogative particles **-mi** *and* **-chi**
- **Keling, suhbatlashaylik!** Language in Use

  Activities to practice speaking, listening, reading, and writing
- **Asl o'zbekcha** Uzbek Realia

  Authentic video clips
- **Qo'shimcha mashqlar** Additional Activities

  Extra activities to reinforce new structures and vocabulary
- **Muomala odobi** Social Interaction

  Native speakers' daily speech
- **Yangi so'zlar** Vocabulary

  Vocabulary used in this chapter

Yangi darsni boshlaymiz! Let's Get Started

Study the new vocabulary and phrases used throughout the chapter.

1-mashq:  Listen to the audio and practice.

Salomlashuv - Greetings

- Assalomu alaykum!
- Vaalaykum assalom!

- Yaxshimisiz?
- Yaxshi, rahmat.

-Salom!
-Salom! Yaxshimisiz?

Xayrlashuv - Farewells

- Xayr!
- Mayli, xayr!

- Salomat bo'ling!
- Xo'p, xayr!

- Xayr!
- Ko'rishguncha xayr!

- Assalomu alaykum!
- Vaalaykum assalom!

- Salom, Karima!
- Salom, Lola.
- Yaxshimisiz?
- Yaxshi, rahmat.

- Mayli, xayr!
- Xo'p, xayr!

- Yaxshimisiz?
- Yaxshi, rahmat. Xudoga shukur.

2-mashq: Using the vocabulary and pictures above, try to unscramble this dialogue, and then act it out with your classmate.

— Yaxshi, rahmat.
— Vaalaykum assalom.
— Yaxshimisiz?
— Xayr!
— Assalomu alaykum.
— Salomat bo'ling!

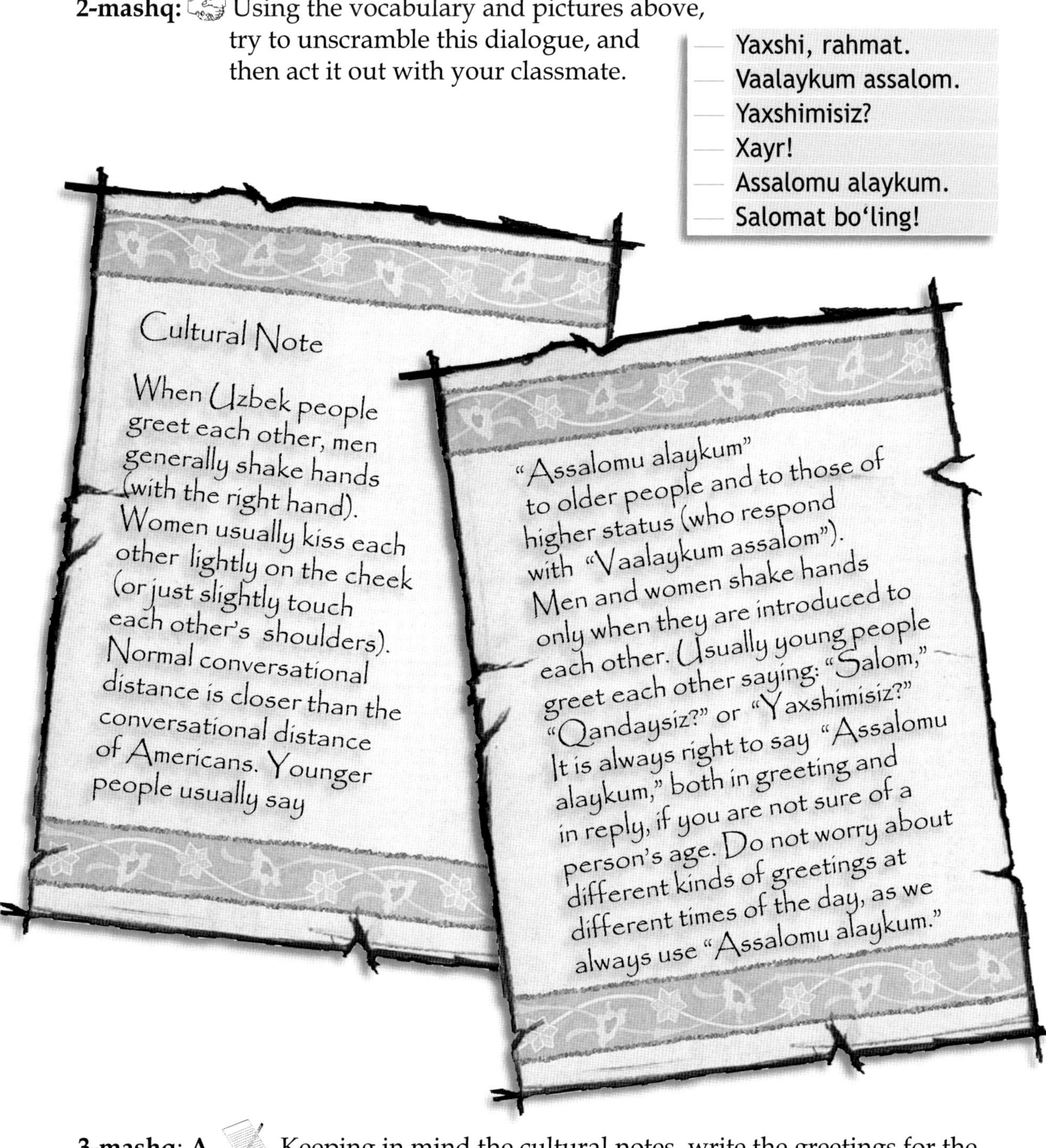

Cultural Note

When Uzbek people greet each other, men generally shake hands (with the right hand). Women usually kiss each other lightly on the cheek (or just slightly touch each other's shoulders). Normal conversational distance is closer than the conversational distance of Americans. Younger people usually say "Assalomu alaykum" to older people and to those of higher status (who respond with "Vaalaykum assalom"). Men and women shake hands only when they are introduced to each other. Usually young people greet each other saying: "Salom," "Qandaysiz?" or "Yaxshimisiz?" It is always right to say "Assalomu alaykum," both in greeting and in reply, if you are not sure of a person's age. Do not worry about different kinds of greetings at different times of the day, as we always use "Assalomu alaykum."

3-mashq: A. Keeping in mind the cultural notes, write the greetings for the following situations.

1. You meet your friend's mother in the bazaar; greet her:	________
2. A young girl is greeting you in a neighborhood; respond:	________
3. Your teacher asks if you are well; answer her:	________
4. You see a friend who is your age; greet him:	________
5. As you leave class, say goodbye to your Uzbek instructor:	________

B. Look at the pictures of the people below. Assume you are going to greet them. Write the proper greeting for each, and tell how you will act when greeting them.

C. Compare your answers with a classmate. Did you come up with the same choices? If not, why might they differ?

Diqqat, qoida! Language Points!

Learn the new grammar points and complete the grammar-related activities.

1. *Pronouns*

Note:

Sen and **Siz** are both translated as *you* into English. **Sen** is informal and used with people of the same age who have known each other for a long time; also, **sen** is used when people talk to children or to a person who is considerably younger. **Siz** is used for an older person or someone of higher social status. Also, note that there is no gender in Uzbek, so any person, place, or thing may be referred to with the personal pronoun **u** - *he, she, it.*

4-mashq: Use Uzbek pronouns while pointing out yourself, your instructor, and your classmates.

Note:
Before you start learning simple sentences in Uzbek, note that the Uzbek word order differs from that of English. The typical word order in an Uzbek sentence is subject+object+verb, whereas the typical word order in English is subject+verb+object.

Men o'zbek tilini o'rganaman. lit: *I Uzbek language learn* (*I learn Uzbek*).
Sen talaba eding. lit: *You student were* (*You were a student*).
(see more on word order in Chapter 6)

2. Personal predicate endings

English sentences using the linking verb *to be* are expressed in Uzbek with a suffix rather than a verb. These personal endings are added to the noun or adjective that is being used as a predicate (the part of the sentence which states something about the subject). This is best explained by studying the examples below.

Misollar - *Examples:*

Men kasalman. *I am sick.*	**Biz kasalmiz.** *We are sick.*
Sen xursandsan. *You are glad.*	**Sizlar shifokorsizlar.** *You are doctors.*
Siz o'qituvchisiz. *You are a teacher.*	**Ular kasallar.** *They are sick.*
U shifokor. *She/he/it is a doctor.*	

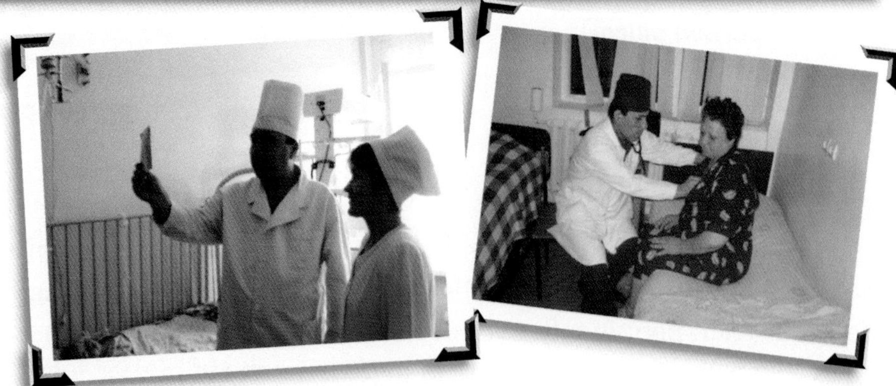

In contemporary Uzbek, people use the following words for 'doctor': the Russian loanword "vrach," the Tajik-Persian loanword "shifokor," and the colloquial term "do'xtir," which is from the Russian loanword 'doktor.'

Note:
In spoken language, the suffix **–lar** of **ular** is dropped. For example, *they are teachers* is translated as **ular o'qituvchi** rather than **ular o'qituvchilar.** Also, personal pronouns tend to be dropped when the subject is clear, as in **o'qituvchiman** - *I am a teacher*. The third person requires more clarity, and the pronoun is usually specified:

U o'qituvchi. *He is a teacher.*
Ular o'qituvchi. *They are teachers.*

5-mashq: Now that you recognize each ending, choose a word and say something (it might be true or might not) about each of the pictures below. **Namuna:** Biz kasalmiz.

u

6-mashq: Your Uzbek friend invites you and your friend to his house. His mother, who does not speak English, is talking to you. Respond to her.

1. You enter the house and see your friend's mother.
Greet her: ______
2. His mother asks if you are glad to be in Uzbekistan.
Respond: ______
3. Your friend is sick and could not come, and your Uzbek friend's mother asks what happened to him.
Respond: ______
4. When you are leaving, you see her and
say: ______

Note:

In written Uzbek the suffix **-dir** is also added to a noun or an adjective that is being used as a predicate. The use of this suffix is very rare in spoken language.

SPOKEN	WRITTEN	ENGLISH
talabasan	**talabadirsan**	*you are a student*
o'qituvchimiz	**o'qituvchidirmiz**	*we are teachers*
shifokorman	**shifokordirman**	*I am a doctor*

3. The interrogative particles -mi *and* -chi

You can turn a simple statement into a question by adding the suffix **-mi**. For **men** and **biz**, it is added after the personal endings. **Biz baxtlimizmi?** *Are we happy?*

For **sen, siz, sizlar, u** and **ular, -mi** is added <u>before</u> the personal endings. **Siz talabamisiz?** *Are you a student?* (See below for more examples.)

Remember that questions in Uzbek have either an interrogative pronoun (*what, who, when, etc.*) or the interrogative particle **-mi**.

The suffix **-chi** is added to nouns and pronouns and forms an abbreviated question. It is translated into English as *what about?* **Men talabaman. Siz-chi?** *I am a student. And what about you?*

Note that when you are asked a question and need to answer affirmatively, use the word **Ha**-*Yes*. For example:
Kasalmisiz? Ha, kasalman. *Are you sick? Yes, I am.*
When you need to answer negatively use the word **Yo'q**-*No*.
O'qituvchimisiz? Yo'q, o'qituvchi emasman.
Are you a teacher? No, I am not.

Misollar:

Kasalmisiz?	*Are you ill?*
Karima chiroylimi?	*Is Karima pretty?*
Nozima va Alisher baxtlimi?	*Are Nozima and Alisher happy?*
Talabamisan?	*Are you a student?*
Xafamizmi?	*Are we sad?*
Ular xursandmi?	*Are they glad?*
O'qituvchimanmi?	*Am I a teacher?*

7-mashq: Next to each name write a short question using **-mi** and the words you learned. Follow the model. **Namuna:** Madonna: *U chiroylimi?*
Then work with your classmate and ask your questions. Listen to his/her answers.

Albert Eynshteyn:	
Barak va Mishel Obama:	
Opra Vinfrey:	
Lens Armstrong:	

4. *Negation with* emas

Negative sentences are formed with the help of **emas,** which is added after the noun or the adjective. Also, personal predicate endings are attached to the end of **emas**.

Misollar:

Sen talaba emassan.	*You are not a student.*
Lola va Barno band emaslar.	*Lola and Barno are not busy.*
Laylo baxtli emas.	*Laylo is not happy.*
Men o'qituvchi emasman.	*I am not a teacher.*
Biz kasal emasmiz.	*We are not ill.*

Note

In colloquial speech **emas** and the noun or the adjective are pronounced as one word. In this case the initial **e** of **emas** is dropped.

Kasalmasmiz. Bandmasman. Karim shifokormas. Xursandmassiz.

8-mashq: Look at the pictures. Each person has the opposite quality of the one indicated. Describe them to your classmate.

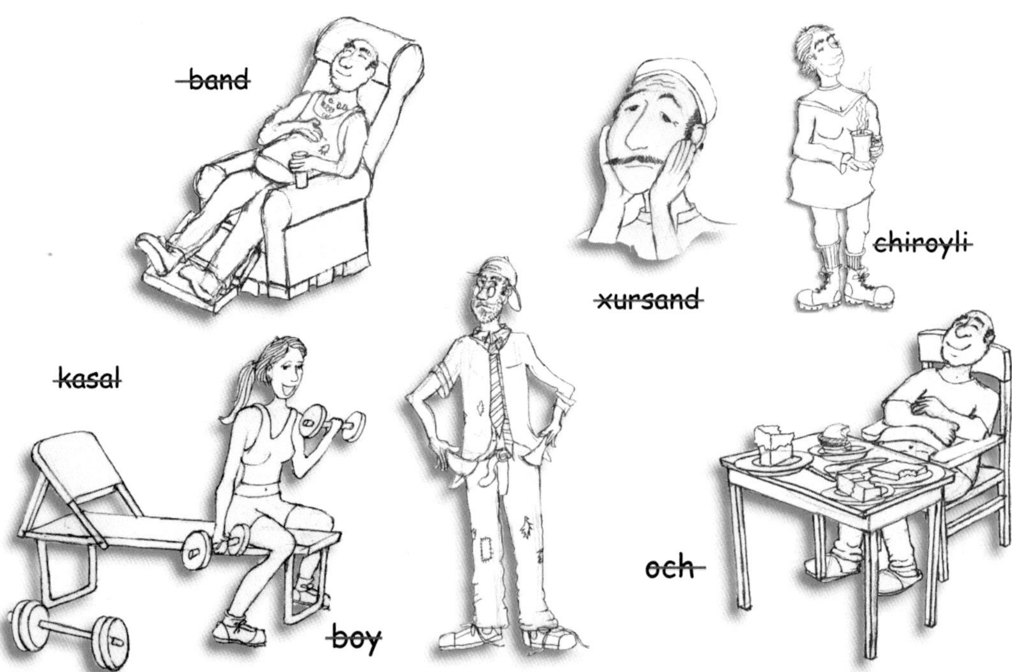

Keling, suhbatlashaylik! Language in Use

Practice new grammatical notes and vocabulary by reading, listening, writing and speaking.

9-mashq: Qandaysiz? Yaxshimisiz?

Find out how everyone in your class is feeling today.
Report to the class what you found.
Follow the examples below:

Ismi

Lola	KASAL

Now summarize your survey. Who is feeling good?
Who is feeling poorly? Model: **Nik va Jek kasal. Anna band.**

10-mashq:  Read the following conversations and fill in the blanks with sentences or words that you think are appropriate in this context.

Lola: Salom, Karim!
Karim: ____________
Lola: Yaxshimisiz?
Karim: Yo'q, ____________
____

Talaba: Assalomu alaykum.
Karima: ____________
Talaba: Siz o'qituvchimisiz?
Karima: Yo'q, ____________
____

Lola: ____________
Erkak: Vaalaykum assalom.
Lola: ____________?
Erkak: Ha, men shifokorman.

Karim: Mayli, xayr!
Aziz: ____________
____

11-mashq: With your classmate, make a conversation on the following scenarios.

1. Your classmate looks ill. Ask if he/she is OK.
2. Student B looks tired. Ask your classmate about him.
3. You want to talk to your classmate. Ask if he is busy.
4. Someone in your class is beautiful. Tell your classmate about him/her.

12-mashq: Answer the following questions about the people you know.

your grandmother:	Kasalmi? ______________
your friends:	Ular talabami? ______________
your boyfriend/girlfriend:	Chiroylimi? ______________
your teacher:	O'zbekmi? ______________
your neighbor:	Boymi? ______________
you:	Bandmisiz? ______________

13-mashq: Skim the following sentences that may appear in ads and decide in what situation you would most likely see or hear them. For each ad give a short title using the words and structures you have learned.

"Oltin qanot" – sayohat agentligi talabalarga maxsus chegirmalarni taklif etadi. Chegirmalar faqat talabalar uchun! "Oltin qanot" sayohat agentligiga marhamat qiling!

Toshkent–Moskva–Toshkent; Toshkent–London–Toshkent aviachiptalariga 10% chegirma!

Bir necha oy avval Toshkentning Yunusobod tumanida "Bahor" restorani ishga tushirildi. Bu yerda nafaqat o'zbek taomlari, balki Yevropa taomlari ham tayyorlanadi. Hozirgi vaqtga kelib, bu Toshkentdagi eng yaxshi restoranlardan biridir. Ajoyib va mazali taomlardan bahramand bo'lishni istasangiz, "Bahor" restoraniga marhamat qiling!

Har qanday og'riqning davosi –"Aspirin Forte"!

Newspapers, journals, and other types of written media can be found in newspaper stands located at almost every bus stop.

14-mashq: Look at the pictures below. Make at least 2 statements for each photo using the adjectives you learned. Then present your ideas to your partner and listen to his/her description. The following words can be useful while describing people.

bu erkak- *this man*	**menimcha** - *in my opinion*
bu ayol - *this woman*	**sizningcha** - *in your opinion*
baquvvat - *strong*	**yosh** - *young*
keksa - *old*	**hali ham** - *still*

15-mashq: Listen to the audio to find out how other people describe these pictures. Are there any similarities between your statements and the ones on the audio?

Asl o'zbekcha Uzbek Realia

Watch the video clip and practice both listening and speaking.

16-mashq: A. First, watch the video without sound and note the non-verbal behavior of the participants.

SPEAKERS	ACTIONS
Man with traditional hat and man with necktie	
Man with traditional hat and man with furry hat	
Woman and man	
Women together	

B. Now watch again, this time with sound, and match the expressions on the left with the responses on the right.

	EXPRESSIONS
1	Assalomu alaykum.
2	Yaxshimisiz?
3	Bolalar yaxshimi?

	RESPONSE
	Xudoga shukur.
	Yaxshi, rahmat.
	Vaalaykum assalom.

17-mashq: With a partner, create a short dialogue and then act it out.

Qo'shimcha mashqlar Additional Activities

Reinforce new structures and vocabulary by completing extra activities.

Work independently to complete the activities below. Pay attention to the use of new vocabulary and structures.

Greetings and Farewells

18-mashq: Prepare for an exchange with an Uzbek person by writing out the common responses to the following:

1. Yaxshimisiz? ____________________
2. Assalomu alaykum ____________________
3. ____________________ - Vaalaykum assalom
4. Xayr! ____________________

Personal pronouns and endings

(men) kasalman	kasalmanmi?	kasal emasman
(sen) o'qituvchisan	o'qituvchimisan?	o'qituvchi emassan
u shifokor	u shifokormi?	u shifokor emas
(siz) xursandsiz	xursandmisiz?	xursand emassiz
(biz) kasalmiz	kasalmizmi?	kasal emasmiz
(sizlar) shifokorsizlar	shifokormisizlar?	shifokor emassizlar
ular kasal(lar)	kasalmilar?	kasal emaslar

19-mashq: Using the pictures, make statements about the following people.

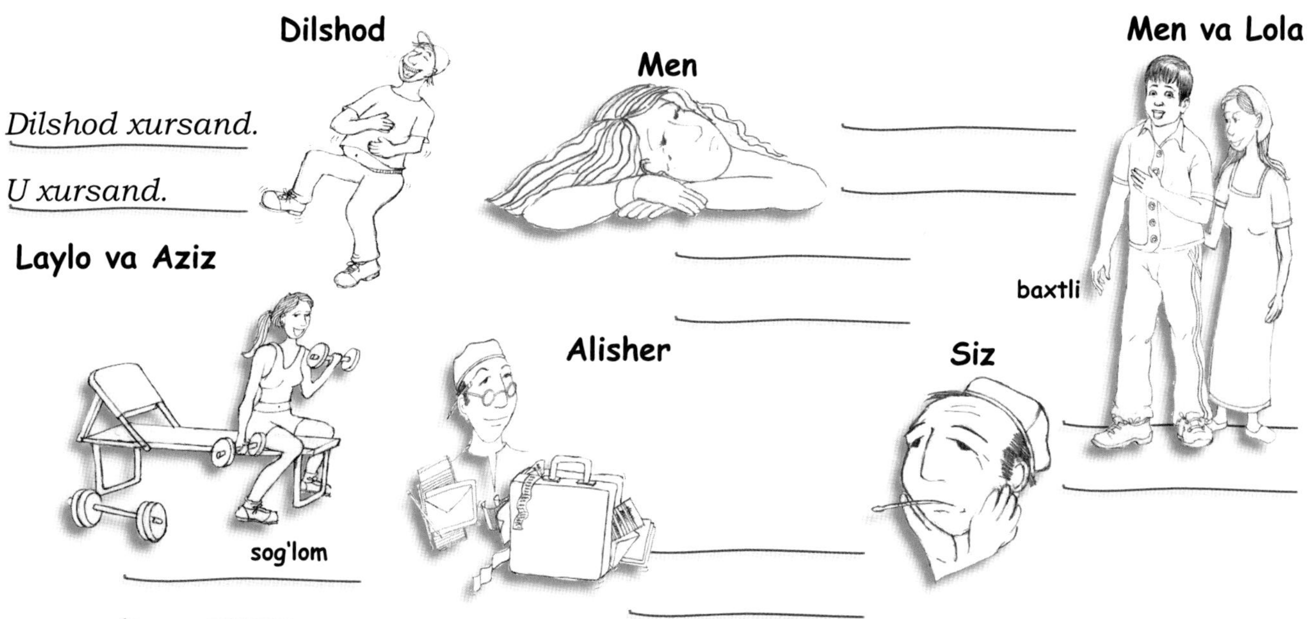

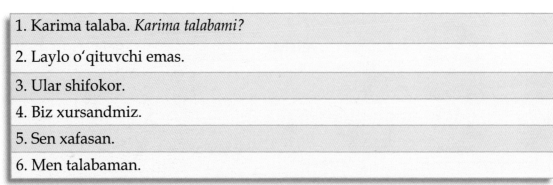

20-mashq: Respond or ask questions about the scenarios below:

1. Someone looks ill; ask if he is OK. ______
2. Karim is not here today; ask if he is ill. ______
3. You're about to eat a 500-calorie somsa; ask yourself if you're really hungry. ______
4. You want to talk to Nozim; ask if he is busy. ______
5. Lola and Bahodir seem unhappy; ask them about it. ______
6. Laylo is asking if you want some cookies; say you aren't hungry: ______
7. A woman at a passport checkpoint is asking if you are Russian; you say: ______
8. You were introduced to someone; respond: ______
9. You can't make it to the party; give a reason: ______
10. As you leave the class, you look at your instructor and say: ______

21-mashq: Tell or ask how people are feeling today by completing the following sentences.

1. Karima, yaxshi______?
2. Malika va Ali xursand______ .
3. Men band emas______ .
4. Mahmud va Sanobar xafa______ ? Yo'q, ular ______ .
5. Karim sog'lom______ . Yo'q, u ______ .
6. Kasal______? Ha, men kasal______ .
7. Xafa______ ? Yo'q, xafa emasmiz.
8. Sanobar kasal emas, u biroz ______ .

18-mashq: Read the following sentences. Using particles **-mi** and **-chi**, make questions. Follow the model.

1. Karima talaba. *Karima talabami?*
2. Laylo o'qituvchi emas.
3. Ular shifokor.
4. Biz xursandmiz.
5. Sen xafasan.
6. Men talabaman.

Muomala odobi Social Interaction

Study the phrases used in everyday speech.

Listen to these phrases. First, discuss them with your instructor in class. Then, using the phrases, work with your classmate to create a dialogue.

Salomlashuv - Greetings	**Javob** - Response
Yaxshi yuribsizmi? *How is it going?* **Ahvollaringiz yaxshimi?** *How is your health?* **Tuzukmisiz?** *Are you feeling well?* **Sog'-salomatmisiz?** *Are you healthy?* **O'qishlaringiz yaxshimi?** *How are your studies?* **Uyichilar yaxshimi?** *How is your family?* **Onangiz, otangiz yaxshi yurishibdimi?** *How are your parents?*	**Rahmat, yaxshi.** *Fine, thanks.* **Yomon emas, rahmat.** *Not bad, thanks.* **Juda yaxshi!** *Very well.* **O'zingiz yaxshi yuribsizmi?** *Are you doing well yourself?* **Tashakkur, o'zingiz-chi?** *Thank you, how about you?*

Xayrlashuv - Farewells	**Javob** - Response
Mayli, yaxshi boring! *Ok, go well.* **Salomat bo'ling!** *Goodbye (lit: be healthy).* **Kelib turing!** *Keep in touch!* **Salom ayting!** *Say hello!* **Oq yo'l!** *Good luck!* **Telefon qilib turing!** *Keep in touch!*	**Mayli, yaxshi qoling!** *Ok, stay well.* **Xo'p, xayr.** *Ok, goodbye.* **Sog' bo'ling.** *Goodbye, be well.*

Yangi so'zlar Vocabulary

Listen and review the new vocabulary used in this chapter.

Assalomu alaykum!	*Hello (lit. in Arabic: Peace be upon you!)*
ayol	*woman*
band	*busy*
baquvvat	*strong*
baxtli	*happy*
biz	*we*
Bolalar yaxshimi?	*How are the kids?*
boy	*rich*
emas	negating particle
erkak	*man*
hali ham	*still*
kasal	*sick, ill*
keksa	*old (about a human being)*
Ko'rishguncha xayr.	*See you later.*
mayli	*okay, fine*
men	*I*
menimcha	*in my opinion*
-mi	question particle
och	*hungry*
Qandaysiz?	*How are you?*
rahmat	*thank you, thanks*
salom	*hello, hi*
Salomat bo'ling!	*Be well! Goodbye!*
sen	*you (informal)*
siz	*you (formal)*
Siz-chi?	*And you?*
sizlar	*you (pl)*
sizningcha	*in your opinion*
sog'lom	*healthy*
talaba	*student*
u	*she/he/it*
ular	*they*
Vaalaykum assalom!	*Hello (lit: in Arabic: Peace be upon you too!)*
xafa	*sad, upset*
xayr!	*Goodbye!*
Xudoga shukur.	*Thank God.*
xursand	*glad*
xo'p	*okay, well*
yaxshi	*well, good*
Yaxshimisiz?	*Are you well?*
o'qituvchi	*teacher*
shifokor	*doctor*
chanqagan	*thirsty*
charchagan	*tired*
-chi	question particle
chiroyli	*pretty, beautiful*

UCHINCHI DARS

CHAPTER THREE

ISMINGIZ NIMA?

INTRODUCTIONS

IN THIS CHAPTER

- **Yangi darsni boshlaymiz!** Let's Get Started
  Introductions in Uzbek, introducing yourself and others
- **Diqqat, qoida!** Language Points
  Ablative case (ending **-dan**), *conjunctions* **va, ham, lekin, chunki**
- **Keling, suhbatlashaylik!** Language in Use
  Activities to practice speaking, listening, reading, and writing
- **Asl o'zbekcha** Uzbek Realia
  Authentic video clips
- **Sizga xat keldi** Email Exchange
  Letters about Uzbek culture and people
- **Qo'shimcha mashqlar** Additional Activities
  Extra activities to reinforce new structures and vocabulary
- **Muomala odobi** Social Interaction
  Native speakers' daily speech
- **Yangi so'zlar** Vocabulary
  Vocabulary used in this chapter

Yangi darsni boshlaymiz! Let's Get Started

Study the new vocabulary and phrases used throughout the chapter.

When you introduce yourself, what are the things you usually say? Brainstorm with others, and create an introduction in Uzbek. Which words do you use?

1-mashq: Here are some introductions in Uzbek. First read the dialogues, then listen to them on the audio.

#1

Anna: Assalomu alaykum.
Erkak: Vaalaykum assalom. Ismingiz nima?
Anna: Anna.
Erkak: Qayerdansiz?
Anna: Amerikadanman.
Erkak: Talabamisiz?
Anna: Ha, talabaman.

#2

Dilshod: Salom, yaxshimisiz? Ismingiz nima?
Laylo: Yaxshi, rahmat. Ismim Laylo. Sizniki-chi?
Dilshod: Meniki Dilshod.
Laylo: Tanishganimdan xursandman.
Dilshod: Men ham.

#3

Salom. Mening ismim Akmal. Siz bilan tanishganimdan xursandman. Sizning ismingiz nima?

#4

Akmal aka. Tanishing, bu professor Furqat Alimov.

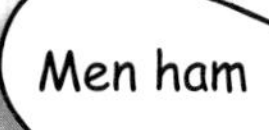

Tanishganimdan xursandman.

#5

Lola: **Assalomu alaykum, Madina opa.**
Madina: Ha, Lolaxon, yaxshi yuribsizmi?
Lola: **Yaxshi, rahmat. Madina opa, bu kishi mening turmush o'rtog'im, Zafar aka bo'ladilar.**
Madina: Yaxshimisiz, Zafarjon?
Zafar: **Xudoga shukur. O'zingiz yaxshi yuribsizmi?**

Cultural Note

Uzbek people do not use titles like Mr, Ms, or Mrs. However, when addressing each other, the first name is normally used with an honorific particle, such as "aka" or "opa."

"aka"-older brother, usually added to the end of the name of a male older than the speaker. "Alisher aka" - Esteemed Alisher.
"opa"-older sister, usually added to the end of the name of a female older than the speaker. "Hulkar opa"-Esteemed Hulkar.
When addressing an Uzbek woman who is younger than or the same age as the speaker, it is appropriate to add the suffix "xon" to her name. For example: "Yulduzxon," "Lolaxon," etc.
When addressing an Uzbek man who is younger than the speaker, it is appropriate to add the suffix "jon" to his name. For example: "Karimjon."

These are some useful introduction phrases:

Ismingiz nima?	What is your name?
Ismim (otim) . . .	My name is . . .
Tanishganimdan xursandman.	I am glad to meet you.
Sizniki-chi?	And yours?
Bu mening . . . (turmush o‘rtog‘im, do‘stim, hamkasbim, sinfdoshim).	This is my . . . (husband/wife, friend, colleague, classmate).

2-mashq: Introduce yourself to your classmates.

3-mashq: **Qayerdansiz? Siz-chi?** Find out the name and birthplace of your classmates and list them below:

ISM	QAYERDANSIZ?
Jon	Indianadan

Look at your survey. Are there any two people from the same state? Who are they?

4-mashq: How would you introduce the person sitting beside you? Find out his or her name and place of origin. Write down what you would say to introduce him or her to the class. Then role play introducing each other to other members of the class.

Diqqat, qoida! Language Points

Learn the new grammar points and complete the grammar-related activities.

***1. Ablative case: ending* -dan *(from, out of)*.**

When added to the end of a noun, this suffix indicates the action that is directed away from a location or a goal. In English, it can be expressed as *from, out of,* or *off*. Examples:

kutubxona	**kutubxonadan**	*from the library*
Toshkent	**Toshkentdan**	*from Tashkent*
men	**mendan**	*from me*

Qayerdan? *Where from?* When talking about place of origin, add the ending -**dan** to the end of the country name. In Uzbek, place names are generally capitalized. When you add the ending -**dan**, retain the capital letter. Also, remember that the personal predicate ending comes after the suffix **-dan** and after **emas.**

Qayerdansiz? *Where are you from?*
Alabamadanman. *I am from Alabama.*
Jon qayerdan? Jon Chikagodan.
Where is Jon from? He is from Chicago.
Siz Kaliforniyadan emassiz. *You are not from California.*

5-mashq:  Look at the following statements and decide if they are true or false.

	T	F
1. *your Uzbek instructor:* U O'zbekistondan.		
2. *your roommate:* U Kanadadan emas.		
3. *you:* Siz Angliyadansiz.		
4. *your best friends:* Ular Amerikadan.		
5. *your family:* Ular Illinoysdan.		
6. *one of your classmates:* U Koreyadan.		
7. *you have a friend who is:* Rossiyadan.		

Note:

You can also talk about your place of origin with the help of the suffix **–lik**, which you add to the end of the country name. Amerika – amerika**lik**, Argentina – argentina**lik**. Notice when the suffix **-lik** is added the country name is not capitalized.

The terms for ethnicity and language derive from the country name. Because these may be unpredictable, they must be memorized.

Country Name	Ethnicity	Language Name
O'zbekiston	o'zbek	o'zbek tili
Fransiya	fransuz	fransuz tili
Angliya	ingliz	ingliz tili

See activities below and the multimedia materials for more examples.

6-mashq: Read the names of the famous people below. Compare the names of their nationalities and their native countries.

Antonio Banderas	ispan	Ispaniya
Marta Styuart	amerikalik	Amerika (AQSh)
Albert Eynshteyn	nemis	Germaniya
Mahatma Gandi	hind	Hindiston
Nikol Kidman	avstraliyalik	Avstraliya
Lev Tolstoy	rus	Rossiya
Mao Tzedun	xitoy	Xitoy
Vilyam Volles	shotland	Shotlandiya
Kleopatra	misrlik	Misr

7-mashq: Look at the names of famous people in history. Match the names with nationalities given. To find out more about some of them, read short biographies given on the next page.

1	**Abdulla Qodiriy**
2	**Janna d'Ark**
3	**Tursun-Zoda**
4	**Shekspir**
5	**Kolumb**
6	**Pushkin**
7	**Abay**

	italyan
	o'zbek
	qozoq
	rus
	tojik
	ingliz
	fransuz

Abay 1845-yilda Qozog'istonda tug'ilgan. Shoir, faylasuf va kompozitor. 1904-yilda vafot etgan.

Mirzo Tursun-Zoda 1911-yilda tug'ilgan. Tursun-Zoda tojik shoiri. U 1977-yilda vafot etgan.

Qodiriy 1894-yilda, Qo'qonda tug'ilgan. Yozuvchi, jurnalist va tarjimon. "O'tkan kunlar" asarini yozgan. 1938-yilda vafot etgan.

8-mashq: Look at the information below, then find and circle the following language names: Azeri, Belarusian, German, Georgian, English, and Irish.

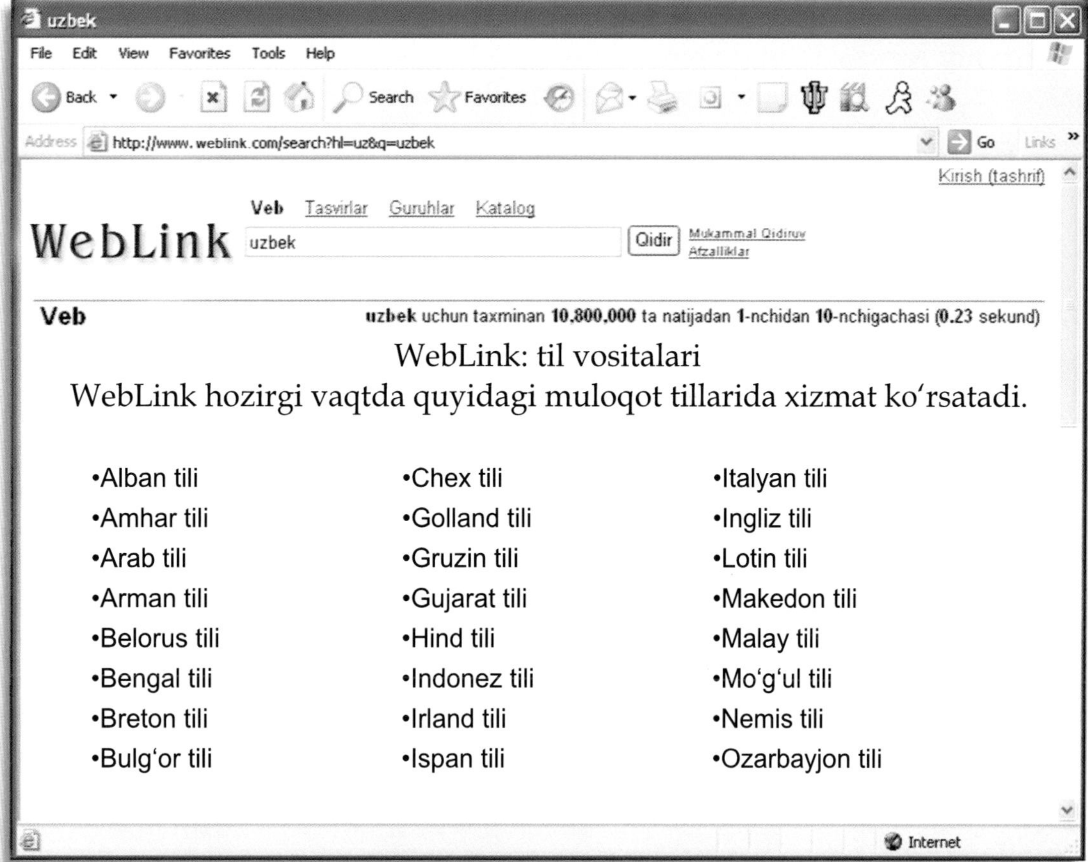

WebLink: til vositalari

WebLink hozirgi vaqtda quyidagi muloqot tillarida xizmat ko'rsatadi.

•Alban tili	•Chex tili	•Italyan tili
•Amhar tili	•Golland tili	•Ingliz tili
•Arab tili	•Gruzin tili	•Lotin tili
•Arman tili	•Gujarat tili	•Makedon tili
•Belorus tili	•Hind tili	•Malay tili
•Bengal tili	•Indonez tili	•Mo'g'ul tili
•Breton tili	•Irland tili	•Nemis tili
•Bulg'or tili	•Ispan tili	•Ozarbayjon tili

2. Conjunctions

The following are the conjunctions that are used most often in Uzbek:

ham - *also* is used after the noun or pronoun it refers to.
Aziz ham talaba. *Aziz is also a student.*

va - *and* is usually used to join two or more concepts. If more than two concepts are used, **va** is used only before the last concept. In writing, sentences cannot begin with the conjunction **va**.
Aziz, Qahramon va Yulduz talabadirlar.
Aziz, Qahramon and Yulduz are students.

lekin - *but* is generally preceded by a comma. Example:
Jon O'zbekistonda yashaydi, lekin o'zbek tilida gapirmaydi.
Jon lives in Uzbekistan but doesn't speak Uzbek.

chunki - *because* is also preceded by a comma. Example:
U band, chunki u talaba. *He is busy because he is a student.*

9-mashq: A.  Using conjunctions **va, lekin,** and **chunki**, make sentences about your classmates. Follow the model.
Namuna: *Tom ingliz. U Londondan. Tom xursand va baxtli.*

B. Now work with a classmate to discuss your observations. Follow the model. **Namuna**:

You: *Sizningcha, Tom xafami?*
Your classmate: *Ha, menimcha, u xafa.*
You: *Menimcha, u xafa emas. Menimcha, u xursand.*

Keling, suhbatlashaylik! Language in Use

Practice new grammatical notes and vocabulary by reading, listening, writing, and speaking.

10-mashq: Look at the pictures and write at least three statements about each of them. Mention their name, location and profession. Follow the model.

Namuna:

Bu Karim.
U O'zbekistondan.
Karim o'zbek.
U talaba.
Karim yosh va xursand.

11-mashq: With your classmate, practice the following dialogue. Then write a similar dialogue of your own, and act it out.

A: Assalomu alaykum!
B: Vaalaykum assalom! Yaxshimisiz?
A: Yaxshi, rahmat. Siz O'zbekistondanmisiz?
B: Yo'q, men Amerikandanman. Siz-chi? Siz O'zbekistondanmisiz?
A: Ha, men o'zbekman, Farg'onadanman. Ismim Karim.
B: Mening ismim Tom. Tanishganimdan xursandman.
A: Men ham.

12-mashq: Who are these people? Where are they from? How would you introduce them? Jot down few answers in Uzbek.

Salma Hayek:	
Nikolas Sarkozi:	
Dalay Lama:	
Vladimir Putin:	

13-mashq: Fill in the blanks with the sentences or words that you think are appropriate in this context. After you finish, listen to the audio and check to see if you got them right.

Jamshid: Kechirasiz, Lolamisiz?
Feruza: Yo'q, men ________. Mana bu qiz - Lola.
Jamshid: Lola, yaxshimisiz? Bu sizning kitobingizmi?
Lola: Voy! Ha, bu mening kitobim. Katta rahmat!
Jamshid: Arzimaydi.
Lola: ________ ________?
Jamshid: Ismim Jamshid.
Lola: Talabamisiz?
Jamshid: Ha, shu yerda o'qiyman.
Lola: Bu Feruza, dugonam.
Jamshid: ________ ________.
Feruza: Men ham. Siz Toshkentdanmisiz?
Jamshid:Yo'q, Andijondanman. ________**?**
Feruza: Men Buxorodanman. Lola Namangandan.
Jamshid: Juda yaxshi.
Lola: Kitob uchun katta rahmat!
Jamshid: Arzimaydi. Mayli, bo'pti.
Lola va Feruza: Xo'p, rahmat.

Yangi so'zlar:

kechirasiz	*excuse me*
sizning kitobingizmi?	*Is this your book?*
voy!	exclamation, surprise
katta rahmat	*Thank you very much!*
o'qiyman	*I study*
shu yerda	*here, at this place*
dugonam	*my friend (girl)*
uchun	*for*
arzimaydi	*you are welcome*
Mayli, bo'pti.	*Okay, good* (usually when conversation ends, also means *goodbye*)

14-mashq: Using what you know about these people, write a short passage describing them. Make some generalizations and use the conjunctions **ham**, **va**, **lekin,** and **chunki**. The first one is done for you.

Menimcha, ular yosh va xursand.

15-mashq: Use the vocabulary above to make your own dialogue. Then act it out with a partner.

16-mashq: Skim this passage about ethnic groups in Uzbekistan. You do not need to understand or translate each word.

O'zbekistonda yashovchi millatlar

O'zbekistonda o'zbek, tojik, rus, qozoq, qoraqalpoq, tatar va boshqa ko'plab millat vakillari yashaydi. O'zbek tili davlat tili, lekin boshqa millat vakillari o'z ona tillarida bilim oladilar va so'zlashadilar. Masalan, odamlar Toshkentda o'zbek va rus tilida, Buxoro va Samarqandda tojik tilida, Qoraqalpog'istonda qoraqalpoq tilida ham gapiradilar.

17-mashq: A.  Look at the following statements about Uzbekistan, and based on the text, decide if they are true or false.

	T	F
1. O'zbekiston ko'p millatli davlat.		
2. O'zbek tili - O'zbekiston Respublikasining davlat tilidir.		
3. Buxoroda odamlar qozoq tilida gapiradilar.		
4. Toshkentda odamlar fransuz tilida gapiradilar.		
5. Qoraqalpoq tili - O'zbekiston Respublikasining davlat tilidir.		

Yangi so'zlar:

millat	*nationality*
davlat tili	*official language*
yashaydi(lar)	*they live*
gapiradilar	*they speak*
ko'p	*many*

B. What about your country? Familiarize yourself with the following dialogue. Then act out similar dialogues by substituting words in bold with the corresponding information about your state/country.

Meri: **Tom**, siz qayerdansiz?
Tom: **Texasdanman**.
Meri: **Texas** chiroylimi?
Tom: **Ha, menimcha, juda chiroyli.**
Meri: **Texas**da odamlar qaysi tillarda gapiradilar?
Tom: **Ingliz** tilida.
Meri: **Ispan** tilida-chi?
Tom: Ha, **ispan** tilida ham gapiradilar.

Asl o'zbekcha Uzbek Realia

Watch the video clip and practice both listening and speaking.

18-mashq: A. Watch the video once and check the box with the correct answer.

1. girl with her hair down		2. girl with ponytail		3. guy	
Laylo	☐	Malika	☐	Dilshod	☐
Farida	☐	Farida	☐	Akmal	☐
Zebuniso	☐	Laylo	☐	Farrux	☐

B. Watch the video one more time and determine where the people are from.

C. Now watch the video for the last time and fill in the blanks with the information you learned from the video.

Assalomu alaykum, qalaysizlar? ______________________________?

Rahmat, o'zingiz yaxshimisiz?

Sizlar ______________________________?

Men ______________________________?

Men ham.

Voy, qanday yaxshi! Men ham______________________________, lekin men ______________________________. Otim ____________________.

Sizniki-chi?

Meniki____________________.

Tanishganimdan xursandman.

____

Men ham, juda ham.

D. Did you notice how people pronounce the word **men**? How did they say it? What is the other Uzbek word for **ism** (*name*)?

19-mashq: Using the dialogues given above, prepare your own introduction dialogues and act them out with a partner.

20-mashq: How would you introduce the people in the pictures below? Make several statements about them, mention their name, location, profession, and the languages they speak.

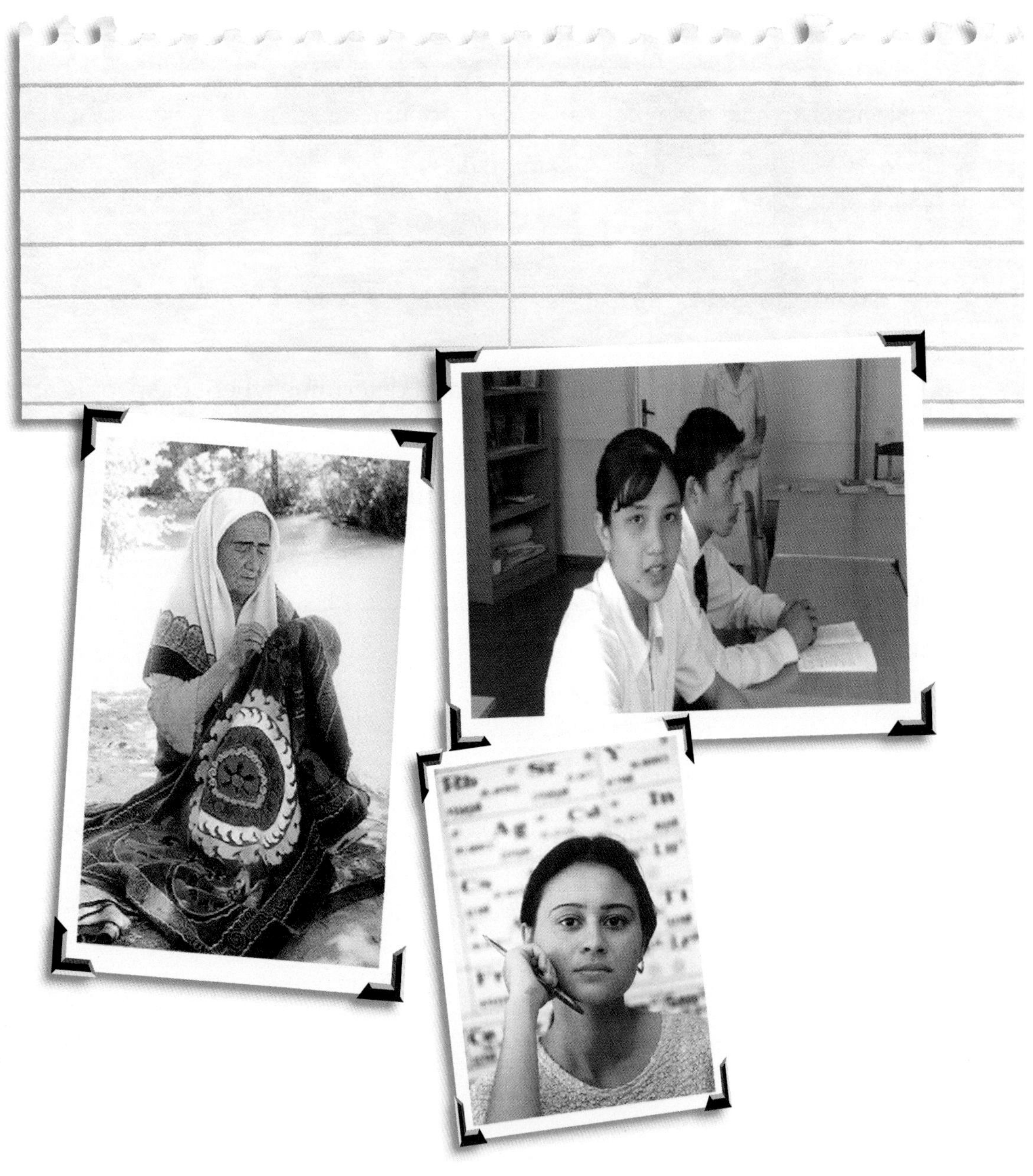

Cultural Note

Uzbek has various dialects. For example, those who live in Tashkent have a slightly different dialect from other regions, such as Samarkand or Khorezm. Although sometimes different vocabulary or word endings are used, almost everyone can understand each other. For example, here are some words you know in standard Uzbek followed by their equivalents in the Tashkent dialect and in English:

men -- man -- I
Qandaysiz? Qalaysiz? How are you?
ism -- ot -- name
ota -- ada -- father
ona -- oyi -- mother

Cultural Note

According to some statistics, the population of Uzbekistan consists of 80% Uzbeks, 5.5% Russians, 5% Tajiks, 3% Kazakhs, 2.5% Karakalpaks, 1.5% Tatars, and 2.5% other ethnicities. Uzbek is the official language; however, the representatives of other nationalities also speak their national languages.

Sizga xat keldi *You've got mail!*

In this section, you will read an email message that Sherzod received from Tom.

In chapters throughout this textbook, you will find short e-mail messages between Tom and Sherzod. These e-mails include the grammar and vocabulary that you learned in previous chapters. Also, each e-mail will give you information about Uzbekistan, its peoples and cultures.

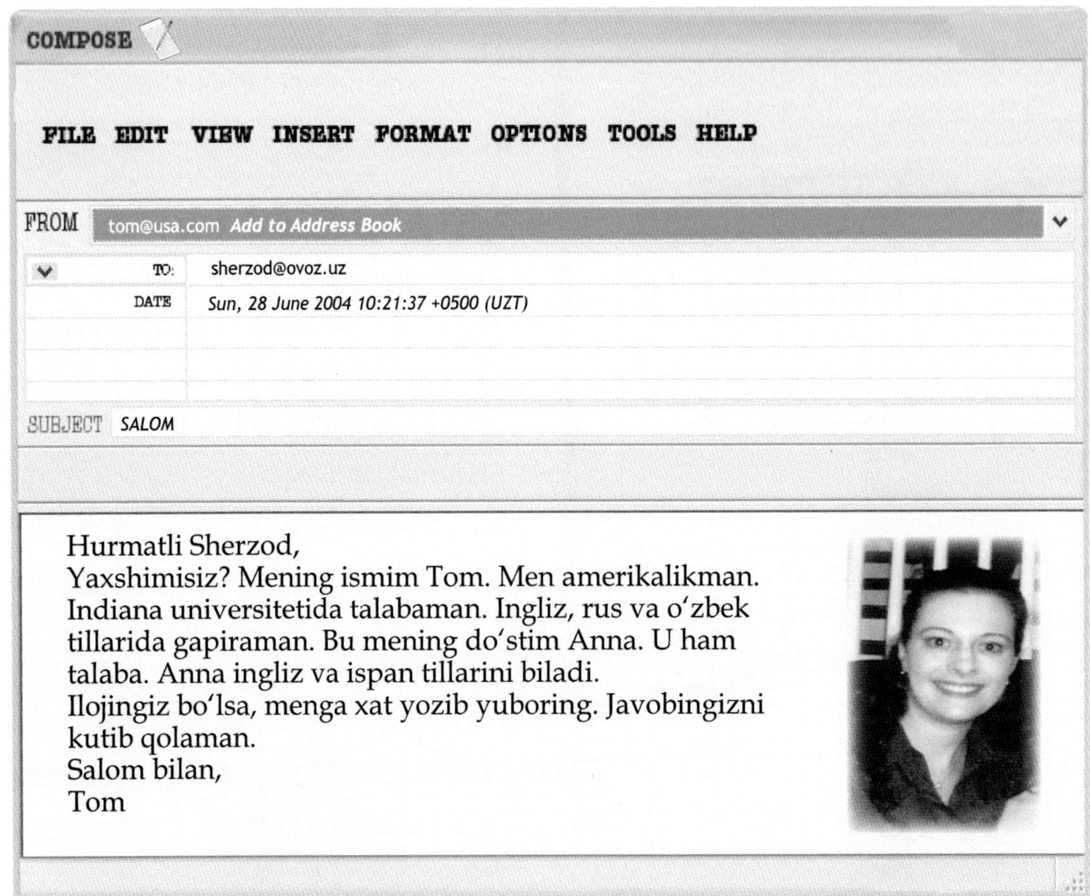
COMPOSE

FILE EDIT VIEW INSERT FORMAT OPTIONS TOOLS HELP

FROM tom@usa.com *Add to Address Book*

TO: sherzod@ovoz.uz

DATE *Sun, 28 June 2004 10:21:37 +0500 (UZT)*

SUBJECT *SALOM*

Hurmatli Sherzod,
Yaxshimisiz? Mening ismim Tom. Men amerikalikman. Indiana universitetida talabaman. Ingliz, rus va o'zbek tillarida gapiraman. Bu mening do'stim Anna. U ham talaba. Anna ingliz va ispan tillarini biladi.
Ilojingiz bo'lsa, menga xat yozib yuboring. Javobingizni kutib qolaman.
Salom bilan,
Tom

21-mashq:  Decide if the following statements are **to'g'ri** *(correct)* or **noto'g'ri** *(incorrect).*

1. Tom Angliyadan, u ingliz.
2. Tom o'zbek tilini biladi.
3. Tom yapon va rus tillarini biladi.
4. Anna talaba.
5. Anna va Tom kanadaliklar.

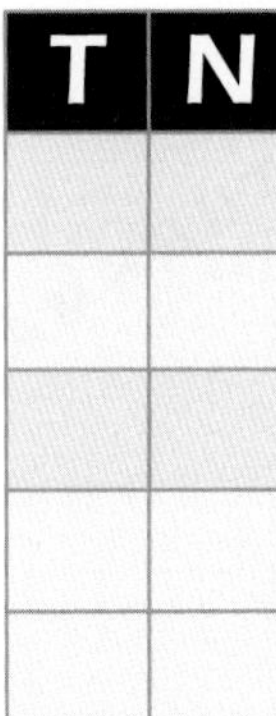

T	N

Qo'shimcha mashqlar Additional Activities

Reinforce new structures and vocabulary by completing these extra activities.

Work independently to complete the activities below. Pay attention to the use of new vocabulary and structures.

Introductions

22-mashq: Match the sentences in the first and second column as is appropriate.

1	Assalomu alaykum.
2	Xayr.
3	Yaxshimisiz?
4	Ismingiz nima?
5	Qayerdansiz?
6	Tanishing, bu Farida.
7	Talabamisiz?

a	Ismim Nodira.
b	Samarqanddanman.
c	Vaalaykum assalom.
d	Tanishganimdan xursandman.
e	Yo'q, shifokorman.
f	Salomat bo'ling!
g	Yaxshi, rahmat.

Case ending '-dan'

23-mashq: Where are these people from? Write down your answers.

Namuna: Your friend: U Alabamadan.

1. you Мен Небраскадан
2. your grandmother У Небраскадан
3. your roommate U meksikadan
4. a person sitting next to you У Аризонадан
5. your Uzbek instructor U O'zbekistondan
6. you and your siblings Biz Nebraskadanmiz
7. your best friend ______
8. your favorite actor/actress ______

24-mashq: Here is a conversation between a teacher and a student who are getting acquainted. Listen carefully to the audio and number the lines below to indicate the order in which they are spoken. The first one is done for you.

____ Men ham.

__1__ Assalomu alaykum, siz Farida opamisiz?

____ Ismim Dilshod.

____ Ha, shu yerda o'qiyman.

____ Talabamisiz?

____ Juda yaxshi. Tanishganimdan xursandman.

____ Qayerdansiz?

____ Samarqanddanman.

____ Vaalaykum assalom. Ha, men Faridaman. Ismingiz nima?

25-mashq:  Skim the following text and answer the questions.

Bizning sinf

Sinfimiz katta . Sinfimizda talabalar ko'p. Anvar va Lola o'zbek. Natasha rus, u Rossiyadan. Anya polyak, u Polshadan. Ali Ozarbayjondan. Fotima va Laylo Turkiyadan. Tom va Joanna ingliz. Xuan ispan va Salma Portugaliyadan. Parvina Tojikistondan va Aliya Qozog'istondan. O'qituvchimiz, Zamira opa, Turkmanistondan.

26-mashq:  Savollarga javob bering Note: In response to the question *Qayerdan?* the name of the country is given. In response to the question *Kim?* one's ethnicity is given.

1. Anvar qayerdan?	6. Tom qayerdan?
2. Natasha kim?	7. Xuan qayerdan?
3. Anya qayerdan?	8. Parvina qirg'izmi?
4. Ali kim?	9. Aliya kim?
5. Fotima va Laylo-chi?	10. Zamira turkmi?

Conjunctions

27-mashq: Read the following sentences and fill in the blanks using the words **va, lekin,** or **ham**.

Bu Nosir. U talaba. Farida ______ talaba. Nosir ______ Farida andijonliklar, __________ ular Toshkentda yashaydilar.

Mening ismim Ilyos. Toshkentdanman, ________ Nyu-Yorkda yashayman. Nyu-York universitetida o'qiyman. Do'stim Rustam ______ talaba, u Farg'onadan, _______ hozir u ham Nyu-Yorkda yashaydi.

28-mashq: Familiarize yourself with the following dialogue. Then write dialogues by substituting words from the reference list below for those in bold. Use the conjunctions **va, lekin,** or **ham** if needed.

Jamila: Assalomu alaykum!
Karim: Vaalaykum assalom!
Jamila: Mening ismim **Jamila**. Sizniki-chi?
Karim: **Karim**.
Jamila: Tanishganimdan xursandman.
Karim: Men ham.
Jamila: **Karim**, siz talabamisiz?
Karim: **Yo'q, talaba emasman. O'qituvchiman.** Siz-chi?
Jamila: Men **shifokorman**. Shu yerda ishlayman.
Karim: Qayerdansiz?
Jamila: **Buxorodan**. Siz-chi?
Karim: Men **Namangandanman**, lekin hozir **Toshkent**da yashayman.

a. Person 1: Meri, shifokor, Medison.
Person 2: Tom, shifokor, Nyu-York, Chikago

b. Person 1: Salim Ibragimov, aktyor, O'sh
Person 2: Farida Alimova, tarjimon, Xiva, Toshkent

c. Person 1: Anna Braun, o'qituvchi, Merilend
Person 2: Umida Salimova, talaba, Samarqand, Merilend

28-mashq:  Imagine you are traveling to Uzbekistan as an exchange student and are assigned to a host family in Andijan. Write them a short note about yourself.

Muomala odobi Social Interaction

Study the phrases used in everyday speech.

Listen to these phrases. First, discuss them with your instructor in class. Then, using the phrases, work with your classmate to create a dialogue.

Tanishuv - Introductions	**Javob** - Response
Bu kishi kim bo'ladilar? *Who is this person?*	**Bu kishi Nozim aka, o'qituvchimiz.** *This person is Nozim, our teacher.*
O'zimni tanishtirishga ruxsat eting! *Let me introduce myself.*	**Ismim Jamshid.** *My name is Jamshid.*
Ismingiz (otingiz) nima? *What is your name?*	**Alimov. Men Ravshan akaning o'g'liman.** *My family name is Alimov.*
Familiyangiz nima? *What is your family name?*	*I am Ravshan's son.*

Uzbek names

Uzbek names originate from Arabic, Persian, and Turkic languages. Generally, female names end in the vowel –a, and male names end in a consonant. Look at the following Uzbek names and discuss their meanings with your instructor. You can even choose one and use it as your "Uzbek" name in class. The origin of the name is given in brackets. The abbreviations stand for (a.) – Arabcha - Arabic, (f.t) – Fors-Tojik (Persian-Tajik); (o'zb)- O'zbekcha (Uzbek/Turkic).

Female names	Male names
Asal (a.) - asaldek shirin, sevimli.	Azamat (a)- ulug', qudratli.
Farida (a.) - yakka, yagona, tengsiz.	Alisher (a.-f.t.)- sherdek qudratli, jasur.
Go'zal (o'zb.) - zebo, chiroyli.	Bobur (o'zb.)- yo'lbars.
Hulkar (o'zb.)- yulduzdek yorug' yuzli.	Botir(o'zb.) - mard, dovyurak, jasur.
Kumush (o'zb.) - kumushdek bebaho, qadrli.	Elbek (o'zb.) - elning sardori, yo'lboshchisi.
Nodira (a.) - tengsiz, bebaho.	Erkin (o'zb-) - erkin, ozod.
Oygul (o'zb) - oydek chiroyli.	Farrux (f.t.) - ko'rkam.
Sevara (o'zb.) - sevimli, yoqimli.	Otabek (o'zb.) - beklarning boshlig'i, sardori.
Yulduz (o'zb.) - yulduzdek yorug' yuzli.	Qahramon (f.t.) - dovyurak, jasur, qudratli.
Lola (f.t.) - loladek nafosatli, go'zal.	Rustam (f.t.) - kuch-qudratli, botir.
Gulchehra (f.t.) - gulyuzli, chiroyli.	Ulug'bek (o'zb.) - ulug', kuch-qudratli
Feruza (f.t.) - iqboli baland zebo qiz.	Sherzod (f.t.) - sherdek dovyurak.

Writing letters in Uzbek

You have already seen some expressions used in the e-mail message that Tom sent to Sherzod. Here are some other words and phrases that you may find helpful in writing letters in Uzbek.

You can use the following greetings in your message:

Hurmatli Lolaxon - *Respected Lola*

Qadrli Alisher - *Dear Alisher*

Follow it with phrases such as:

Yaxshimisiz? *How are you? Are you well?*

Ishlaringiz yaxshimi? *Is your work going well?*

Ishlar bilan charchamasdan yuribsizmi? *Are you doing well (with your work)?*

Uyichilaringiz yaxshi yurishibdimi? *How is your family?*

Finish your letter using phrases such as:

Javobingizni kutib qolaman. *Looking forward to your response.*

Xat yozib turing. *Keep in touch.*

-ga salomlarimni yetkazing. *Say hello to...*

Hurmat ila/bilan - *Respectfully ...*

Salom ila/bilan – *Best regards (lit: Peace)*

Namuna: Hurmatli Karim aka,

Assalomu alaykum! Yaxshimsiz? Ishlar bilan charchamasdan yuribsizmi? Uyichilaringiz yaxshmi? O'zimdan so'rasangiz, men yaxshi yuribman. Yaqinda darslar tugab, imtihonlar boshlanadi. Shularga tayyorlanib yuribman. Sizga bir xat yozib, xol-ahvolingizni so'rab qo'yay degan edim. Undan tashqari, Toshkentga keladigan kuningizni aniq bilib olmoqchi edim. Vaqtingiz bo'lganida, iltimos, xat yozib yuborsangiz.

Javobingizni kutib qolaman.

Hurmat ila,

Nigora

Yangi so'zlar Vocabulary

 Listen and review the new vocabulary used in this chapter.

Amerikadanman.	*I am from America.*
Amerikalikman.	*I am an American.*
AQShdanman.	*I am from the USA.*
arzimaydi	*you are welcome*
biladi	*She/he knows.*
bizning sinf	*our classroom*
-dan	*from (ablative case ending)*
davlat tili	*official language*
do'stim	*my friend*
dugonam	*my friend (a woman)*
fransuz	*French*
fransuz tili	*French language*
gapiradilar	*they speak*
gruzin	*Georgian*
ham	*also*
hozir	*now, nowadays*
ilojingiz bo'lsa	*if you can*
ingliz	*English*
ingliz tili	*English language*
Ismim Laylo. Otim Laylo.	*My name is Laylo.*
Ismingiz nima? Otingiz nima?	*What is your name?*
Kanada	*Canada*
juda	*very*
katta	*big*
katta rahmat	*thank you very much*
kechirasiz	*excuse me*
kim	*who*
ko'p	*many*
kutubxona	*library*
lekin	*but, however*
mayli, bo'pti	*ok, good (usually when conversation ends, also means goodbye)*
Men ham.	*Me too.*
Meniki Dilshod.	*Mine is Dilshod (My name is Dilshod).*
mo'g'ul	*Mongolian*
nemis	*German*
odamlar	*people*
ozarbayjon	*Azeri, Azerbaijani*
Qalaysizlar?	*How are you all? (coll.)*
Qanday yaxshi!	*How nice!*
qayerdan	*where from*
Qayerdansiz?	*Where are you from?*
Qayerliksiz?	*Where are you from?*
qozoq	*Kazakh*
rus	*Russian*
sinfimiz	*our classroom*
Sizniki-chi?	*And yours (your name)?*
Tanishganimdan xursandman.	*I am glad to meet you.*
Tanishing, bu professor Alimov.	*Please meet professor Alimov.*
tojik	*Tajik*
turmush o'rtog'im	*my wife/husband*
uchun	*for*
va	*and*
voy	exclamation, surprise
xat	*letter*
yashaydi	*she/he lives*
yashaydilar	*they live*
yashayman	*I live*
yosh	*young*
o'qiyman	*I study*
o'zbek	*Uzbek*
o'zbek tili	*Uzbek language*
O'zingiz yaxshimisiz?	*How are you?*
shu yerda	*here, at this place*
chunki	*because*

TO'RTINCHI DARS
CHAPTER FOUR

Bu kim?
U nima?

CLASSROOM OBJECTS

IN THIS CHAPTER

- **Yangi darsni boshlaymiz!** Let's Get Started
  Classroom objects, describing people and things
- **Diqqat, qoida!** Language Points
  Demonstrative pronouns, adjectives, plurality of nouns, numbers 0-10, locative case (ending **-da**), *expressing existence*
- **Keling, suhbatlashaylik!** Language in Use
  Activities to practice speaking, listening, reading, and writing
- **Asl o'zbekcha** Uzbek Realia
  Authentic video clips
- **Qo'shimcha mashqlar** Additional Activities
  Extra activities to reinforce new structures and vocabulary
- **Muomala odobi** Social Interaction
  Native speakers' daily speech
- **Yangi so'zlar** Vocabulary
  Vocabulary used in this chapter

Yangi darsni boshlaymiz! Let's Get Started

Study the new vocabulary and phrases used throughout the chapter.

1-mashq: **A. O'qing va tinglang!** Follow along with the audio to hear how the following words are pronounced.

Bu kim?

Bu talaba.
Bu qanday talaba?
Bu yaxshi talaba.

Bu nima?

Bu daftar.
Bu qanday daftar?
Bu yangi daftar.

B. Working with a classmate, read the names of the classroom items below.

taxta
TAXTA
xarita
soat
eshik
devor
deraza
bo'r
o'qituvchi
o'chirg'ich
qalam
ruchka
xalta
stul
stol
kitob

2-mashq: Answer the questions with the correct word(s) in Uzbek.

1. Open this to get into the classroom.

2. When you want to read, you need this.

3. You use them to write.

4. Do you know where Uzbekistan is located? Find it on this.

5. If it gets really hot, we can open this.

6. Write on this.

7. You put your books in this.

8. You can erase with this.

9. This person teaches you.

In most Uzbek schools, children are required to wear school uniforms. Boys wear white shirts and black pants, while girls wear white blouses and black skirts. Unlike the United States, the student's family has to buy most of the textbooks instead of borrowing them from the school; only a few books can be obtained in the school library.

3-mashq: List the objects you see in your own classroom. Say them and then write them down.

4-mashq: Your teacher will point to some objects in the room. See how quickly you can identify those objects in Uzbek!

Diqqat, qoida! Language Points!

Learn the new grammar points and complete the grammar-related activities.

1. Question words and demonstrative pronouns

kim	*who* - is used for human beings only. Bu **kim? Bu talaba.**
nima	*what* - is used for animate nouns and inanimate nouns. **Bu nima? Bu kitob.** *What is this? This is a book.* **Bu nima? Bu mushuk.** *What is this? This is a cat.*
bu	*this* - is used for something or somebody close by.
u	*that* - is used for something or somebody further away. (remember **u** is also the personal pronoun denoting *he, she*, and *it*).
ana u	*that, over there.* (the object is further away than **u**)
mana bu	*this, over here.* (the object is located closer than **bu**)
shu	*this one* - is used for something or somebody close by. It usually refers to the object or the human which is specific to the speaker.

In Uzbek, question words are placed in the sentence where the word they replace would go. For example:

Bu kim? Bu talaba. *Who is this? This is a student.*
Bu nima? Bu ruchka. *What is this? This is a pen.*

Whenever question words are used, the particle **-mi** is not used.

5-mashq: Point to things in the classroom and ask your classmate about them. Ask questions such as:
Bu nima? Mana bu nima?

2. Adjectives: **Qanday?** *What kind of?*

In Uzbek, adjectives come before the nouns they describe. If an adjective follows a noun, it functions as the predicate of the sentence. For example:

katta kitob - *a big book* (**katta** = adjective)
Kitob katta. *The book is big.* (**katta** = predicate)

Look at the adjectives below and describe the classroom items you see in your class.

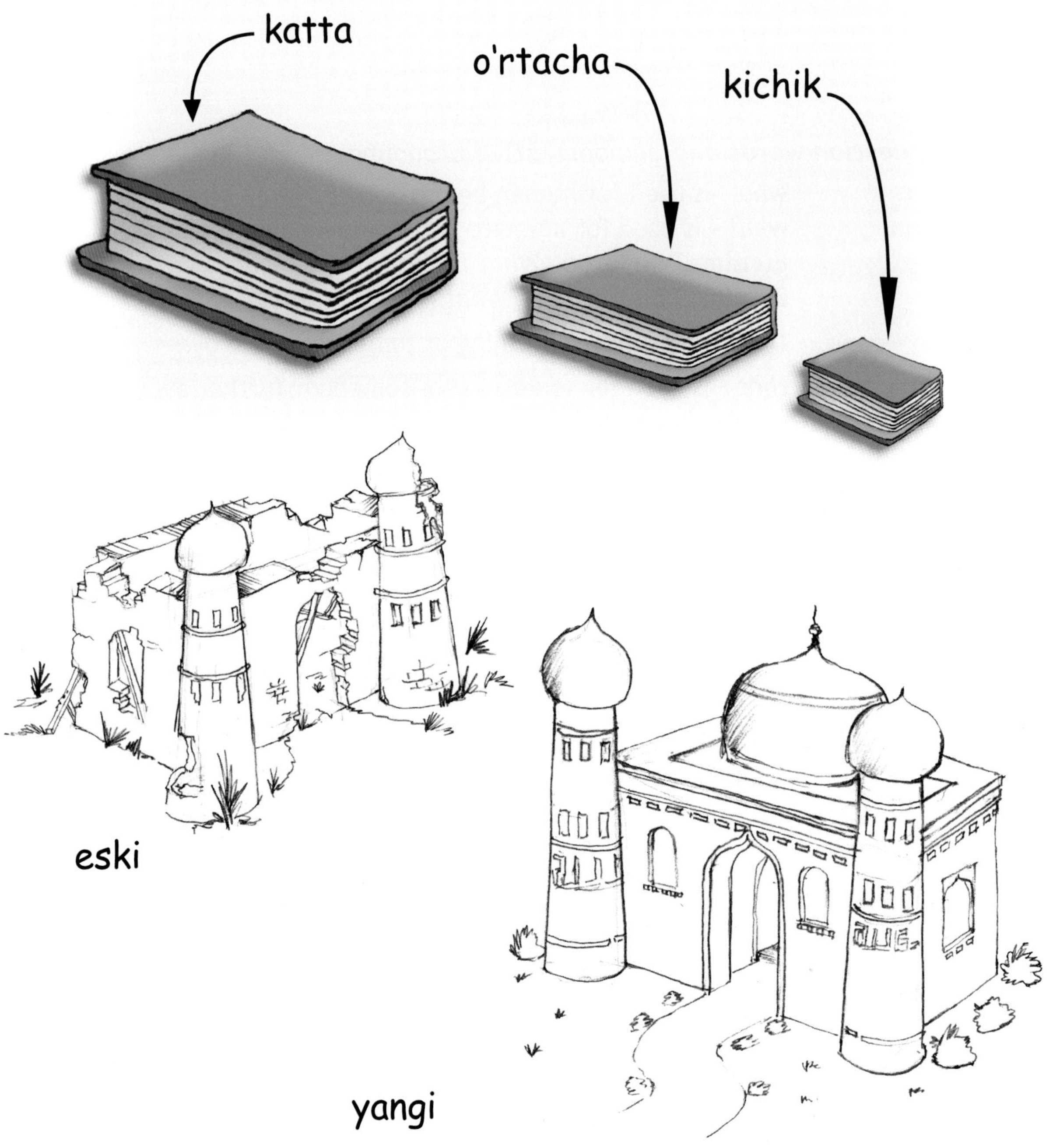

6-mashq: Point to a classroom object and ask your classmate to describe it. Possible questions you can use: **Bu qanday kitob? Bu qanday talaba?**

3. Numbers in Uzbek

Numbers 0-10

0 - nol	
1 - bir	6 - olti
2 - ikki	7 - yetti
3 - uch	8 - sakkiz
4 - to‘rt	9 - to‘qqiz
5 - besh	10 - o‘n

Ordinal numbers (1st, 2nd, 3rd, ...) are formed with the suffix **-nchi** (-**inchi** after consonants). Ex: **birinchi, uchinchi, oltinchi.** Note that in writing, a hyphen is used instead of **-nchi (inchi).**
10-may – o‘ninchi may – 10th of May.

7-mashq: Listen to the audio and repeat the numbers in Uzbek.

8-mashq:  Write numerals under the corresponding Uzbek number words and vice versa.

olti	sakkiz	o‘n	to‘qqiz	bir
uch	to‘rt	yetti	ikki	besh
7	3	9	1	8
4	5	10	2	6

Looking at the pictures, can you guess how plurals are formed in Uzbek? Can you spot two things that happen when a number precedes a plural noun?

4. Plural Nouns

The plurality of nouns is expressed by adding the suffix -**lar** to the noun. However, the plural suffix is not used when the noun is modified by number. Also, when the noun is modified by a number, a suffix -**ta** is added to the stem of the number. For example: **ikkita qalam**-*two pencils*. But, if the noun which is talked about is a human being (i.e. nouns indicating human beings, such as **talaba**-*student*, **o'qituvchi**-*teacher*) the suffix -**ta** can be dropped.

ikki qiz (or **ikkita qiz**) - *two girls*

ikki talaba (or **ikkita talaba**) - *two students*

Note:

1. The suffix -**ta** is not used when we talk about time or money.
   ikki soat-*two hours* **uch kun**-*three days* **olti dollar**-*six dollars*
2. When the suffix -**ta** is added to the word **bir**, it becomes **bitta**.
   Bu xonada bitta taxta va ikkita televizor bor.
   There is a chalkboard and two TVs in this room.

9-mashq: Using the language point above, create plural nouns using the words and numbers given below.

kitob	2
talaba	3
dollar	9
qalam	7
kun	10
ayol	8

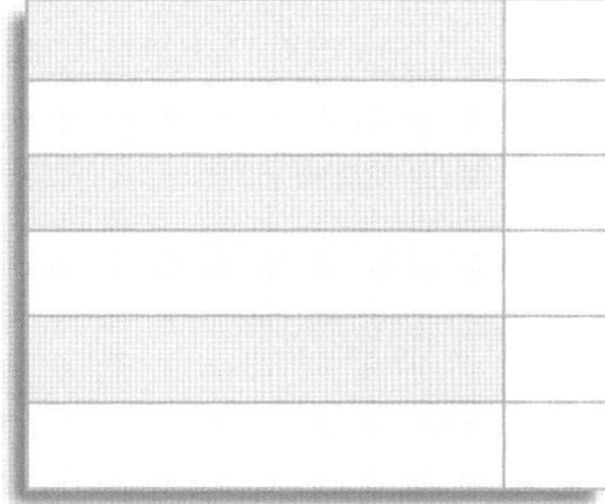

10-mashq: This is from a notebook of someone in an Uzbek class. Check whether the student got everything **to'g'ri** or **noto'g'ri.**

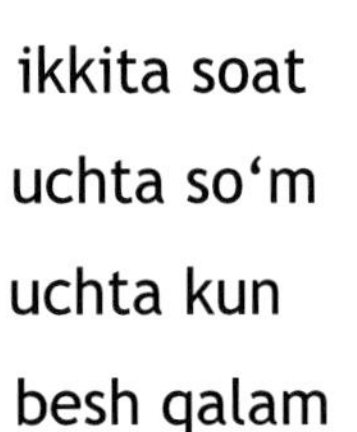

ikkita soat
uchta so'm
uchta kun
besh qalam

5. *Locative case* (ending **-da** – *at, in, on*)

-da is used after a noun or pronoun to indicate its location.

universitet	**universitetda**	*at the university*
Toshkent	**Toshkentda**	*in Tashkent*
stol	**stolda**	*on the table*

When asking about the location of an object, the question word **qayerda** is used.

Kitob qayerda? *Where is the book?*

Kitob stolda. *The book is on the table.*

The case ending **-da** precedes the personal predicate endings.

Men uydaman. *I am at home.* **Ishxonadamisiz?** *Are you at work?*

The negation is formed with **emas:**

Biz maktabda emasmiz. *We are not at school.*

Modes of transportation are expressed in Uzbek with the ending **-da**.

avtobusda-*on the bus (by bus).*

Toshkentga avtobusda bordik. *We went to Tashkent by bus.*

11-mashq: Answer the following questions, following the model.

Model: **Daftar qayerda? Daftar stolda**.

1. Talabalar qayerda?	
2. O'qituvchi qayerda?	
3. Ruchka qayerda?	
4. Toshkent qayerda?	
5. Xitoy qayerda? (Osiyo)	
6. Nyu-York qayerda?	

12-mashq: Get together with a classmate and discuss the items in the classroom. Say where things are located. You: **Ruchka qayerda?** Your classmate: **Ruchka stolda.**

6. Expressing existence

In order to express existence in Uzbek, the words **bor** and **yo'q** are used.

bor means *there is* or *there are*:

Stol bor. *There is a table.*

Daftarlar bor. *There are notebooks.*

yo'q means *there isn't* (*there is no*) or *there aren't (there are no).*

Kitob yo'q. *There is no book.*

Daftarlar yo'q. *There are no notebooks.*

Bor and **yo'q** are always placed after the word that they refer to.

The word that modifies the location is generally placed in the beginning of the sentence.

Sinfda taxta bor. *There is a chalkboard in the classroom.*

Stolda kitoblar yo'q. *There aren't (any) books on the table.*

Sinfda deraza yo'q. *There are no windows in the classroom.*

Questions are formed either with the particle -**mi** or with question words, such as **necha/nechta** - *how many.*

Sinfda stul bormi? *Is there a chair in the classroom?*

Sinfda nima bor? *What is there in the classroom?*

Sinfda nechta stul bor? *How many chairs are there in the classroom?*

Note the differences between the use of **bor/yo'q** and the personal predicate endings introduced in chapter 2. As mentioned earlier, **bor** and **yo'q** are used to express existence (or nonexistence). They correspond to English sentences used with the constructions *there is* and *there is not*. The sentences with personal predicate endings, on the other hand, correspond to English sentences used with the linking verb *to be*. In this type of sentence, the word that takes the personal predicate ending describes, explains, and/or completes the subject. This is best explained by studying the examples below.

Sinfda o'qituvchi bor. *There is a teacher in the classroom.*
O'qituvchi sinfda. *The teacher is in the classroom.*
Sinfda o'qituvchi yo'q. *There is no teacher in the classroom.*
O'qituvchi sinfda emas. *The teacher is not in the classroom.*
Do'konda qiziqarli kitoblar bor.
There are interesting books in the store.
Bu kitoblar qiziqarli. *These books are interesting.*
Sinfda qiziqarli kitoblar yo'q.
There are no interesting books in the class.
Bu kitoblar qiziqarli emas. *These books are not interesting.*

13-mashq: Answer the following questions about your classroom. Make four questions of your own and ask a classmate to answer them.

1. Sinfda nechta eshik bor?	
2. Sinfda nechta deraza bor?	
3. Sinfda televizor bormi?	
4. Sinf qanday? Kattami?	
5. Sinfda o'qituvchi bormi?	
6. Talabalar-chi? Talabalar bormi?	
7. Devorlarda nima bor?	
8.	
9.	
10.	
11.	

Keling, suhbatlashaylik! Language in Use!

Practice new grammatical notes and vocabulary by reading, listening, writing, and speaking.

14-mashq: **Math in Uzbek.** Work with a classmate. One should read the problem as a question and the other should provide the answer in Uzbek. Follow the given example: **qo'shuv** - *plus;* **ayiruv** – *minus*

Namuna: 2 + 2 = *A: ikki qo'shuv ikki* (Note: No word is needed for *equals*)
B: to'rt

9-6=	
4+3=	
2+6=	
5-3=	
4+3-2=	
6-5+8=	
3-2+9=	

15-mashq: Make your own problems and ask your classmate to answer them.

16-mashq: **Listen and Write:** Take turns with another student reading and writing the following numbers. As one student reads, the other should listen carefully and write down the correct number. Remember to read one digit at a time.

Student A
a) 1012
b) 2435
c) 6789
d) 8436
e) 9872
f) 1045

Student B
a) 1625
b) 8162
c) 5273
d) 1328
e) 6829
f) 3784

17-mashq: Practice by writing and discussing with another student the following numbers, telling one digit at a time.

1. your telephone number	
2. your zip code	
3. your street address number	

18-mashq: Read the following text about the classroom and answer the questions that follow.

Bizning sinf

Sinfimizda olti talaba bor. Anna, Jon va Meri amerikaliklar. Izabella fransuz va Fotima turk. O'qituvchimiz, Laylo opa, O'zbekistondan. Sinfimiz katta va shinam. Sinfimizda bitta eshik, ikkita deraza va bitta taxta bor. Devorlarda xaritalar bor. Sinfda bitta kompyuter, ikkita stol va oltita stul bor.

Savollar - *Questions*

1. Sinfda nechta talaba bor?	
2. Jon qayerdan?	
3. Izabella-chi?	
4. Laylo opa qayerdan?	
5. Sinf qanday?	
6. Bu sinfda nechta eshik va nechta deraza bor?	

Sizning sinfingiz qanday? - *How is your classroom?*
Using the text above as a model, describe your classroom.

____

____

____

____

____

Asl o'zbekcha Uzbek Realia

In this part of the lesson, you will use Uzbek currency to practice numbers.

The main unit of currency in Uzbekistan is the **so'm**. Look at the photos of it and complete the exercises below.

19-mashq: See if you can read the serial numbers aloud. Try it with a classmate.

20-mashq: Listen for the differences in the serial numbers given above and the ones on the audio.

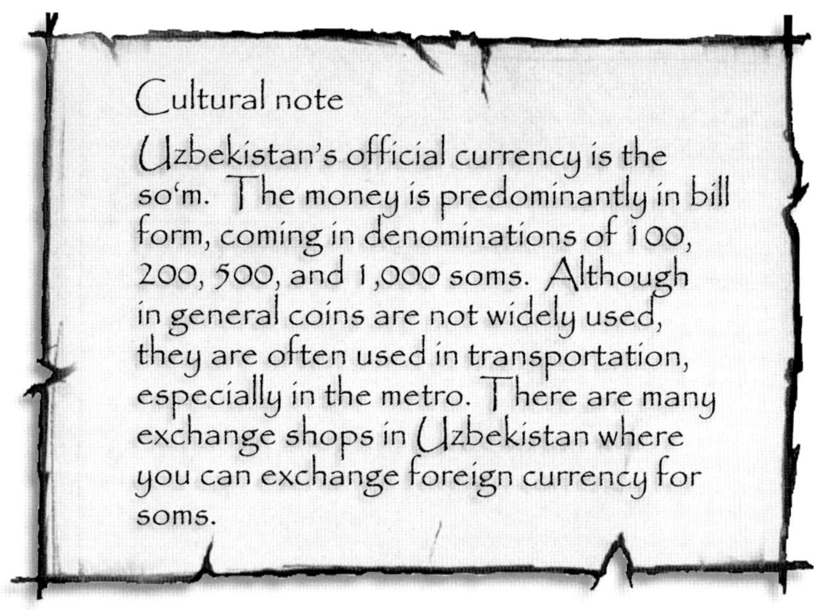

Cultural note

Uzbekistan's official currency is the so'm. The money is predominantly in bill form, coming in denominations of 100, 200, 500, and 1,000 soms. Although in general coins are not widely used, they are often used in transportation, especially in the metro. There are many exchange shops in Uzbekistan where you can exchange foreign currency for soms.

Qo'shimcha mashqlar Additional Activities

Reinforce new structures and vocabulary by completing these extra activities.

Work independently to complete the activities below. Pay attention to the use of new vocabulary and structures.

Classroom objects and numbers

21-mashq: Match each word on the left with the word on the right that it most closely goes with.

1	qalam
2	stol
3	talaba
4	eshik
5	xarita
6	taxta
7	kitob

a	deraza
b	o'qituvchi
c	devor
d	stul
e	ruchka
f	daftar
g	bo'r

22-mashq:  Write sentences in Uzbek to describe the things you see in this picture.

Model: Bu sinf. U katta va shinam.

1. ______________________
2. ______________________
3. ______________________
4. ______________________
5. ______________________
6. ______________________
7. ______________________
8. ______________________

23-mashq: **Nechta?** How many things/people are there in your classroom? Write 5 sentences about the objects in your classroom. The first one is done for you. (Note the suffix –ta.)

Model: Bitta taxta

1. ______________________________
2. ______________________________
3. ______________________________
4. ______________________________
5. ______________________________

24-mashq: What school supplies do you need for this semester? Make a list in Uzbek.

Model: To'rtta daftar
Bitta ruchka

25-mashq: How much do school supplies cost in your country? Put the approximate price for the supplies given below.

Bitta rucka – ikki dollar

1. daftar ______________________________
2. qalam ______________________________
3. chizg'ich ______________________________
4. xarita ______________________________

Now calculate the total cost of your supplies.

____
____
____
____
______________________________.

Bor and yo'q, and ordinal numbers

26-mashq: **A.** Do you remember the game "Where is Waldo?" Lola runs around so quickly that one moment she is here and the next she is gone. Work with your classmate and ask each other about Lola. Follow the model. Use all the new words given in the drawing above.

> - Lola qayerda?
> - U hammomda.
> - Yo'q, u hammomda emas. U oshxonada.

B. Describe what you see in each room. Follow the model.

Namuna: Oshxonada bitta stol bor.

27-mashq: Listen to the description of the classroom on the audio. For each item mentioned, fill in the correct number on the lists below.

	talaba		kompyutor		daftar
	o'qituvchi		televizor		taxta
	deraza		kitob		eshik

Muomala odobi Social Interaction

Study the phrases used in everyday speech.

Listen to these phrases. First, discuss them with your instructor in class. Then, using the phrases, work with your classmate to create a dialogue.

Biror narsa so'rash - Requests	**Javob** - Response
Ortiqcha ruchkangiz bormi? *Do you have a spare pen?* **Kalit sizdami?** *Do you have the key?* **Telefon raqamingiz necha?** *What is your telephone number?*	**Ha, bor.** *Yes, I do have it (lit: yes, there is a spare pen with me).* **Yo'q, ortiqchasi yo'q, kechirasiz.** *No, I don't have one, sorry (lit: no, there is no spare one with me).*

Dialogues:

Dilshod: Laylo, ortiqcha qalamingiz bormi?
Laylo: Yo'q, ortiqcha qalam yo'q, lekin ruchka bor.
Dilshod: Yo'q, rahmat. Menga qalam kerak edi.

Davron: Laylo, telefon raqamingiz necha?
Laylo: 145-14-99
Davron: Rahmat, men ertaga albatta telefon qilaman.

Your dialogue:

Yangi so'zlar Vocabulary

Listen and review the new vocabulary used in this chapter.

ana u	*that (that one over there)*
ayiruv	*minus*
ayol	*woman*
balkon	*balcony*
besh	*five*
bor	*there is/are*
bog'	*garden*
bo'r	*chalk*
bu	*this*
-da	*at, in, on (locative case)*
daftar	*notebook*
daraxt	*tree*
deraza	*window*
devor	*wall*
divan	*sofa, couch*
eshik	*door*
eski	*old (thing)*
garaj	*garage*
gazplita	*gas stove*
gilam	*carpet*
kichik	*small*
kim	*who*
kitob	*book*
kompyuter	*computer*
krovat (coll: karavat)	*bed*
kun	*days*
lampa	*lamp*
-lar	plural suffix
mana bu	*this (this one over here)*
nechta	*how many*
nima	*what?*
Nyu-York	*New York*
oshxona	*kitchen*
qalam	*pencil*
qanday	*what kind, how*
qayerda	*where at*
qiz	*girl*
qo'shuv	*plus*
ruchka	*pen*
so'm	*som (Uzbek currency)*
soat	*clock, watch, time, hour*
stol	*table*
stul	*chair*
taxta	*blackboard*
televizor	*TV*
turk	*Turkish*
u	*that (also, she, he, it)*
uy	*house*
xalta	*bag*
xarita	*map*
Xitoy	*China*
yangi	*new*
yotoq	*bedroom*
yo'q	*there is not/there are not*
zal	*living room*
o'chirg'ich	*eraser*
o'qituvchi	*teacher*
o'rtacha	*medium, average*
O'zbek so'mi	*Uzbek som (currency)*
shinam	*cozy, comfortable*
shu	*this one*
chizg'ich	*ruler*

Numbers 0-10

nol	*zero, null*	**olti**	*six*
bir	*one*	**yetti**	*seven*
ikki	*two*	**sakkiz**	*eight*
uch	*three*	**to'qqiz**	*nine*
to'rt	*four*	**o'n**	*ten*
besh	*five*		

BESHINCHI DARS

CHAPTER FIVE

SHU ATROFDA MEHMONXONA BORMI?

COMMANDS and REQUESTS

IN THIS CHAPTER

- **Yangi darsni boshlaymiz!** Let's Get Started

  Commands and requests, classroom expressions
- **Diqqat, qoida!** Language Points

  *Imperative, dative case (ending **-ga**), accusative case (ending **-ni**)*
- **Keling, suhbatlashaylik!** Language in Use

  Activities to practice speaking, listening, reading, and writing
- **Asl o'zbekcha** Uzbek Realia

  Authentic video clips
- **Qo'shimcha mashqlar** Additional Activities

  Extra activities to reinforce new structures and vocabulary
- **Muomala odobi** Social Interaction

  Native speakers' daily speech
- **Yangi so'zlar** Vocabulary

  Vocabulary used in this chapter

Yangi darsni boshlaymiz! Let's Get Started

Study the new vocabulary and phrases used throughout the chapter.

1-mashq: **O'qing va tinglang!** Follow along with the audio to hear how the following words are pronounced.

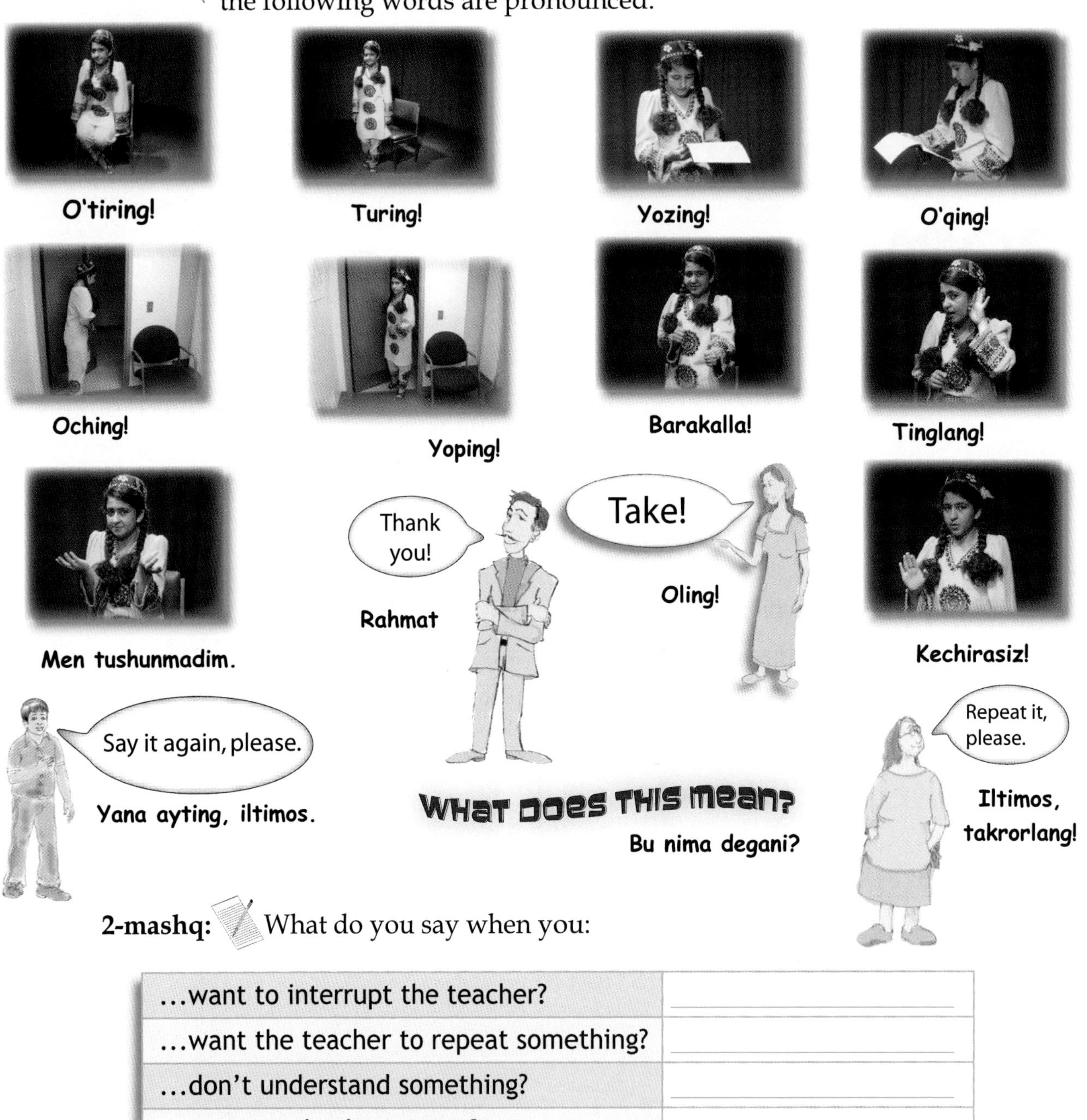

O'tiring!
Turing!
Yozing!
O'qing!
Oching!
Yoping!
Barakalla!
Tinglang!
Men tushunmadim.
Thank you!
Rahmat
Take!
Oling!
Kechirasiz!
Say it again, please.
Yana ayting, iltimos.
WHAT DOES THIS MEAN?
Bu nima degani?
Repeat it, please.
Iltimos, takrorlang!

2-mashq: What do you say when you:

...want to interrupt the teacher?	
...want the teacher to repeat something?	
...don't understand something?	
... want to thank someone?	
...can't hear what's being said?	

3-mashq: Practice the expressions above both with a classmate and with the instructor.

Diqqat, qoida! Language Points!

Learn the new grammar points and complete the grammar-related activities.

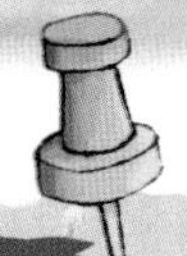

1. Commands and Requests

Imperatives in Uzbek can be quite short (often just a single word), and may seem abrupt or incomplete to an English speaker. However, these are normal and polite to Uzbek speakers. To form an informal command, drop the suffix -**moq.** For the formal add **-ing** to the end of the verb after consonants and -**ng** after vowels. For formal plural add **-lar**.Examples: **o'tirmoq**-*to sit;* **aytmoq**-*to say;* **to'xtamoq**-*to stop*

sen	siz	sizlar
o'tir	o'tiring	o'tiringlar
ayt	ayting	aytinglar
to'xta	to'xtang	to'xtanglar

For your information only:

SEN	SIZ	SIZLAR	U (*Let him . . .*)	BIZ (*Let's . . .*)
o'qi	o'qing	o'qinglar	o'qisin	o'qiylik
yoz	yozing	yozinglar	yozsin	yozaylik
gapir	gapiring	gapiringlar	gapirsin	gapiraylik
tingla	tinglang	tinglanglar	tinglasin	tinglaylik

4-mashq: Look at the words given below. What verbs you can use to make short commands? Model: musiqa (music): Tinglang!

kitob:	
eshik:	
diktant:	
stul:	
deraza:	

The negative command or request is formed by adding **-ma** to the verb stem and then adding the personal predicate ending.

sen	siz	sizlar
o'tirma	o'tirmang	o'tirmanglar
aytma	aytmang	aytmanglar
to'xta	to'xtang	to'xtanglar

Since word order in Uzbek follows the pattern Subject+Object+Verb, be sure to place the verb at the end of the sentence. See more on word order in Chapter 6.

Kitobni oching. *Open the book.*
Stuldan turing. *Get off the chair.*

For your information only:
Don't let him. . . *Let's not . . .*

SEN	SIZ	SIZLAR	U	BIZ
o'qima	o'qimang	o'qimanglar	o'qimasin	o'qimaylik
yozma	yozmang	yozmanglar	yozmasin	yozmaylik
gapirma	gapirmang	gapirmanglar	gapirmasin	gapirmaylik
tinglama	tinglamang	tinglamanglar	tinglamasin	tinglamaylik

5-mashq: What would you say in these situations? Make commands using the language points above.

1. The people sitting next to you are talking nonstop and you can't hear anything else.

You say: ______________________________

2. Your friend is about to sit on a chair that has a broken leg.

You say: ______________________________

3. You see a teenager writing graffiti on the wall of your house.

You say: ______________________________

4. It is hot in the room, but your roommate keeps closing the window.

You say: ______________________________

6-mashq:  Match each command to the situation where you would most likely see or hear it. Some of the vocabulary notes are given below.

1	**Sigaret chekmang!**
2	**Darsga kechikmang!**
3	**O'zbekistonga keling!**
4	**To'xtang!**

	Professor talking to a student
	Tourist board poster
	On the road
	Sign at a gas station

Yangi so'zlar

chekmoq – *to smoke*	**kelmoq** – *to come*
kechikmoq – *be late*	

2. Accusative case: ending -ni

The accusative case ending is added to the direct object of the verb. In Uzbek, the object has two forms, specific and nonspecific. If the object of the verb is specific, then the ending **-ni** is added. If it is not specific, no ending is added. For example:

> **Qalamni oling!** *Take the pencil!* (a specific pencil)
> **Kitob sotib oling!** *Buy a book!* (any book)

qalamni and **kitob** are the objects of the verb. They are the things upon which the actions (*taking, buying*) are carried out. In these sentences, the suffix **-ni**, generally, corresponds to the definite English article *the*. The indefinite English article *a* or *an* corresponds in Uzbek to no ending.

Misollar:

Indefinite	Definite
Choy iching! - *Drink some tea!*	**Choyni iching!** - *Drink the tea!*
Kitob o'qing! – *Read a book!*	**Kitobni o'qing!** – *Read the book!*
Xat yozing! – *Write a letter!*	**Xatni yozing!** – *Write the letter!*

3. *Dative case: ending -**ga** (to, into, for, towards)*

The suffix **-ga** added to a noun indicates motion to or into as well as an action performed to or for somebody/something:

maktab	maktabga	*to school*
Amerika	Amerikaga	*to Amerika*
siz	sizga	*to you, for you*

When it is added to a noun ending in **-k**, the consonant in the suffix changes to **-k**, and the ending **-ka** is used both in spelling and writing. **eshikka**-*to the door*; **Nyu-Yorkka**-*to New York*.

When added to a noun ending in **-q** or **-g'**, the ending **-ga** changes to **-qa**.
qishloq - qishloqqa-*to the village;*
bog'- boqqa-*to the garden.*

Kitobni Karimaga bering. *Give the book to Karima.*
Kinoga bilet sotib oling. *Buy a ticket to a movie.*
Nyu-Yorkka keling. *Come to New York.*

7-mashq: Look at the interests of the following people and suggest where they should go on vacation.

Karim

Laylo

Lola

Note:

Verbs and Cases. In chapters 4 and 5 you have learned about the grammatical cases used in Uzbek. The following notes will help you understand their use in more detail.

As you already know, cases are noun endings that indicate how the noun functions grammatically in a sentence—indicating its use as a subject, direct object, indirect object, location, movement from, etc. So far you have learned the ablative, locative, dative, and accusative cases.

Since verbs usually determine the case of nouns, learning about verbs can help you determine which case ending to use. An important aspect to know about verbs is transitivity. If a verb takes an object, it is said to be transitive; if it does not, then it is intransitive. The following are examples of transitive and intransitive verbs in English.

John threw the ball. (*ball* is an object: *What* did John throw?)
John entered the room. (the room is not an object, it indicates the place and not the thing: *Where* did John enter?)

Knowing if the verb is transitive will help you to decide whether it will take certain case endings. For example, since intransitive verbs do not take objects, you know that a noun being used with this kind of verb will never take the accusative case ending **-ni**, which is only used with objects.

Karima, kitobni oling! *Karima, please take the book.*
Karima, xonaga kiring! *Karima, please enter the room.*
(with **kirmoq, xonani** (or **xona**) is not an option)

Also, note that, in Uzbek, the subject of the sentence does not take any case ending.

Karima Salimni sevadi. *Karima loves Salim.*
(Siz) kitobni o'qing. *(You) read the book!*
Telefon jiringladi. *The phone rang.*

8-mashq: Here are the verbs actively used in this chapter. Based on the notes you read above, circle the verbs that can take objects, and then make commands. Follow the model.

Namuna: Olmoq - Tom, kitobni oling!

o'tirmoq o'qimoq aytmoq ochmoq
bormoq yopmoq turmoq tinglamoq
kirmoq olmoq yozmoq

____

____

____

____

____

Note:

Verbs and Cases (cont'd). In general, the meaning of case endings in Uzbek is quite consistent; once you know its meaning you can use it intuitively. As you make a sentence you have to determine the function of the noun (is it the object? is it describing direction, location, or movement?), and then give it an appropriate case ending.

However, the use of these case endings may sometimes sound counterintuitive to an English speaker. Some of these differences are presented below.

(+ga) yozmoq – *to write* (location, to write on something)
Mashqni daftarga yozing. *Write this exercise on the notebook.* (lit: to the notebook)
Ismingizni kitobga yozmang! *Do not write your name on the book* (lit: to the book)
(+da) yozmoq – *to write* (instrumental, to write with)
Bu mashqni ruchkada yozing. *Write this exercise with the pen.*

(+dan) turmoq – *to stand* (starting point of the movement)
Stuldan turing! *Please stand up from the chair.*
(+da) turmoq – *to stay, to stand* (location)
Uyda turing, hech qayerga chiqmang!
Please stay in the house, don't go anywhere.
Mana bu yerda turing. *Stay/stand here, please.*

(+ga) o'tirmoq – *to sit down* (the movement towards the chair, floor, etc.)
Stulga o'tiring. *Sit down in this chair, please.* (lit: to the chair)
Yerga o'tirmang. *Do not sit on the floor, please.* (lit: to the floor)
(+da) o'tirmoq – *to sit, to remain* (location, place)
Shu sinfda o'tiring. *Sit (down) in this room* or *Stay in this room.*

Note that two and three case endings can be used in a single sentence. The following sentences illustrate this point.
Uydan maktabga mashinada boring. *From home to school go by car!*
Samarqanddan Toshkentga taksida keling.
From Samarkand to Tashkent come by cab!

9-mashq: Practice the use of the case endings **-da, -ga,** and **-dan.**
A. Imagine you are in charge of your Uzbek class. Make some rules.

1. Only Uzbek should be used in the classroom. **Sinfda o'zbekcha gapiring!**
2. English should not be spoken in the classroom. ______________________
3. Students should write the excercises with pencils. ______________________
4. Students should not write on their books. ______________________
5. Students should not sit on the floor. ______________________
6. Teacher should write the new words on the board. ______________________

B. How would you go to these places? Make a route and tell how you can get there (specify mode of transportation).

Toshkent-Samarqand-mashina. Toshkentdan Samarqandga mashinada boring.

1. Nyu-York - Indiana - avtobus	
2. Parij - London - poyezd	
3. Florida - Tokio - samolyot	
4. Toshkent - Moskva-(your choice)	
5. Pekin - Frankfurt-(your choice)	
6. Chikago -(your choice)	
7.(your choice)- Mexiko	

Note:

Verbs and Cases (cont'd). In English sentences such as the following, the prepositions (*for* and *to)* are used with pronouns and proper names.

These flowers are for you, and those are for Jane.

She gave the book to me.

Similarly, Uzbek case endings can be attached to pronouns and proper names to show the direction, location, and movement away and from. The following examples illustrate this point.

Ruchkani Alisherga bering. *Give the pen to Alisher.*

Ruchkani menga bering. *Give the pen to me.*

Kitobni Faridadan oling. *Take the book from Farida.*

Ruchkani Alisherdan oling va Faridaga bering.

Take the pen from Alisher and give it to Farida.

Note that for the pronoun **u** a filler letter **-n** is inserted between the pronoun and case endings **-ga, -dan, -ni,** and **-da.**

Kitobni undan oling. *Take the book from her.*

The word order used in the examples above is without any emphasis, but the word order can vary to give emphasis to particular words. For details, see Chapter 6 and Appendix B.

10-mashq: **A.**  Choose a logical follow-up for the sentence in column A from column B.

Column A		Column B
1. Eshikni oching va		mashqni yozing.
2. Ruchkani oling va		Registonni ko'ring.
3. Kitobni oching va		xonaga kiring.
4. Samarqandga boring va		tekstni o'qing.

B. Read these commands and try to follow them. See if you understand all of them correctly.

Kitobni yoping va daftarni oching.
O'qituvchidan ruchkani oling.
Ruchkani stoldan oling va yerga qo'ying.

C. Now work in small groups and practice giving commands and requests. Try to combine several endings in your requests.
Namuna: *Meri, ruchkani mendan oling va Tomga bering.*
Jon, eshikni oching va kitobni yoping.

11-mashq: A. Get together with a classmate. Tell him/her about the places in your town. What are some places your classmate should visit? What means of transportation should the person take to get there? Then switch roles.

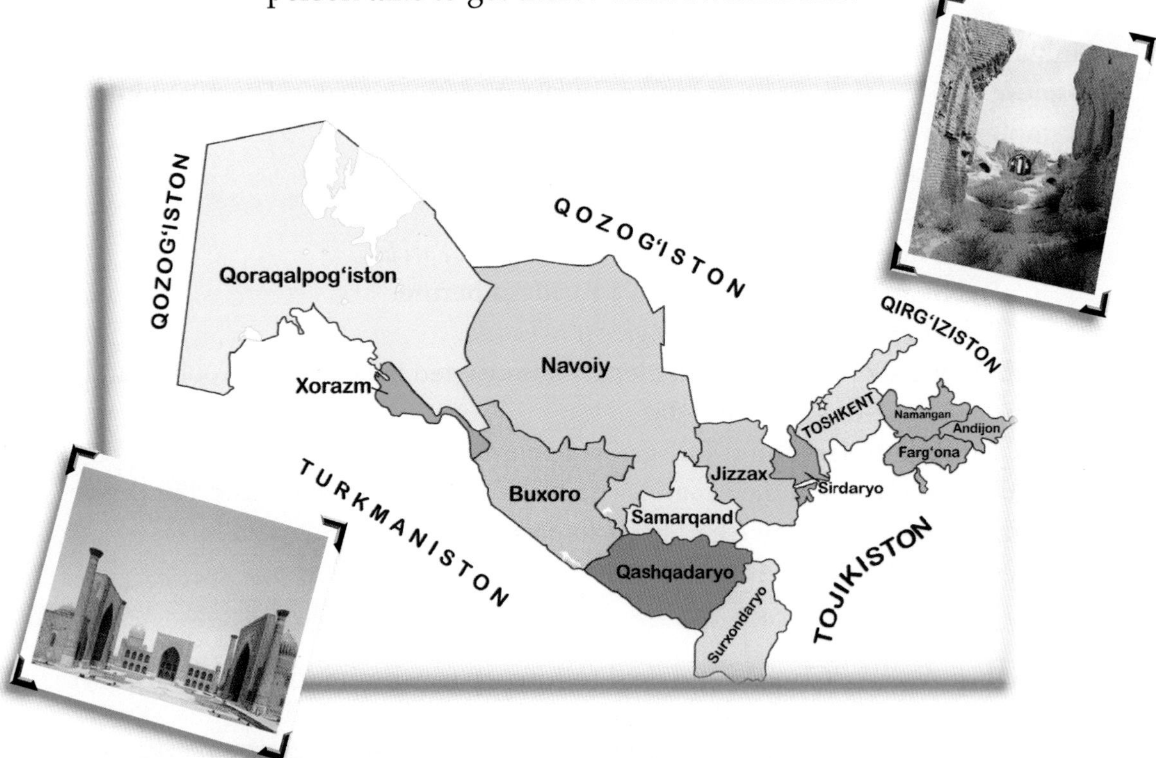

B. *Extended task:* Pretend you are writing a travel guide about Uzbekistan. What sites would you recommend? Explore Uzbekistan on the Internet; using the language points you learned, give recommendations to prospective tourists. Where should they go? What means of transportation would you recommend?

Keling, suhbatlashaylik! Language in Use!

Practice new grammar notes and vocabulary by reading, listening, writing, and speaking.

12-mashq:  Put the sentences in order to form a meaningful dialogue. Then listen to the audio and determine whether or not you completed the task correctly.

	Texnika Universiteti.
	Kechirasiz, shu atrofda universitet bormi?
	Ha, u Beruniy ko'chasida joylashgan.
	Rahmat!
	Qaysi universitet? Toshkentda universitetlar ko'p.

ko'cha - street	joylashgan - *is located*
shu atrofda - around here	

13-mashq: Make your own dialogue using the above dialogue as a model.

14-mashq: A. Study the words and phrases given below.

chap - *left*	**chapga** - *to the left*, **chap tomonda (chap qo'lda)** - *on the left*
o'ng - *right*	**o'ngga** - *to the right*, **o'ng tomonda (o'ng qo'lda)** - *on the right*, **o'ngga buriling** - *take a right*
to'g'ri - *straight*	**to'g'riga yuring** - *go straight*
(-ga) burilmoq - *to turn*	**chapga buriling** - *take a left*
(-dan) o'tmoq - *to cross, to pass*	**ko'chadan o'ting** - *cross the street* **maktabdan o'ting** - *walk past the school*
tomon - *towards*	**maktab tomon yuring** - *go towards the school*
metr - *meter*	**5 metr** - *5 meters* **Chorrahadan o'tib, 5 metrcha yuring.** *Cross the intersection and continue for about 5 meters.*
(-dan) chiqmoq - *to leave, to get out of*	**do'kondan chiqing** - *get out of the store (leave the store)*
bo'ylab - *along*	**Navoiy ko'chasi bo'ylab yuring.** *Walk along Navoiy Street.*
chorraha - *intersection*	**chorrahaga yetmasdan chapga buriling** -*take a left before the intersection.*
yer - *place*	**O'sha yerda nima bor?** *What is there (in that place)?*

B. Now answer these questions by using the above phrases.

1. Maktab qayerda? (Go straight and take a left.)

____

2. Do'kon qayerda? (Go towards the school and take a right.)

____

3. Supermarket qayerda? (Walk past the school and turn right.)

____

15-mashq: A. Look at the map below. Using the vocabulary given in 14-mashq, make a short dialogue. Use the example as a model.

Namuna:

— *Kechirasiz, masjid qayerda?*

— Bobur ko'chasida.

— *Bobur ko'chasi qayerda?*

— Metrodan chiqing va to'g'riga yuring.

— *Rahmat!*

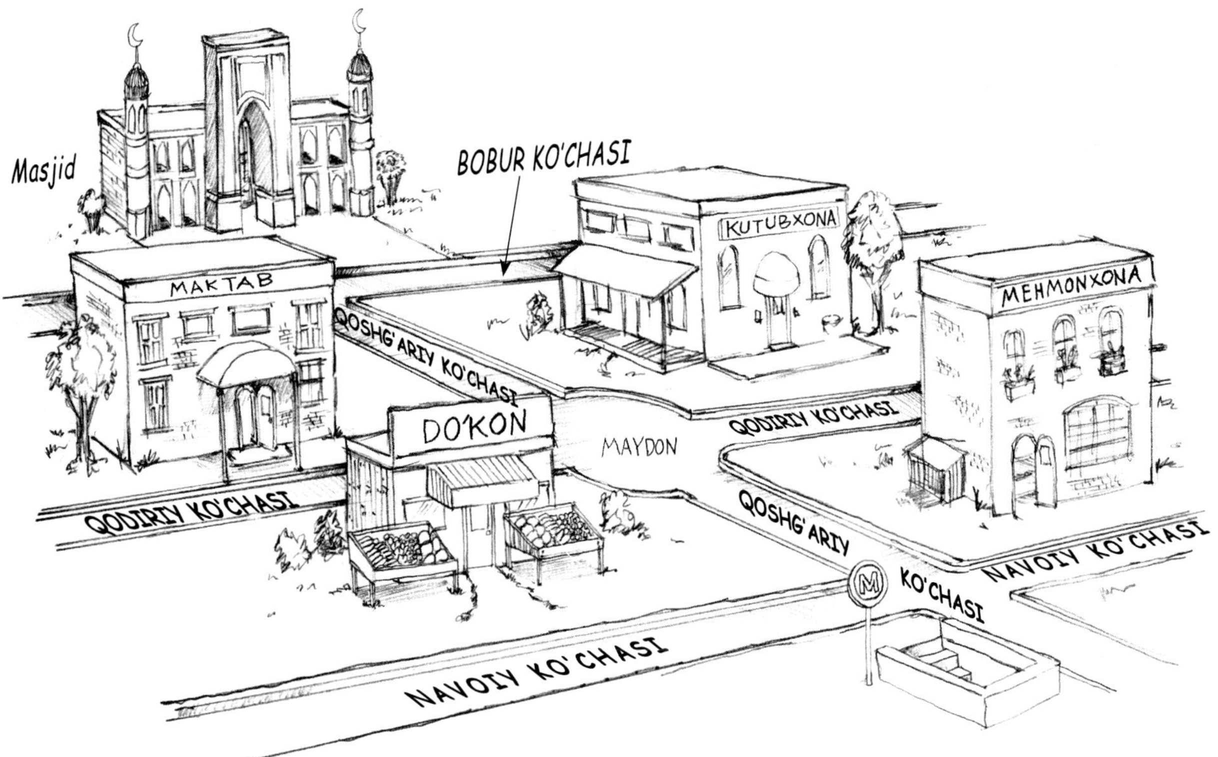

B. Now skim the sentences below and follow the directions they give on the map on the previous page. Answer the questions. (You will notice the following structure used in this text: **Eshikni ochib, xonaga kiring.** In this case **-ib** is used instead of **va**. Thus, the sentence is understood as *Open the door and enter the room.*)

1. Do'kondasiz. Do'kondan chiqib, Navoiy ko'chasi tomon yuring. Navoiy ko'chasi bo'ylab 10 metrcha yuring. Chorrahaga yetmasdan o'ngga buriling. O'sha yerda nima bor?

2. Masjiddasiz. Masjiddan chiqib, Bobur ko'chasidan o'ting. Qoshg'ariy ko'chasi bo'ylab to'g'riga yuring. Maktab, kutubxona va maydondan o'tib, 5 metrcha yuring. Chap qo'lda nima bor? O'ng qo'lda-chi?

3. Maktabdasiz. Maktabdan chiqing. Qodiriy ko'chasi bo'ylab maydon tomon yuring. So'ng chapga, Qoshg'ariy ko'chasiga buriling. Qoshg'ariy ko'chasi bo'ylab to'g'riga yuring. Bobur ko'chasidan o'ting. O'sha yerda nima bor?

4. Metrodasiz. Metrodan chiqib, maydon tomon yuring va o'ngga buriling. Ko'cha bo'ylab 10 metrcha yuring. Chap tomonda kutubxona bor. O'ng tomonda-chi?

5. Maydondasiz. Metro tomon yuring. Chorrahada chapga buriling. 10 metrcha yuring. Chap qo'lda nima bor?

16-mashq: Now listen to the audio and follow the map given below. Where will you end up if you follow the directions?

17-mashq: Pair work. Use the city map or one of the maps given above. Give directions to your classmate and then check if she/he understood you. Then switch roles.

Asl o'zbekcha Uzbek Realia

Watch the video clip and practice both listening and speaking.

18-mashq:  **A.** Check all the words that you hear in the video.

	metro
	Amir Temur
	metr
	avtobus
	chapga
	do'kon
	qayerga

	Pushkin
	to'g'riga
	tomon
	o'ngga
	talaba
	o'qituvchi
	yo'q

	tramvay
	rahmat
	yigit
	ko'cha
	kechirasiz
	salom
	yaxshi

 **B.** Watch the video again. What are the women looking for?

1.	Pushkin ko'shasi
2.	Amir Temur ko'chasi

3.	universitet
4.	Amir Temur parki

 **C.** Watch the video again. Choose the answer that matches the directions given in the video.

1. Metro tomon yuring, so'ng chapga buriling.
2. Metro tomon yuring, so'ng o'ngga buriling.
3. Metrodan o'ngga burilib, Pushkin ko'chasi tomon yuring.
4. Chorrahadan chapga burilib, 200 (ikki yuz) metr yuring.

Qo'shimcha mashqlar Additional Activities

Reinforce new structures and vocabulary by completing these extra activities.

Work independently to complete the activities below. Pay attention to the use of new vocabulary and structures.

Classroom expressions

19-mashq: Mary, a learner of Uzbek, mixed up the sentences in the following activity. Based on the context, fix these sentences.

1. Eshikni yozing! ______________________________
2. Stulni o'qing! ______________________________
3. Stolni yoping! ______________________________
4. Daftarga turing! ______________________________
5. Kitobga o'tiring! ______________________________

Commands and requests

20-mashq: Imagine you are a director at a secondary school in Uzbekistan. Make some rules using the situations given below.

1. You don't want students running in the corridor (**yugur-**) Korridorda yugurmang!
2. You don't like when students write in the textbooks. ____________________
3. You don't want students eating in the classroom. (**yemoq**) ____________________
4. You believe students shouldn't be late. ____________________
5. You think teachers shouldn't sit on the table. ____________________

21-mashq: Your Uzbek friend gave you some advice about spending time in Uzbekistan. Read it and then give her some advice about traveling to three locations in the United States. Mention means of transportation.

> Nyu-Yorkdan Toshkentga samolyotda keling. So'ng Toshkentdan Samarqandga boring. U yerda qadimgi masjid va madrasalarni ziyorat qiling. Registon maydoniga, so'ng Samarqand bozorlariga boring. Samarqanddan Toshkentga avtobusda yoki poyezdda qayting. Toshkentda muzeylarga, parklarga va bozorlarga boring.

1. ____.
2. ____.
3. ____.

Combination of case endings

22-mashq: Take words from the boxes below and make commands. In every sentence use more than two words. Follow the model:

kitob, Laylo, bering. Kitobni Layloga bering.

objects	verbs	Names, people and places
ruchka, qalam, kitob, eshik, daftar, avtobus, mashina	ol-, ber-, yop, ochmoq-, yoz-, o'qi-	Ali, Feruza, Laylo, talaba, o'qituvchi, Samarqand, Toshkent, Nyu-York, Parij

23-mashq: Read the following dialogue between a teacher and a student and fill in the blanks with the endings **ni**, **da**, **ga**, and **dan.** Then listen to the audio and check your answers.

Yangi so'zlar

shkaf - closet   topmoq - find

O'qituvchi: Laylo, xarita qayerda?

L: Men bilmayman.

O': Farrux, siz bilasizmi?

F: Ha, xarita shkaf...

O': Farrux, xarita... shkaf... oling va Laylo... bering.

F: Mana xarita.

O': Xarita... men... emas, Laylo... bering.

F: Kechirasiz. Laylo, marhamat, xarita... oling.

L: Rahmat.

O': Laylo, marhamat, xarita... Florida... toping.

Giving directions

24-mashq: You are visiting Samarqand. Unfortunately, this is a very busy season, and it is crowded everywhere you go. You can't hear the guide well, so ask him questions.

Guide: Bu Sherdor madrasasi.

Siz: Kechirasiz, yana ayting! or Kechirasiz, bu nima?

G: Mana bu bozor. Siz: ______________________________

G: Bu Registon maydoni. Siz: ______________________________

G: O'ng tomonda Al-Buxoriy maqbarasi bor. Siz: ______________________________

G: Bu yerda restoran bor. Siz: ______________________________

Muomala odobi Social Interaction

Study the phrases used in everyday speech.

Listen to these phrases. First, discuss them with your instructor in class. Then, using the phrases, work with your classmate to create a dialogue.

Yo'l so'rash - Asking for directions	**Javob** - Response
Metro qayerda dedingiz? *Where did you say the metro was?* **Xaritadan ko'rsatib yuboring, iltimos.** *Would you show it on the map?* **Kechirasiz, nima dedingiz?** *I am sorry, what did you say?* **Sekinroq gapiring, tushunmayapman.** *Please, speak slowly, I do not understand you.*	**Kechirasiz, men bilmayman.** *Sorry, I do not know.* **Ha, albatta. Qayerga bormoqchisiz?** *Yes, sure. Where would you like to go?* **Taksi (metro, avtobus)da boring.** *Take a cab (metro, bus).*

Suhbat

Yangi so'zlar Vocabulary

Listen and review the new vocabulary used in this chapter.

aloqa bo'limi	*post office*
arzimaydi	*You are welcome.*
-Katta rahmat!	*-Thank you very much.*
-Arzimaydi.	*-You are welcome.*
aytmoq	*to say*
barakalla	*well done*
bermoq	*give*
bormoq	*to go*
bozor	*marketplace*
Bu nima degani?	*What does this mean?*
burilmoq	*to turn*
bo'ylab	*along*
dars	*class, lesson*
diktant	*dictation*
do'kon	*store*
dorixona	*pharmacy*
-ga (-g'a, -qa)	*to, into, for, towards (dative case ending)*
gapirmoq	*to speak*
gazeta	*newspaper*
hammom	*bathroom*
ichmoq	*to drink*
javob bermoq	*to answer*
iltimos	*please (while requesting)*
Iltimos, takrorlang.	*Repeat it, please.*
joylashgan	*is located*
kasalxona	*hospital*
kechikmoq	*to be late*
kechirasiz	*excuse me*
kelmoq	*to come*
ko'cha	*street*
kutubxona	*library*
lug'at	*dictionary*
madrasa	*religious educational institution*
maktab	*school*
marhamat	*please (while offering)*
maqbara	*mausoleum*
mashina	*car*
masjid	*mosque*
maydon	*plaza, public square*
mehmonxona	*hotel*
Men tushunmadim.	*I do not understand.*
metr	*meter*
metro	*metro*
muzey	*museum*
-ni	accusative case ending
ochmoq	*to open*
olmoq	*to take*
park	*park*
poyezd	*train*
qadimgi	*old, ancient*
qayerga	*where to*
qaysi	*which*
qaytmoq	*to return*
qishloq	*village*
Registon maydoni	*Registan square*
restoran	*restaurant*
samolyot	*plane*
savol bermoq	*to ask a question*
sigaret	*cigarette*
teatr	*theater*
tinglamoq	*to listen*
to'g'ri	*correct, straight*

to'xtamoq	*to stop*
tomon	*towards; side*
topmoq	*to find*
tramvay	*tram*
turmoq	*to stand, to stand up*
universitet	*university*
Yana ayting, iltimos.	*Say it again, please!*
yemoq	*to eat*
yer	*place, floor*
yigit	*young man, guy*
yopmoq	*to close*
yozmoq	*to write*
yugurmoq	*to run*
yurmoq	*to walk*
o'ng **o'ng tomonda** **o'ng qo'lda**	*right* *on the right* *on the right*
o'qimoq	*to read*
o'tirmoq	*to sit, to sit down*
o'tmoq	*to pass, to cross*
o'sha **o'sha yerda**	*that, that one* *at that place*
shkaf	*closet*
shu atrofda	*around here*
chap **chap tomonda** **chap qo'lda**	*left* *on the left* *on the left*
chekmoq	*to smoke*
chiqmoq **xonadan chiqing** **tashqariga chiqing** **avtobusga chiqing**	*to go out* *Go out of this room.* *Go outside.* *Get on the bus.*
choy	*tea*
chorraha	*intersection, road crossing*

OLTINCHI DARS

CHAPTER SIX

KUNDALIK ISHLAR

DAILY ROUTINES

IN THIS CHAPTER

- **Yangi darsni boshlaymiz!** Let's Get Started

  Daily routine, likes and dislikes, expressing the date
- **Diqqat, qoida!** Language Points

  Present-future tense, adverbs of time, intonation
- **Keling, suhbatlashaylik!** Language in Use

  Activities to practice speaking, listening, reading, and writing
- **Asl o'zbekcha** Uzbek Realia

  Authentic video clips
- **Sizga xat keldi** Email Exchange

  Letters about Uzbek culture and people
- **Qo'shimcha mashqlar** Additional Activities

  Extra activities to reinforce new structures and vocabulary
- **Muomala odobi** Social Interaction

  Native speakers' daily speech
- **Yangi so'zlar** Vocabulary

  Vocabulary used in this chapter

Yangi darsni boshlaymiz! Let's Get Started

Study the new vocabulary and phrases used throughout the chapter.

1-mashq: **O'qing va tinglang!** Follow along with the words and listen to how they are pronounced on the audio.

1.

Sherzod soat yettida uyg'onadi

2.

va yuvinadi.

3.

U soat sakkizda nonushta qiladi.

4.

Soat to'qqizda ishga ketadi. Ishga mashinada boradi.

5.

Sherzod bankda ishlaydi.

6.

U soat birda tanaffusga chiqadi va tushlik qiladi.

7.

Soat ikkida tanaffus tugaydi va u ishini davom ettiradi.

8.

Sherzod soat beshda uyga qaytadi.

9.

Soat yettida kechki ovqatni yeydi va ingliz tilini o'rganadi.

10.
Kechqurun televizor ko'radi va

11.
kitob o'qiydi.

12.
Kech soat o'n birda uxlashga yotadi.

2-mashq: O'qituvchingiz bilan ishlang. Look at the drawings of **Sherzod**. As your instructor describes each one, give the number of the drawing.

3-mashq: **Mustaqil ishlang.** Look again at the pictures of **Sherzod** and read the following statements about him. Is each statement **to'g'ri** or **noto'g'ri**?

1. Sherzod har kuni soat sakkizda uyg'onadi.
2. Sherzod soat oltida ingliz tilini o'rganadi.
3. U kechqurun yuvinadi.
4. Sherzod fransuz tilini o'rganadi.
5. Soat sakkizda uxlashga yotadi.
6. Kechqurunlari gazeta o'qiydi.
7. Sherzod radio tinglaydi.

T	N

4-mashq: **Tinglang.** Listen to Lola's daily routine and determine three ways her schedule differs from Sherzod's.

Sherzod	Lola

Diqqat, qoida! Language Points!

Learn the new grammar points and complete the grammar-related activities.

1. Word order

In English, a sentence has the following word order: Subject+Verb+Object. *She buys books.* However, in Uzbek, parts of speech are placed in the following order:

SUBJECT + OBJECT + VERB

So, the above sentence in Uzbek is: *She books buys.* **U kitoblarni sotib oladi.** The verb always goes at the end of the sentence. In more extended sentences where various parts of speech are used, you can place parts of speech as shown in the following form.

Word order in Uzbek without any emphasis.

SUBJECT	WHEN	WHERE	OBJECT	HOW	VERB
I, he, a woman, Alisher, etc.	today, yesterday, afternoon, in July, every day, usually	**qayer(-da -ga; -dan)?** to school, from America, from bazaar, in the house	her; a book, etc. specific object should have suffix -ni, non-specific objects should be placed immediately before the verb.	slowly, fast, rarely, on car, by metro, on foot.	buy, buys, will buy, is buying, "**bor/yo'q**", personal endings, etc.

(Word order in Uzbek is not strict and some modifiers of time, place and manner may be placed elsewhere in a sentence. However, it is recommended that you follow the pattern above until you get completely comfortable with Uzbek word order. For more information on Uzbek word order check Appendix B)

Remember that not every sentence will have all the parts of speech as designated above. However, for now, make sure to order the parts of speech that you use as they appear in the table. Examples:

U har kuni bozordan olma sotib oladi.
(He every day market from apples buys.)
He buys apples from the market every day.

Aziza ertaga ertalab ishga mashinada boradi.
(Aziza tomorrow in the morning work to car in will go.)
Tomorrow morning Aziza will go to work by car.

If you want to use several adverbs of time in a single expression, follow the example: **bugun ertalab soat yettida** - *today at 7 o'clock in the morning.*

Note that in Uzbek, the subject may be omitted, as the verb already indicates the subject.
Chorshanbada Toshkentga ketamiz. *We'll leave for Tashkent on Wednesday.*

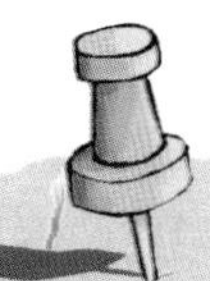

2. *Present-future tense*

In Uzbek, the present-future tense is used to express an action that happens habitually. It is also used to express an action that will happen in the future. The present-future tense is formed in the following way:

roots ending with vowel	roots ending with consonant
ishla-*work*	**uyg'on**-*wake up*
ishla-y-man	uyg'on-a-man
ishla-y-san	uyg'on-a-san
ishla-y-siz	uyg'on-a-siz
ishla-y-di	uyg'on-a-di
ishla-y-miz	uyg'on-a-miz
ishla-y-sizlar	uyg'on-a-sizlar
ishla-y-dilar (ishla-sha-di)	uyg'on-a-dilar (uyg'on-isha-di)

Notice that the 3rd person plural has two forms: **ishlaydilar/ishlashadi** - *they work*. The second form **-(i)shadi** is mostly used in spoken Uzbek.

Ular har kuni ingliz tilini o'rganishadi.
They learn English every day.
Ikki haftadan keyin O'zbekistonga qaytadilar.
They will return to Uzbekistan in two weeks.

Note:

Qachon? When? Adverbs indicating the time of the day:

kun - *day*	**Bir hafta yetti kundan iborat.** *A week consists of seven days.*
ertalab - *(in the) morning*	**Menga ertalab telefon qiling.** *Call me in the morning.*
peshin - *noon*	**Peshinda tanaffusga chiqadi.** *She takes a break at noon.*
kechqurun - *(in the) evening*	**Salim bugun kechqurun choyxonaga boradi.** *Salim is going to a tea-house today in the evening.*
tun - *night*	**Tunda qaytamiz.** *We will return at night.*
kunduzi - *during the day*	**Ertaga kunduzi kinoga boramiz.** *We will go to a movie tomorrow during the day.*
kech - *late, p.m.*	**Kech soat o'nda uxlashga yotaman.** *I go to bed at 10 p.m.* **Bugun kech qaytamiz.** *We will be back late today.*

Some adverbs occur in the plural, and indicate that the action is done every day.

kechqurunlari - *(in the) evenings*	**Kechqurunlari kitob o'qiyman.** *In the evenings, I read a book.*
ertalablari - *(in the) mornings*	**Ertalablari choy ichamiz.** *In the mornings, we drink tea.*

5-mashq:  **Mustaqil ishlang.** Here are some activities that Sherzod does everyday. Read them and write about your own routine in the space provided.

1. Sherzod soat yettida uyg'onadi.	Men soat sakkizda uyg'onaman.
2. U soat sakkizda nonushta qiladi.	
3. Sherzod bankda ishlaydi.	
4. Sherzod soat yettida ingliz tilini o'rganadi.	
5. U soat o'n birda uxlashga yotadi.	

6-mashq: **Sinfdoshingiz bilan ishlang.** Now ask a classmate about his/her daily routine. Specify activities other than the ones already given above.

Namuna:
You may ask: **Siz ertalab nima qilasiz?**
And your classmate may respond: **Men ertalab nonushta qilaman.**

Siz		Sinfdoshingiz	
Qachon?	*Nima qilasiz?*	Qachon?	*Nima qilasiz?*
ertalab		ertalab	
kunduzi		kunduzi	
kechqurun		kechqurun	

7-mashq:  **Mustaqil ishlang.** Choose one person from the following list and write about his/her daily life. Present it to the class. **Amerika Qo'shma Shtatlari Prezidenti**- *the President of the United States of America;* **Dalay Lama; Stiven King; Bill Geyts; Rim Papasi** - *Pope of Rome*

Note:

More verbs with special case endings:

Use **(+da) gapirmoq** to specify the languages you speak:

Siz qaysi tillarda gapirasiz? *What languages do you speak?*

Men o'zbek va rus tillarida gapiraman. *I speak Uzbek and Russian.*

Use **(+ni) bilmoq** to specify the languages you know (speak):

Nemis tilini bilasizmi? *Do you know (speak) German?*

Karim yapon tilini yaxshi biladi. *Karim speaks Japanese well.*

Tojik tilini bilmayman. *I do not speak Tajiki.*

Use **(+ni) o'rganmoq** to specify the language/s you are learning:

Maktabda ingliz tilini o'rganaman. *I learn English at school.*

3. Negative and interrogative sentences

The negative form of the present-future tense is formed by adding **-may** to the verb stem and then personal predicate endings. This is true regardless of whether the root ends in a vowel or consonant.

yoz-may-man	*I don't write*
ko'r-may-san	*you don't see (informal)*
sev-may-siz	*you don't love (formal)*
o'rgan-may-di	*he/she doesn't learn*
qil-may-miz	*we don't do*
o'qi-may-sizlar	*you don't read*
kel-may-dilar (kelish-may-di)	*they don't come*

Interrogative sentences.

Remember that in Chapter 2, for predicates with linking verbs the placement of the interrogative particle **-mi** varies. In some cases, it is placed before the personal predicate endings, and other times it is placed after them.

Kasalmisiz? *Are you sick?* **Kasalmizmi?** *Are we sick?*

For present-future tense, the interrogative particle **-mi** is placed at the end of the verb. There are no exceptions that you need to remember, just add it to the end of the conjugated verb.

Maktabga kelasizmi? *Will you come to school?*
Samarqandga boramizmi? *Will we go to Samarqand?*

8-mashq: **Sinfdoshingiz bilan ishlang.** Look at Sherzod's daily routine once more and come up with three questions. Then, work with a classmate to take turns answering one another's questions

Siz: Sherzod universitetga boradimi?
Sinfdoshingiz: Yo'q, u universistetga bormaydi.

9-mashq: **Mustaqil ishlang.** What do you think the following people do not do? For each person tell at least one activity that you think they do not do.

1. Maykl Jordan ____________________
2. Devid Bekxem ____________________
3. Dalay Lama ____________________
4. Bill Geyts ____________________

4. *Intonation in Uzbek*

Statements (both affirmative and negative) which are regarded by the speaker as complete, are pronounced with a slight rise followed by a fall:

U bugun bozordan olMA sotib oldi.

In such sentences, the primary stress falls on the word which immediately precedes the predicate (in the sentence above, it is the word **olma**).

Yes/No questions are pronounced with a high rise followed by a fall.

Bozordan olma sotib olaSIZmi?

Interrogative sentences requiring *wh-questions* (**qachon? qayerda? nima? kim?**) receive a slight rise on these question words and then a fall-rise intonation at the end of the sentence.

Jamila QAyerdan olma sotib olDI?

10-mashq: **Tinglang.** Follow along with the audio to hear these sentences.

5. *Adverbs*

The following adverbs are commonly used with present-future tense.

Adverbs that refer to habitual actions

ba'zan - *sometimes*	**har kuni** - *every day*
tez-tez - *frequently*	**doim** - *always*
barvaqt - *early*	**hech qachon** - *never*
odatda - *usually*	**kamdan-kam** - *rarely*

Men har kuni soat sakkizda uyg'onaman. *Every day I wake up at 8.*
U odatda maktabga avtobusda boradi. *She usually goes to school by bus.*
Biz har kuni maktabga boramiz. *We go to school every day.*
Lola barvaqt uyg'onadi. *Lola wakes up early.*

In Uzbek, negative adverbs, such as **hech qachon**, must be paired with a verb in the negative form.

Karim hech qachon nonushta qilmaydi. *Karim never has breakfast.*
Hech kimni tanimayman. *I do not know anyone.*
Hech qayerga bormaysiz. *You won't go anywhere.*
Hech narsa demang. *Do not say anything (lit: nothing).*

11-mashq: **Mustaqil ishlang.** Read the following statements. Are any of them **to'g'ri** for you?

	T	N
1. Har kuni o'zbek tilini o'rganaman.		
2. Barvaqt uyg'onaman.		
3. Juma kunlari dars qilaman.		
4. Yapon tilini bilaman.		
5. Hech qachon televizor ko'rmayman.		
6. Har kuni nonushta qilaman.		
7. Hech qachon tushlik qilmayman.		
8. Turk tilida bemalol gaplashaman.		
9. Ba'zan sigaret chekaman.		
10. Hech qachon ovqat pishirmayman.		

Note:

Qachon? and **Soat nechada?**

The interrogative pronoun **qachon**-*when* is used when asking about the time of an action.

Qachon kelasiz? *When will you come?*

When this question is asked you might answer using the above adverbs.

Bozorga qachon boramiz? Ertaga ertalab.

When will we go to the market? Tomorrow morning.

The phrase **soat nechada**? *at what time?* is also used when asking about the specific time of the action.

Soat nechada uyg'onasiz? *What time do you wake up?*

Har kuni ertalab soat yettida uyg'onaman. *I wake up at 7 am every day.*

12-mashq: **Savollarga javob bering.** Then make at least three questions of your own and ask your classmate.

1. Soat nechada uyg'onasiz?	
2. Qachon universitetga borasiz?	
3. Soat nechada tushlik qilasiz?	
4. O'zbek tilini qachon o'rganasiz?	
5. Soat nechada universitetdan qaytasiz?	
6. Ovqat pishirasizmi? Soat nechada?	
7. Soat nechada uxlashga yotasiz?	

13-mashq: **O'qituvchingiz va sinfdoshlaringiz bilan ishlang.** Now listen to your instructor's guesses about the students in the class. Agree or disagree with your instructor. Then ask the student if your guess is right.

O'qituvchi: *Menimcha, Anna soat o'nda uyg'onadi.*
Siz: *Yo'q, menimcha, u soat sikkizda uyg'onadi. Anna siz sakkizda uyg'onasizmi?*
Anna: *Ha, men soat sakkizda uyg'onaman/Yo'q, men soat oltida uyg'onaman.*

6. Expressing actions in the future

As it was mentioned earlier, the present-future tense can be used to express the actions that occur in the future. In this case, the following adverbs are used.

ertaga - *tomorrow*	**kelasi yil** - *next year*
bir haftadan keyin - *in a week*	**kelajakda** - *in the future*
indinga - *the day after tomorrow*	**bir oydan keyin** - *in a month*

Ertaga bozorga boramiz. *We will go to the market tomorrow.*
Kelasi yil O'zbekistonga boramiz. *We'll go to Uzbekistan next year.*

14-mashq: **Sinfdoshingiz bilan ishlang.** Discuss your future plans with a classmate. What are some things you will do in the near future? Here are some examples of questions you can use.

Bir yildan keyin nima qilasiz?
Kelasi yil o'zbek tilini o'rganasizmi?

7. Names of Months and of Days of the Week

Hafta - week

dushanba - Monday	**payshanba** - Thursday
seshanba - Tuesday	**juma** - Friday
chorshanba - Wednesday	**shanba** - Saturday
	yakshanba - Sunday

Oy-month

dekabr	mart	iyun	sentabr
yanvar	aprel	iyul	oktabr
fevral	may	avgust	noyabr

In Uzbek, the names of the week and month are not capitalized as they are in English. Unless, of course, they begin the sentence. Examples:

Rustam chorshanbada Toshkentga ketadi.
Rustam will leave for Tashkent on Wednesday.
Aprelda uyga qaytaman. *I will return home in April.*

15-mashq: **Sinfdoshingiz bilan ishlang.** Fill in the following weekday schedule for yourself, then ask questions about the weekly schedule of your classmate.

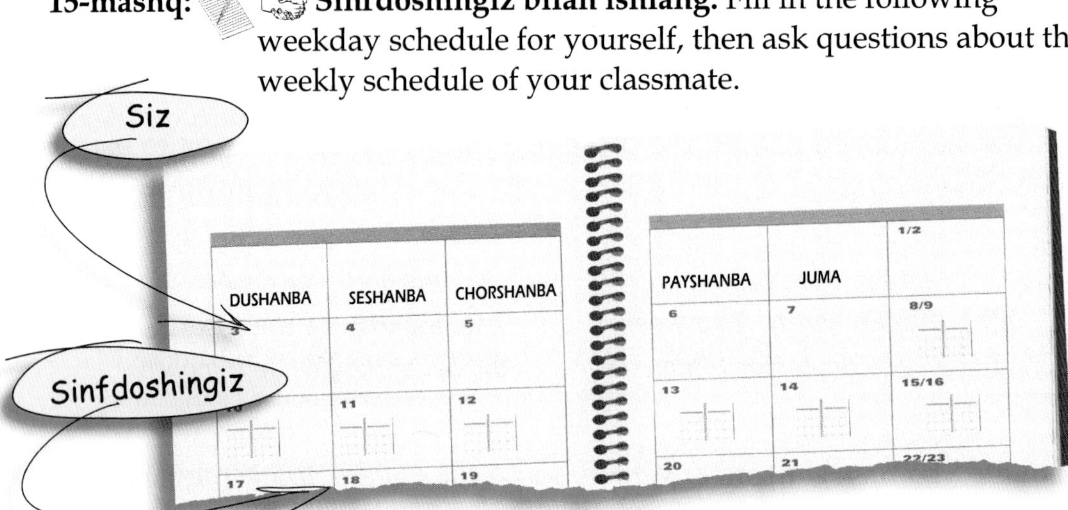

Model: **Men dushanba kuni o'zbek tilini o'rganaman. Siz-chi?**

16-mashq: **O'qituvchingiz bilan ishlang.** Read about the Uzbek national holidays from the cultural note at the end of this chapter. Discuss the following holidays in the class. Ask your instructor questions about these days.

1-yanvar:	________________
8-mart:	________________
9-may:	________________

Sample questions for your instructor:
1-yanvar qanday bayram?
Odamlar bu bayramni qanday nishonlaydilar?

17-mashq: **Mustaqil ishlang.** Write the dates (using either the date or the day of the week) of various holidays celebrated in your country. Explain in short sentences how you celebrate each holiday.
Namuna: *Biz 4-iyunda Mustaqillik kunini nishonlaymiz. Bu bayramda odatda saylga chiqamiz, ishlamaymiz.*

	________________
	________________
	________________
	________________

Note:

To express likes and dislikes in Uzbek, the following verbs are used.

yaxshi ko'rmoq-*to like; to be fond of.*

Siz qanday o'yinlarni yaxshi ko'rasiz? *What games do you like?*

Men futbolni yaxshi ko'raman. *I like soccer.*

yomon ko'rmoq - *to dislike; to hate.*

Laylo achchiq ovqatlarni yomon ko'radi. *Laylo doesn't like spicy food.*

Men shokoladli muzqaymoqni yomon ko'raman.
I don't like chocolate ice cream.

Note that the object of these verbs is usually specific (it is marked with the accusative case ending **-ni**).

18-mashq:  **Gaplarni o'qing.** Put **Ha** or **Yo'q** in the space provided. Check your answers with your classmates and see if you have the same likes and dislikes.

1. Futbolni yaxshi ko'raman.	
2. Tennisni yomon ko'raman.	
3. Mumtoz (klassik) musiqani yomon ko'raman.	
4. Sushini yomon ko'raman.	
5. Italyancha ovqatlarni yaxshi ko'raman.	
6. Bayramlarni yaxshi ko'raman.	
7. Kinolarni yomon ko'raman.	
8. Matematikani yaxshi ko'raman.	
9. Siyosatni yomon ko'raman.	
10. Rep musiqasini yaxshi ko'raman.	

19-mashq: **Mustaqil ishlang.** Discuss the days of the week and months of the year you like and dislike. Give a short reason.

Keling, suhbatlashaylik! Language in Use!

Practice new grammar notes and vocabulary by reading, listening, writing and speaking.

20-mashq:  **Matnlarni o'qib, savollarga javob bering.** Read the texts and answer the questions below.

Ismim Ulug'bek. Gulistonda, kichik qishloqda yashayman. Maktabda o'qituvchi bo'lib ishlayman. Oilam bilan katta hovlida yashaymiz. Futbolni, shahmatni va o'zbek mumtoz musiqasini yaxshi ko'raman.

An'anaviy o'zbek uylari. Odatda bir qavatli bino va hovlidan iborat bo'ladi. Bunday uylar *hovli* deb ataladi.

Toshkentda joylashgan ko'p qavatli binolar, kvartiralar.

Ismim Gulnora. Asli andijonlikman. Hozir Toshkentda yashayman. Bu yerda oilam bilan uch xonali kvartirada turaman. Bankda ishlayman. Hind kinolarini yaxshi ko'raman. Sportni, ayniqsa futbolni yomon ko'raman.

1. Ulug'bek qayerlik? U qayerda yashaydi?	
2. U qayerda ishlaydi?	
3. Ulug'bek nimalarni yaxshi ko'radi?	
4. Gulnora qayerda yashaydi?	
5. Qanday kvartirada turadi? Kim bilan?	

Yangi so'zlar:

xona	*room*
hovli	*courtyard; house*
kvartira	*apartment*
qimmat	*expensive*
qishloq	*village*
bozor	*marketplace*
qulay	*comfortable*

21-mashq: **Tinglang.** Now listen to this interview with Rano and Furqat, and see if you can answer the following questions.

1. Ra'no qayerlik?	
2. U qayerda yashaydi?	
3. U bozorga boradimi? Nima uchun?	
4. Furqat aka qayerlik?	
5. Furqat aka qayerda yashaydi?	

22-mashq: **Yozing.** Using what you know about Uzbeks, write a short passage about average Americans and present it to the class.

23-mashq: **Mustaqil ishlang.** Now compare average students in Uzbekistan and in your country. **A.** Answer the questions about students in the USA.

1. Amerikalik talabalar barvaqt uyg'onadilarmi?	
2. Darsga har kuni boradilarmi?	
3. Uy vazifalarini doim kompyuterda yozadilarmi?	
4. Har kuni televizor ko'radilarmi?	
5. Doim "Makdonalds"da tushlik qiladilarmi?	
6. Ko'p kitob o'qiydilarmi?	
7. O'zbek tilini o'rganadilarmi?	
8. Shanba kunlari ham universitetga boradilarmi?	

B. Compare your opinion with that of one of your classmates. Is there anything you answered the same? Anything you put differently? Discuss.

24-mashq: **Tinglang.** How about Uzbek students? Listen to Nodira describing her weekly schedule. Take notes and fill out her schedule below.

25-mashq: **Mustaqil ishlang.** Using the information that you heard about Nodira, write your assumptions about Uzbek students. Present them to the class.

O'zbekistonda talabalar . . .

26-mashq: **Sinfdoshingiz bilan ishlang.** Look at the following words. How often do you think your Uzbek instructor does these activities? Interview a classmate to find out how often he/she thinks your instructor does them. Use one of the adverbs you learned. Add any other questions you would like to know!

kofe/choy ichmoq — chekmoq — ovqat pishirmoq — mashina haydamoq

musiqa tinglamoq — kompyuterda o'yin o'ynamoq

Misol: *televizor ko'rmoq ----*

1-talaba	Televizor ko'radimi?
2-talaba	Ha, menimcha, har kuni televizor ko'radi.
3-talaba	
4-talaba	

Asl o'zbekcha Uzbek Realia

Watch the video clip and practice both listening and speaking.

27-mashq:  Watch the video and answer the questions that follow.

1. Ayolning ismi nima?

Gulbahor		Gulira'no		Gulnisa		Zebuniso	

2. Erkakning ismi nima?

Raim aka		Rahmon aka		Ravshan aka		Rasul aka	

3. Konsert qachon bo'ladi?

ertaga		shanbada		bugun		yakshanbada	

4. Ular qayerda uchrashadilar?

"Xalqlar do'stligi" saroyida		"Xalqlar do'stligi" metrosida	
"Pushkin" metrosida		Konsertda	

5. Ular soat nechada uchrashadilar?

oltida		yettida		sakkizda		olti yarimda	

28-mashq:  Watch the first part of the video one more time and match the man's greetings to the woman's responses.

1. Assalomu alaykum, Gulnisani mumkinmi?	*a. Yaxshi, rahmat, xudoga shukur. Yuribmiz. Ishlaringiz yaxshimi?*
2. Ey, Gulnisa o'zingizmisiz? Yaxshimisiz?	*b. Ha, yaxshi, rahmat. Ha, Rahmon aka! Assalomu alaykum, yaxshimisiz?*
3. Ha, men yaxshi yuribman. O'zingiz yaxshimisiz? Ishlaringiz yaxshimi? Uyichilar tinchmi?	*c. Ha, men Gulnisaman.*
4. Ha, sekin-sekin yuribman.	*d. Assalomu alaykum.*

29-mashq: **Sinfdoshingiz bilan ishlang.** Get together with your classmate. Make a similar dialogue and act it out.

Sizga xat keldi! You've got mail!

In this section, you will read an email message from Sherzod.

Read the email below and answer the questions.

COMPOSE

FILE EDIT VIEW INSERT FORMAT OPTIONS TOOLS HELP

FROM sherzod@ovoz.uz ***Add to Address Book***

TO: tom@usa.com

DATE Thursday, 20 March 01:54:37 +0500 (UZT)

SUBJECT Navro'z bayrami!

Salom Tom. Ishlaringiz yaxshimi? Xatingiz uchun katta rahmat.

Men ham talabaman, Toshkent Davlat Texnika universitetida o'qiyman. Kechqurunlari "Tillar markazida" ingliz tilini o'rganaman. Mening ham do'stlarim ko'p, ular bilan, odatda, har juma yoki shanba kunlari uchrashaman. Men sportni, ayniqsa futbolni yaxshi ko'raman.

Aytgancha, ertaga biz Navro'z bayramini nishonlaymiz. O'zbekistonda bu bayram keng nishonlanadi. Navro'z bayramida odamlar har xil milliy taomlar pishirishadi, sayillarga chiqishadi. Tom, Amerikada mart va aprel oylarida qanday bayramlar bor? Bu bayramlarni qanday nishonlaysizlar?

Javobingizni kutib qolaman.

Hurmat ila,

Sherzod

30-mashq: **Mustaqil ishlang.** Decide whether the following answers are **to'g'ri** or **noto'g'ri**.

	T	N
1. Sherzod universitetda o'qiydi.		
2. Sherzod ingliz tilini o'raganadi.		
3. Sherzod sportni yomon ko'radi.		
4. Bugun Navro'z bayrami.		
5. Navro'zda odamlar sayillarga chiqadilar.		

31-mashq:  **Sinfdoshingiz bilan ishlang.** What are some questions you would like to ask your classmate about his/her favorite holiday? Create at least three questions and ask your classmate.

1. ______________________________

2. ______________________________

3. ______________________________

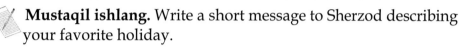

32-mashq: **Mustaqil ishlang.** Write a short message to Sherzod describing your favorite holiday.

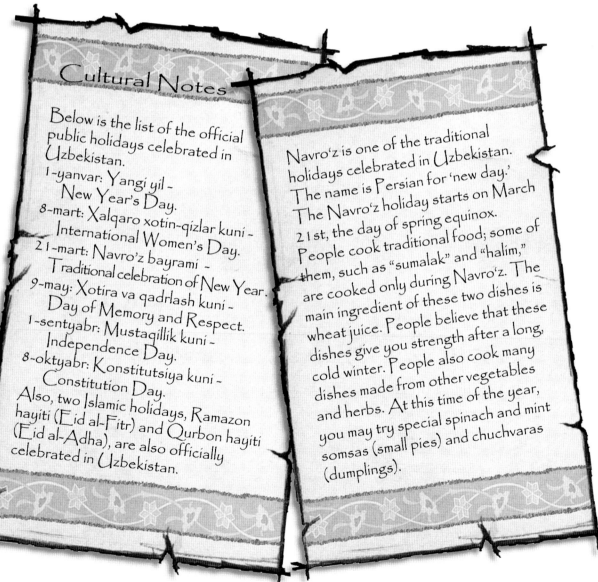

Cultural Notes

Below is the list of the official public holidays celebrated in Uzbekistan.

1-yanvar: Yangi yil - New Year's Day.
8-mart: Xalqaro xotin-qizlar kuni - International Women's Day.
21-mart: Navro'z bayrami - Traditional celebration of New Year.
9-may: Xotira va qadrlash kuni - Day of Memory and Respect.
1-sentyabr: Mustaqillik kuni - Independence Day.
8-oktyabr: Konstitutsiya kuni - Constitution Day.

Also, two Islamic holidays, Ramazon hayiti (Eid al-Fitr) and Qurbon hayiti (Eid al-Adha), are also officially celebrated in Uzbekistan.

Navro'z is one of the traditional holidays celebrated in Uzbekistan. The name is Persian for 'new day.' The Navro'z holiday starts on March 21st, the day of spring equinox. People cook traditional food; some of them, such as "sumalak" and "halim," are cooked only during Navro'z. The main ingredient of these two dishes is wheat juice. People believe that these dishes give you strength after a long, cold winter. People also cook many dishes made from other vegetables and herbs. At this time of the year, you may try special spinach and mint somsas (small pies) and chuchvaras (dumplings).

Qo'shimcha mashqlar Additional Activities

Reinforce new structures and vocabulary by completing these extra activities.

Mustaqil ishlang. Quyida berilgan mashqlarni bajaring. Yangi so'zlar va grammatik qoidalarning ishlatilishiga ahamiyat bering.

Present-Future Tense

33-mashq: You are an exchange student and are going to live with a host family in Uzbekistan. Your host family called you and told you about themselves; however, the connection was so bad that you did not understand everything clearly. Write down the questions you would need to ask to find out the information you missed.

Namuna: Mening ismim..........
Siz: Kechirasiz, ismingiz nima?

1. Biz ____________yashaymiz. Siz: ____________________
2. Men ____________ ishlayman. Siz: ____________________
3. Men har kuni soat ____________ uyg'onaman. Siz: ____________________
4. Soat 8:30da ____________ ketaman. Siz: ____________________
5. Soat ____________ uyga qaytaman. Siz: ____________________

34-mashq: Ular ertalablari nima qiladilar?

1. Sting ____________________
____
2. Vladimir Putin ____________________
____
3. Madonna ____________________
____
4. Bill Geyts ____________________
____

35-mashq: You arrived in Uzbekistan. Unfortunately, there was a mistake in your accommodations, and you were put in a house with ten other exchange students. There is only one bathroom and one kitchen, so you all decided to make a list of things you do daily. Write how often and at what time you do the activities below.

Namuna: yuvinmoq – Men ertalab soat yettida yuvinman.

1. Nonushta qil - ______________________________.
2. Ovqat pishir - ______________________________.
3. Televizor ko'r - ______________________________.
4. Chek - ______________________________.
5. Kofe ich - ______________________________.
6. Tushlik qil-______________________________.

36-mashq: Look at the names of the holidays below. For each of them, write one sentence describing what people usually do on this day.

1. 4-iyul, Mustaqillik kuni: ______________________________.
2. 14-fevral, Valentin kuni: ______________________________.
3. Avliyo Patrik* kuni: ______________________________.
4. Yangi yil bayrami: ______________________________.
5. Shukronalik kuni: ______________________________.
6. Mehnat* kuni: ______________________________.

***Avliyo Patrik kuni** - *St.Patrick's day*
***Mehnat kuni** - *Labor day*

37-mashq: One of the students in your house decided to go to Samarqand. She forgot her calendar and is now calling you in order to confirm her schedule for next week. Read it carefully and then answer her questions.

Qachon?	Dushanba	Seshanba	Chorshanba	Payshanba	Juma
Nima qiladi?	2:00 – kino 7:00 – ingliz tili	9:00 – universitet	2:00 – bozor, Laylo bilan	Soat 7:00 – O‘zbek tili	8:00 o‘tirish Alisher bilan

Model: Chorshanba kuni soat ikkida kinoga boramanmi?
Yo‘q, chorshanba kuni soat ikkida bozorga borasiz.

1. Seshanba kuni nima qilaman? ____________________

2. O‘zbek tilini qachon o‘rganaman? ____________________

3. Laylo bilan qayerga boraman? Qachon? ____________________

4. Universitetga seshanba kuni soat nechada boraman? ____________________

5. O‘tirishga qachon boraman? Soat nechada? Kim bilan? ____________________

38-mashq: Correct the mismatches in the following sentences. Follow the model.

1. O‘qituvchi barda ishlaydi. *Yo‘q, o‘qituvchi barda ishlamaydi. U maktabda ishlaydi.*
2. Professor do‘konda ishlaydi.
3. Jurnalist bozorda ishlaydi.
4. Aktyor shifoxonada ishlaydi.
5. Sportchi choyxonada ishlaydi.
6. Shifokor stadionda ishlaydi.
7. Sotuvchi universitetda ishlaydi.

yaxshi ko'rmoq and yomon ko'rmoq – to like and dislike

39-mashq: What are some things that your host brother/sister from Uzbekistan likes to do? Ask him/her about it and then answer these questions yourself too.

Model: ovqat – Siz qanday ovqatlarni yaxshi ko'rasiz?
Men italyancha ovqatlarni yaxshi ko'raman.

1. sport ____________________
____
2. kino ____________________
____
3. fan (matematika, geometriya, tarix)____________________
____
4. musiqa (pop, rok) ____________________
____
5. kitob ____________________
____

40-mashq: How would you introduce the people in the pictures below? Choose one of them and make several statements, mention their name, location, profession, and the languages they speak. Also (using the new vocabulary and structures) describe their daily routine, future plans, likes and dislikes.

41-mashq: You are in Tashkent and want to go out for dinner, but you are not sure where to go. Suddenly this short commercial about a newly opened restaurant played on the radio you were listening to. You are really interested about the days they are open and the food they serve. Listen to the audio and answer the questions below.

1. What is the name of the restaurant?
   a. Bahor
   b. O'zbekiston
   c. Toshkent
   d. Bahor

2. What city is it in?
   a. Toshkent
   b. Farg'ona
   c. Qo'qon
   d. Buxoro

3. What days do they serve European dishes?
   a. Tuesday and Wednesday
   b. Monday and Tuesday
   c. Monday and Wednesday
   d. Tuesday and Friday

4. What street is it on?
   a. Bobur
   b. Navoiy
   c. Zulfuya
   d. Abay

42-mashq: The following is a monthly pass for various types of public transportation. Skim the text and answer the questions. You do not need to understand each word.

a. Who can use this pass?

____

_______________________.

b. For what month is it issued?

____

_______________________.

c. What types of transportation is it valid for?

____

_______________________.

d. How do you say "monthly pass" in Uzbek?

____

_______________________.

Muomala odobi Social Interaction

Study the phrases used in everyday speech.

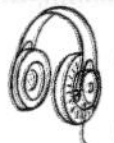
Listen to these phrases. First, discuss them with your instructor in class. Then using the phrases, work with your classmate to create a dialogue.

Telefonda gaplashish - Speaking on the phone	**Javob** - Response
Allo! *Hello?*	**Labbay!** *Hello.*
Kechirasiz, Lola shu yerdamilar? *Is Lola there?*	**Eshitaman!** *Hello.* (lit: *I hear you*)
Lolani mumkinmi? *May I speak to Lola?*	**Ha, hozir.** *Just a moment, please.*
Iloji bo'lsa, Lolani chaqirib bering. *May I speak to Lola, please?*	**Hozir chaqiraman.** *I'll call her now.*
Menga Lola kerak edi. lit: *I needed Lola.*	**Lola yo'q edi. Kechroq telefon qiling.** *Sorry, but Lola is not here. Please call later.*
	Kechirasiz, kim bo'lasiz? *Excuse me, who is talking?*
	Nima deb qo'yay? *Can I take a message?*
	Albatta aytaman. Sure, I'll let him/her know.
	Mayli, xo'p. *Ok, bye.*

Suhbat

- Allo!
- Eshitaman.
- Assalomu alaykum! Bu Salimovlar xonadonimi?
- Vaalaykum assalom, ha, Salimovlar xonadoni.
- Menga Ulug'bek kerak edi. U uydami?
- Ha, uyda. Kechirasiz, kim bo'lasiz?
- Men Faridaman.
- Yaxshi, hozir chaqiraman.

Yangi so'zlar Vocabulary

 Listen and review the new vocabulary used in this chapter.

asli	*originally*
ayniqsa	*especially, particularly*
aytgancha	*by the way*
ba'zan	*sometimes*
bank	*bank*
barvaqt	*early*
bayram	*holiday*
bemalol	*fluently, easily*
bilmoq	*to know*
bir haftadan keyin	*in a week*
bo'lib ishlamoq	*to work as, to be employed as*
bormoq	*to go*
bozor	*marketplace*
dars qilmoq	*to study (the homework assignment, for the exam)*
davom ettirmoq	*to continue, to carry on*
doim	*always*
ertaga	*tomorrow*
ertalab	*in the morning*
fan	*subject (math, physics)*
hafta	*week*
har kuni	*every day*
har xil	*various, different*
hech kim	*nobody*
hech qachon	*never*
hech qayer	*nowhere*
hovli	*Uzbek style homes, courtyard*
hozir	*now, nowadays*
ichmoq	*to drink*
indinga	*the day after tomorrow*
ish	*work*
ishlamoq	*to work*
kamdan-kam	*rarely*
kech	*late, p.m.*
kechki ovqat	*dinner*
kechqurun	*evening*
kelajakda	*in the future*
kelasi yil	*next year*
kelmoq	*to come*
keng	*wide, widely*
ketmoq	*to leave*
keyin	*after*
kino	*movie*
ko'p	*much, many, a lot*
ko'rmoq	*to watch, to see*
kofe/qahva	*coffee*
konsert	*concert*
kun	*day*
kundalik	*daily, routine*
kunduz	*day*
kvartira	*apartment*
maktab	*school*
mashina	*car, automobile*
mashina haydamoq	*to drive a car*
milliy	*national*
mumtoz musiqa	*classical music*
Mustaqillik kuni	*independence day*
Navro'z	*Navruz, Central Asian new year celebration*
nishonlamoq	*to celebrate*
nonushta qilmoq	*to have breakfast*
odatda	*usually*
ovqat pishirmoq	*to cook a meal*

peshin	*noon*
qachon	*when*
qaytmoq	*to come back, to return*
qilmoq	*to do*
qimmat	*expensive*
qishloq	*village*
qulay	*comfortable, convenient*
saroy	*palace*
saylga chiqmoq	*to go for a picnic*
sevmoq	*to love*
siyosat	*politics*
soat nechada	*at what time*
sotib olmoq	*to buy*
sport	*sport*
so'ng	*then; after*
tanaffus	*break, recess*
tanaffusga chiqmoq	*to have a break*
tanimoq	*to be acquainted, to know*
taxminan	*approximately, around*
tez-tez	*frequently*
tinglamoq	*to listen*
tugamoq	*to end, to finish*
tun	*night*
turmoq	*to stay, to live, to get up*
tushlik qilmoq	*to have lunch*
uch xonali	*(apartment, house) with three rooms*
uchrashmoq	*to meet*
uxlamoq	*to sleep*
uxlashga yotmoq	*to go to bed*
uyg'onmoq	*to wake up*
uy vazifasi	*homework assignment*
xona	*room*
yaxshi ko'rmoq	*to like*
yemoq	*to eat*
yomon ko'rmoq	*to dislike*
yuvinmoq	*to wash oneself*
o'qimoq	*to read, to study*
o'rganmoq	*to learn*
o'tirish	*party*
o'ynamoq	*to play*
o'yin	*game*
O'zingizmisiz?	*Is that you?*
shahmat	*chess*
chekmoq	*to smoke*

Days of the week

Dushanba	*Monday*
Seshanba	*Tuesday*
Chorshanba	*Wednesday*
Payshanba	*Thursday*
Juma	*Friday*
Shanba	*Saturday*
Yakshanba	*Sunday*

Names of months

Yanvar	*January*
Fevral	*February*
Mart	*March*
Aprel	*April*
May	*May*
Iyun	*June*
Iyul	*July*
Avgust	*August*
Sentabr	*September*
Oktabr	*October*
Noyabr	*November*
Dekabr	*December*

YETTINCHI DARS

CHAPTER SEVEN

OILANGIZ KATTAMI?

TALKING ABOUT THE FAMILY

IN THIS CHAPTER

- **Yangi darsni boshlaymiz!**
  Family and kinship terms
- **Diqqat, qoida!**
  Possessive suffixes, genitive case, more on accusative case
- **Keling, suhbatlashaylik!**
  Activities to practice speaking, listening, reading, and writing
- **Asl o'zbekcha**
  Authentic video clips
- **Qo'shimcha mashqlar**
  Extra activities to reinforce new structures and vocabulary
- **Muomala odobi**
  Native speakers' daily speech
- **Yangi so'zlar**
  Vocabulary used in this chapter

Yangi darsni boshlaymiz!

Study the new vocabulary and phrases used throughout the chapter.

1-mashq: **O'qing va tinglang!** Follow along with the words and listen to how they are pronounced on the audio.

buva - grandfather
buvi - grandmother
nabira - grandchild

tog'a - maternal uncle
xola - maternal aunt
amaki - paternal uncle

amma - paternal aunt
jiyan - nephew/niece

2-mashq: **A.** **Mustaqil ishlang.** Divide the vocabulary given on the previous page into the following categories.

AYOL	ERKAK

B. Choose at least two people from the family tree above and describe their relationship to the other members of their family.

Example: ***Farhod – ota, er***

1 Name:		Relationship	
2 Name:		Relationship	
3 Name:		Relationship	

3-mashq: **Mustaqil ishlang.** Zoir, a friend of Dilshod, has written a description of his family. Read it and draw his family tree using the family tree above as a guide.

Mening oilam uncha katta emas. Oilam besh kishidan iborat: ota-onam, akam, singlim va men. Biz Buxoroda yashaymiz. Otam shifokor bo'lib ishlaydi, onam esa maktabda o'qituvchi. Singlim maktabda o'qiydi. Men Toshkentda yashayman va universitetda o'qiyman. Akam uylangan, uning xotini va ikkita qizi bor.

Diqqat, qoida!

Learn the new grammar points and complete the grammar-related activities.

1. Possessive: first person singular

The first person singular possessive (*my* form) in Uzbek is expressed by adding the genitive case ending **-ning** to the noun indicating the possessor, and the possessive ending **-m** to the noun indicating the possession. For example:

mening otam - *my father*
mening o'qituvchim - *my teacher*

If a noun ends in a consonant, the filler vowel **-i** is added. For example:

mening kitobim - *my book*
mening qalamim - *my pencil*

In spoken Uzbek, the pronoun is usually dropped, as **otam** already means *my father.*

Furthermore, you can easily change a statement to a question by adding **-mi** to the stem of the word.

Bu mening daftarim. *This is my notebook.*
Bu mening daftarimmi? *Is it my notebook?*

Note:

The Uzbek words **bola** and **farzand** are synonyms that mean *child.*

Mening ikkita farzandim bor. Mening ikkita bolam bor.
I have two children.

The word **rafiqa**-*wife* is frequently used in introductions. For example:

Tanishing, bu mening rafiqam, Zilola.
I'd like you to meet my wife, Zilola.

The word **oila**-*family* is frequently used to refer to **xotin**-*wife*.

(for more information, see Cultural Notes of Chapter 9)

4-mashq: **Mustaqil ishlang**. With the grammar points you just learned, go back to the family tree above. Pretending you are one of the members of the family, describe the family tree. Follow the model: If you choose Feruza: **Mening ismim Feruza, bu mening akam Jamolxon,** and so on. Describe all the members of the family.

Note:

Use **bor** and **yoq** for saying that you either have or don't have someone. You don't have to change anything else. Examples:

(Mening) ukam bor. *I have a younger brother.*
(Mening) otam yoq. *I don't have a father.*

5-mashq: **Gaplarni o'qing.** Ular siz uchun to'g'rimi yoki noto'g'ri?

	T	N
1. Oilam katta emas.		
2. Oilam o'n kishidan iborat.		
3. Mening opam bor.		
4. Mening ukam yo'q.		
5. Mening singlim bor.		
6. Buvam va buvim bor.		
7. Akam bor.		
8. Oilada yolg'iz farzandman.		

6-mashq: **Sinfdoshingiz bilan ishlang.** Using the vocabulary you learned tell your classmate about your immediate family. When describing your family, try to answer the following questions:

Oilangiz kattami?
Oilangiz necha kishidan iborat?
Qayerda yashaysiz?

2. *Possessive: second and third person, and first person plural*

These forms are illustrated in the table below.

NOUNS ENDING IN A VOWEL		NOUNS ENDING IN A CONSONANT	
(sening) onang	*your mother*	**(sening) kitobing**	*your book*
(sizning) onangiz	*your mother (resp)*	**(sizning) kitobingiz**	*your book (resp)*
(uning) onasi	*his/her mother*	**(uning) kitobi**	*his/her book*
(bizning) onamiz	*our mother*	**(bizning) kitobimiz**	*our book*
(sizlarning) onangiz	*your mother*	**(sizlarning) kitobingiz**	*your book*
(ularning) onasi	*their mother*	**(ularning) kitobi**	*their book*

Note that the suffix **-lar** is added to the possession when this noun is in plural form. For example:
ularning kitobi - *their book*
ularning kitoblari - *their books*

Consonantal voicing: Some consonants change when they occur in the final position; **-k** changes to **-g** and **-q** changes to **-g'**.
ko'ylak+im - ko'ylagim-*my shirt*
qoshiq + ing - qoshig'ing-*your spoon*

Fleeting vowels: Sometimes the vowel sound in the middle of the word is dropped when the possessive ending is added to the word. The list of these words is given below:
o'g'il-*son:* **o'g'lim, o'g'ling, o'g'lingiz, o'g'li**
shahar-*city*: **shahrim, shahringiz, shahri**
burun-*nose*: **burnim, burning, burningiz, burni**
og'iz-*mouth:* **og'zim, og'zing, og'zingiz, og'zi**
singil-*sister:* **singlim, singling, singlingiz, singlisi**
(notice that in **singil -si** is added to the 3rd person singular form)

However, the vowel is not dropped in the plural.
o'g'illarim-*my sons*; **shaharlaringiz**-*your cities;* **singillarimiz**-*our sisters,* **ularning o'g'illari**-*their sons,* **sizning o'g'illaringiz**-*your sons.*

7-mashq: **Suhbatlashing.** Point to some items in the classroom and ask your classmate who those items belong to. Switch roles.
Model: **Bu sizning ruchkangizmi?**

8-mashq: **Xatosini toping.** Read this sample of a student's writing. There are some mistakes in the use of case and possessive suffixes. Find and correct them.

(Check the language points 1 and 2)

1. Akam Nyu-Yorkga ketadi.
2. Sening singiling yoki ukang bormi?
3. Uning o'g'ili maktabda o'qimaydi.
4. Mening daftarimiz yangi.
5. Farruxning buruni katta.
6. Bizning shaharimiz uncha toza emas.
7. Uning singli yoq.
8. Sizning daftari eski.
9. Uning qishloqi Toshkentga yaqin.
10. Ularning onamizning yangi mashinasi bor.

9-mashq: **Mustaqil ishlang!** Working with flashcards, take several index cards and write a pronoun on one side; leave the other side blank. Then find a picture and attach it to the other index card. Make two piles of index cards – one with pronouns and the other with pictures. Take one from each pile and form the possessive following the model.

Bizning qizimiz

You can add the nouns that you have learned in previous chapters. Don't write the word under the picture, so that you will be practicing both the possessives and the nouns!

3. *Accusative case* -ni

In Chapter 5, it was mentioned that the accusative case ending **-ni** marks direct objects which are considered to be specific, such as **Men kitobni o'qidim**. *I read the book*. Accusative case marking is also obligatorily used in the following cases:

a. when the direct object is a proper noun (**Jamila, Karim, Anna, Toshkent, Boston**).
b. when the direct object is referred to using a personal or question pronoun, such as:

Siz Ahmadni sevasiz. *You love Ahmad.*	**Ahmad sizni sevadi.** *Ahmad loves you.*
Ahmadni ko'rdingizmi? *Did you see Ahmad?*	**Kimni ko'rdingiz?** *Who(m) did you see?*
Alisher Lolani tanimaydi. *Alisher doesn't know Lola.*	**Alisher uni tanimaydi.** *Alisher doesn't know her.*

c. when the direct object is modified by a demonstrative pronoun.

Men kitob o'qidim. *I read a book.*	**Men bu kitobni oqidim.** *I read* ***this*** *book.*

d. when the direct object has a possessive ending.

U sizning kitobingizni olib keldi. *She brought your book.*
Ertaga mashinamni yuvaman. *I'll wash my car tomorrow.*
Xolasini yaxshi bilaman. *I know his aunt very well.*

Keling, suhbatlashaylik!

Practice new grammatical notes and vocabulary by reading, listening, writing and speaking.

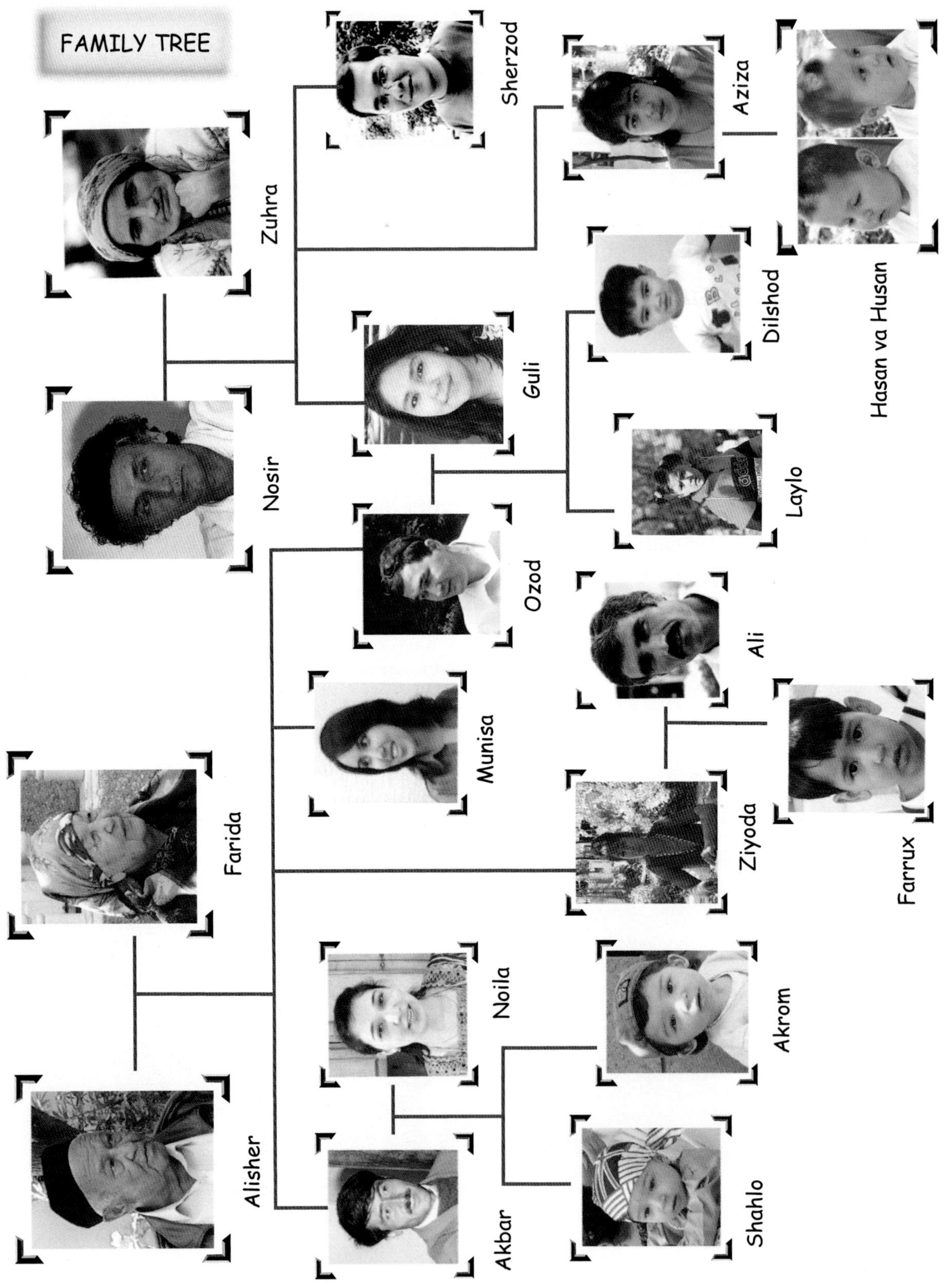

10-mashq: **Mening oilam.** What are some kinship terms in Uzbek? Using the family tree on the previous page and the following text, learn more about kinship terms.

1. Alisher Dilshodning ***buvasi***.
2. Farida Dilshodning ***buvisi,*** Dilshod Alisher va Faridaning ***nabirasi***.
3. Akbar Dilshodning ***amakisi,*** Dilshod Akbarning ***jiyani.***
4. Akrom va Shahlo Dilshodning ***amakivachchalari.***
5. Ziyoda Dilshodning ***ammasi,*** Ali Ziyodaning *eri,* Farrux ularning ____________ ____________. Farrux Dilshodning ***ammavachchasi***.
6. Munisa Dilshodning ____________, u turmushga chiqmagan.
7. Nosir Dilshodning ____________.
8. Zuhra Nosirning ____________ va Dilshodning ____________. Dilshod Nosir va Zuhraning ____________.
9. Ozod va Guli Dilshodning ____________.
10. Laylo Dilshodning ____________.
11. Aziza Dilshodning ***xolasi***. Aziza beva. Hasan va Husan Azizaning ____________. Ular egizak. Hasan va Husan Dilshodning xolavachchalari. Dilshod Azizaning ____________.
12. Sherzod Dilshodning ***tog'asi,*** u uylanmagan. Dilshod Sherzodning ____________.
13. Guli Faridaning ***kelini*** va Farida Gulining ***qaynonasi***.
14. Nosir Ozodning ***qaynotas***i va Ozod Nosirning ***kuyovi.***

11-mashq: **Savollarga javob bering.** Read the questions and answer them using the extended family tree above. Follow the model.

Model: *Ziyoda Ismoilning ammasimi? Yo'q, Ziyoda Ismoilning onasi.*

1. Munisa Dilshodning xolasimi?	
2. Akbar Alisherning qaynotasimi?	
3. Ozod Layloning otasimi?	
4. Aziza Layloning ammasimi?	
5. Sherzod Hasanning amakisimi?	
6. Munisa Akromning xolasimi?	
7. Guli Husanning ammasimi?	
8. Zuhra Gulining qaynonasimi?	

12-mashq: **Sinfdoshingiz bilan ishlang.** Now make up three questions of your own and ask a classmate.

1. __________
2. __________
3. __________

13-mashq: **Savollarga javob bering.** Follow the model.

Namuna: *Otangizning xotini kim? Otamning xotini mening onam.*

1. Singlingizning ukasi kim?	
2. Xolangizning o'g'li kim?	
3. Otangizning otasi kim?	
4. Ammangizning qizi kim?	
5. Ukangizning o'g'li kim?	
6. Onangizning ukasi kim?	
7. Buvingizning eri kim?	
8. Onangizning qizi kim?	

14-mashq: O'qing va savollarga javob bering.
Read the following puzzles. Can you solve them?

a. Mening opam yo'q, mening akam yo'q, mening singlim yo'q, mening ukam yo'q. Lekin bu rasmdagi yigit mening otamning va onamning o'g'li. U kim?

b. Onamning opasining uch o'g'li va to'rt qizi bor. Onamning ukasining tort qizi va besh o'g'li bor. Otamning opasining uch qizi va bir o'g'li bor, otamning akasining to'rt o'g'li bor.

Mening necha amakim, ammam, xolam va tog'am bor?
Mening necha amakivachcham, ammavachcham, xolavachcham va tog'avachcham bor?

15-mashq: **Tinglang va savollarga javob bering.** Listen to Farrux describe his family, then look at the picture and answer the following questions.

1. Farida kimning rafiqasi?	
2. Laylo Faridaning qizimi?	
3. Ziyod kimning o'g'li?	
4. Qahramon kim?	
5. Ravshan va Zilola kimning farzandlari?	

Suratda o'ngdan chapga: Farrux, Qahramon, Farida, Jasur, Alisher, Ra'no.
Bolalar, o'ngdan chapga: Zilola, Ziyod, Laylo va Ravshan.

16-mashq: A. Matnni o'qing. Farruxning oilasi.
Read the text and try to match the name with the picture.

Farruxning oilasi katta. Uning onasi, Zulfiya, shifokor. U Toshkentdagi katta kasalxonada jarroh bo'lib ishlaydi. Farruxning otasi, Farhod, universitetda o'qituvchi.

Farruxning buvisi, Zamira opa, hisobchi. Farruxning buvasi vafot etgan. Zamira opa beva. Farruxning tog'asi bor. Uning ismi Ravshan. Ravshan hali yosh, u maktabga boradi. Farruxning xolasi, Nozima, talaba. U universitetda o'qiydi.

Farruxning katta buvasi va buvisi ham bor. Katta buvasining ismi Qodir va katta buvisining ismi Saodat. Qodir buva va Saodat bivi ishlamaydilar. Ular nafaqadalar.

Farruxning onasining ismi Zulfiya. U Zamira opaning qizi. Zulfiya Nozima va Ravshanning opasi.

Farrux va uning ota-onasi Buxorada yashaydilar. Farruxning buvisi, xolasi va tog'asi Toshkentda yashaydilar.

B. **Tinglang**. Listen for the differences in the text given above and what is said on the audio. Make a list of all the differences.

Asl o'zbekcha

Watch the video clip and practice both listening and speaking.

17-mashq: **Nuqtalar o'rniga kerakli so'zlarni qo'yib, matnni to'ldiring.** Read the text and fill in the blanks with the appropriate words. Then watch the first video clip again to check your answers.

Oilamiz uncha ________ emas. Oilada mening otam, onam va ikkita ________ bor. Mana bu mening onam. Bu esa to'ng'ich opam. Bu mening ikkinchi opam. Men oilada kenja farzandman. To'ng'ich opam ______________. Ularning ikkita farzandlari bor. Ikkinchi opam hali turmushga chiqmaganlar. Shu mening ________. Biz Toshkentda ______________________.

18-mashq: Watch the second video clip and answer these questions. Discuss your answers with a classmate. Then watch the clip one more time and check your answers.

Uning oilasi kattami?	
Ular qayerda yashaydilar?	
Otasining kasbi nima?	
Onasining kasbi nima?	

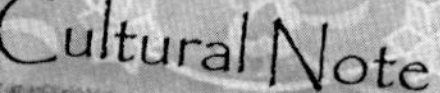

Uzbek families are usually large. Traditionally, families live together in one big house. For instance, it is normal to see two brothers living in the same house with their wives and kids. Also, the brothers' parents live in the same house with them. So when the whole family gets together at meals, especially during dinner, you can often see 10-15 people around the table. Also, it is a tradition that the youngest son continues to live with his parents even after he has married and his older brothers have moved out.

Qo'shimcha mashqlar

Reinforce new structures and vocabulary by completing these extra activities.

Mustaqil ishlang. Quyida berilgan mashqlarni bajaring. Yangi so'zlar va grammatik qoidalarning ishlatilishiga ahamiyat bering.

Possessive

Mening ...(i)m	Sizning ...(i)ngiz	Bizning ...(i)miz	Ularning ...i (si)
Sening ...(i)ng	Uning ... i (si)	Sizlarning ...(i)ngiz	

19-mashq: Fill in the blanks with the correct possessive endings.

Bu men_____ oila_____. Oila_____ katta emas.

Oilada ota-ona_____, opa_____, uka_____ va

singlim bor. Opa_____ turmushga chiqqan. Opa

_____ er_____ univeristetda o'qituvchi bo'lib

ishlaydi. U_____ ikki farzand_____ bor. Laylo

to'rt yoshda va Nozim bir yoshda. Uka_____va

singli_____ maktabda o'qiydilar. Men talabaman.

20-mashq: Your host family called you again and as usual the connection was really bad. Write down the questions you would need to ask to find out the missing pieces of information.

Namuna: O'g'limning ismi......... . Kechirasiz, o'g'lingizning ismi nima?

1. Oilamiz _______. Siz: ______________________________
2. Rafiqam _______ bo'lib ishlaydi. Siz: ______________________________
3. _______ o'g'lim bor. Siz: ______________________________
4. To'ng'ich o'g'limning ismi _______. Siz: ______________________________
5. Farida mening _______. Siz: ______________________________

21-mashq: Use the words given to make sentences (words connected by a hyphen indicate "possessor-possession"). The first one is done for you.

1. men-daftar, eski *Mening daftarim eski.*
2. Ibrohim-mashina, yangi ____________________
3. o'qituvchi-ism, Farida ____________________
4. sen-kitob, qayerda? ____________________
5. u-ota, kim? ____________________
6. Ismoil-qiz, chiroyli ____________________
7. biz-universitet, katta ____________________
8. ular-sinf, yangi ____________________
9. siz-buvi, kasal ____________________

22-mashq: Now that you know some things about your host family, write a short letter to them. Tell them about yourself, your family members, their names, and where they live.

Hurmatli Farrux-aka,

Mening ismim ________. Men __________ da yashayman.

23-mashq: **U kim?** Match the correct family term with its definition. The first one is done for you.

	1. Otamning otasi	a. amakivachcham
	2. Onamning singlisi	b. buvim
	3. Tog'amning o'gli	c. akam yoki ukam
	4. Onamning o'g'li	d. buvam
H	5. Otamning akasi	e. tog'avachcham
	6. Onamning qaynonasi	f. xolam
	7. Singlimning ukasi	g. ukam
	8. Amakimning qizi	h. amakim

24-mashq: Listen and find out which family is described here. Number the pictures as you listen to the recording.

25-mashq: Look at the following family tree. Describe it as if it were your family. Name the people, say where they live, and what they do. Mention all the kinship terms.

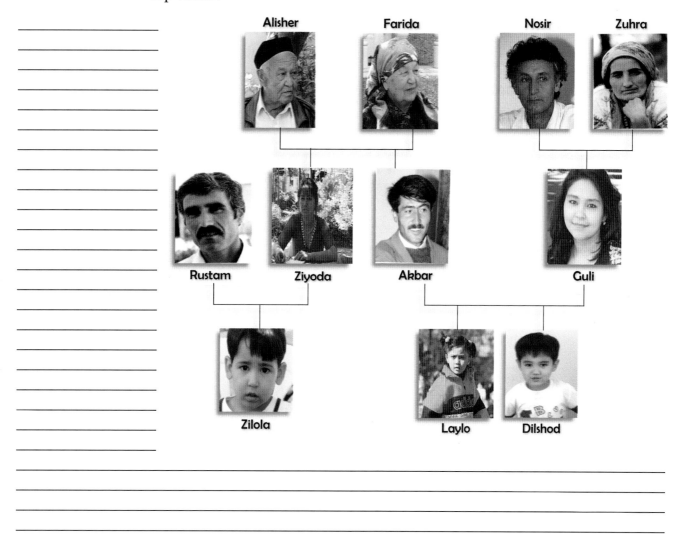

Alisher Farida Nosir Zuhra

Rustam Ziyoda Akbar Guli

Zilola Laylo Dilshod

Muomala odobi

Study the phrases used in everyday speech.

Listen to these phrases. First, discuss them with your instructor in class. Then using the phrases, work with your classmate to create a dialogue.

Tabriklash - Congratulations	**Javob** - Response
Bayramingiz muborak bo'lsin! *Happy holidays!* **Tug'ilgan kuningiz bilan tabriklayman!** *Happy birthday!* **Yangi yilingiz qutlug' bo'lsin!** *Happy New Year!* **Sizga sihat-salomatlik tilayman.** *I wish you health!* **Umringiz uzoq bo'lsin!** **lit:** *May you live long!* **Baxt-saodat, omad va uzoq umr tilayman!** *I wish you happiness, luck and long life!*	**Rahmat.** *Thank you!* **Sizning ham bayramingiz muborak bo'lsin.** *Happy holidays to you, too.* **Sizga ham shu niyatlarni tilayman.** *I wish you all the best, too.* **Tabrigingiz uchun rahmat.** *Thank you for the well wishes.*

Suhbat

- Farida, tug'ilgan kuningiz bilan tabriklayman. Sizga sihat-salomatlik tilayman.
- Rahmat.

- Ulug'bek aka, bayramingiz muborak bo'lsin!
- Rahmat, sizning ham bayramingiz qutlug' bo'lsin.

Yangi so'zlar

Listen and review the new vocabulary used in this chapter.

ajrashgan	*divorced*
aka	*older brother*
amaki	*uncle (paternal)*
amakivachcha	*cousin (child of amaki)*
amma	*aunt (paternal)*
ammavachcha	*cousin (child of amma)*
beva	*widow*
bola	*child*
burun	*nose*
buva	*grandfather*
buvi	*grandmother*
egizak	*twin*
er	*husband*
esa	*and, as for*
farzand	*child*
hisobchi	*accountant*
jarroh	*surgeon*
jiyan	*nephew/niece*
katta buva	*great grandfather*
katta buvi	*great grandmother*
kelin	*daughter-in-law; bride*
kuyov	*son-in-law; groom*
mehribon	*nice, kind*
nabira	*grandchild*
ona	*mother*
opa	*older sister*
ota	*father*
qaynona	*mother-in-law*
qaynota	*father-in-law*
qishloq	*village*
qiz	*daughter; girl*
rafiqa	*wife*
rasm	*picture, drawing*
singil	*younger sister*
tanimoq	*to be acquainted, to know*
to'ng'ich	*eldest*
tog'a	*uncle (maternal)*
tog'avachcha	*cousin (child of tog'a)*
toza	*clean*
turmushga chiqmagan	*single, unmarried (for women)*
turmushga chiqqan	*married (for women)*
U to'rt yoshda	*He is 4 years old.*
uka	*younger brother*
uncha	*not so, not very*
uylangan	*married (for men)*
uylanmagan	*single, unmarried (for men)*
vafot etgan	*passed away*
vafot etmoq	*to pass away*
xola	*aunt (maternal)*
xolavachcha	*cousin (child of xola)*
xotin	*wife, woman*
yaqin	*close*
yolg'iz	*only, lonely*
yuvmoq	*to wash*
o'g'il	*son*
o'ynamoq	*to play*
shahar	*city*

SAKKIZINCHI DARS 8

CHAPTER EIGHT

KIMGA O'XSHAYSIZ?

DESCRIBING
PEOPLE AND THINGS

IN THIS CHAPTER

- **Yangi darsni boshlaymiz!**
  Describing people and things, colors in Uzbek
- **Diqqat, qoida!**
  Adjectives, postpositions, present continuous tense
- **Keling, suhbatlashaylik!**
  Activities to reinforce grammar and vocabulary
- **Asl o'zbekcha**
  Practicing skills using an authentic video
- **Qo'shimcha mashqlar**
  Reinforce new structures and vocabulary by completing extra activities
- **Muomala odobi**
  Study phrases used in native speakers' daily speech
- **Yangi so'zlar**
  Vocabulary used in this chapter

Yangi darsni boshlaymiz!

Study the new vocabulary and phrases used throughout the chapter.

1-mashq: **O'qing va tinglang!** Follow along with the words and listen to how they are pronounced on the audio.

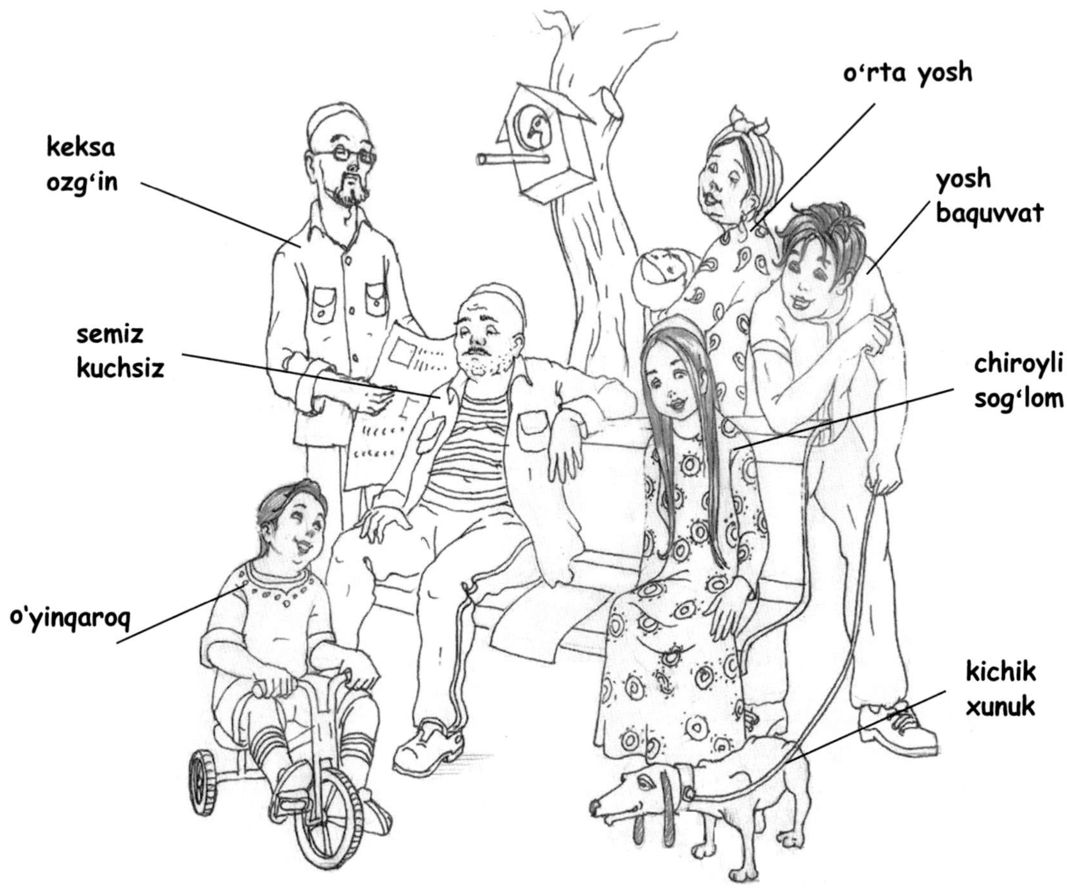

So'zlar

soch	*hair*	xunuk	*ugly*	qora	*black*
burun	*nose*	ozg'in	*skinny*	ko'k	*blue*
qosh	*eyebrow*	semiz	*fat*	yashil	*green*
quloq	*ear*	chiroyli	*pretty*	jigarrang	*brown*
ko'z	*eye*	kuchsiz	*weak*	oq	*white*
yosh	*young*	baquvvat	*strong*	qizil	*red*
keksa	*old (person)*	kambag'al	*poor*		

2-mashq: Match each word on the left to the word on the right with the opposite meaning.

a.	kuchsiz	ozg'in
b.	semiz	qari
c.	yosh	kambag'al
d.	boy	kichik
e.	katta	xunuk
f.	chiroyli	baquvvat

3-mashq: **Matnni o'qing va quyidagi savollarga javob bering.** Based on the text and the drawing, answer the questions below.

Bu rasmda bir bola velosiped haydayapti. Uning buvasi gazeta o'qiyapti. Bolaning buvasi keksa, lekin hali baquvvat. Bu rasmda bir o'rindiq bor. O'rindiqning chap tomonida bir erkak o'tiribdi. U uxlayapti. O'rindiqning o'ng tomonida bir qiz o'tiribdi. Qizning sochi uzun va jigarrang. Bu qiz chiroyli. O'rindiqning orqasida bir yigit turibdi. Uning sochi va qoshi qora. U qiz bilan gaplashyapti. Yigitning iti bor. Itning quloqlari uzun, ko'zlari katta va bo'yi juda past. U ozg'in va xunuk. O'rindiqning orqasida, daraxtning yonida bir ayol turibdi. Uning qo'lida bolasi bor.

1. Kimning sochi jigarrang?	
2. Kimning bo'yi baland?	
3. Kimning bo'yi past?	
4. Kimning sochi uzun?	
5. Kimning iti bor?	

4-mashq: O'qituvchingiz bilan ishlang. Your instructor will describe one of the people in the drawing. Listen carefully and try to figure out who is being described.

5-mashq: 🤝 **Sinfdoshingiz bilan ishlang.** Look at the physical characteristics of your classmates. Describe one of them to another classmate and see if he/she can figure out who you are describing. Switch roles.

Diqqat, qoida!

Learn the new grammar points and complete the grammar-related activities.

1. Adjectives: comparative and superlative degrees

In order to make comparative adjectives in Uzbek, the suffix **-roq** is added to the stem of the adjective. To make the superlative **eng** is placed before the adjective.

ADJECTIVE	COMPARATIVE	SUPERLATIVE
katta	kattaroq	eng katta
kichik	kichikroq	eng kichik
chiroyli	chiroyliroq	eng chiroyli

The English word *than* is expressed in Uzbek with the ablative case. For example:

Azim Nodirdan yoshroq. *Azim is younger than Nodir.*
(lit: Azim from Nodir is younger.)

The word **qaraganda** can be used when comparing things.

Nodirga qaraganda Azim yoshroq.
Compared to Nodir, Azim is younger.

Adverbs such as **juda**-*very* and **nihoyatda**-*extremely* can also be used with adjectives.

nihoyatda baland-*extremely tall*
juda qimmat-*very expensive*

Note:

The words **baland**-*high* and **past**-*low* are antonyms; **baland** and **past** can be used with the word **bo'y**-*height* to mean *tall* and *short*. For example:

Uning bo'yi baland. *He is tall.* (lit: *His height is high).*
Sening bo'ying past. *You are short* (lit: *Your height is low).*
Farida baland bo'yli ayol. *Farida is a tall woman.*
(lit: *Farida is a woman with a high height.*)
Ana u past bo'yli yigit sizning ukangizmi? *Is that short young man your younger brother?* (lit: *Is that young man with low height your younger brother?)*

To describe the length of an object **kalta**-*short* and **uzun**-*long* are used.

Uning sochi kalta. *He has short hair.*
Faridaning sochi uzun. *Farida's hair is long.*

Note:

The word **ko'k**-*blue* is translated as *green* when used with the following words.
ko'k choy - *green tea*
ko'kat - *greens* (cilantro, dill, etc.)

Ko'k choy ichasizmi? *Do you drink green tea?*
Yo'q, qora (pamil) choy olib keling. *No, bring black tea.* (**pamil choy** used in colloquial speech.)
Qishda ko'katlar qimmat bo'ladi. *Greens are expensive in winter.*

In other cases, the word **yashil**-*green* is used.
Yashil ko'ylakdagi yigit ingliz tilida yaxshi gapiradi.
The young man in the blue shirt speaks good English.
Yashil sviter va ko'k jinsi sotib olamiz. *We'll buy green sweater and blue jeans.*
Uning ko'zlari yashil, peshonasida esa g'alati chandig'i bor.
He has green eyes, and a strange scar on his forehead.

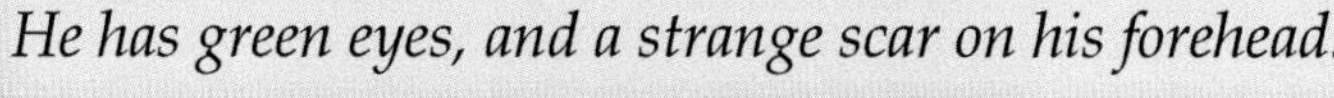

6-mashq: **Alisher, Guli va Lola haqida yozing.** Follow the model.

1. Lola -	Gulidan yoshroq.
2.	
3.	
4.	
5.	
6.	

7-mashq: **Sinfdoshlaringiz bilan ishlang.** Describe the physical characteristics of a famous person and let your classmates figure out who you are describing. At first, give only two sentences; then let your classmates ask you questions about the person.

2. Postpositions I

In English sentences, like those below, the words such as *behind* and *between* are prepositions.

There is a huge lake behind this forest.
There is no secret between us.

Other English prepositions include words such as *for, among, with, toward* and others. Notice that these words precede the noun or the pronoun they modify (*between us, behind this forest*)

In Uzbek, similar words are called postpositions, because they always follow the noun or the pronoun they modify. In Uzbek, there are two types of postpositions.

a. true postpositions: **keyin**, **avval**, **orqali** (see Chapters 9 and 15)
b. postpositions derived from nouns, such as:

ich - *inside*	**tag** - *under*
ust - *top*	**o'rta** - *middle*
yon - *side*	**old** - *front*
orqa - *back*	**ora** - *among*

The second type of postpositions behave differently than any of the English prepositions. These postpositions stay in the possessor-possessed relationship with the nouns or pronouns they follow. These nouns or pronouns receive the genitive case -**ning** and the postpositions receive the appropriate possessive suffix (-(**i**)**m**, -(**i**)**ngiz**, -(**i**)**miz**). Also, depending on the context, case endings -**da**, -**ga** or -**dan** are attached after the possessive suffix. This can be best demonstrated by the following examples:

uyning ichida - *inside the house* (notice the agreement between uy and **ich**i)
bizning oramizda - *among us* (notice the agreement between biz and **ora**miz)
mening oldimda - *in front of me* (notice the agreement between men and **old**im)

Karima, kitobingizni xaltaning ichidan oling.
Karima, please take your book out (from) of your bag.
Iltimos, mana shu daftarni stolning ustiga qo'ying.
Please, place this notebook on (top of) the table.

Note: Once you are comfortable using this structure, you can drop the genitive ending -**ning** in phrases where the possessor is expressed by a common noun: **xalta ichidan, stol ustiga.**

Shahar markazida, katta minora yonida kasalxona bor.
In the center of the city, next to the large tower, there is a hospital.

Note:

There are some cases when the suffix **-ning** can be dropped:

1. When the possessor is expressed by a common noun. For example:
   shaharning markazi – shahar markazi – *the center of the city*
   stolning tagida – stol tagida – *under the table*
2. With geographical names, **-ning** is not used.
   Orol dengizi - *Aral Sea*
   Alp tog'lari - *Alpine mountains*
3. With proper names, when expressing possession, the suffix **-ning** is not dropped. With proper names, when translating the term *named after*, the suffix **-ning** is dropped. Compare the sentences below.
   Layloning kitobi – *Laylo's book,* and
   Navoiy muzeyi - *museum named after Navoiy.*
   Alining mashinasi - *Ali's car,* and
   Ford mashinasi - *a Ford (a car with this brand name.)*

8-mashq: **Savollarga javob bering.** Look at the drawings on the first page of this chapter and answer the questions below.

1. Qizning chap tomonida kim bor?	
2. Cholning o'ng tomonida kim bor?	
3. Ayol qayerda?	
4. Bolaning buvasi qayerda?	
5. Qizning o'ng tomonida nima bor?	
6. It qayerda?	
7. Yigitning o'ng tomonida kim bor?	

9-mashq: **O'qituvchingiz bilan ishlang.** Answer your instructor's questions about the students and objects in your classroom.

Model: O': Kitob qayerda? T: Kitob stolning ustida.
O': Ruchka kitobning o'ng tomonidami? T: Yo'q, chap tomonida.

10-mashq: **Sinfdoshingiz bilan ishlang.** In pairs, gather several classroom objects; each of you should have the same number of items. Sit back-to-back. Choose an item to place and describe. As you place the item, give instructions so that your classmate may place his same items in the same position.

For example, say:

Daftarni stol ustiga qo'ying. Kitobni daftarning ustiga qo'ying.

Put the notebook on the table. Place the book on top of the notebook.

After you finish, check if you understood each other correctly. The items should be placed similarly. Switch roles.

11-mashq: **Savollarga javob bering.** Look at the map given in 15-mashq of Chapter 5 and answer the questions below.

1. Masjidning chap tomonida nima bor?
2. Navoiy ko'chasining o'ng tomonida qaysi bino bor?
3. Kutubxonaning to'g'risida nima bor?
4. Metro bekati qaysi ko'chaga yaqin?

12-mashq: **Sinfdoshingiz bilan ishlang.** Think of five questions about a specific location in your city and have your classmate give you answers.

You can also use words such as **janub**-*south,* **shimol**-*north,* **sharq**-*east,* **g'arb**-*west* in your sentences. They function the same as the words **ust** and **yon** to express a specific location.
Afg'oniston O'zbekiston janubida joylashgan. *Afganistan is located to the south of Uzbekistan.*

1. ______
2. ______
3. ______
4. ______

3. Present continuous tense

The present continuous tense is used to express an action which is taking place at the present moment. It follows the following pattern:

verb stem + **yap** + personal predicate ending

Men yozyapman - *I am writing*	**Biz ishlayapmiz** - *We are working*
Sen ko'ryapsan - *You are seeing*	**Sizlar yuguryapsizlar** - *You are running*
Siz gapiryapsiz - *You are speaking*	
U kutyapti - *She/he is waiting (for)*	**Ular yuguryaptilar** - *They are running*

In colloquial speech, for the 3rd person plural, the ending **-(i)shyapti** is very common.

Ular yozyaptilar. or **Ular yozishyapti.** *They are writing*

Negative form

To make the negative form of this tense add -**ma** before the tense suffix **-yap**.

Men gapirmayapman. *I am not talking.*
U kulmayapti. *He is not laughing.*

Note: When the verbs **turmoq**-*to stay, to stand*, **yotmoq**-*to lie down*, **yurmoq**-*to walk* and **o'tirmoq**-*to sit* are used in the present continuous tense, they convey the process of doing these actions, such as:

Parda tushirilib, odamlar o'rinlaridan turishyapti.
The curtains are going down and the audience is getting up.

To convey a more durative meaning, these verbs need to be used in a different form. In this case, the ending -**ib** is added and followed by the personal endings (this form is used only in affirmative and question forms, the negative form is used with -**yap**).

Qabulxonada bir erkak o'tiribdi. *A man is sitting in the reception room.*
Hozir qayerda turibsizlar? *Where are you staying now?*
Yo'q, ular dasturxon atrofida o'tirishmayapti. *No, they are not sitting around the table.*

Note: In literary Uzbek, a form with the suffix -**moqda** is used to express the actions in progress. It is common to use this form in mass media.
Maktab bitiruvchilari imtihonga tayyorlanmoqdalar.
School graduates are preparing for exams.
Prezident nutq so'zlamoqda. *The President is delivering a speech.*

13-mashq: A. **Mustaqil ishlang.** Read the text and fill in the spaces with the appropriate words.

Sinfda bitta o'qituvchi va o'n ikkita o'quvchi bor. O'quvchilardan biri, Karima, o'qituvchining yonida ____________. Uning qo'lida kitob bor. O'qituvchi Karimaga savol ____________, Karima esa savollarga javob ____________. O'quvchilar esa ularni ____________. Sinf uncha katta emas, lekin juda shinam. Sinf yangi stol va stullar bilan jihozlangan. Derazalarda gullar, devorlarda rasmlar, stolning ____________ esa globus bor.

B. **Tinglang.** Once you are done, listen to the audio to check your answers.

14-mashq: **Mustaqil ishlang.** Quyidagi gaplar siz uchun to'g'rimi yoki noto'g'ri?

	T	N
1. Hozirgi vaqtda o'zbek tilini o'rganyapman.		
2. O'zbek tilini O'rta Osiyoda o'rganyapman.		
3. Bugun sinfdoshlarim faqat o'zbek tilida gaplashyaptilar.		
4. Bu semestrda o'zbek tilidan tashqari, yana ikkita dars olyapman.		
5. Sinfdoshlarimdan biri telefonda gaplashyapti.		
6. Sinfdoshlarimdan biri o'zbek tilidan tashqari, turk tilini ham o'rganyapti.		

15-mashq: **Farqini aytib bering.** Compare the drawing below with the drawing on the first page of this chapter and make a list. Compare your list with that of your classmates.

1-rasm	2-rasm

Note:

Verb **o'xshamoq**:
The object of the verb takes the case ending **-ga.**

(Men) onamga o'xshayman. *I look like my mother.*
Ukam otamga o'xshaydi. *My brother looks like my father.*

o'xshamoq is usually used with:

bir-biri - *each other*
har xil - *various, different*
Bu qiz sizning singlingizmi? Bir-biringizga umuman o'xshamas ekansizlar!
Is this your sister? You do not look like each other at all.

The verb **o'xshamoq** is also used in constructions that correspond to English *seems like* and *looks like*.

Karim yaxshi odamga o'xshaydi. *Karim looks like a good person.*
Kun sovuqqa o'xshaydi. *It looks cold (lit: the day looks cold).*
Kino qiziqqa o'xshaydi. *The movie seems interesting.*
Karim bandga o'xshaydi. *Karim seems busy.*

16-mashq: **Sinfdoshingiz bilan ishlang.** Mark the following statements as **to'g'ri** or **noto'g'ri** for you and your family. Then get together with a classmate and discuss each of them.

	T	N
1. Aka-uka va opa-singillarimga o'xshayman.		
2. Otamga o'xshayman.		
3. Akam va men bir-birimizga o'xshaymiz.		
4. Ukam menga o'xshamaydi.		
5. Singlim onamga o'xshaydi.		
6. Oilada yolg'iz farzandman.		
7. Otam buvamga o'xshaydi.		
8. Onam buvimga o'xshaydi.		

17-mashq:  **O'qing va suhbatlashing.** Read the text and discuss it in class.

Bu bola Ziyoda va Nozimning o'g'li. Uning ismi Shavkat. Ziyoda hammaga: "O'g'lim menga o'xshaydi. Ayniqsa, ko'zlari va qoshlari xuddi menikidek" – deydi. Nozim esa do'stlariga: "O'g'lim menga o'xshaydi"– deydi. Qaynota va qaynonalar bu fikrga qo'shilmaydilar. Ziyodaning onasi hammaga: "Nabiram menga o'xshaydi"–deydi. Nozimning otasi esa: "Nabiram xotinimga o'xshaydi."– deydi. Shavkatga esa baribir.

18-mashq:  **Mustaqil ishlang.** Look at the photo of Gulnisa and her daughter. Using the text above and the adjectives you've learned, describe them.

Keling, suhbatlashaylik!

Practice new grammar notes and vocabulary by reading, listening, writing and speaking.

19-mashq:  **Matnlarni o'qing.**

Aka-uka yoki opa-singillaringiz bormi?

Ha, akam va singlim bor. Akam may oyida universitetni bitirdi, hozir bir korxonada ishlayapti. Akam menga qaraganda ozg'inroq, lekin uning bo'yi juda baland. U shahmat o'ynashni yaxshi ko'radi. Uyimiz yonida joylashgan parkda har kuni shahmat o'ynaydi. Hozir ham o'sha yerda shahmat o'ynab o'tiribdi. Singlim hali yosh, maktabda o'qiydi. U onamga o'xshaydi.

Do'stalaringiz ko'pmi?
Ular orasida eng faol kishi kim?

Do'stlarimning barchasi yaxshi, lekin ularning orasida, menimcha, Karim eng faol odam. U o'rta maktabda o'qituvchi bo'lib ishlaydi. Fizika va matematikadan dars beradi. Karim juda faol kishi. U sport bilan shug'ullanadi, musiqaga qiziqadi, doira va dutor chaladi. O'quvchilarini har oyda bir marta muzeylarga olib boradi.

Do'stlaringiz orasida ishyoqmaslar ham bormi?

Yo'q, xudoga shukur, do'stlarimning barchasi juda yaxshi odamlar. Lekin bir ishyoqmasni taniyman! Ismi Mosh, mushugim bo'ladi. Juda ham yuvosh mushuk, lekin bir odati bor, uxlashni yaxshi ko'radi. Kun bo'yi divanda uxlaydi. Kechqurunlari oshxonada, stolning tagida uxlaydi. Mana hozir ham tashqarida stul ustida uxlayapti. Qo'shnimizning itini va shovqin-suronni yomon ko'radi.

20-mashq: Sizning do'stlaringiz-chi? Savollarga javob bering.

1. Do'stlaringiz orasida eng faol kishi kim?
2. Do'stlaringiz orasida eng tirishqoq kishi kim?
3. Ishyoqmas do'stlaringiz bormi?
4. Qaysi rangni yaxshi ko'rasiz?
5. Mushugingiz yoki itingiz bormi? Ularni tasvirlab bering.

21-mashq: **Tinglang.** Look at the pictures below of Zebo and her family. Listen to her description of one of the two photos. First answer the questions below, then try to figure out which picture she is describing.

22-mashq: **Savollarga javob bering.**

1. Zeboning akasi bormi?
2. Zebo qayerda yashaydi?
3. Uning birinchi opasining ismi nima?
4. Zeboning ikkinchi opasi kim? Uning farzandlari bormi?
5. Zeboning otasi qayerda ishlaydi?
6. Zebo kim?

23-mashq: **Bu qaysi davlat?** Read the following text about various countries and try to figure out which country is being described.

1. Bu davlat O'rta Osiyoning shimoli-sharqida joylashgan. Bu davlat g'arbda O'zbekiston, sharqda Xitoy va shimolda Qozog'iston bilan chegaradosh. Bu davlatning poytaxti Bishkek shahri. Bu qaysi davlat? ____________

2. Bu davlat O'rta Osiyoning janubi-g'arbida joylashgan. Bu davlat janubi-sharqda Afg'oniston va janubda Eron bilan chegaradosh. Bu davlatning poytaxti Ashgabat shahri. Bu qaysi davlat? ____________

3. Bu davlat O'rta Osiyoning janubi-sharqida joylashgan. U g'arbda O'zbekiston, shimolda Qirg'iziston va sharqda Afg'oniston bilan chegaradosh. Bu davlat maydonining 90 foizi tog'lardan iborat. Bu davlatning poytaxti Dushanbe shahri. Bu qaysi davlat? ____________

24-mashq: **Sinfdoshlaringiz bilan ishlang.** Using the previous activity as a model, create your own puzzles. Present them to the class, and see if any of your classmates can figure out which country you are describing.

Asl o'zbekcha

In this section, you will read a passage from a famous Uzbek novel.

25-mashq: A. **O'qituchingiz bilan ishlang.** Skim the short pieces taken from Abdulla Qodiriy's work **O'tkan kunlar** - *Bygone Days*. Reading the words in bold, can you match the pictures to the descriptions?

1. *Og'ir tabiatlik, ulug' gavdalik, ko'rkam va oq yuzlik,* ***kelishgan, qora ko'zlik****, mutanosib* ***qora qoshlik*** *va endigina* ***mo'ylabi*** *sabza urgan* ***bir yigit****. .... bu yigit Toshkandning mashhur a'yonlaridan bo'lgan* ***Yusufbek hojining o'g'li – Otabek****.*
(O'tkan kunlar, 11-bet)

☐

2.

.... *uzun bo'ylik, qora cho'tir yuzlik, chag'ir ko'zlik, chuvoq* ***soqol, o'ttiz besh yosh****larda bo'lgan* ***bir kishi*** *edi.* .... *"****Homid*** *xotinboz" deb shuhratlangan.*
(O'tkan kunlar, 12-bet)

3.

.....***qora*** kamon, o'tib ketgan nafis, qiyig' ***qoshlari*** chimirilganda, nimadir bir nafasdan cho'chigan kabi, to'lgan oydek g'uborsiz oq yuzi bir oz qizilliqqa aylanganda, kimdandir uyalgan kabi.......***oq nozik qo'llari*** bilan latif burnining o'ng tomonida qora xolini qashidi.... ***Bu qiz*** suratida ko'ringan malak, qutidorning qizi – ***Kumushbibi*** edi. (O'tkan kunlar, 33-bet)

B: **Sinfdoshlaringiz bilan ishlang.** Describe your favorite celebrity or famous person using all of the adjectives and nouns you have learned up to now. Without telling the name, describe the person to the class. See if your classmates can guess who you are describing.

Cultural Note

In Uzbek culture, certain ages are considered more important and therefore celebrated more than other ages. There are three ages that are considered important in the growth process of an individual. Forty days after birth is when a child is shown to all its relatives for the first time. It is expected that the parents organize a party for the relatives and the relatives brings gifts and good wishes. This gathering is called "besihik to'yi."

The age of 12 is also important. People believe that at this age a child becomes an adult . The child's parents try to sacrifice a lamb or a chicken, or at least give charity to the poor.

The next and the last important age is 63. The Prophet Muhammad is believed to have died at age 63. So some Uzbeks celebrate their 63rd birthday by organizing a party called "Payg'ambar yoshi"

26-mashq: In the cultural note above you read about **beshik**-*cradle*. Learn about it more by watching a short video.

Qo'shimcha mashqlar

Reinforce new structures and vocabulary by completing these extra activities.

Mustaqil ishlang. Quyida berilgan mashqlarni bajaring. Yangi so'zlar va grammatik qoidalarning ishlatilishiga ahamiyat bering.

Adjectives

27-mashq: Categorize the words below. Some words may belong to multiple categories.

oq, soch, xunuk, baquvvat, jigarrang, burun, semiz, kambag'al, ko'k, qosh, yashil, ozg'in, quloq, qizil, ko'z, qora, chiroyli, malla.

Colors	Appearance	Human body

28-mashq: Based on what they do, describe what you think these people are like.

1. Jamol basketbolchi. U har kuni basketbol o'ynaydi.
   Menimcha, Jamol ______________________________
2. Feruza aktrisa, u hozir teatrda Kleopatra rolini o'ynayapti.
   ____
3. Ali oshpaz, u restoranda ishlaydi.
   ____
4. Lola talaba, u yotoqxonada yashaydi. Sportni yomon ko'radi.
   ____
5. Farida uy bekasi, uning ikkita o'g'li bor. Farida juda faol.
   ____

29-mashq: Write down the description of a well-known family. Then present it to your classmate. See if he/she can figure out which family you are describing.

Bu oila.....

30-mashq:  Complete the following sentences.

Temur Farida**dan** boy**roq**. *Temur is richer than Farida.*
Lola Nasiba**dan** yosh**roq.** *Lola is younger than Nasiba.*

1. Nyu York Parijdan ________________________________
2. Buyuk Britaniya Amerikadan ________________________________
3. Amerika Hindistondan ________________________________
4. Rossiya Amerkadan ________________ va ________________
5. Irlandiya Meksikadan ________________ va ________________
6. Singapur Berlindan ________________, lekin________________
7. Avstraliya O'zbekistondan ______________, lekin ________________
8. O'zbekiston Ispaniyadan ______________, lekin ________________

31-mashq: Decide if the following are to'g'ri or noto'g'ri.

____ ____ 1. Toshkentga qaraganda Samarqand chiroyliroq.
____ ____ 2. Boston Nyu-Yorkdan kattaroq.
____ ____ 3. Katta shaharlarga qaraganda kichik shaharlar tozaroq.
____ ____ 4. Qish fasliga qaraganda bahor fasli chiroyliroq.
____ ____ 5. Charli Chaplinning bo'yi Maykl Jordanning bo'yidan pastroq.

32-mashq: Below read the description of a photograph. Then try to draw the people as they are described.

Bu bir oilaning surati. Suratda to'rt kishi bor. Bir erkak suratning chap tomonida turibdi. U ozg'in, lekin juda kelishgan. Uning bo'yi baland. Uning chap tomonida bir ayol turibdi. Ayolning sochi qora va uzun. Uning bo'yi past, lekin u juda chiroyli. Bu suratda bir qiz ham bor, u suratning o'ng tomonida turibdi. Uning sochi jigarrang. Suratda bir o'g'il bola ham bor. U qizning oldida o'tiribdi.

33-mashq: Describe the picture above. Consider the following questions.

O'quvchilar qayerda?
Sizningcha, ular nima haqida suhbatlashyaptilar?
Devordagi rasm haqida nima deya olasiz*?

* *what can you say about the picture on the wall*

Present Continuous Tense

34-mashq: Listen to the following messages that were left for Begzod and fill in the tables appropriately.

1. Kim telefon qilyapti?

____

U hozir qayerda? Nima qilyapti?

____

Nima uchun telefon qilyapti?

____

2. Kim telefon qilyapti?

____

U hozir qayerda? Nima qilyapti?

____

Nima uchun telefon qilyapti?

____

3. Kim telefon qilyapti?

____

U hozir qayerda? Nima qilyapti?

____

Nima uchun telefon qilyapti?

____

4. Kim telefon qilyapti?

____

U hozir qayerda? Nima qilyapti?

____

Nima uchun telefon qilyapti?

____

35-mashq: Read each sentence. Then rewrite them using the present continous tense, using the form of the verb and the adverbs accordingly. Use the model.

Men doim o'zbek tilida gapiraman – Men hozir o'zbek tilida gapiryapman.

1. Men O'zbekistonda yashayman. _______________
2. U doim uyimiz yonida o'tiradi. _______________
3. Mana bu it har kuni stolning tagida yotadi. _______________
4. Salima ba'zan uyg'urcha ovqatlar pishiradi. _______________
5. Ukam har kuni bitta qiz bilan telefonda gaplashadi. _______________

Verb o'xshamoq

36-mashq: Read the following text and fill in the blanks with the appropriate endings.

Fotima va Zuhra egizakalar. Ular Toshkent*da* yashaydilar. Fotima va Zuhra bir-birlari_____ uncha o'xshamaydilar. Fotima_____ ko'z_____ va soch _____ qora. Zuhra_____ ko'z_____ va soch_____ jigarrang. Fotimaning bo'y_____ baland, Zuhra_____ bo'y_____ uncha baland emas. Fotima onasiga o'xshaydi, Zuhra esa otasi_____ o'xshaydi. Fotima va Zuhra maktab_____ boradilar. Ular bir sinf_____ o'qiydilar. Hech kim ularni egizak demaydi, chunki ular bir-birlari_____ o'xshamaydilar.

Bu sinf_____ yana bir egizaklar bor. Ularning ismi Hasan va Husan. Hasan va Husan bir-birlari_____ nihoyatda o'xshaydilar. Ular_____ bo'y_____, ko'z_____, qosh_____ va soch_____ bir xil. Ba'zan o'qituvchi ham adashadi. Bu Hasan va Husan uchun juda qulay, ba'zan Hasan uy vazifasini qilmaydi va Husan Hasan uchun javob beradi.

Muomala odobi

Study the phrases used in everyday speech.

Listen to these phrases. First, discuss them with your instructor in class. Then using the phrases, work with your classmate to create a dialogue.

Maqtash - To Compliment	**Javob** - Response
Chiroyli ekan! *It's pretty!* **Yoqimtoy ekan!** *It's cute!*	**Rahmat.** *Thank you!* **Tashakkur!** *Thank you!*
Zo'r ekan! *It's awesome!*	
Buyursin! *May it serve you well!*	**Aytganingiz kelsin!** *lit: Let your wishes come true!*

Suhbat

Lola: Dilshod, ana u sening mashinangmi?
Dilshod: Ha, meniki.
Lola: Voy, zo'r ekan. Yangimi?
Dilshod: Ha, o'tgan haftada sotib oldim.
Lola: Rangi ham chiroyli ekan!
Dilshod: Rahmat. Kul rang o'zimga juda yoqadi.

Suhbat

____
____
____
____
____
____

Yangi so'zlar

Listen and review the new vocabulary used in this chapter.

adashmoq	*to confuse, to mistake*
aktrisa	*actress*
aqlli	*smart, intelligent*
baland	*high, tall*
barcha	*all, every*
baribir	
unga baribir	*He does not care.*
menga baribir	*I do not care.*
bir xil	*identical*
bir-biri **~ga o'xshaydi** **~dan farq qiladi**	*each other* *they look like each other* *they differ from each other*
bitirmoq	*to graduate*
bo'y	*height*
burun	*nose*
-dan tashqari	*besides, in addition*
dars bermoq	*to teach*
davlat	*country, state*
demoq	*to say*
doira	*tambourine*
dutor	*dutor, the national stringed instrument*
Eron	*Iran*
faol	*active*
fasl	*season*
fikrga qo'shilmoq	*to agree, to agree with someone's opinion*
fizika	*physics*
foiz	*percent*
globus	*globe*
gul	*flower*
hamma	*everybody, everyone*
har xil	*various, different*

hozirgi vaqtda	*currently, nowadays*
ich	*inside*
ishyoqmas	*lazy*
it	*dog*
janub	*south*
janubi-g'arb	*southwest*
janubi-sharq	*southeast*
jigarrang	*brown*
jihozlangan	*equipped*
kalta	*short (for inanimate objects)*
kambag'al	*poor*
kelishgan	*good looking (for men)*
kishi	*person, someone, man*
ko'k	*blue; green*
ko'z	*eye*
korxona	*enterprise, business*
kuchsiz	*weak*
kun bo'yi	*throughout the day*
marta **bir oyda ikki marta**	*times* *twice a month*
matematika	*mathematics*
maydon	*territory*
menikidek	*like mine*
mo'ylab	*mustache*
mushuk	*cat*
nihoyatda	*extremely*
nozik	*delicate, fine*
odat	*habit*
old	*front*
olib bormoq	*to take*
oq	*white*
ora	*among*

orqa	*back*
oshpaz	*cook, chef*
ozg'in	*thin, skinny*
past	*low, short*
poytaxt	*capital city*
qish	*winter*
qizil	*red*
qiziqmoq (~ga qiziqmoq) Men tarixga qiziqaman.	*to be interested in I am interested in history.*
qo'l	*arm, hand*
qo'shni	*neighbor*
qora	*black*
qosh	*eyebrow*
qulay	*convenient*
quloq	*ear*
rang	*color*
rol o'ynamoq	*to play a role, to star*
semiz	*fat, overweight*
soch	*hair*
sog'lom	*healthy*
soqol	*beard*
surat	*picture, photo*
tag	*under*
tashqari	*outside*
tasvirlab bermoq	*to describe*
tirishqoq	*hardworking*
tog'	*mountain*
ust	*outside*
uzun	*long*
velosiped	*bicycle*
xuddi	*exactly, just like, nearly*
xunuk	*ugly*
yashil	*green*
yon	*side*
yotoqxona	*bedroom, dormitory*
yoz	*summer*
yuvosh	*gentle, tame (animal)*
o'quvchi	*school children*
o'rindiq	*bench*
o'rta	*middle*
o'rta maktab	*secondary school*
O'rta Osiyo	*Central Asia*
o'rta yosh	*middle aged*
o'xshamoq (-ga ~)	*to look like, to resemble*
o'yinqaroq	*playful*
g'arb	*west*
sharq	*east*
shimol	*north*
shimoli-sharq	*northeast*
shovqin-suron	*noise, clamor*
shug'ullanmoq (bilan ~) U karate bilan shug'ullanadi.	*to do, to practice She practices karate.*

TO‘QQIZINCHI DARS 9
CHAPTER NINE

KECHA NIMA QILDINGIZ?

TALKING ABOUT AGE AND PAST EVENTS

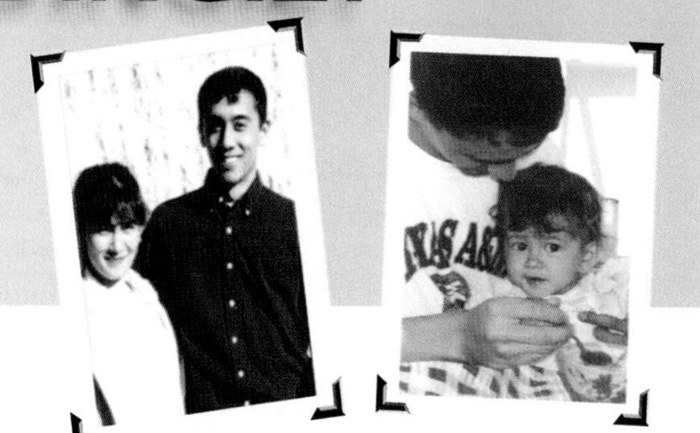

IN THIS CHAPTER

- **Yangi darsni boshlaymiz!**
  Talking about age and past events
- **Diqqat, qoida!**
  Definite past tense, adverbs, numbers beyond 10, postpositions
- **Keling, suhbatlashaylik!**
  Activities to practice speaking, listening, reading, and writing
- **Asl o‘zbekcha**
  Authentic video clips
- **Sizga xat keldi**
  Letters about Uzbek culture and people
- **Qo‘shimcha mashqlar**
  Extra activities to reinforce new structures and vocabulary
- **Muomala odobi**
  Native speakers’ daily speech
- **Yangi so‘zlar**
  Vocabulary used in this chapter

Yangi darsni boshlaymiz!

Study the new vocabulary and phrases used throughout the chapter.

1-mashq: **O'qing va tinglang!** Follow along with the words and listen to how they are pronounced on the audio.

1.

Kecha Sherzod soat sakkizda uyg'ondi.

2.

Tez yuvindi, lekin nonushta qilmadi.

3.

Mashinasi ustaxonada edi, shuning uchun ishga avtobusda ketdi.

4.

Ishga kechikdi. Bank direktorining jahli chiqdi, lekin u Sherzodga hech narsa demadi.

5.

Sherzod soat o'n ikkida tushlik qildi.

6.

U soat beshda uyga qaytdi.

7.

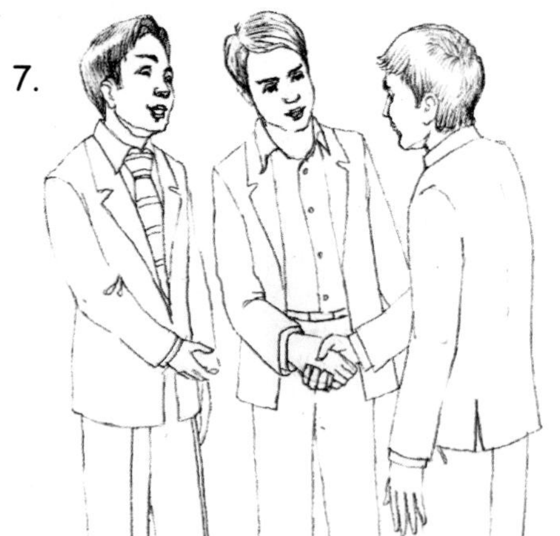

Soat yettida do'stlari bilan uchrashdi. Ular bilan birga kafega bordi.

8.

Kech soat o'n ikkida uyga qaytdi va uxlashga yotdi.

2-mashq: O'qituvchingiz bilan ishlang. Look at the drawings of **Sherzod**. As your instructor describes each one, give the number of the drawing.

3-mashq: Mustaqil ishlang. Look again at the pictures of **Sherzod** and read the following statements about him. Is each statement **to'g'ri** or **noto'g'ri**?

	T	N
1. Sherzod kecha ishga kechikdi.		
2. Sherzod kecha nonushta qildi, lekin tushlik qilmadi.		
3. Sherzod kecha ishga mashinasida bordi.		
4. Sherzod do'stlari bilan uchrashdi.		
5. Kecha bank direktori Sherzodni maqtadi.		
6. Sherzod kecha ingliz tilini o'rganmadi.		

4-mashq: Mustaqil ishlang. Review Sherzod's daily routine described in Chapter 6, and answer the questions below.

1. Sherzod har kuni soat nechada uyg'onadi? U kecha soat nechada uyg'ondi?
2. Sherzod nonushta qiladimi? Soat nechada? Kecha nonushta qildimi?
3. Sherzod qayerda ishlaydi?
4. Shahar transportidan foydalanadimi?
5. Sherzod kechqurunlari ingliz tilini o'rganadimi? Do'stlari bilan uchrashib, kinoga yoki kafega boradimi?

5-mashq: Tinglang. Listen to a dialogue and answer the questions that follow.

Savol	Javob
1. Dilshod nima uchun xafa?	
2. U kecha nima qildi?	
3. Uyiga soat nechada qaytdi?	
4. Soat nechada uyg'ondi?	

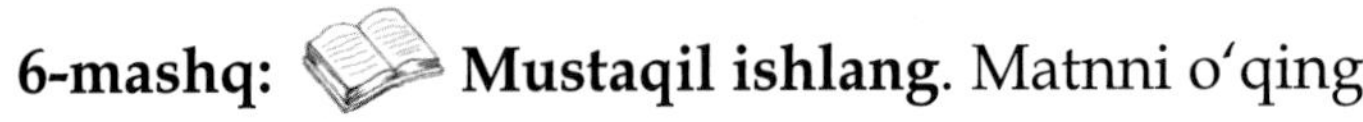

6-mashq: **Mustaqil ishlang**. Matnni o'qing.

Bu Azizbek. Azizbek oilada to'ng'ich farzand. Uning ikkita ukasi va bitta singlisi bor. Azizbek 1976-yilda Andijonda tug'ildi, shu yerdagi maktabga bordi. Maktabni bitirib, Toshkent Texnika Universitetiga o'qishga kirdi va shu universitetda to'rt yil o'qidi. 1999-yilda Texas Davlat Universitetiga o'qishga kirdi. 2001-yilda universitetni bitirib, O'zbekistonga qaytib keldi. 2002-yilda Muhabbatga uylandi. 2005-yilda qizi Dilafruz tug'ildi.

Hozirgi vaqtda Azizbek katta bir tashkilotda ishlaydi. Muhabbat universitetda o'qituvchi bo'lib ishlaydi. Dilafruz esa 4 yoshda, u bolalar bog'chasiga boradi. Ular Toshkentda yashaydilar.

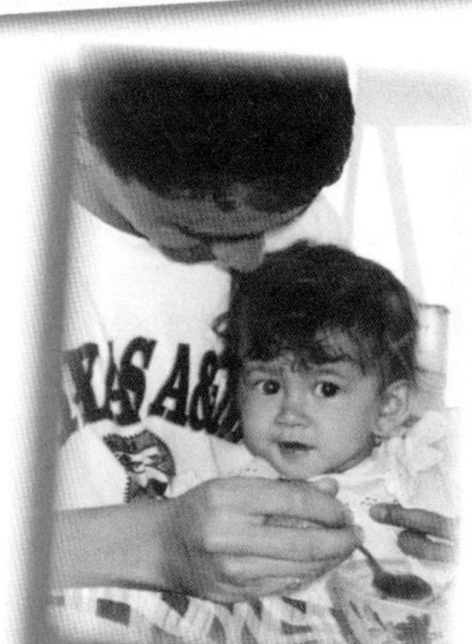

7-mashq: **Mustaqil ishlang.** Decide if the following statements are **to'g'ri** or **noto'g'ri**.

	T	N
1. Azizbek oilada birinchi farzand.		
2. Azizbek Toshkentda tug'ildi.		
3. Muhabbat Azizbekning singlisi.		
4. Azizbek AQShda o'qidi.		
5. Azizbek 2001-yilda O'zbekistonga qaytdi.		
6. Uning ikkita farzandi bor.		

8-mashq: O'qituvchingiz bilan ishlang. Answer your instructor's questions about Azizbek.

Model: **O'qituvchingiz:** Azizbek qachon Texasga keldi? **Siz:** 1999- yilda.

Diqqat, qoida!

Learn the new grammar points and complete the grammar-related activities.

1. Numbers beyond 10

20 -yigirma	70 - yetmish	1,000 - (bir) ming
30 - o'ttiz	80 - sakson	7,000 - yetti ming
40 - qirq	90 - to'qson	10,000 - o'n ming
50 - ellik	100 - (bir) yuz	1,000,000 - (bir) million
60 - oltmish	500 - besh yuz	

11 - o'n bir	23 - yigirma uch	78 - yetmish sakkiz
19 - o'n to'qqiz	55 - ellik besh	92 - to'qson ikki

125 - bir yuz yigirma besh	1998-bir ming to'qqiz yuz to'qson sakkiz
471 - to'rt yuz yetmish bir	2018-ikki ming o'n sakkiz

9-mashq: **Tinglang!** Listen to the audio and repeat the numbers in Uzbek.

10-mashq: A. **Mustaqil ishlang.** Write these numbers in Uzbek.

13	______________
87	______________
109	______________
9,189	______________

34	______________
56	______________
789	______________
1,900	______________

B. First read the dialogue. Then make a dialogue in which you call the following places and have your partner say that you have reached a wrong number.

- Allo! Bu universitetmi?
- Yo'q, bu universitet emas.
- Bu 162-85-10 (bir yuz oltmish ikki - sakson besh - o'n)mi?
- Yo'q.
- Kechirasiz!

aeroport: (178-16-79), kutubxona: (456-02-33), do'kon: (277-18-54), muzey: (345-19-00)

11-mashq: **Savollarga javob bering.** Read the passport below and answer the questions.

1. Bu kimning pasporti?	
2. U qayerda yashaydi?	
3. U necha yoshda?	
4. Pasport raqami necha?	

Note:

In Uzbek, there are several ways to express age:

number **+ yosh + da** + personal predicate ending.

Necha yoshdasiz? *How old are you?*
Men yigirma yoshdaman. *I am 20 years old.*
Siz qirq besh yoshdasiz. *You are 45 years old.*
Jiyanim o'n besh yoshda. *My cousin is 15 years old.*

yosh + possessive ending + number + **-da**. For example:

Yoshingiz nechada? *How old are you?*
Yoshim yigirmada. *I am 20 years old.* (lit: My age is at 20).
Ukasining yoshi qirq beshda. *His brother is 40 years old.*

For ages less than a year old, the word **oylik** - *month old* is used.

Bir haftadan keyin o'g'limiz ikki oylik bo'ladi.
In a week, our son will be two months old.

12-mashq: Savollarga javob bering. Bu kishilar necha yoshda?

13-mashq: **Mustaqil ishlang.** Use the vocabulary from the activity above to complete the sentences below.

Farrux 27 yoshda.	*U yosh yigit.*
Nosir 34 yoshda.	
Feruza 2 yoshda.	
Nozima 2 oylik.	
Hasan 89 yoshda.	
Fotima 40 yoshda.	
Zilola 19 yoshda.	

14-mashq: **Savollarga javob bering.** Bu kishilar necha yoshda?
Farida necha yoshda? Farida 18 yoshda.

Nargiza 1940-yil, 4-fevral.	
Aziz 1972-yil, 12-oktabr.	
Alisher Navoiy 1441-yil.	
Dilshod 1985-yil, 16-aprel.	

2. Definite past tense

This tense is used to express things that happened at a specific moment in the past. Note that this tense is not used for past actions that are habitual or repeated. The definite past in Uzbek is formed in the following way: verb stem + **di** + possessive ending.

Men ketdim. *I left.*	**Biz ko'rdik.** *We saw.*
Siz uxladingiz. *You slept.*	**Sizlar o'qidingiz.** *You (pl) read.*
Sen aytding. *You said.*	**Ular ketdilar.** *They left.*
U gapirdi. *He/she/it spoke.*	

For the form **ular**-*they,* in colloquial speech most of the time the following ending is used:

after consonant **-ishdi**	after vowel **-shdi**
Ular Toshkentdan kelishdi. *They came back from Tashkent.*	**Kutubxonada kitob o'qishdi.** *They read a book in the library.*

Negative and interrogative

As before, add **-ma** for the negative and **-mi** for the interrogative.

Men uni ko'rmadim. *I didn't see him.*	**Siz uni ko'rdingizmi?** *Did you see him?*
U gapirmadi. *She didn't speak.*	**Lola uyga ketdimi?** *Did Lola leave?*

Adverbs you can use with the past tense:

kecha - *yesterday* **...yil oldin/avval** - *... years ago*
o'tgan yil - *last year* **...kun oldin/avval** - *...days ago*

Kecha kitob sotib oldim. *I bought a book yesterday.*
O'tgan kuni bozorda Salimni ko'rdik.
The day before yesterday, we saw Salim at the marketplace.

15-mashq: A. Dialogni o'qing.

G'ofur: Eh, juda charchadim.
Karim: Nimaga?
G'ofur: Kecha Salim bilan choyxonaga bordik.
Karim: Palov pishirdingizmi?
G'ofur: Ha, palov pishirib, narda o'ynadik.
Karim: Soat nechada uyga qaytdingiz?
G'ofur: Kech soat o'n ikkida.

B. **Tinglang.** Mahmud aka kecha nima qildi? Karim aka-chi? Listen to the audio and answer the questions about Mahmud and Karim.

Mahmud aka kecha nima qildi?
Uyga soat nechada qaytdi?

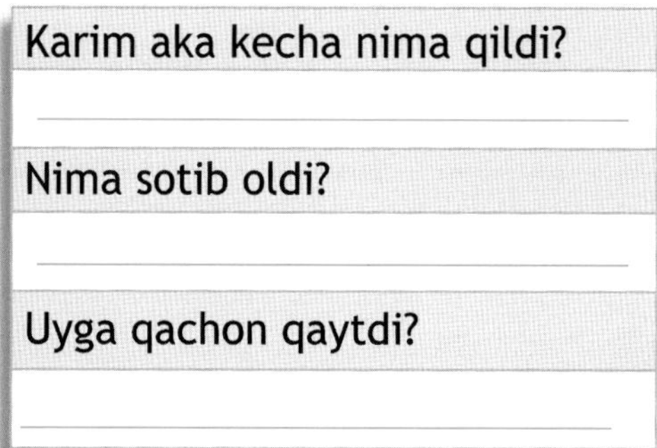

Karim aka kecha nima qildi?
Nima sotib oldi?
Uyga qachon qaytdi?

16-mashq:  **Sinfdoshingiz bilan ishlang.** Ask each other about recent past (yesterday, a week ago, last Monday). Follow the model.

- Tom, kecha nima qildingiz?
- Kutubxonaga bordim.
- U yerda nima qildingiz?
- Kitob o‘qidim, keyin dars qildim.

- Tom, shanba kuni futbol ko‘rdingizmi?
- Yo‘q, ko‘rmadim.
- Rostdanmi? Nimaga? Vaqtingiz bo‘lmadimi?
- Qaynonamning tug‘ilgan kuniga bordik. Uyga juda kech qaytdik.

- Meri, shanba kuni nima qildingiz?
- Do‘stlarim bilan kinoga bordim. Sherlok Xolms filmini ko‘rdik.
- Voy, men ham shanba kuni shu filmni ko‘rdim. Menga film juda yoqdi. Sizga-chi, sizga yoqdimi?
- Menga uncha yoqmadi, lekin do‘stlarimning barchasiga film nihoyatda yoqdi.

17-mashq: **Sinfdoshingiz bilan ishlang.** Student A gives commands and Student B does them. After completing the requested thing Student B uses Definite Past Tense to describe what he did.

Namuna: A: **Eshikni oching!** B: **Eshikni ochdim.**

Note:
In chapter 6, you learned how to express likes and dislikes with verbs **yaxshi ko'rmoq** and **yomon ko'rmoq**. You can also use the following constructions to express these feelings.

(-**ni**~) **yoqtirmoq** – *to like*

Men matematikani uncha yoqtirmayman. *I do not like math much.*

Alisher Karimani yoqtiradi. *Alisher likes Karima.*

yoqmoq – *to like, to please*

Menga kino yoqmadi. *I did not like the movie* (lit: *The movie was not to my liking.*)

O'qituvchiga Karimning muomalasi yoqmadi.
The teacher did not like Karim's attitude.
(lit: *Karim's attitude was not pleasing to the teacher.*)

3. *Definite past tense (cont'd)*

The simple past tense of the verb *to be* is formed with the help of the defective verb **emoq**.

e + **di** (past tense) + **m** (possessive)= **edim** - *I was*

O'qituvchi edim. *I was a teacher.*	**Kambag'al edik.** *We were poor.*
Talaba eding. *You were a student.*	**Sizlar yosh edingiz.** *You were young.*
Jarroh edingiz. *You were a surgeon.*	**Ular boy edilar.** *They were rich.*
U shifokor edi. *She/He was a doctor.*	

The negative is formed by adding **emas** before the verb.

Talaba emas edi. *He wasn't a student.*

O'qituvchi emas edingiz. *You were not a teacher.*

As before -**mi** is added to the end of the word to form a question.

Talaba edingizmi? *Were you a student?*

U boy edimi? *Was he rich?*

Kecha parkka bormadik, chunki band edik.
We did not go to the park yesterday, as we were busy.

18-mashq: **Mustaqil ishlang?** What do you know about these people? Consider the following questions:
Kim edi? Qayerda tug'ildi? Qayerda yashadi? Nima qildi?

1. Kleopatra	
2. Stalin	
3. Vashington	
4. Neyl Armstrong	
5. Chingiz Xon	
6. Eynshteyn	

19-mashq: **Game: Kim edim?**
Your instructor will attach a tag with the name of a famous person on your back so that you can't see it. Walk around and ask your classmates questions about the person on your tag. Answer the other students' questions about their tags but don't give direct answers. The first one to figure out the name on his/her own tag is the winner.

20-mashq: **Matnni davom ettiring.** First read the text, then look at the pictures and continue the story.

Azim aka 1954-yilda Toshkentda tug'ildi. U 1961-yilda maktabga bordi va 1971-yilda maktabni bitirdi.

U ...

1972 -yil

1976-yil

1985-yil

21-mashq: **O'zingiz haqingizda yozing.** Write your biography and share it in the class.

4. The suffix -gi

The suffix -**gi** (-**ki**, -**qi**) is added to nouns to form possessive adjectives indicating time and location.

ertalab-*morning*, **ertalabki**-*pertaining to morning*
ertablabki choy - *morning tea*
tun-*night*, **tungi**-*related to night*, **tungi smena**-*night shift*
ich-*inside*, **ichki**-*internal*, **ichki organlar**-*internal organs*

The suffix -**gi** is added to adverbs to create possessive adjectives indicating location.
Samarqandda-*in Samarqand*, **Samarqanddagi**-*which is Samarqand*

The word receiving the ending -**gi** (-**ki**, -**qi**) always precedes the noun it modifies.

Samarqanddagi Ragiston maydonini ko'rdik.
We saw the Registan square (which is) in Samarqand.
Amerikadagi do'stim bilan gaplashdim.
I talked to a friend (who is) in America.

22-mashq: **Sinfdoshingiz bilan ishlang.** Get together with your classmates and discuss the following questions.

1. Siz qaysi shahardansiz?
2. Shahringizda chiroyli binolar bormi? Shahringizdagi eng chiroyli bino qaysi?
3. Shahringizdagi eng yaxshi universitet yoki maktab qaysi?
4. Shahringizda sportning qaysi turi eng ommabop?
5. Shahringizdagi eng mashhur kishi kim? U nima qiladi?
6. Shahringizdagi eng yaxshi restoranning nomi nima? U qayerda joylashgan?
7. Shahringizdagi parklar orasida qaysi biri eng chiroyli va toza?

5. Postpositions II

In chapter 8, you learned about the nouns which can be used as postpositions, such as:

ust - stolning ustida - *on top of the table*
tag - stulning tagida - *under the chair*

Below are the postpositions that require the noun or the pronoun preceding them to have an ablative case ending, i.e., **-dan.**

A. **avval** (synonyms: **burun, oldin**) - *before*
Toshkentdan avval Samarqandga boramiz.
Before Tashkent, we will go to Samarqand.
Ulardan avval sizni ko'rdik. *We saw you before them.*

Note that without an ablative case ending, based on the context, **avval** can be translated as *ago* or *first*.

Ikki kun avval Buxoroga ko'chib ketishdi.
They moved to Bukhara two days ago.
Karima avval Salimga telefon qildi, so'ng Davronga xat yozdi.
Karima first phoned Salim, then wrote a letter to Davron.

B. **keyin** and **so'ng** - *after*
undan keyin - *after him*
nonushtadan so'ng - *after breakfast*
Palovdan keyin ko'k choy ichdik. *We had green tea after pilaf.*

23-mashq: **Mustaqil ishlang.** Decide if the following is **to'g'ri** or **noto'g'ri.**

	T	N
1. Imtihondan avval ikki krujka kofe ichaman.		
2. Qo'rqinchli kinodan keyin uxlamayman.		
3. Kechki ovqatdan keyin ko'k choy ichaman.		
4. Kechki ovqatdan avval dars qilmayman.		
5. Har kuni nonushtadan keyin radio tinglayman.		

24-mashq: **Mustaqil ishlang.** Complete the sentences.

1. Kecha kinodan keyin	
2. Har kuni o'zbek tili darsidan avval	
3. Imtihondan keyin	
4. Yangi yil bayramidan keyin	
5. Ta'tildan avval	

Cultural Note

In Uzbek culture, asking about a person's age is not considered to be a big deal. People ask about each other's age in order to use correct linguistic forms, and address each other appropriately (read more in the note below). Besides hearing a usual "Yoshingiz nechada?" or "Necha yoshdasiz?" you might occasionally hear "Nechanchi yilda tug'ilgansiz?" (What year were you born?). Also, sometimes to a question "Necha yoshdasiz?" people can answer by stating the year of their birth, such as "75-yilda tug'ilganman" (I was born in 1975) or just "75-yilman."

Forms of Address

In Uzbek, when referring to a person of an older age or a higher status, the plural form is used even though a single person is described. For example:

Otam shifokorlar. *My father is a doctor* (plural ending).
Karim aka shu yerda ishlaydilar. *Karim works here* (not **ishlaydi,** but **ishlaydilar**).

Moreover, in spoken Uzbek, people usually avoid using a person's first name, or using words such as **xotinim**, **erim**. Instead, the following words are used:

A. When a husband talks about his wife: **kelinoyingiz** – *your sister-in-law* (listener is younger than the speaker); **keliningiz** – *your daughter-in-law* (listener is older than the speaker);

B. When a wife talks about her husband: **akangiz** - *your older brother*, **ukangiz** – *your younger brother*, **u kishi** – *that gentleman.*

In order to say *I have a husband/wife,* people usually say **Oilaliman**. Similarly, people who inquire about somebody's wife or husband say **Oilangiz/ Uydagilar yaxshi yurishibdimi?** *Is your husband/wife/family doing well?*

Keling, suhbatlashaylik!

Practice new grammar notes and vocabulary by reading, listening, writing and speaking.

25-mashq: **Matnni o'qib, savollarga javob bering.** Read the text and answer the questions that follow.

Muhammad Tarag'ay Ulug'bek (1394 – 1449).

Amir Temurning nabirasi Ulug'bek 1394-yilda Iroqning Sulaymoniya shahrida tug'ildi. Ulug'bek 15 yoshida Samarqandni, 17 yoshida Movaraunnahrni boshqardi. U yoshligidan fanga, ayniqsa, matematika va astronomiyaga qiziqdi. U 1428-yilda Samarqandda rasadxona qurdirdi. Rasadxonani kerakli asboblar bilan jihozladi. 1437-yilda yulduzlar jadvalini tuzdi. Bu jadvalda 1018ta yulduzning koordinatasini aniq belgiladi.

Bundan tashqari, Ulug'bek madrasalar qurdirdi va astronomiyaga oid asarlar yozdi. Uning asarlari avval lotin, so'ng boshqa Yevropa tillariga tarjima qilindi.

Ulug'bek 1449-yilda qatl etildi. O'n ikki yildan keyin esa uning rasadxonasi buzib tashlandi.

Samarqanddagi Ulug'bek haykali.

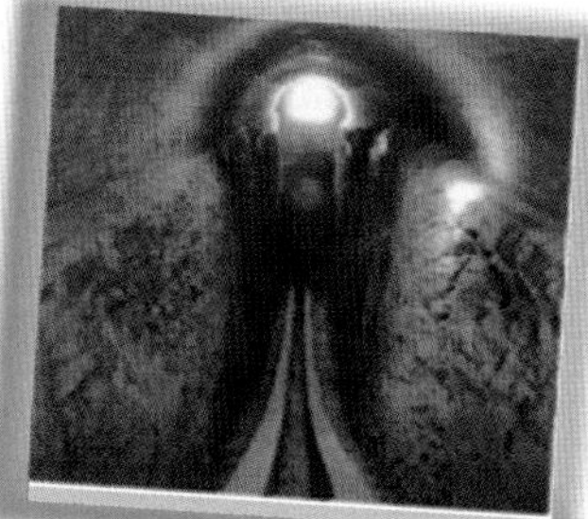

Ulug'bek rasadxonasi qoldiqlari. XX asrda Ulug'bek rasadxonasining qoldiqlari topildi.

Ulug'bek markasi. O'zbekistonda Ulug'bek nomli universitet, metro stansiyasi, ko'chalar va maktablar bor.

1. Ulug'bek nechanchi yilda tug'ildi?	
2. U kimning nabirasi edi?	
3. Ulug'bek 1437-yilda nima qildi?	
4. U nechanchi yilda vafot etdi?	

26-mashq: A. Matnni o'qing.

Zulfiya

Zulfiya 1915-yilning 1-martida Toshkentda tug'ildi. O'rta maktabdan so'ng pedagogika institutida va aspiranturada o'qidi. 1938 – 1948-yillarda 'Bolalar nashriyoti'da muharrir, keyinchalik O'zbekiston Davlat Nashriyotida bo'lim boshlig'i, 1950-yildan boshlab "Saodat" jurnalida ishladi.

Zulfiya ko'plab she'rlar yozdi, uning birinchi she'riy to'plami 1932-yilda nashr qilindi. Zulfiya 1935-yilda shoir Hamid Olimjonga turmushga chiqdi. Hamid Olimjonning vafotidan keyin, ko'plab mazhun she'rlar yozdi.

Umrining oxirlarida, Zulfiya tarjimonlik bilan ham shug'ullandi. U Pushkin, Nekrasov, Ukrainka va Inber asarlarini o'zbek tiliga tarjima qildi. U 1996-yilda vafot etdi.

B. Matn asosida savollarga javob bering.

1. Zulfiya qayerda tug'ildi?	______
2. Qayerda o'qidi?	______
3. Qayerda ishladi? Kim bo'lib ishladi?	______
4. Zulfiyaning turmush o'rtog'i kim edi?	______
5. Qachon vafot etdi?	______

C. Each sentence describes a main event in the text. Place them in the order they occurred.

___	O'rta maktabga bordi.
___	Turmush o'rtog'i vafot etdi.
___	Pedagogika institutida o'qidi.
___	Asarlarni tarjima qildi.
___	Toshkentda tug'ildi.
___	Turmushga chiqdi.
___	Vafot etdi.

27-mashq : **Tinglang va savollarga javob bering.** Listen to the audio to find out more about the outstanding people in the history of Central Asia and Uzbekistan.

Ismi nima? Kim edi?	Qachon va qayerda tug'ildi?	Qanday maktabga bordi?	Qaysi tillarni o'rgandi?	Qachon vafot etdi?

28-mashq: **Mustaqil ishlang.** Choose one outstanding person from the history of your country and write his/her biography. Present it to the class.

29-mashq: A. **Matnni o'qing.**

Men, Umarova Nafisa, 1978-yil 4-yanvarda Toshkent shahrida tug'ildim. Otam - Umarov Karim shifokorlar. Onam - Umarova Jamila uy bekasilar. Singlim universitetda o'qiydi.

Men 1984–1994-yillarda o'rta maktabda, 1994–1998-yillarda Toshkent moliya institutida o'qidim. Hozirgi vaqtda "Ipak Yo'li" bankida bo'lim boshlig'i bo'lib ishlayman.

Adabiyotni yaxshi ko'raman. Ayniqsa, Hemenguey, Tolstoy, Gogol asarlarini, shuningdek, hozirgi zamon o'zbek adabiyoti vakillarining asarlarini ko'p o'qiyman.

Sevimli rangim – oq. Sportni, ayniqsa, tennisni yaxshi ko'raman.

B. Quyidagilardan qaysi biri to'g'ri?

___	Nafisa akasining oilasi bilan yashaydi.
___	Nafisa oilada yolg'iz farzand.
___	Uning oilasi to'rt kishidan iborat.
___	Onasi hozirgi vaqtda uy bekasi.
___	Singlisi turmushga chiqqan.
___	Otasi fermer bo'lib ishlaydi.
___	Singlisi aspirant.

C. Where in the text do the following sentences fit logically?

1. Hozirgi vaqtda Gabriel Garsia Markesning "Yolg'izlikning yuz yili" kitobini o'qiyapman.
2. Ayniqsa, bahor va kuz fasllarini yoqtiraman.
3. O'qish davomida nemis va ingliz tillarini ham o'rgandim.

30-mashq: **Sinfdoshingiz bilan ishlang.** Savollarga javob bering va sinfdoshingizning javoblarini tinglang. Ikkita qo'shimcha savol tuzing.

a. Adabiyotni yaxshi ko'rasizmi?
b. Qanday asarlarni sevib o'qiysiz? (fantastika, drama, tarixiy roman)
c. Qanday kinolarni yaxshi ko'rasiz? (komediya, jangari, fantastika)
d. Sevimli rangingiz qaysi?
e. ______________________
f. ______________________

Asl o'zbekcha

Watch the video clip and practice both listening and speaking.

31-mashq: Before you watch:

1. How you would say your age and your place of origin?	
2. How would you say when you were born?	

32-mashq: 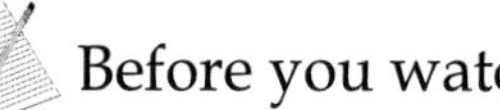 While watching:

1. *Videoni ko'rib, quyidagi savollarga javob bering.*

Ism	Qayerdan?	Necha yoshda?
Ozoda		
Lochin		
Vali		

2. *Sirojiddin va Nafisa haqidagi savollarga javob bering.*

Ism	Qayerdan?	Qachon tug'ilgan?
Sirojiddin		
Nafisa		

33-mashq: After the video:

1. Sirojiddin va Nafisa necha yoshda?	

Sizga xat keldi

In this section, you will read an email message that Sherzod received from Tom.

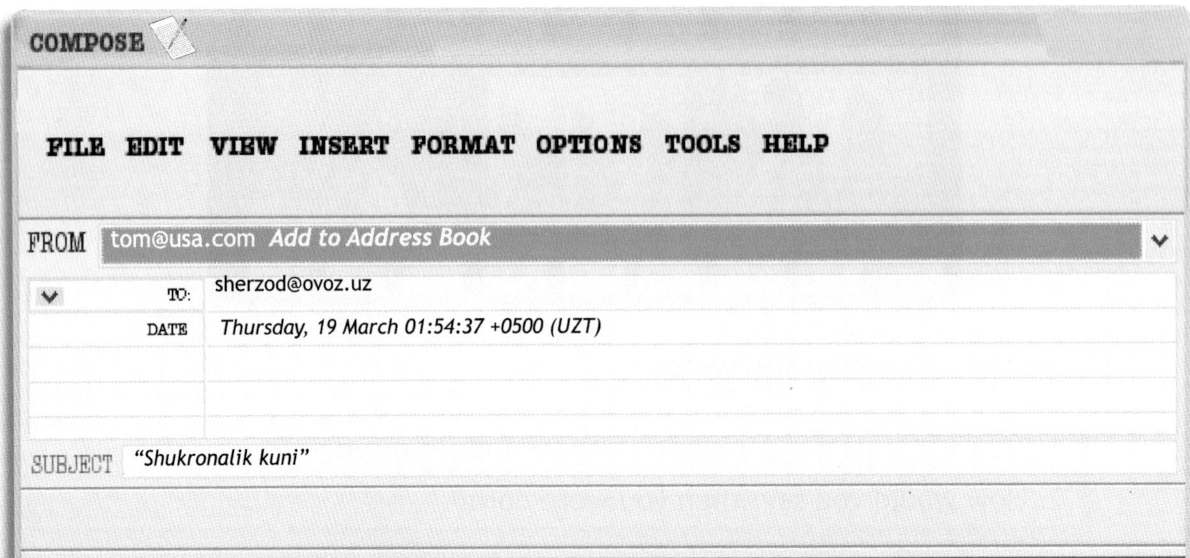

Hurmatli Sherzod, yaxshimisiz? Ota-onangiz va singlingiz yaxshi yurishibdimi? Xatingiz va oilangiz surati uchun katta rahmat. Men ham sizga bir surat yuboryapman. Bu oilamning surati. Mening oilam besh kishidan iborat. Oilada ota-onam, buvam va opam bor. Ota-onam Floridada yashaydilar, otam tadbirkorlar, onam shifoxonada hamshira bo'lib ishlaydilar. Opam turmushga chiqqan. U eri va o'g'li bilan Chikagoda yashaydi.

Bu suratni o'n to'rt yil avval olganmiz. Men bu suratda o'n besh yoshdaman. O'sha vaqtlarda men ota-onam bilan Floridada yashar edim. Opam universitetda talaba edi, men esa maktabda o'qir edim. Hozirgi vaqtda men Indiana shtatining Blumington shahrida yashayman. Shu yerda universitetda o'qiyman. Ota-onam, opam va buvamni faqat "Shukronalik kunida" ko'raman. Biz bu bayramni noyabr oyining to'rtinchi haftasida nishonlaymiz. Odatda qovoqli yoki olmali pirog va kurka pishiramiz.

Sherzod, siz yozgi ta'tilda nima qilasiz? Umuman, O'zbekistonda talabalar yoz oylarida nimalar bilan mashg'ul bo'ladilar? Universitetda o'qiydilarmi yoki biror yerda ishlaydilarmi?

Javobingizni kutib qolaman.

Salom ila,

Tom

34-mashq: **Mustaqil ishlang.** Matn asosida savollarga javob bering.

1. Tomning oilasi kattami?	
2. Oilasi necha kishidan iborat?	
3. Ota-onasi qayerda yashaydi?	
4. Tomning yoshi nechada?	
5. Tom qayerda yashaydi?	
6. Bu suratda Tom oilasi bilan qaysi bayramni nishonlayapti?	

35-mashq: **Sinfdoshingiz bilan ishlang.** Savollarga javob bering.

1. Siz qayerda tug'ildingiz? ______
2. Qayerda katta bo'ldingiz? ______
3. Qayerda yashadingiz? ______
4. Ota-onangiz bilan yashadingizmi? ______
5. Qaysi tillarni o'rgandingiz? ______
6. Qachon (necha yoshingizda) maktabga bordingiz? ______
7. Do'stlaringiz ko'p edimi? ______

Qo'shimcha mashqlar

Reinforce new structures and vocabulary by completing these extra activities.

Mustaqil ishlang. Quyida berilgan mashqlarni bajaring. Yangi so'zlar va grammatik qoidalarning ishlatilishiga ahamiyat bering.

Numbers above 10

36-mashq: Try to solve the following puzzles and write down the solutions in Uzbek.

____

____

____

____

____

____

1. Farida bir ming to'qqiz yuz yetmish sakkizinchi yilda tug'ilgan. Uning ikki singlisi va bir ukasi bor. Birinchi singlisi, Lola, bir ming to'qqiz yuz saksoninchi yilda tug'ilgan, ikkinchi singlisi, Nargiza, birinchi singlisidan uch yil keyin tug'ilgan. Ukasi Qahramon esa Loladan bir yil keyin va Nargizadan ikki yil avval tug'ilgan. Nargiza nechanchi yilda tug'ilgan? Qahramon-chi?

____

____

____

____

____

2. Ilhom buvaning qo'ylari nihoyatda ko'p. Uning ikki yuzta qo'yi Parkentda, uch yuz yigirma beshta qo'yi G'azalkentda va bir yuz oltmish beshtasi Toshkentda turadi. Ilhom buvaning yana otlari ham bor. Otlar soni qo'ylar sonining yarmiga teng. Ilhom buvaning nechta qo'yi va otlari bor?

37-mashq: Listen to the following people saying their phone numbers and try to jot them down as you listen.

Ismi nima?	Telefon raqami...
Ilhom	135-16-43

38-mashq: Answer the following questions by writing out the digits in Uzbek. The answers are provided.

1. Kolumb "Yangi dunyo"ni nechanchi yilda kashf etdi? 1492

____

2. Muhammad Tarag'ay Ulug'bek nechanchi yilda vafot etdi? 1449

____

3. Shekspir nechanchi yilda tug'ildi? 1564

____

4. Navoiy "Xamsa" asarini nechanchi yilda bitirdi? 1485

____

Past Tense

Read these texts about Uzbek poets and writers of the twentieth century.

39-mashq: A. Read the text and fill in the blanks with the words given in parentheses. Put the verbs in correct tense and form.

Hamza Hakimzoda Niyoziy 1889-yilda Qo'qon shahrida (*to be born*) __________. U eski maktabda, madrasada va yangi rus maktabida (*to study*) __________________. Hamza 1910-yilda Toshkentda, 1911-yilda Qo'qonda, 1914-yilda Marg'ilonda yangi "usuli jadid" maktablarini (*to open*) ________________. Bu maktablarda (*to work*) ____________ va talabalarga dars berdi.

Hamza dramaturg va shoir (*to be*) _______. U 1918-yilda dramtruppa (*to form*) _______. Bu truppa uchun dramalar (*to write*) _________.

Hamza Xitoy, Hindiston, Afg'oniston, Eron, Turkiya va Arab mamlakatlariga safar qildi. 1920-yilda Qo'qonga (*to return*) ___________ va maktabda (*to work*) ____________. Hamza ko'plab she'rlar va dramalar (*to write*) _______________. U 1929-yil 18-martda (*to die; pass away*) ___________.

B. Once you are done, listen to the audio and check if you completed it correctly.

40-mashq: Put these sentences in order (put numbers 1 through 6) to make a meaningful text about Uzbek writer Cho'lpon.

_____ 1920-yilda eng mashhur kitobi "Kecha va kunduz"ni yozdi.

_____ Cho'lpon 1887-yilda Andijonda tug'ildi.

_____ Cho'lpon 1938-yilda vafot etdi.

_____ Bu yerda u arab, fors va turk tillarini o'rgandi.

_____ U Toshkent va Andijon madrasalarida o'qidi.

_____ So'ng rus maktabiga bordi va rus tilini o'rgandi.

41-mashq: Answer the following questions based on the texts you read in this chapter.

O'zbek yozuvchi va shoirlaridan kimlarni bilasiz? ____________________

Alisher Navoiy kim edi? Uning asarlari haqida nimalarni bilasiz? ____________

Hamza va Oybek qaysi tillarni bilganlar? ____________________

O'zbek yozuvchi va shoirlar orasida qaysi biri tarjimon edi? U qanday asarlarni tarjima qildi? ____________________

"Kecha va kunduz" asarini kim yozdi? ____________________

-gi (-ki, -qi)

42-mashq: Imagine that you are being interviewed by a journalist from Uzbekistan. She would like to know more about the USA and asks you the following questions. How do you answer?

Jurnalist: AQShdagi eng katta kutubxona haqida nimalarni bilasiz?
Siz: Kongress kutubxonasi Amerikadagi eng katta kutubxona hisoblanadi. U Vashington Kolumbiya okrugida joylashgan. Kutubxona 1800-yilda tashkil topgan.

1. Amerikadagi eng katta daryoning nomi nima? Bu daryo haqida nimalarni bilasiz?
2. Amerikadagi eng baland tog'ning nomi nima? U qaysi shtatda joylashgan?
3. Amerikalik talabalar bahorgi ta'tilda nima qiladilar? Qishki ta'tilda-chi?
4. Odatda amerikaliklar kechki ovqatni uyda, oilalari bilan birga yeydilarmi yoki restoranlarga boradilarmi?

Muomala odobi

Study the phrases used in everyday speech.

Listen to these phrases. First, discuss them with your instructor in class. Then, using the phrases, work with your classmate to create a dialogue.

Kechirim so'rash - Apologizing	**Javob** - Response
Kechirasiz! *I am sorry!* **Kech qolganim uchun kechirasiz!** *I am sorry, I am late.* **Uzr, bilmabman!** *Sorry, I didn't know.* **Uzr so'rayman!** *I apologize.* **Xafa qilgan bo'lsam, kechiring!** *Please excuse me if I offended you.*	**Mayli, hechqisi yo'q!** *It is ok. It doesn't matter.* **Hechqisi yo'q!** *That is fine.* **Mayli, zarari yo'q!** *It is ok, it doesn't matter.* **Mayli, qo'yavering!** *It is ok, do not worry.*

Yangi so'zlar

Listen and review the new vocabulary used in this chapter.

adabiyot	*literature*
afsuski	*unfortunately*
asar	*written work, novel*
aspirant	*graduate student*
aspirantura	*post-graduate study*
avval (-dan ~)	*before*
ayniqsa	*especially*
belgilamoq	*to indicate, to mark*
bino	*building*
bitirmoq (-ni ~) **Ikki hafta avval maktabni bitirdik.**	*to graduate* *We graduated from school two weeks ago.*
Maktabni bitirib, Toshkentga ketdi.	*After graduating from school, he left for Tashkent.*
bo'lim boshlig'i	*head of the department*
bolalar bog'chasi	*kindergarten*
boshlab (-dan) **bugundan boshlab**	*starting* *starting today*
boshqa	*other*
boshqarmoq	*to direct, to govern*
bundan tashqari	*besides, in addition*
buzib tashlanmoq **Rasadxona buzib tashlandi.**	pass. of **buzib tashlamoq -** *to destroy* *The observatory was destroyed.*
-da yashar edim	*I used to live in …*
dehqon/fermer	*farmer*
direktor	*director*
dramaturg	*playwright*
fan	*science*
foydalanmoq	*to use, to make use of*
-gi	suffix, forms adjectives

go'dak	*baby*
hamshira	*nurse*
haykal	*monument*
hech narsa	*nothing*
hozirgi zamon	*contemporary, current*
Ipak Yo'li	*Silk Road*
ishlamoq	*to work, to be employed*
jahl **~(pos.) chiqmoq** **Jahlim chiqdi.** **Jahlingiz chiqyaptimi?**	*anger* *to get mad, to be angry* *I got angry.* *Are you angry?*
jihozlamoq	*to equip*
jurnal	*journal*
kashf etmoq	*to discover*
katta yoshdagi ayol	*old woman*
katta yoshdagi erkak	*old man*
kecha	*yesterday*
kechikmoq	*to be late*
kerakli	*necessary*
keyin (-dan ~)	*after*
keyinchalik	*later*
ko'plab	*many*
krujka	*mug, cup*
kurka	*turkey*
mamlakat	*country, state*
maqtamoq	*to praise*
mashhur	*popular, well-known*
mazhun	*sad, gloomy*
mashg'ul bo'lmoq	*to be occupied*
moliya instituti	*financial institute*
muharrir	*editor*

narda	*backgammon*
nashr qilinmoq	*to be printed, to be published*
nashriyot	*publishing house*
olma	*apple*
ommabop	*popular, of masses*
qovoq	*pumpkin*
ot	*horse*
oxir	*end, last part*
palov	*pilaf (a rice dish)*
qariya	*old man/old woman*
qatl etilmoq	*pass. of* **qatl etmoq** – *to execute*
U 1449-yilda qatl etildi.	*He was executed in 1449.*
qaysi	*which*
qilinmoq	*pass. of* **qilmoq** – *to do*
Kitob tarjima qilindi.	*The book was translated.*
qo'rqinchli	*scary*
qo'y	*sheep*
qoldiq	*remnant*
qurdirmoq	*caus. of* **qurmoq** *-to build*
U rasadxona qurdirdi.	*He built (made someone build) an observatory.*
rasadxona	*observatory*
safar qilmoq	*to travel*
sevib o'qimoq	*to enjoy reading*
sevimli	*favorite*
son	*number*
sotib olmoq	*to buy*
ta'til	*break*
yozgi ta'til	*summer break*
tarjima qilmoq	*to translate*
tarjimon	*translator*
tashkilot	*organization*
teng	*equal*

tez	*fast, quickly*
topilmoq	*pass. of* **topmoq**– *to find*
tug'ilmoq	*to be born*
tur	*sort, kind*
Sportning qaysi turi mashhur?	*What type of sport is popular?*
tuzmoq	*to form, to organize*
uchrashmoq (bilan ~)	*to meet*
Do'stlarim bilan uchrashaman.	*I'll meet with my friends.*
umr	*life*
ustaxona	*repair shop*
"usuli jadid" maktablari	*"New method" schools opened by intellectual reformists of 19th century.*
uy bekasi	*housewife*
vafot	*death*
vafot etmoq	*to pass away, to die*
vakil	*representative*
yana	*also, more*
yarim	*half*
yolg'izlik	*solitude, loneliness*
yoqmoq (-ga ~)	*to like, to be pleased*
Menga bu bozor yoqadi.	*I like this bazaar.*
yoqtirmoq (-ni~)	*to like*
Karimni yoqtiraman.	*I like Karim.*
yosh bola	*child, kid*
yosh qiz	*young woman*
yosh yigit	*young man*
yoshligidan	*from his childhood*
yubormoq	*to send*

o'qish davomida	*during the studies*
o'qishga kirmoq	*to enroll (at the university)*
o'rta yosh ayol	*middle-aged woman*
o'rta yosh erkak	*middle-aged man*
o'spirin	*teenager*
shahar transporti	*public transport*
she'r	*poem*
she'riy to'plam	*collection of poems*
Shukronalik kuni	*Thanksgiving day*
chaqaloq	*baby*
charchamoq	*to be tired*
choyxona	*teahouse*

O'NINCHI DARS 10
CHAPTER TEN

OLMA BORMI? NECHA PUL?

TALKING ABOUT FOOD

IN THIS CHAPTER

- **Yangi darsni boshlaymiz!**
  Names of food, buying food at an Uzbek marketplace
- **Diqqat, qoida!**
  Terms of quantity, expressing availability with **bor/yo'q,** *and necessity with* **kerak,** *compound verbs*
- **Keling, suhbatlashaylik!**
  Activities to practice speaking, listening, reading, and writing
- **Asl o'zbekcha**
  Authentic video clips
- **Qo'shimcha mashqlar**
  Extra activities to reinforce new structures and vocabulary
- **Muomala odobi**
  Native speakers' daily speech
- **Yangi so'zlar**
  Vocabulary used in this chapter

Yangi darsni boshlaymiz!

Study the new vocabulary and phrases used throughout the chapter.

1-mashq: **O'qing va tinglang!** Follow along with the words and listen to how they are pronounced on the audio.

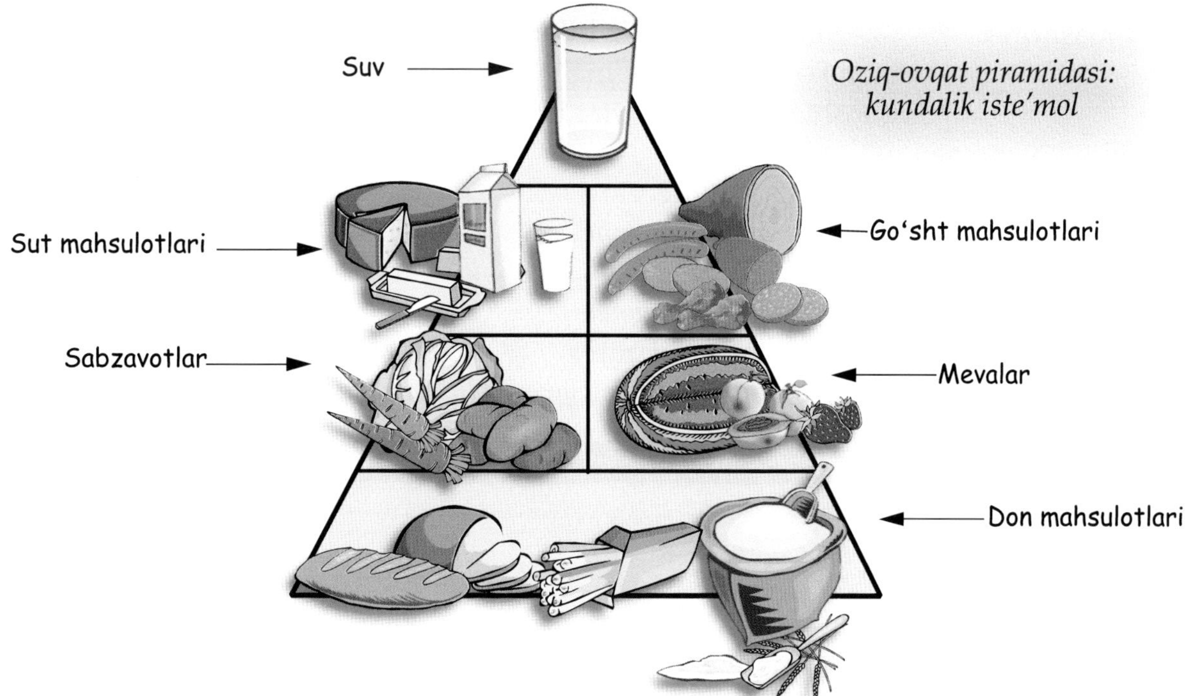

2-mashq: **Mustaqil ishlang.** Sort the food on the previous page into categories according to the food pyramid.

Mevalar	Sabzavotlar	Don mahsulotlari	Sut mahsulotlari

3-mashq: **Mustaqil ishlang.** Choose at least two dishes given below and make a list of ingredients you would need to prepare them.

a. Mevali salat b. Vegeteriancha salat c. Kabob d. Amerikacha nonushta

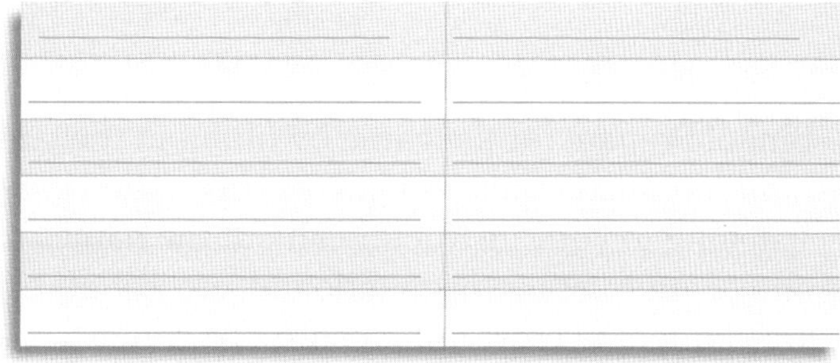

4-mashq: A. **Sinfdoshlaringiz bilan ishlang.** Qaysi mahsulotlarni yomon ko'rasiz? Qaysi mahsulotlarni yaxshi ko'rasiz? Sinfdoshlaringiz-chi? Ular bilan suhbatlashing.

Namuna:
Siz: Anna, siz sut ichasizmi?
Anna: *Ha, men har kuni sut ichaman.*
Siz: Qovun yeysizmi?
Anna: *Ha, men ba'zan qovun yeyman.*
Siz: Karam-chi? Karam yeysizmi?
Anna: *Yo'q, karamni uncha yoqtirmayman. Uni kamdan-kam yeyman.*

Ism	Har kuni	Ba'zan	Kamdan-kam

B. Now make a summary. Are there any foods which everyone prefers or that no one likes?

Namuna: *Anna har kuni sut ichadi. Jek har kuni olma yeydi, lekin karamni uncha yoqtirmaydi.*

5-mashq: Bingo! Prepare for the game by filling in the table with the names of food items you just learned. Then play the game by listening to your instructor call out the names of various foods. If one of your items was mentioned, cross it off from your list. The first student to cross out an entire row wins!

Diqqat, qoida!

Learn the new grammar points and complete the grammar-related activities.

1. Expressing quantity

a. When talking about food in general, food items are used in singular form.

Kecha bozordan kartoshka sotib oldim. *I bought potatoes (lit: potato) yesterday from the marketplace.*

Bu pirogni pishirish uchun qulupnay kerak bo'ladi. *I need strawberries (lit: strawberry) to make this pie.*

b. When partitives (units of measure: **kilogramm, qop**) are used, the suffix **-ta** (see chapter 4) is omitted.

Menga ikki kilogramm olma kerak. *I need 2 kilos of apples.*

c. With uncountable items, ***-ta*** is not used. Instead, quantity is expressed with partitives.

bir banka qatiq - *a jar of yogurt*;

ikki litr sut - *two liters of milk*;

d. The partitive **dona** - *a whole* is used with countable nouns:

ikki dona olma. However, when translating into English you just say - *two apples*.

e. Question words such as **nechta**, **qancha** and **necha** are used when asking about quantity.

nechta-*how many* is used with countable items:

Nechta olma kerak? *How many apples do you need?*

necha-*how many* is used with quantity words:

Necha kilo olma kerak? *How many kilos of apples do you need?*

qancha-*how much* is used with both countable and uncountable items

Qancha guruch kerak? *How much rice do you need?*

Bir yarim kilogramm. *One and a half kilos.*

Note:

Some examples of uncountable nouns:

asal – *honey*	pishloq	qatiq - *yogurt*
suv	go‘sht	guruch
sut	yog‘	sariyog‘
makaron	un	qaymoq – *cream*

6-mashq:  **Mustaqil ishlang.** Complete the activity by answering the questions and making questions. Follow the model.

Namuna: *Karim kecha ikki kilo olma sotib oldi.*
Karim necha kilo olma sotib oldi?

1. Dilshod uch dona gul olib keldi. ______________________?
2. Siz uch kilo makaron sotib oldingiz. ______________________?
3. Farhod bir qoshiq asal yedi. ______________________?
4. Bir kunda qancha suv ichasiz? ______________________.
5. Qahvangizga qancha shakar solasiz? ______________________.
6. Bir kunda nechta olma yeysiz? ______________________.

2. *bor* and *yo'q*

You have already seen the use of **bor** and **yo'q** in Chapter 4. You can also use **bor** and **yo'q** to indicate whether or not a person has a specific object with him/her. In this case, the noun or pronoun representing the person takes the ending **-da**.

Menda mashina bor. *I have a car (available).*
Bizda mashina yo'q. *We do not have a car. (available)*
Sizda ruchka bormi? *Do you have a pen (here, with you)?*
Nodirada velosiped bormi? *Does Nodira have a bike (with her)?*

The structure **-da bor/yo'q** is used generally to indicate whether or not you have something with you, but it doesn't necessarily mean you own the item. Note that if you own the item and it belongs to you, then **bor/yo'q** is used as follows:

Mening mashinam bor. *I have a car (I own it).*

Also the above form is used when talking about family members.

Uning o'g'li bor. *She has a son.*
Mening singlim yo'q. *I do not have a younger sister.*

7-mashq: **Sinfdoshingiz bilan ishlang.** Bozorda nima bor? Work with a classmate. Use the words you learned and make short dialogues. Follow the model.

Namuna: *Siz: Bozorda olma bormi?* *Sinfdoshingiz: Ha, bor.*

8-mashq: **Mustaqil ishlang.** First look at these products, their prices, and quantities. Then answer the questions that follow.

1. qaymoq:	bir litr bir ming so'm	bir bankada bir litr qaymoq bor
2. olma:	bir kilogramm olma olti yuz so'm	bir kiloda oltita olma bor
3. karam:	bir kilogramm karam ikki yuz so'm	bitta karam bir yarim kilo
4. tarvuz:	bir kilogramm tarvuz ikki yuz so'm	bitta tarvuz ikki yarim kilo
5. guruch	bir kilogramm guruch besh yuz so'm	qop ichida ellik kilo guruch bor

1. Yarim qop guruch necha pul?	
2. Ikkita olma necha pul?	
3. Ikki kilogramm karam qimmatmi yoki bitta tarvuz?	
4. Bir yarim banka qaymoq necha pul?	
5. Ikki kilogramm olma va yarim kilogramm karam necha pul?	

9-mashq: Read the following joke. Can you understand the Uzbek humor?

3. Expressing necessity

To express necessity, the subject takes the dative case ending **-ga**, and the word **kerak** is added after the object of the sentence.

> **Menga non kerak.** *I need bread.*
> **Senga olma kerak.** *You need apples.*
> **Unga ikki kilo un kerak.** *He needs two kilos of flour.*

The negative is formed with **emas.**

> **Menga non kerak emas.** *I do not need bread.*
> **Unga guruch kerak emas.** *She doesn't need rice.*

The interrogative is formed with the suffix **-mi**, which is added to the end of **kerak.**

> **Sizga olma kerakmi?** *Do you need apples?*
> **Bizlarga kartoshka kerakmi?** *Do we need potatoes?*
> **Karimaga un kerakmi?** *Does Karima need flour?*

10-mashq: **Mustaqil ishlang.** Create a shopping list to make the following dishes, and think of various ways to say what you need and to ask the seller about the ingredients.

salat
kabob
gamburger
mevali salat

11-mashq: **Sinfdoshingiz bilan ishlang.** You are in Uzbekistan and unfortunately out of money. Your paycheck should come in a week, but right now you need to buy something to eat. Negotiate with a classmate and choose only two items to buy from the following list, explaining to the class why you chose them.

1. suv–25 litr
2. olma – 2 qop
3. guruch – 10 kilogramm
4. go'sht – 3 kilogramm
5. sabzi – 5 kilogramm
6. pivo – 6 litr
7. tuz – bir kilogramm
8. pishloq– bir kilo

4. Emphatic Particles and Interjections

In chapter 2, you learned about the question particles **-mi** and **-chi** that are added to a word or a sentence to make it into a question. In Uzbek, there are a number of other particles that can add various shades of meaning to the word they are attached to. Some of these include:

-a (ya) indicates a question used to ask for confirmation or indicate surprise.

Bugun kinoga boramiz-a?
We will go to a movie today, won't we?
Qo'g'irchoq ekan. Bolaga o'xshaydi-ya?!
Evidently, it is a doll. It looks like a child, doesn't it?

-ku is used to intensify and emphasize.

Voy, qimmat-ku! *Oh, but it is so expensive!*
U olmagan-ku, nega uni ayblayapsizlar?
But he did not take it, why are you blaming him?

-da (coll: **-de**) is used to confirm, emphasize and explain.

Kasal edi-da, shuning uchun uncha ko'p gapirmadi.
Well, she was sick; that is why she did not talk much.

Interjections are words that express emotion. The most common interjections used in Uzbek include the following:

Voy (voy-bo'y, voy xudo) - *Oh! Oh, my God!*

Voy, muncha qimmat? *Oh, why so expensive?*

Voydod! - *Help!*

Voydod, odamlar, qutqaringlar! *Help, please help!*

Uf! is used to express a feeling of exhaustion:

Uf, o'qishdan charchadim. Ta'til tezroq boshlansa edi!
I am sick and tired of my classes. If only break would start already.

5. Compound Verbs

Compound verbs are much more expressive in Uzbek than in English, especially when combining one verb with another. These verb combinations add special meaning to the verbs and are not always easily translated into English. In a compound verb construction, the main verb ends in **-ib** and is combined with an auxiliary verb, which is conjugated. Here are some common examples:

+ib turmoq indicates that the action continues regularly or repeatedly. Examples:

Kelib turing! *Come again* (when somebody leaves).
Telefon qilib turing. *Keep in touch (lit: call us)*

+ib ko'rmoq adds the meaning of tasting or trying something.

Mana bu olmani yeb ko'ring! *Try this apple!*
Choydan ichib ko'ring. *Try this tea.*

Some compound verbs are simply two-word equivalents in Uzbek of one-word verbs in English.

sotib olmoq - *to buy*
Bozordan ikki kilo guruch sotib oldim.
I bought two kilos of rice at the bazaar.

olib kelmoq - *to bring*
Senga Gulistondan qovun olib keldim.
I brought a melon for you from Guliston.

olib ketmoq - *to take away*
Uni Toshkentdan Namanganga olib ketishdi.
They took him away from Tashkent to Namangan.

tortib bermoq - *to weigh*
Uch kilo go'sht tortib bering.
Give me (after weighing it) two kilos of meat.

12-mashq:  **Savollarga javob bering.** Using the compound verbs, provide the responses.

1. You just found a note your Uzbek friend left for you. His handwriting is quite difficult to understand. You turn to your friend and say: ______
2. You made cookies, offer some to your Uzbek friends: ______
3. You are leaving Uzbekistan, but would like to keep in touch with your friends, you say: ______
4. You made a special cocktail, offer some to your friend: ______
5. Your classmate asks if you have an extra pen, you have one but are not sure if it writes, you say: ______

Keling, suhbatlashaylik!

Practice new grammar notes and vocabulary by reading, listening, writing and speaking.

13-mashq: **Sinfdoshingiz bilan ishlang.** Savollarga javob bering.
Amerikadagi dehqon bozorlari haqida nimalarni bilasiz?
O'zbekistondagi bozorlar haqida-chi?
O'zbek va Amerika bozorlarini solishtiring (compare).

14-mashq: A. **Matnni o'qing.** Skim the passages. You do not need to understand each word. Try to find answers to the questions that follow.

Eski Jo'va (Chorsu) bozori tarixi

Eski Jo'va bozori Toshkent shahridagi eng katta va eng qadimgi bozorlardan biridir. Bozor o'n bir asrdan ko'proq tarixga ega. U Toshkentning Shayxontohur dahasida, Ko'kaldosh madrasasining yonida joylashgan. Tadqiqotchilarning fikricha, uning bozor sifatida shakllanishi VII–VIII asrlarga to'g'ri keladi.

Ba'zi tarixiy manbalarga ko'ra, asrlar davomida bozor turli nomlar bilan atalgan. U dastlab Registon nomi bilan yuritilgan, keyinchalik esa xalq orasida Chorsu nomi bilan atala boshlangan. Sho'rolar davrida Eski Jo'va mahallasi hududida Kalinin haykali o'rnatilib, maydon va bozor nomi Oktyabr deb atala boshlangan. Ammo mahalliy aholi bozorni Chorsu yoki Eski Jo'va nomlari bilan atayvergan. Hozirgi vaqtda ham mahalliy aholi orasida bozor Chorsu deb ataladi.

Chorsu bozori haqida suhbat

Assalomu alaykum, qadrli tinglovchilar! Bozorlar haqidagi suhbatimizni Toshkent shahrining eng katta bozorlaridan biri bo'lmish – Chorsu bozoridan davom ettiramiz. Biz hozir Chorsu bozorining ziravolar qismidamiz. Rastalar turli xil ziravolar bilan to'la. Bozor esa xaridorlar bilan gavjum.

Xaridor va sotuvchilar bilan suhbatlashamiz. Xaridorlardan biri, Nasiba opa shunday deydi: – "Menimcha, Chorsu bozori Toshkentdagi eng yaxshi bozor. Men doim shu yerda bozor qilaman, chunki, birinchidan, bozor nihoyatda qulay yerda joylashgan. Ikkinchidan, bozordagi sotuvchilar juda xushmuomala. Eng asosiysi, mahsulotlarning narxi boshqa bozorlardagi narxlarga qaraganda ancha arzon. Shuningdek, bu yerda mahsulotlarning barcha turlari mavjud."

Sotuvchilardan biri Nuriddin: – "Menimcha, Chorsu bozori juda fayzli bozor. Xaridorlar juda ko'p. Bozorga Toshkentdan, viloyatlardan va qo'shni respublikalardan ham xaridorlar kelishadi. Umuman, bozor yomon emas,"– deydi.

B. **Mustaqil ishlang.** Matn asosida savollarga javob bering.

1. Chorsu bozori qaysi shaharda joylashgan?

2. Nasiba opa kim?

3. Nasiba opa Chorsu bozori haqida nima deydi?

4. Nuriddin kim? Unga Chorsu bozori yoqadimi? Nima uchun?

C. **Mustaqil ishlang.** Matn asosida mashqni bajaring.

	T	N
1. Chorsu Toshkentdagi eng katta bozor.		
2. Nasiba opa Chorsu bozorida non sotadi.		
3. Nasiba opa doim Chorsu bozoriga keladi.		
4. Chorsu bozorida faqat toshkentliklar bozor qiladilar.		
5. Nuriddinga bu bozor umuman yoqmaydi.		

15-mashq: A. **O'qituvchingiz bilan ishlang.** With the help of your instructor, divide these phrases into the following categories.

1. Keling, arzonroqqa beraman.
2. Tushiring!
3. Narxi shu.
4. Juda qimmat!
5. Necha pul?
6. Yo'q, bu juda arzon. Yana qo'shing.
7. Yeb ko'ring!
8. 500 so'm beraman.
9. Tortib bering.
10. Qanchadan?

XARIDOR	SOTUVCHI

B. First study the following dialogues. (In case you need more information on how to use the new phrases, check "Muomala odobi" on page 230.) Then make your own dialogues.

Xaridor: Tovuq sotasizmi?
Sotuvchi: Ha, mana. Oling!
Xaridor: Necha pul?
Sotuvchi: Bir kilosi ikki ming so'm, xola.
Xaridor: Voy, muncha qimmat?!
Sotuvchi: Kami bor.
Xaridor: Kami qancha?
Sotuvchi: Necha pul berasiz? Siz ayting.
Xaridor: Bir yarim ming beraman, bo'ladimi?
Sotuvchi: Bir ming sakkiz yuz bering.
Xaridor: Ha, bo'pti. Torting.

Sotuvchi: Keling, yangi kartoshka bor.
Xaridor: Qanchadan?
Sotuvchi: Besh yuz so'm.
Xaridor: Voy-bo'y, qimmat-ku?!
Sotuvchi: Yangi kartoshka-de, aka!
Xaridor: Bo'lmaydi. To'rt yuzga berasizmi?
Sotuvchi: To'rt yuz sakson so'm bering.
Xaridor: Bo'lmaydi.

Sotuvchi: Singlim keling, issiq non oling.
Xaridor: Qanchadan?
Sotuvchi: Bir yuz ellik so'm.
Xaridor: To'rttasini besh yuz so'mga berasizmi?
Sotuvchi: Ellik so'm qo'shing.
Xaridor: Xo'p, o'rab bering.
Sotuvchi: Mana, oling.
Xaridor: Rahmat, bozoringizni bersin.
Sotuvchi: Sizga ham rahmat.

16-mashq: **Dialoglarni tinglang.**

A. Birinchi suhbat asosida savollarga javob bering.

1. Sotuvchi qanday somsa sotyapti?

   piyozli
   go'shtli
   sabzili

2. Bir dona somsa necha pul?

   200 so'm
   150 so'm
   250 so'm

3. Nima uchun somsa arzonroq bo'lmaydi?

   chunki juda yaxshi somsa
   chunki eng arzon somsa
   chunki hozir go'sht qimmat

4. Xaridor nechta somsa sotib oldi?

   uchta
   ikkita
   bitta

B. Suhbatni tinglang. Nuqtalar o'rniga kerakli so'zlarni qo'yib, suhbatni to'ldiring.

Xaridor: ______________ necha pul?
Sotuvchi: Bir litr ______________ so'm. Oling, juda yaxshi asal.
Xaridor: Voy, ____________________ ekan-ku?!
Sotuvchi: Bu juda ________________ asal. Mana, ____________________
Xaridor: Ha, juda mazali. Arzonroq berasizmi?
Sotuvchi: Qancha olasiz?
Xaridor: ______________________
Sotuvchi: Ha, mayli ______________________ beraman.
Xaridor: ______________________ bo'ladimi?
Sotuvchi: Bo'lmaydi. 1850 so'mga ola qoling.
Xaridor: ______________________ beraman.
Sotuvchi. Mayli, oling.

17-mashq: **Mustaqil ishlang.** Find the following food items in the crossword below.

shaftoli yog' olma karam

uzum bodring non shakar

sut ~~sabzi~~ un

S	A	S	U	G	R	I	P	T
A	H	H	N	O‘	T	O	U	I
B	O	A	I	S	U	T	N	L
Z	L	K	F	H	K	X	V	A
I	I	A	Z	T	N	I	L	K
N	V	R	A	L	O	L	M	A
Y	O	Z	A	U	N	L	Z	R
B	O	D	R	I	N	G	I	A
P	I	G‘	O	Z	U	Z	U	M

Cultural Note

In Uzbekistan, you may bargain the price of any item sold in any bazaar. In fact, it is very rare that people buy an item without negotiating the price. Before buying an item, do not hesitate to ask the seller to lower the price or offer the price you are willing to pay. Bargaining at the bazaar can be a lot of fun, and good language practice too!

Asl o'zbekcha!

Watch the video clip and practice both listening and speaking.

18-mashq: 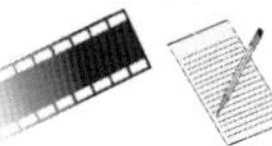 Watch the video and answer the questions below.

1. Quyidagi mahsulotlar necha pul turadi?

Nima?	Necha pul?
pomidor	________
bodring	________
qizil sabzi	________
sariq sabzi	________
piyoz	________

2. Xaridorga nima kerak?	________
3. Xaridorga kerak bo'lgan mahsulot necha pul turadi?	________
4. Bu mahsulot uchun xaridor necha pul to'ladi?	________

19-mashq:  Role play. Make a shopping list and go buy your items from a classmate.

Qo'shimcha mashqlar

Reinforce new structures and vocabulary by completing these extra activities.

Mustaqil ishlang. Quyida berilgan mashqlarni bajaring. Yangi so'zlar va grammatik qoidalarning ishlatilishiga ahamiyat bering.

Expressing quantity

20-mashq: What are some quantity words that can be used with each of these products? Write them down. The first one is done for you.

olma - ikki dona olma, ikki kilo olma, ikkita olma.

qaymoq __________

suv __________

tarvuz __________

guruch __________

asal __________

karam __________

go'sht __________

21-mashq: Which question word do you use for the underlined words? Follow the model and make questions.

A: Menga bir kilogramm guruch kerak.
B: Sizga necha kilogramm guruch kerak?

1. Faridaga uchta shaftoli kerak. __________
2. Kabob uchun yarim kilogramm qo'y go'shti kerak. __________
3. Bugun palov pishiramiz, shuning uchun bizga sabzi kerak. __________
4. Qahromonga bir litr asal kerak. __________

22-mashq: Match the word to its definition.

	1. O'zbekiston Respublikasi davlat tili.	a. sabzi
	2. Bu shahar O'zbekistonda joylashgan.	b. go'sht
	3. Bu sabzavotni o'zbeklar asosan palov tayyorlash uchun ishlatadilar.	c. Samarqand
	4. Bu mahsulot non pishirish uchun* kerak.	d. o'zbek tili
	5. Kabob uchun kerak.	e. un

***pishirish uchun** - *for preparing; cooking*

Expressing availability and necessity

23-mashq: Respond to these sentences, but don't translate them.

1. Your brother wants to borrow your car; say that you need it today.

____

2. You want to cook vegetarian food; write down the ingredients that you need.

____

3. Ask your classmate if he needs an Uzbek dictionary. ______________

4. The librarian is saying that they have a Kazakh dictionary; say that you do not need it. ______________________________

5. A shopper in Tashkent is telling you that he has inexpensive meat. Say that you do not need inexpensive meat; you need fresh meat.

____

6. You need a red pen. Ask your classmate if he/she has one.

____

7. You want to buy a carpet in Bukhara; ask the seller if he has one.

____

8. You want to buy a car; ask the dealership if they have one.

____

10. Your brother asks if you have money; tell him that you don't.

____

11. You need an Uzbek dictionary; ask the library if they have one.

____

24-mashq: Aziz went to a market in Tashkent. As he tries to find a better deal and bargain he asks many questions. Listen to the following responses given by the shoppers. Based on the answers, can you figure out his questions? Write them down.

a. 1-sotuvchi: ______________________________?

b. 2-sotuvchi: ______________________________?

c. 3-sotuvchi: ______________________________?

d. 4-sotuvchi: ______________________________?

e. 5-sotuvchi: ______________________________?

f. 6-sotuvchi: ______________________________?

25-mashq: How much does it cost? Listen and write down how much the following items cost.

a. qulupnay: ______________ d. uzum: ______________

b. kitob: ______________ e. televizor: ______________

c. non: ______________ f. yangi passport: ______________

Compound verbs

26-mashq: Read the sentences; based on the context complete them with an appropriate compound verb.

yeb koʻrmoq, ichib koʻrmoq, telefon qilib turmoq, kelib turmoq, sotib olmoq, olib kelmoq, tortib bermoq.

1. Keling, mana bu nondan ______________. Hozir doʻkondan olib keldik.
2. Bu gullarni qayerdan ______________? Juda chiroyli ekan!
3. Feruza, mana bu choyni ______________.
4. Mana bu tarvuz necha kilo? -Bilmayman. Bering, ______________.
5. Xayr, Jamila. Bizga ______________!

Muomala odobi

Study the phrases used in everyday speech.

Listen to these phrases. First, discuss them with your instructor in class. Then using the phrases, work with your classmate to create a dialogue.

Savdolashish - Bargaining

Sotuvchi:

Bo'lishi shu.
This is the minimum price.
Narxi shu.
This is the price.
Qancha berasiz?
How much are you willing to pay?
Kami bor.
I am willing to sell it for less.

Xaridor:

Kami bormi?
Will you sell it for less?
Arzonroqqa berasizmi?
Will you sell it for a cheaper price?
Arzonroq bo'ladimi?
Is cheaper possible?
Ikki yuz so'm beraman.
I'll pay 200 som.
Rozimisiz?
Do you agree?
Ikki kilosi necha pul bo'ladi?
How much for two kilos?
Rahmat, bozoringizni bersin.
Thank you, good luck!
(lit: blessings for selling your products, have a good profit).

Suhbat

Yangi so'zlar

 Listen and review the new vocabulary used in this chapter.

arzon	*inexpensive, cheap*
asal	*honey*
banka	*jar*
bodring	*cucumber*
bozor qilmoq	*to shop*
demoq	*to say*
don	*grain*
dona	*whole*
Eski shahar	*Old City (a part of Tashkent)*
Eski Jo'va/ Chorsu	*the name of the central market place in Tashkent*
faqat	*only*
fayzli	*charming, delightful*
gavjum	*crowded*
go'sht **tovuq go'shti** **qo'y go'shti** **mol go'shti** **baliq**	*meat* *chicken* *lamb* *beef* *fish*
guruch	*rice*
ichmoq	*to drink*
kabob	*kebab*
karam	*cabbage*
kartoshka	*potato*
kerak	*needed, necessary*
kilogramm (kilo)	*kilogram*
litr	*liter*
mahsulot	*product*
makaron	*pasta*
mavjud	*available, present*
mazali	*tasty*
meva	*fruit*
muncha (coll) **Muncha qimmat?**	*so, so much* *Why so expensive?*
narx	*price*
Necha pul?	*How much?*
non	*bread*
olib kelmoq	*to bring*
olib ketmoq	*to take away*
olma	*apple*
pishloq	*cheese*
piyoz	*onion*
pomidor	*tomato*
rasta	*row of shops; counter*
qadimgi	*ancient, old*
qancha	*how much*
Qanchadan?	*How much?*
qatiq	*yogurt (plain)*
qaymoq	*cream*
qimmat	*expensive*
qism	*part*
qo'shmoq	*to add*
qo'shni	*neighbor*
qop	*sack*
qoshiq	*spoon*
qovun	*melon*
qulupnay	*strawberry*
sabzavot	*vegetable*
sabzi	*carrot*
salat	*salad*
sariyog'	*butter*
solmoq	*to put, to place*
sotib olmoq	*to buy*
sotmoq	*to sell*

sotuvchi	*seller*
suhbatlashmoq	*to talk, to converse*
sut	*milk*
suv	*water*
tarvuz	*watermelon*
tortib bermoq	*to weigh*
tushurmoq	*to lower*
tuxum	*egg*
tuz	*salt*
to'lamoq	*to pay*
to'la	*full, filled (with)*
umuman	*in general*
un	*flour*
uzum	*grapes*
viloyat	*region*
xaridor	*buyer, customer*
xushmuomala	*polite*
yemoq	*to eat*
yog'	*oil; fat*
o'simlik yog'i	*vegetable oil*
yoqmoq (-ga~)	*to like , to please*
Menga bu bozor yoqadi.	*I like this bazaar (lit: this bazaar pleases me)*
ziravor	*spice*
shaftoli	*peach*
shakar	*sugar*

O'N BIRINCHI DARS 11
CHAPTER ELEVEN

RESTORANDA

ORDERING FOOD AND DRINKS

IN THIS CHAPTER

- **Yangi darsni boshlaymiz!**
  Uzbek cuisine, ordering food and drinks
- **Diqqat, qoida!**
  Adjectives, **bor/yoq** *and* **kerak** *in the past and future, expressing ability*
- **Keling, suhbatlashaylik!**
  Activities to practice speaking, listening, reading, and writing
- **Asl o'zbekcha**
  Authentic video clips
- **Qo'shimcha mashqlar**
  Extra activities to reinforce new structures and vocabulary
- **Muomala odobi**
  Native speakers' daily speech
- **Yangi so'zlar**
  Vocabulary used in this chapter

Yangi darsni boshlaymiz!

Study the new vocabulary and phrases used throughout the chapter.

1-mashq: **O'qing va tinglang!** Follow along with the words and listen to how they are pronounced on the audio.

"Marhamat, keling."

"Nima olib kelay?"

"Palov bormi?"

"Necha porsiya?"

"Necha pul bo'ladi?"

"Kabob yaxshi pishmabdi."

Menga biroz suv olib kelsangiz.

May I have some water?

Osh bo'lsin!

Bon appétit!

Sho'rva sovib qolibdi. The soup is cold.
Men bo'lka non buyurgandim. But I ordered a roll.
Bitta yopgan non olib keling. Bring a flat bread, please.
Go'shtsiz taomlar ham bormi? Do you have anything vegetarian?
Rosa mazali bo'libdi. It is so delicious.

sho'rva – soup
chuchvara – meat dumplings boiled in beef broth
manti – steamed meat dumplings
lag'mon – noodle soup
somsa – meat pastry
kabob (shashlik) – kebabs
palov (osh) – a rice dish with meat, carrots and spices

murabbo – jam
muz-qaymoq – ice cream
tort – cake
pirog – pie

bir shisha vino/pivo – a bottle of wine/beer
bir stakan suv – a glass of water
bir choynak choy – a kettle of tea
ikki porsiya palov – two servings of pilaf
achchiq – spicy
sho'r – salty
mazali – tasty
shirin – sweet
nordon – sour

choy
kofe/qahva
koka-kola
sharbat – juice
ayron – a drink made of yoghurt and water

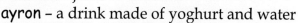

2-mashq: **Mustaqil ishlang.** Look at the phrases given in 1-mashq. Which of these phrases are usually used by waiters (**ofitsiant**) and which by customers (**xo'randa**)? Can you think of any phrases that are not given there?

OFITSIANT	XO'RANDA

3-mashq:  **Dialogni o'qing.**

Ofitsiant: Keling, o'tiring. Nima olib kelay?
Xo'randa: Go'shtli taomlardan nima bor?
Ofitsiant: Manti, sho'rva, palov bor.
Xo'randa: Kabob bormi?
Ofitsiant: Ha, bor.
Xo'randa: Yaxshi, uch six kabob bilan ikkita yopgan non olib keling.
Ofitsiant: Xo'p. Nima ichasiz? Choy olib kelaymi?
Xo'randa: Choydan tashqari yana nima bor?
Ofitsiant: Sovuqqina ayron bor. Koka-kola, sprayt va shunga o'xshash gazli ichimliklar ham bor.
Xo'randa: Yaxshi, menga bir choynak pamil choy olib keling.
Ofitsiant: Har xil shirinliklarimiz ham bor. Ozgina olib kelaymi?
Xo'randa: Yo'q, rahmat, kerak emas.

4-mashq: **Sinfdoshingiz bilan ishlang.** Get together with a classmate and make a dialogue using the new vocabulary and phrases given in 1-3-mashq.

5-mashq: **Mustaqil ishlang.** Nima buyurasiz? Nima yeysiz?

1. Ertalab qahvaxonaga kirdingiz:	
2. Tushlik qilish uchun turkcha restoranga kirdingiz:	
3. Meksikacha restorandasiz:	
4. Do'stlaringiz bilan barda o'tiribsiz:	
5. Do'stlaringiz bilan kinoteatrdasiz:	
6. Muhim imtihondan avval:	

6-mashq: **Mustaqil ishlang.** Quyidagilar to'g'rimi yoki noto'g'ri?

	T	N
1. Chuchvara pishirishni bilmayman.		
2. Kabobni uncha yoqtirmayman.		
3. Koka-kola ichmayman.		
4. Har kuni ertalab ko'k choy ichaman.		
5. Nordon mevalarni yaxshi ko'raman.		
6. Har kuni o'zbek milliy taomlarini tayyorlayman.		
7. Olmali pirogni yomon ko'raman.		

7-mashq: **Sinfdoshingiz bilan ishlang.** Quyida berilgan matnlarni o'qib, savollarga javob bering.

a. Toshkentdan uchib ketyapsiz, samolyotdasiz. Stuardessa sizga palov olib keladi, lekin siz go'sht yemaysiz, vegeteriansiz. Vaziyatni tushuntiring.

b. Farg'onadagi kichik bir restoranga kirdingiz. Somsa va salat buyurdingiz. Ofitsiant somsa va sho'rva olib keldi. Ofitsiantga nima deysiz? Vaziyatni qanday tushuntirasiz?

c. Buxorodagi eng yaxshi restoranlarning birida o'tiribsiz. Ofitsiant bir shisha vino olib keladi va bexosdan uni sizning yangi oq sviteringizga to'kib yuboradi. Nima qilasiz? Nima deysiz?

Diqqat, qoida!

Learn the new grammar points and complete the grammar-related activities.

1. Adjective-forming suffixes

The English adjectives *famous, thirsty, girlish* are formed from nouns by adding adjectival suffixes such as *-ous, -y,* and *-ish.* Similar to English, Uzbek adjectives can also be formed from nouns. Some of the suffixes that form adjectives include:

a. **-li** this suffix is attached to nouns to convey *belonging, containing,* and *having the characteristics* expressed in the meaning of the noun.

olma - *apple,* **olmali** - *with apple,* **olmali pirog** - *apple pie*
go'sht - *meat,* **go'shtli** - *with meat,* **go'shtli somsa** - *meat somosas*
aql - *intellect,* **aqlli** - *intelligent,* **aqlli talaba** - *intelligent student*
baxt - *happiness,* **baxtli** - *happy,* **baxtli oila** - *happy family.*

b. **-siz** this suffix is attached to nouns to convey *lack of characteristics* expressed in the meaning of the noun.

kuch - *strength,* **kuchsiz** - *weak,* **kuchsiz dalil** - *weak evidence*
baxt - *happiness,* **baxtsiz** - *unhappy,* **baxtsiz voqea** - *unfortunate event*

Ikkita go'shtli somsa bering. *Give me two meat somsas.*
Shakarli choy ichmang. *Do not drink tea with sugar.*
U sutli choy ichishni yoqtiradi. *She likes drinking tea with milk.*
Aqlli yigitga o'xshaydi. *He seems to be a smart guy.*

c. **-gina** this suffix is added to an adjective to convey a meaning of diminutiveness and/or affection.

ozgina - *very few, very tiny*
shiringina - *very sweet, cute*

The ending is added to adverbs to add the meaning of 'recentness'.
Hozirgina Karimni ko'rdim. Yugursangiz, yetib olasiz.
I just now saw Karim, if you run you can catch him.
Kechagina tuzuk edingiz, bugun nima qildi?
You were healthy only yesterday, what happened to you?

8-mashq: **Mustaqil ishlang.** Describe these words in Uzbek. The first one is done for you.

1. shakarli	ichida shakar bor
2. aqlli	
3. mazali	
4. odobsiz	
5. sutli	
6. baxtsiz	

9-mashq: **O'qituvchingiz bilan ishlang.** Look at the following Uzbek proverbs and discuss them with a classmate. Present your translation to the class. Then discuss it with your instructor.

Bolali uy bozor, bolasiz uy mozor.

Aqlni aqlsizdan o'rgan.

2. *Past and future forms of* bor *and* yo'q

The past tense of **bor** and **yo'q** is formed with the help of the defective verb **emoq** in the simple past tense. Examples:

Sinfimizda eski televizor bor edi.
There was an old TV in our classroom.
Bu xonada kompyuter yo'q edi.
There was no computer in this room.

To express the existence/non-existence in the future, the verb **bo'lmoq**-*to be, to become* is used. Examples:

Kelasi yil bahorda sabzavotlar ko'p bo'ladi.
There will be a lot of vegetables next spring.
Ertaga bayram, dars bo'lmaydi.
Tomorrow is a holiday, there won't be any class.

Note that the future form of the sentences constructed with the personal predicate endings are also formed with the help of the verb **bo'lmoq.**

Ertaga ertalab soat beshda Qo'qonda bo'laman.
I will be in Kokand tomorrow at 5 am.
Universitetni bitirib, do'xtir bo'lasiz.
After graduating from the University, you will become a doctor.

10-mashq:  **Savollarga javob bering.** Read the following statements and indicate whether they are **to'g'ri** or **noto'g'ri**.

	T	N
1. 17-asrda Yevropada avtomobillar bor edi.		
2. 1910-yilda Toshkent O'zbekiston poytaxti edi.		
3. 1860-yilda AQSh ellikta shtatdan iborat edi.		

11-mashq: **Mustaqil ishlang.** Imagine you are working in a Chinese restaurant in Tashkent. The owner asked you to write some sentences to go inside the fortune cookies. Using the construction **bor/ yo'q** in the future tense, write at least five fortunes.

1. ______________________________
2. ______________________________
3. ______________________________
4. ______________________________
5. ______________________________

3. *Past and future forms of* kerak

Now that you know how to make **bor** and **yo'q** in the past and future, you can use **kerak** in these tenses easily, since **kerak** is formed almost the same as **bor** and **yo'q**. For the past tense, add **edi** after **kerak**. Examples:

Unga qovoq kerak edi, lekin bahorda qovoqni qayerdan topasiz?
She needed a pumpkin, but where would you find one in the spring?

The negative is formed by adding **emas edi**.

Alisherga sizning maslahatingiz kerak emas edi.
Alisher didn't need your advice.

To form the future tense, add **bo'ladi** or **bo'lmaydi** after **kerak**.

Menimcha, sizga qizil ruchka kerak bo'ladi.
I think you will need a red pen.
Issiq kiyimlaringizni olib kelmang, ular sizga kerak bo'lmaydi.
May oyida Toshkentda havo issiq bo'ladi.
Do not bring your warm clothes, you will not need them.
In May it is warm in Tashkent.

12-mashq: **Mustaqil ishlang.** Furqat went to a folbin (fortune/palm reader). Here are some things that she predicted about his future. In what order do you think these things are going to happen to Furqat? (hint: oy nomlariga ahamiyat bering!)

	Bir oy shifoxonada yotadi, juda ko'p dori kerak bo'ladi.
	Fevralda yangi uy va mashina sotib oladi.
	Iyunda shu qizga uylanadi.
	Martda mashinasida halokatga uchraydi.
	Mayda do'sti uylanadi.
	Ikki yildan keyin farzandli bo'ladi.
	Do'stining nikoh to'yida bir qizni uchratadi va uni sevib qoladi.
	Yanvarda Toshkentdan Buxoroga ko'chadi.

13-mashq: **Sinfdoshingiz bilan ishlang.** Discuss these questions with your classmate.

Bir yildan keyin nima qilasiz? Qayerda ishlaysiz?
O'n yildan keyin qayerda yashaysiz?
Oilangiz, farzandlaringiz bo'ladimi?

4. Expressing ability

In general, the English modal auxiliary verb *can* is used to express possibility and ability. In Uzbek, similar meaning is expressed with a compound verb construction. Recall from Chapter 10 that compound verbs in Uzbek are formed by combining the main verb (in past gerund form) with the auxiliary verb. To express ability, the main verb is used in the present gerund form and then followed by an auxiliary verb **olmoq**.

The present gerund is formed by:
adding -**y** to the stem of a verb ending with a vowel: **o'qimoq-o'qiy**
adding -**a** to the stem of a verb ending with a consonant: **ketmoq-keta**

The verbs in present gerund form are combined with the verb **olmoq**. In this case, the main verbs in the present gerund form remain unchanged and only the auxiliary verb is conjugated to indicate tense, person, and number.

U o'zbek tilida gapira oladi. *He can speak Uzbek.*
Siz mashina tuzata olasiz. *You can fix cars.*
Karim sizga telefon qila olmadi. *Karim could not call you.*
Biz konsertga bora olmaymiz. *We can't go to the concert.*

Note that in colloquial speech (especially in Tashkent dialect) the main verb and **olmoq** are pronounced together as one word.

Sizga telefon qilolmadim. *I was not able to call you.*
Xitoy tilida gaplasholadimi? *Can she speak Chinese?*

14-mashq:  **Savollarga javob bering.** Answer the following questions.

1. Mashina hayday olasizmi?
2. Pianino chala olasizmi? Sinfdoshingiz-chi?
3. Yapon tilida gaplasha olasizmi?
4. Turli taomlarni bemalol tayyorlay olasizmi?
5. Do'stingiz chang'i ucha oladimi?

15-mashq: A. Matnlarni o'qing. Match the person who best fits the job requirements in the ads below.

"Sayohat" firmasi tarjimonlarni ishga taklif qiladi.
tel: 108-77-86

"Diyor" restorani o'zbek milliy taomlarini mahorat bilan tayyorlay oladigan malakali oshpazlarni ishga taklif qiladi!
Telefonlarimiz:
198-00-56
145-17-89
ertalab soat 9:00dan
kech soat 6:00gacha

Toshkent markazida joylashgan "Urumchi" restorani tajribali oshpaz va ofitsiantlarni ishga taklif qiladi.
tel: 135-67-93

Ismim Ra'no, malakali oshpazman. Toshkentdagi "Bahor" restoranida ishlayman. O'zbek va uyg'ur milliy taomlarini tayyorlay olaman.

Ismim Nozim. Toshkent Davlat Universitetida o'qiyman. O'zbek, rus, ingliz va fransuz tillarida bemalol gaplasha olaman. Undan tashqari, kompyuterda ishlay olaman. O'zbekiston tarixi, ayniqsa, Samarqand, Buxoro, Xiva va Toshkent shaharlari tarixini yaxshi bilaman.

Ismim Farhod. Malakali ospazman. "O'zbekiston" mehmonxonasining restoranida ishlayman. Bu yerda, asosan, o'zbek milliy taomlarini tayyorlayman.

Ismim Nargiza, Toshkent Davlat Pedagogika institutida o'qiyman. O'zbek, rus va nemis tillarida bemalol gaplasha olaman.

Ismim Jamila, oshpazman. Toshkent Davlat Sharqshunoslik institutining oshxonasida ishlayman. O'zbek milliy taomlari va turli xil shirinliklarni tayyorlay olaman.

B. **Savollarga javob bering.**

1. Ra'no malakali oshpazmi? Nima uchun shunday deb o'ylaysiz?
2. Farhod-chi? Jamila haqida nima deb o'ylaysiz?
3. "Diyor" restorani kimni ishga yollashi kerak*? Nima uchun?
4. "Urumchi" restorani kimni ishga yollashi kerak?
5. Sizningcha, "Sayohat" firmasi kimni ishga yollashi kerak?

***kimni ishga yollashi kerak?** *Who should they hire?*

Keling, suhbatlashaylik!

Practice new grammar notes and vocabulary by reading, listening, writing and speaking.

16-mashq: A. **Mustaqil ishlang.** O'zbek milliy taomlari haqidagi matnni sinfda, o'qituvchingiz bilan birga o'qib, savollarga javob bering.

O'zbek milliy taomlari

O'zbek milliy taomlari haqida nimalarni bilasiz? Ularni tayyorlay olasizmi? O'zbek oshxonasi Sharqda xilma-xilligi bilan mashhur. O'zbek taomlarining ayrimlari ko'p asrlik tarixga ega.

Palov (yoki osh) – o'zbek milliy taomlarining shohi bo'lib, ham kundalik ham bayramona taom hisoblanadi. To'y, o'tirish va tug'ilgan kunlar ushbu milliy taomsiz o'tmaydi. Osh tayyorlash uchun guruch, go'sht, yog', sabzi va piyoz kabi mahsulotlardan foydalaniladi.

O'zbek milliy taomlari orasida sho'rva asosiy o'rinni egallaydi. Ushbu taom sabzi, piyoz, kartoshka kabi sabzabotlardan tayyorlanadi.

Shakarob (yoki achchiq-chuchuk) – O'zbekistonda eng ko'p tayyorlanadigan salat. U vitaminlarga boy va juda mazalidir. Shakarob tayyorlash uchun sizga piyoz, pomidor, bodring va tuz kerak bo'ladi, xolos! Salat yoz va kuz oylarida, bozorlar sabzavot va ko'katlarga mo'l bo'lgan vaqtlarda tayyorlanadi.

Non - o'zbek milliy taomlari orasida alohida o'rinni egallaydi. Nonning ikki turi mavjud: yopgan non va patir non. Yopgan non suvga qoriladi. Patir non esa sutga qorilgan yog'li xamirdan tayyorlanadi.

Somsa - qatlam xamirli milliy pishiriq bo'lib, odatda tandirda yopiladi. Somsa go'shtli, kartoshkali yoki qovoqli bo'ladi. Bahor oylarida esa ko'k somsa tayyorlanadi. Bunday somsa ko'k piyoz va ismaloq kabi ko'katlardan tayyorlanadi.

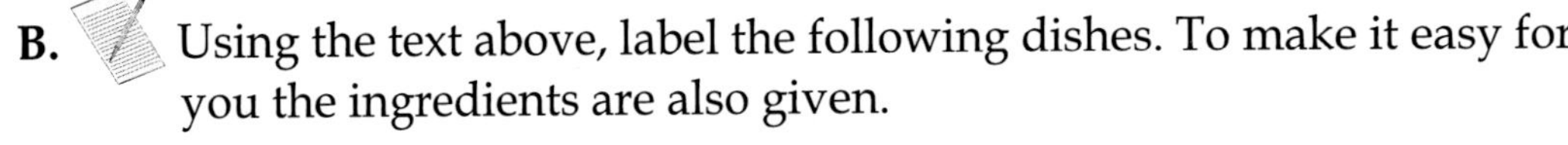

B. Using the text above, label the following dishes. To make it easy for you the ingredients are also given.

____

- 1 kilo guruch
- yarim kilogramm go'sht
- 2 dona piyoz
- 1 kilogramm sabzi
- bitta piyoz
- 350 gramm yog'
- tuz
- zira

- yarim kilogramm un
- 500 gramm piyoz
- 500 gramm go'sht (kartoshka yoki qovoq)
- murch
- tuz

- 200 gramm pomidor
- 200 gramm bodring
- bir dona piyoz
- tuz

- 400 gramm o'shti
- ikkita kartoshka
- bir dona sabzi
- bir dona piyoz
- ikki dona pomidor
- bir choy qoshiq tuz
- bir yarim litr suv
- har-xil ko'katlar

- bir kilogramm un
- bir piyola sut
- bir piyola yog'
- tuz
- achitqi

17-mashq: **Suhbatlashing**. O‘zbek milliy taomlari haqida o‘qidingiz. Endi boshqa millatlarning taomlari haqida suhbatlashing. Quyidagi taomlar haqida nimalarni bilasiz? Ularni tayyorlay olasizmi? Add two of your favorite styles of food and discuss them with your classmates.

	Nima kerak?	Yaxshi ko‘rasizmi? Nima uchun?
meksikacha		
xitoycha		
yaponcha		

18-mashq: **Matnni o‘qing.** O‘zbek milliy taomi "Jarkop" haqidagi matnni o‘qing. Matnda berilgan yangi so‘zlarga ahamiyat bering.

SOLMOQ

ARALASHTIRMOQ

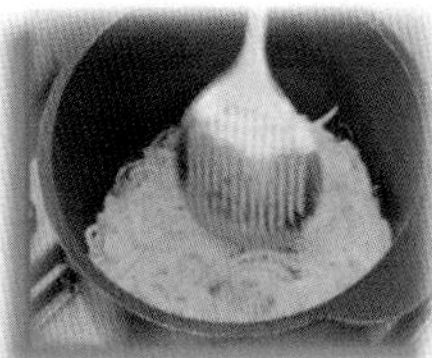

QOVURMOQ

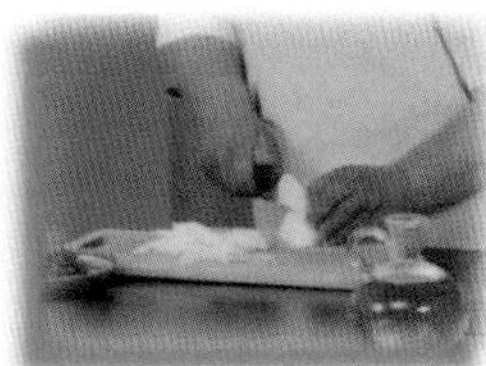

TO‘G‘RAMOQ

DIMLAMOQ

Jarkop

Jarkop yoz kunlarida, sabzavot va ko‘katlar mo‘l bo‘lgan vaqtlarda tayyorlanadi.

Ushbu taom uchun sizga piyoz, go‘sht, pomidor, sabzi, kartoshka, o‘simlik yog‘i va har xil ko ‘katlar kerak bo‘ladi.

Piyoz va go‘shtni to‘g‘rab, yaxshilab qo‘vuring. So‘ng pomidor, sabzi va kartoshkani qo‘shib, aralashtiring. Suv va tuz qo‘shib, qaynating. So‘ng dimlang. Bir soatdan keyin jarkop tayyor bo‘ladi. Ko‘katlardan solib, dasturxonga torting!

Kerakli mahsulotlar ro‘yxati: *bitta piyoz, 300 gramm go‘sht, to‘rtta pomidor, ikkita sabzi va yarim kilogramm kartoshka, birozgina o‘simlik yog‘i, bir yuz ellik gramm suv, bir choy qoshiq tuz.*

19-mashq: **Sinfdoshingiz bilan ishlang.** Write a recipe to describe the way you cook a dish, but don't give its name; let your classmates figure out which dish you are describing.

20-mashq: **O'qituvchingiz bilan ishlang.** First with the help of your instructor, read the scenarios. Then create short exchanges with a classmate.

A. *Qirg'izistonda, O'sh shahrida yashaysiz. Shu shahardagi universitetda o'zbek tilini o'rganasiz. Uyingizni, uyda qilinadigan ovqatlarni juda sog'indingiz. Olmali pirog qilishni bilasiz, hozirgina bozorga borib, olma, un va tuxum sotib oldingiz. Afsuski, shakar sotib olishni unutibsiz. Qo'shningizdan (bir keksa ayol, inglizchani umuman bilmaydi) ikki piyola shakar so'rang.*

B. *Do'stlaringiz bilan saylga chiqmoqchisiz. Burchmullo qishlog'iga borib (qishloq baland tog'lar orasida joylashgan), o'sha yerda ikki kun dam olmoqchisiz. Do'stingiz bilan saylni rejalashtiring. U yerga qanday borish, nima olib borish haqida suhbatlashing. Sizga nima kerak bo'ladi? Nima kerak bo'lmaydi?*

21-mashq: **Mustaqil ishlang.** Read the following menu. Add the necessary information. For the dishes that you don't know, consult with your instructor. Add two more dishes (that you like) and their descriptions.

"Bahor" restoraniga Xush kelibsiz!

Yevropa taomlari

Lazanya

O'zbek milliy taomlari

Palov

Go'sht (qo'y yoki mol), yog', sabzi va guruch.

1000 so'm

Somsa

Sho'rva

Ichimliklar

1. Choy (ko'k yoki qora) 100 so'm
2. Sharbat (qulupnay, olma, apelsin)
3. Koka-kola
4.
5.

22-mashq: **Sinfdoshingiz bilan ishlang.** Role play. Now that you have your menu ready, pretend you are an **ofitsiant** and ask/recommend food to your classmate. Your classmate will be **xo'randa** and ask questions, order and/or complain about your food. Use the following situations:

1. Siz palov buyurasiz, sizga sho'rva olib keladilar.
2. Stol juda kir.
3. Do'stingiz mast.
4. Ofitsiant sizni unutadi, yoningizga kelmaydi.
5. Sizga yana (ovqat, suv, choy) kerak.
6. Bir do'stingiz kech keladi, sizga yana bitta stul kerak.

Asl o'zbekcha

Watch the video clip and practice both listening and speaking.

23-mashq: **A.** The video you are about to watch was filmed in Tashkent. When people order food they use words such as **birinchisi** or **ikkinchisi**. What do you think these two words mean?

B. Watch the video and fill in the table below with the menu items you hear.

Birinchisiga	Ikkinchisiga	Salatlar	Sharbatlar

C. What did each person order?

Jamshid (ko'k ko'ylakda)	
Elianora (kul rang bluzkada)	
Dildora (qizil ko'ylakda)	
Sardor (oq ko'ylakda)	

Qanday salat va qanday sharbat buyurdilar?
Qanday shirinliklar buyurdilar?

Cultural note

Food plays an important part in Uzbek life; all the cultural events are marked with food of different kinds. Palov is the main dish for Uzbeks. More often than any other kind of food, this one is offered to new guests.

Also there is a ceremony called "nahorgi osh" - morning palov. It is held during weddings or funerals. Before the event the "sabzi to'g'rar"- "slicing the carrot" ceremony takes place. It is usually visited by neighbors and close relatives, who come to help cut up the vegetables for palov. A day later, for the "nahorgi osh," friends, relatives, and neighbors are invited. Morning palov is served right after the prayer at dawn. Guests take their seats around the tables, someone reads the "fotiha"(well-wishing), and then they serve bread, tea, and palov. This ceremony usually lasts for two hours. During this time, hired performers play traditional Uzbek instruments and sing songs. Also the honorable guests are given gifts, usually "cho'pon"-traditional men's robes.

During the commemoration palov (palov for funeral), performers are not hired. Instead the guests read the suras from the Qur'an and commemorate the person who passed on. Traditionally only men are invited into the "Nahorgi palov" ceremony.

Cultural note

On the streets there are a lot of "food stands" where you can taste Uzbek food. The dishes they serve will be posted at the entrance; just look for it and order. Prices and types of traditional food are approximately the same everywhere, so once you get used to it, you won't need a menu.

24-mashq: A. What kind of food do people serve in this restaurant?

B. In this chapter you learned about the **tandir** - *clay oven,* which Uzbeks use to make **non, somsa** and other national dishes. Watch a short video to learn more about a **tandir** and the process of baking Uzbek **non**.

Qo'shimcha mashqlar

Reinforce new structures and vocabulary by completing these extra activities.

Mustaqil ishlang. Quyida berilgan mashqlarni bajaring. Yangi so'zlar va grammatik qoidalarning ishlatilishiga ahamiyat bering.

Formation of adjectives

25-mashq: Choose the option that best completes the sentence.

1. Go'shtli somsa uchun menga _______ kerak.
a. go'sht
b. sabzi
c. kartoshka

2. Restoranda taomlarni _______ pishiradi.
a. xo'randa
b. ofitsiant
c. oshpaz

3. Sutsiz kofe uchun _______ kerak emas.
a. kofe
b. suv
c. sut

4. Vegeteriancha sho'rva uchun _______ kerak emas.
a. go'sht
b. kartoshka
c. piyoz

Past and future forms of bor and yo'q

26-mashq: Quyidagi gaplar siz uchun to'g'rimi yoki noto'g'ri?

Statement	T	N	Bilmayman
1. O'n yil avval elektron pochtam (email) bor edi.			
2. Uch yil avval o'zbek tili lug'atim bor edi.			
3. O'n yildan keyin farzandlarim bo'ladi.			
4. Bir yildan keyin xitoy tilida bemalol gaplashaman.			
5. Ikki yildan keyin O'zbekistonga boraman.			
6. Besh yildan keyin oilali bo'laman.			

27-mashq: Imagine that during your stay in Tashkent sombody breaks into your apartment and steals several things. Below are the things that you had before the break-in. Write a short report about it. Make sure to indicate where each item was located. Follow the model.

Kompyuter: Kecha mana shu xonada, stolning ustida kompyuter bor edi, bugun esa yo'q.

1. Televizor: ______________________________
2. Telefon: ______________________________
3. Avtomobil: ______________________________
4. Pul: ______________________________
5. Soat: ______________________________

Expressing ability

28-mashq: Quyidagi gaplar siz uchun to‘g‘rimi yoki noto‘g‘ri?

	T	N
1. Ispan tilida bemalol gaplasha olaman.		
2. Ovqat pishira olmayman.		
3. Matematikani yaxshi ko‘raman, qiyin masalalarni* yecha olaman*.		
4. Velosiped hayday olmayman.		
5. *Pianino chala olaman.		

29-mashq: What are these people able or unable to do? List at least two things for each.

a. Klark Kent: ______

b. Jeyms Bond: ______

c. Indiana Jons: ______

30-mashq: Compose sentences as in the model.

Namuna: do‘stim Anna, fransuzcha, gaplashmoq
Do‘stim Anna fransuzcha gaplasha oladi,
men esa fransuzcha gaplasha olmayman.

Ibrohim, mashina, tuzatmoq (to repair)

______
______
______

Laylo, chang‘i uchmoq (to ski)

______
______
______

Zamira, italyancha ovqat, tayyorlamoq

______
______
______

qo‘shnim Dilshod, dutor (Uzbek musical instrument) chalmoq*

______
______
______

***qiyin masala** - *difficult problems* (math)
***pianino** - *piano*
***yechmoq** - *to solve*
***chalmoq** - *to play* (musical instruments)

31-mashq: A. First read the text and fill in the blanks with the correct form of words in brackets.

Chilonzor tumani "Mehnat bo'limi" qabulxonasida uch kishi (to sit) ________. Kutayotgan kishilar orasida ikkita ayol bor. Birinchi ayolning ismi Karima. U Samarqand shahridagi 147-maktabda o'qituvchi bo'lib ishlagan*. Ikki oy avval oilasi bilan Toshkentning Chilonzor tumaniga ko'chib keldi. Karimaning eri Milliy Universitetda (to work) ________. Karima esa vaqtinchalik (unemployed (lit: 'workless')) ________. Maktabda o'qituvchi bo'lib ishlashni xohlamaydi. Ingliz tilida (can speak) ________ va kompyuterda (can work) ________.

Ikkinchi ayolning ismi Nodira. U endigina 19 yoshda. Bu yil may oyida maktabni (to graduate) ________. O'zbek va rus tillarida (can speak) ________, kompyuterda (can work) ________. Biror firmada kotiba bo'lib ishlashni xohlaydi.

Kutayotgan odamlar orasida o'rta yosh erkak ham bor. Uning ismi Shavkat. Asli farg'onalik, lekin hozirgi vaqtda Toshkentda (to live) ________. O'zbekcha, turkcha va uyg'urcha taomlarni (can prepare) ________.

***ishlagan** - *has worked*

B. Now listen to the audio to check your answers.

C. Write three brief dialogues that can happen between an employment agent and each of the people mentioned in the text above.

Muomala odobi

Study the phrases used in everyday speech.

Listen to these phrases. First, discuss them with your instructor in class. Then using the phrases, work with your classmate to create a dialogue.

Taklif qilish - Invitations	**Javob** - Response
Men sizni ... (o'tirishga, tug'ilgan kunga) taklif qilaman. *I would like to invite you to a ... (party; birthday party).* **Bizning uyimizga keling.** *Come to our house.* **Sizni ... ga taklif qilsam bo'ladimi?** *May I invite you to a ... ?* **Kinoga boraylik.** *Let's go to a movie!* **Qarshi bo'lmasangiz, parkka borsak.** *If you do not mind, may we go to a park?* **Yuring, ... ga borib kelamiz.** *Let's go to ...*	**Qarshi emasman! Mayli.** *I don't mind. Let's go.* **Rahmat. Albatta, kelaman.** *Thank you, I'll surely come.* **Mayli, yo'q demayman.** *Sure, I don't mind.* **Afsuski, bora olmayman.** *Unfortunately, I can't come.* **Ilojim yo'q, kechirasiz.** *It is not possible, I am sorry.* **Qarshi emasman.** *I don't mind.* 

Suhbat

Nodira: Gulchehra opa, yuring, bozorga borib kelamiz.
Gulchehra: Mayli, qaysi bozorga?
Nodira: Chorsuga.
Gulchehra: Avtobusda boramizmi?
Nodira: Yo'q, ukam mashinasida olib boradi.
Gulchehra: Yaxshi, soat nechada?
Nodira: Kechki bozorga boramiz. Soat oltilarda, bo'ladimi?
Gulchehra: Bo'ladi.

Yangi so'zlar

Listen and review the new vocabulary used in this chapter.

achchiq	*spicy*
apelsin	*orange*
aralashtirmoq	*to stir*
asosiy	*main, fundamental*
asosan	*mainly, basically*
ayron	*a drink made of yoghurt and water*
bexos(dan)	*unintentionally*
biroz	*a little, a few*
bo'lim	*branch*
bo'lka non (coll)	*roll, loaf of bread*
buyurmoq	*to order*
dimlamoq	*to steam*
dori	*medicine*
endi	*just now; from now on*
firma	*company, business*
foydalanmoq	*to make use of*
gazli ichimliklar	*cabonated drinks*
halokatga uchramoq	*to get into an accident*
ichimlik	*drinks*
imtihon	*exam*
ishga yollamoq	*to hire*
ishlagan (v)	*he/she has worked*
kabi	*such as, like*
kir	*dirty*
ko'chib kelmoq	*to move in*
ko'chmoq	*to move*
ko'kat	*greens*
kotiba	*secretary (female)*
kutayotgan odamlar	*people who are waiting*
lag'mon	*noodle soup*

mahalla	*neighborhood*
mahorat	*expertise*
malakali	*skilled, experienced*
masala	*problem, question*
mast	*drunk*
mavjud	*available, existing*
mazali	*tasty*
mo'l	*bountiful, abundant*
mozor	*graveyard*
muhim	*important*
murabbo	*jam*
murch	*black pepper*
muz-qaymoq	*ice cream*
Necha porsiya?	*How many servings?*
Necha pul bo'ladi?	*How much is it going to cost?*
Nima olib kelay?	*What should I bring?*
nordon	*sour*
ochilmoq	*pass. of ochmoq – to open*
ofitsiant	*waiter*
osh bo'lsin	*bon appétit*
palov/osh	*a rice dish*
patir non	*fancy raised tandoor bread*
pirog	*pie*
pivo	*beer*
piyola	*cup*
pishiriq	*pastry*
rosa	*very, really*
qahvaxona	*coffeeshop*
qalampir	*red hot pepper*
qovoq	*pumpkin*
qovurmoq	*to fry*
rejalashtirmoq	*to plan*

sevib qolmoq	*to fall in love*
six	*skewer*
so'ramoq	*to ask for*
sog'inmoq (-ni ~)	*to miss*
Uyimni sog'indim.	*I missed my home.*
Onamni sog'indim.	*I missed my mom.*
solmoq	*to put*
somsa	*meat pastry*
stakan	*glass*
sviter	*sweater*
tajribali	*experienced*
tajribasiz	*inexperienced*
taklif etmoq	*to offer*
taklif qilmoq	*to invite*
tandirda yopmoq	*to bake in a tandoor oven (clay oven)*
tavsiya qilmoq	*to recommend*
tayyor bo'lmoq	*to be ready*
tayyorlamoq	*to prepare*
to'g'ramoq	*to cut, to slice*
to'kib yubormoq	*to spill*
to'y	*wedding*
to'yimli	*filling, substantial*
tort	*cake*
turli	*various types*
tug'ilgan kun	*birthday*
unutmoq (-ni ~)	*to forget*
ismini unutdim.	*I forgot his name.*
ushbu	*this (very), those (very)*
vaqtinchalik	*temporarily*
vaziyat	*situation*
vino	*wine*
xamir	*dough*
xilma-xil	*various, all kinds*
xo'randa	*customer (at the restaurant)*
xohlamoq	*to want*
xolos	*just, only*
yaxshilab	*nicely*
yangi ochilgan	*recently opened*
Yaxshi pishmabdi.	*It is not cooked well.*
yechmoq	*to solve*
yordam	*help*
yopgan non	*flat (Uzbek) bread*
zira	*cumin*
o'tirish	*party*
shakarob (achchiq-chuchuk)	*name of the traditional summer salad*
sharbat	*juice*
sharqshunoslik	*oriental studies*
shirin	*sweet*
shirinlik	*sweets, dessert*
shoh	*king*
sho'rva	*soup*
shubhasiz	*beyond doubt, no doubt*
chalmoq	*to play (musical instrument)*
chang'i uchmoq	*to ski*
Chilonzor tumani	*Chilonzor district of Tashkent*
chuchvara	*boiled dumplings*

O'N IKKINCHI DARS
CHAPTER TWELVE
12

XUSH KELIBSIZ, AZIZ MEHMON!

BEING A GUEST AND HOSTING A GUEST

IN THIS CHAPTER

- **Yangi darsni boshlaymiz!**
  Uzbek table etiquette, expressing opinion and giving advice
- **Diqqat, qoida!**
  Adverbs, verbal nouns, expressing necessity, obligation and possibility
- **Keling, suhbatlashaylik!**
  Activities to practice speaking, listening, reading, and writing
- **Asl o'zbekcha**
  Authentic video clips
- **Sizga xat keldi** Email Exchange
  Letters about Uzbek culture and people
- **Qo'shimcha mashqlar**
  Extra activities to reinforce new structures and vocabulary
- **Muomala odobi**
  Native speakers' daily speech
- **Yangi so'zlar**
  Vocabulary used in this chapter

Yangi darsni boshlaymiz!

Study the new vocabulary and phrases used throughout the chapter.

1-mashq: **O'qing va tinglang!** Follow along with the words and listen to how they are pronounced on the audio.

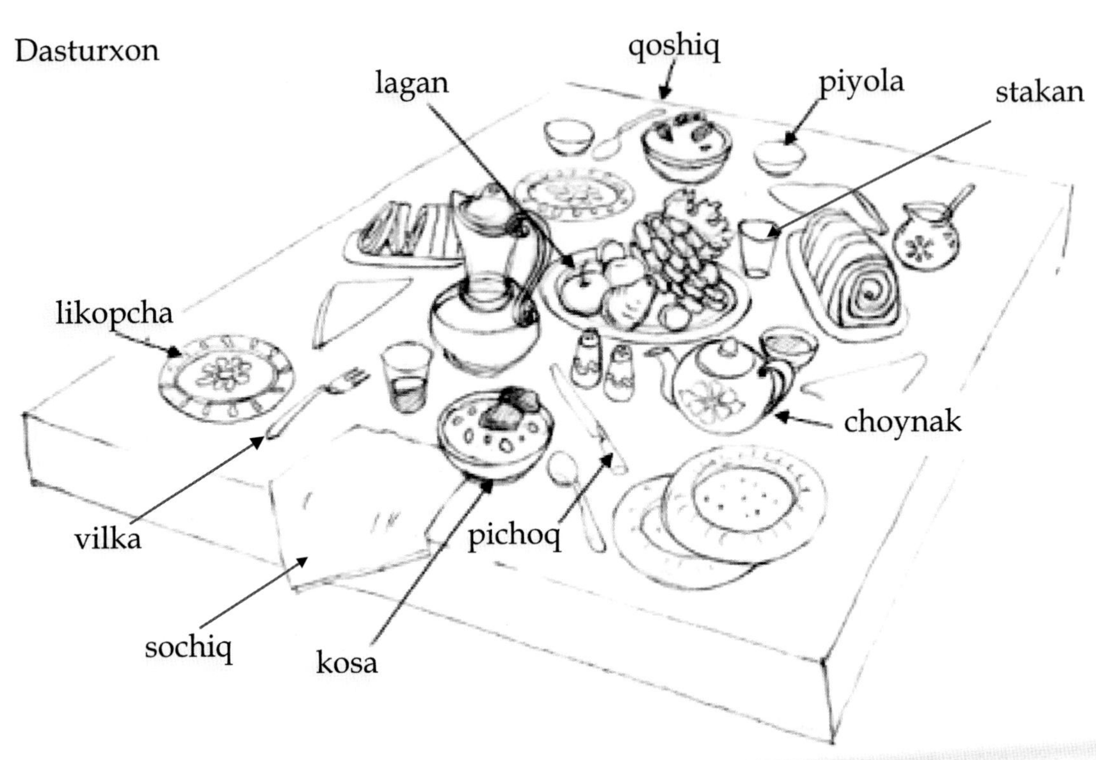

bir lagan meva – a fruit platter
ikki piyola choy – two cups of tea
bir choynak choy – a kettle of tea
uch kosa sho'rva – three bowls of soup
bir burda non – a piece of bread
pichoq bilan kesmoq – to cut with a knife

Tuzni uzatib yuboring. - Would you please pass the salt?
Choy quyib bering. - Would you please pour me some tea?
Choy juda achchiq ekan. - The tea is very strong.
Oling, yeb o'tiring. - Please, help yourself.
Rahmat, juda mazali bo'libdi. - Thank you, it is very delicious.
To'ydim, rahmat. - I am full, thanks.

Karima opa: Keling, mehmon. Xush kelibsiz!
Laylo: Rahmat.
Karima opa: Mana bu yerga o'tiring. Choydan iching, nondan oling, hozirgina tandirdan uzib oldik.
Laylo: Rahmat, juda mazali bo'libdi.

Karima opa: Anna, yeb o'tiring. Mana bu ko'k somsadan oling.
Anna: Rahmat. Kechirasiz, qanday somsa dedingiz?
Karima opa: Ko'k somsa. Bunday somsa asosan ko'katlardan tayyorlanadi. Go'sht solinmaydi. Oling, yeb ko'ring.
Anna: Juda mazali ekan, rahmat.
Karima opa: Osh bo'lsin.

2-mashq: **Sinfdoshingiz bilan ishlang.** Yuqorida berilgan yangi so'z va jumlalardan foydalanib sinfdoshingiz bilan suhbat tuzing. Using the above phrases, create a dialogue with your classmate.

3-mashq: **Savollarga javob bering.** What kind of things are there on the table? Answer the questions using the drawing.

1. Dasturxonda qanday mevalar bor?	
2. Choynak qayerda turibdi?	
3. Dasturxonda non bormi?	
4. Kosa qanday idish? U nima uchun kerak?	
5. Piyola-chi?	
6. Sizningcha, dasturxon atrofida necha kishi o'tiribdi? Nima uchun shunday deb o'ylaysiz?	

4-mashq: **Matnni oʻqing.** Matnni sinfda oʻqituvchingiz bilan oʻqing va tarjima qilishga harakat qiling.

Mehmondorchilik, ya'ni, mehmon kutish va kuzatish odati dunyodagi ko'p xalqlarga xos xususiyat. O'zbek xalqi uchun ham mehmon kutish va kuzatish odatlari juda muhim hisoblanadi. Mana shunday odatlarga ko'ra:

Mehmon mezbonga albatta biror sovg'a olib borishi kerak. O'zbeklar odatda non olib boradilar. Undan tashqari, har xil mevalar yoki tansiq ovqat ham olib borish mumkin. Mehmonga olib boriladigan nonning soni juft bo'lishi kerak. Alkogol ichimliklar yoki achchiq taomlar olib borish mumkin emas. Odatda mezbon mehmonni uyning to'riga o'tkazishi kerak.

5-mashq: **Mustaqil ishlang.** Quyidagi gaplar toʻgʻrimi yoki notoʻgʻri? Matn asosida javob bering.

	T	N
1. Mezbonga sovgʻa olib borish shart emas.		
2. Mehmon toʻrda oʻtirishi kerak.		
3. Mezbon achchiq ovqat olib borish kerak.		
4. Aroq yoki pivo olib borish mumkin emas.		

6-mashq: **Oʻqituvchingiz bilan ishlang.** Discuss the following proverbs in class with your instructor.

Mehmondorchilik haqida maqollar:

Mehmonxonang tor bo'lsa ham, diling keng bo'lsin.

Birinchi kun mehmon — oltin mehmon,
Ikkinchi kun — kumush,
Uchinchi kun — mis,
Uchdan o'tsa — pes.

Mehmonli uy — barakali.

Mehmon otangdan ulug'.

Diqqat, qoida!

Learn the new grammar points and complete the grammar-related activities.

1. Verbal nouns

A verbal noun is a noun derived from a verb. In the English sentence *Smoking is harmful*, the word *smoking* is a verbal noun (or a gerund) derived from the verb *to smoke*. In Uzbek, to form a verbal noun, the suffix **-sh (-ish)** is added to the verb stem.

Chekish salomatlik uchun zarar. *Smoking is harmful for health.*
Palov pishirish uchun guruch, go'sht va sabzi kerak.
For cooking palov one needs rice, meat, and carrots.

7-mashq:  Quyidagi taomlarni yeyish uchun sizga nima kerak?

Model: Bifshteks – bifshteks yeyish uchun menga pichoq va vilka kerak.

1. Chuchvara	
2. Sho'rva	
3. Palov	
4. Meva (olma, banan)	
5. Kabob	

8-mashq: Quyidagi gaplar tog'rimi yoki noto'g'ri?

	T	N
1. Maktabda algebra va geometriyani o'rganish juda muhim.		
2. Xorijiy tillarni o'rganish qiyin emas.		
3. Italyancha ovqatlarni tayyorlash nihoyatda qiyin.		
4. Mototsikl haydash juda xavfli.		
5. Shahmat qoidalarini tushunish oson emas.		

2. Expressing possibility, obligation and necessity

When a verbal noun is used with a word such as **mumkin**, **kerak**, or **shart**, it is equivalent to the modal constructions in English (*I may go*; *You need to learn*; *We must leave*). In Uzbek, the possessive ending is added to the verbal noun to indicate the original subject of the verb. The word **kerak**, **mumkin**, or **shart** does not change.

kerak indicates *necessity* and *need:*
Somsa pishirishim kerak. *I need to cook some somsas.*
Uyga barvaqt qaytishingiz kerak. *You need to return home early.*

shart indicates *obligation*:
Maktabga borishingiz shart. *You must go to school.*
Nazira maqolani o'qishi shart. *Nazira must read the article.*

mumkin indicates *possibility.*
Ketishingiz mumkin. *You may leave.*
U sizga sirini aytishi mumkin. *He may reveal his secret to you.*

Notice that when no possessive ending is added to the end of the verbal noun, the sentence is translated as *one needs to, one should*, or *one may.*

Mezbonga sovg'a olib borish kerak.
One needs to bring a gift for the host.
O'zbek tilini yaxshiroq o'rganish uchun ko'proq mashq qilish kerak.
In order to learn Uzbek better, one needs to/should practice more.

The negative of these constructions is formed by placing the negative word **emas** after the word **mumkin, shart** or **kerak.**

Shanba kuni kelishingiz shart emas.
You do not need to come on Saturday.
Achchiq mahsulotlar olib borish mumkin emas.
One should not (not allowed to) bring spicy products.

Note that the negative of **shart** has the meaning *not necessary*, so it is less obligatory than English *mustn't*. Whereas the Uzbek **mumkin**-*possible*, in the negative form is more obligatory than English *may* and translated as *should not* or *not allowed*.

9-mashq: A. **Mustaqil ishlang.**

Quyidagi gaplar to'g'rimi yoki noto'g'ri?

	T	N
1. O'zbek tilini mukammal o'rganish uchun shu tilda ko'proq o'qish kerak.		
2. Sho'rvani vilka bilan yeyish kerak.		
3. Mazali taom tayyorlash uchun oshpaz bo'lish kerak.		
4. Olimpiada o'yinlarida qatnashish uchun sportchi bo'lish shart.		
5. Sog'lom bo'lish uchun sport bilan shug'ullanish kerak.		
6. Tarjimon bo'lib ishlash uchun ikkita tilni mukammal bilish kerak.		

B. Now write at least two sentences of your own and discuss them with a classmate.

1. ______________________________

2. ______________________________

10-mashq:  **Mustaqil ishlang.** Read the situations and based on the text given in 5-mashq, respond using **kerak**, **shart**, or **mumkin**.

1. O'zbekistonlik do'stlaringizdan biri sizni mehmonga taklif qildi. Mezbonga nima olib borasiz? Nima uchun?

____

____

2. Amerikalik do'stingiz o'zbek oilasining uyiga mehmonga ketyapti. U bozordan mezbon uchun vino sotib oldi. Siz nima deysiz?

____

____

3. Amerikalik do'stingiz mezbon uchun uchta non sotib oldi. Bu o'zbek udumlariga to'g'ri keladimi? Nima uchun? U nechta non sotib olishi kerak?

____

____

11-mashq: **Mustaqil ishlang.** Compare Uzbek traditions of hosting a guest and being a guest with those of your own customs.

Savollar	O'zbek madaniyati	Sizning madaniyatingiz
1. Nima olib borish mumkin emas?		
2. Nima olib borish kerak?		
3. Mehmon qayerda o'tirishi kerak?		

12-mashq: **O'qituvchingiz bilan ishlang.** Below are some Uzbek superstitions. Work with your instructor and try to match each superstition which appears in the left column to its explanation in the right.

	IRIM
1.	*Chorshanba kuni chuchvara pishirish kerak.*
2.	*Kechqurun qo'shniga tuz berish mumkin emas.*
3.	*Uy ichida hushtak chalish mumkin emas.*

	NIMA UCHUN?
	Uydan baraka ketadi.
	Uydan omad va pul ketadi.
	Muammolaringiz bo'lmaydi.

13-mashq: **Mustaqil ishlang.** Write about at least two superstitions in your culture and discuss them in class.

	IRIM
1.	
2.	
3.	
4.	
5.	

	NIMA UCHUN?

3. Adverbs

In Uzbek, an adverb of manner is placed just before the verb it modifies. Some examples of adverbs of manner are:

tez – *quickly, fast*	**sekin** – *slowly*
kam - *few, little*	**ko'p** – *much*

Ali juda tez gapiradi. *Ali speaks very fast.*

Similar to adjectives, adverbs can be used in comparative and superlative degrees.

simple	comparative	superlative
tez	**tezroq**	**eng tez (juda tez)**
fast	*faster*	*the fastest*

Kamroq gapirib, ko'proq ishlang.
Speak less, work more.
Tezroq yuring, kechikyapmiz.
Please walk faster, we are late!

In Uzbek, there are many suffixes that when added to a noun create an adverb. For example, suffixes -**dek** and -**day** can be attached to nouns to indicate the *similarity* or *likeness.*

gul - *flower*	**guldek** - *like a flower*
dehqon - *farmer*	**dehqondek** - *like a farmer*

Turmush o'rtog'ining vafotidan so'ng, guldek so'lidi.
After the death of her husband, she faded like a flower.
Shaharlik odamsiz, dehqonlardek ishlay olmaysiz.
You are a city person; you cannot work like farmers.

Note that -**day** and -**dek** have the same meaning, they can be used interchangeably.

14-mashq: **Mustaqil ishlang.** Read the following sentences and give an explanation for the underlined words. What do they mean? How would you paraphrase them?

1. Bu talaba o'zbek tilida o'zbeklardek gapiradi.	
2. Onam xitoy ovqatlarini xitoylardek pishiradi.	
3. Men baliqdek suzaman.	

Review the Uzbek names given in Chapter 3's **Asl o'zbekcha**. With your instructor work on the phrases where **-dek** and **-day** are used.

4. Constructions with deb

In Uzbek, the particle **deb** (the past gerund form of **demoq**-*to say*) is used for constructions such as *I said that, I heard that, I thought that, I know that, etc.*, The word **deb** is translated into English as *that, because, as*. It is used with verbs such as **aytmoq**-*to tell*, **eshitmoq**-*to hear*, **bilmoq**-*to know*, **so'ramoq**-*to ask*, etc.

Hali ham Amerikada yashayapti deb eshitdim.
I heard that he still lives in America.
Ertaga havo issiq bo'ladi deb eshitdik.
We heard that it will be hot tomorrow.
Bu ish oson bo'ladi deb aytmadim.
I didn't say that this work will be easy.
Uni saxiy kishi deb bilaman.
I know him as a generous person.
Salimaga ko'proq dam olishingiz kerak deb aytdim.
I told Salima that she needs to rest more.
(lit:) I told Salima, "You need to rest more."

15-mashq: **Mustaqil ishlang.** Review the 12-mashq in Chapter 11. Find and write down at least five sentences using **deb.**

Namuna: *Folbin Furqatga uylanasiz deb aytdi.* The fortune teller told Furqat that he will get married. (lit: Fortune teller told Furqat: "You will get married."

1. ____

2. ____

3. ____

4. ____

5. ____

16-mashq: **Sinfdoshingiz bilan ishlang.** Get together with a classmate and discuss the following questions.

Bolalar maktabda xorijiy tillarni o'rganishlari kerakmi?
Nima uchun?
Ular qaysi tillarni o'rganishlari kerak?
Nima uchun shunday deb o'ylaysiz?

17-mashq: **Mustaqil ishlang.** What are some things that people say about celebrities? Make at least three sentences about famous people you know of using the **deb** structure.

Madonna mart oyida yangi konsert bo'lmaydi deb aytdi.

Keling, suhbatlashaylik!

Practice new grammar notes and vocabulary by reading, listening, writing and speaking.

18-mashq: **Matnni o'qing.** Read the following two letters about youth that readers wrote to a newspaper in Uzbekistan, then do the activities that follow.

Ismingiz nima? Oilangiz bormi?

Noila buvi: Ismim Noila, Toshkentda yashayman. Ikkita qizim va bitta o'g'lim bor. Farzandlarim ham oilali. Qizlarim turmushga chiqqan, o'g'lim uylangan. Ikkita nabiram bor. Ular hali juda yosh.

Farida: Ismim Farida, Xivadanman. Ikkita o'g'lim bor. Mansur 10 yoshda va Farhod 13 yoshda. Ikkalasi ham maktabga boradi.

Hozirgi zamon yoshlari haqida qanday fikrdasiz?

Noila buvi: Salbiy fikrdaman, albatta! Yoshlarning tarbiyasi yaxshi emas. Ko'pchiligi o'zbek urf-odatlariga rioya qilmaydi. Ba'zilari katta kishilarga ham salom bermaydi. Yoshlarga o'zbek urf-odatlarini o'rgatish kerak. Kattalarni hurmat qilishni o'rgatish kerak. Afsuski, ota-onalar bunday narsalarga ahamiyat berishmaydi. Farzandlarining tarbiyasi bilan jiddiy shug'ullanishmaydi. Farzand yaxshi inson bo'lib yetishishi uchun maktab yetarli deb o'ylashadi.

Farida: Hozirgi zamon yoshlarini juda talabchan, tirishqoq va faol deb hisoblayman. Masalan, mening ikkita o'g'lim bor, ikkalasi ham juda faol. Maktabdan tashqari vaqtlarida ingliz tilini va kompyuterda ishlashni o'rganishadi. Undan tashqari, har juma karate bilan shug'ullanishadi. Farzandlarimdan faxrlanaman. 21-asr yoshlari shunday, ya'ni ham aqlan, ham jismonan mukammal bo'lishi kerak deb o'ylayman.

19-mashq: A. **Mustaqil ishlang.** Quyidagi gaplar to'g'rimi yoki noto'g'ri? Matn asosida javob bering.

	T	N
1. Noila buvining farzandlari hali juda yosh.		
2. Noila buvining nabiralari o'zbek urf-odatlarini bilishmaydi.		
3. Farida hozirgi zamon yoshlari haqida juda ijobiy fikrda.		
4. Farida 21-asr yoshlari faol bo'lishlari kerak deb o'ylaydi.		

B. Savollarga javob bering.

1. Noila buvining fikrlariga qo'shilasizmi? Nima uchun?

2. Faridaning fikrlariga qo'shilasizmi? Nima uchun?

3. Siz hozirgi zamon yoshlari haqida nima deb o'ylaysiz? Ular haqida salbiy fikrdamisiz yoki ijobiy?

20-mashq. **Shikoyat qiling!** Read the following scenario and provide a short complaint letter. Tell what these people should and should not do.

Faraz qiling, Toshkentdasiz. Shahar markazida joylashgan yangi kvartirada yashaysiz. Kvartirangizdan juda mamnunsiz. Ammo qo'shnilaringizni umuman yoqtirmaysiz. Ular har kuni o'tirish qilib, baland ovozda gaplashadilar. Kech soat bir yoki bir yarimgacha musiqa tinglab, raqsga tushadilar. Buning natijasida siz uxlay olmaysiz. Qo'shnilaringizdan shikoyat qiling.

21-mashq. **Mustaqil ishlang.** Matnlarni o'qib, javob bering.

Tom Toshkentda yashaydi. U Milliy Universitet talabasi. U kecha do'stlari bilan Farg'onaga borib, o'sha yerda passportini yo'qotib qo'ydi. Tom nima qilishi kerak?

Bu ayolning ismi Karima. U maktabda geografiya o'qituvchisi bo'lib ishlaydi. Ertaga bolalar bilan AQSh haqida suhbat o'tkazadi. U sinfga nima olib borishi kerak?

Kelli amerikalik talaba. U hozirgi vaqtda Namangandagi til markazida o'zbek tilini o'rganadi. Shu yerda bir o'zbek oilasining xonadonida yashaydi. Kelli go'shtli taomlar yemaydi, tuxum va sutga allergiyasi bor. U nima qilishi kerak?

Farida asli Buxorolik, hozirgi vaqtda turmush o'rtog'i va ikki farzandi bilan Toshkentda yashaydi. O'rta maktabda botanika o'qituvchisi bo'lib ishlaydi. Bo'sh vaqtlarida turli xil taomlar pishiradi. Kecha televizorda 'pitstsa' haqida bir ko'rsatuvni ko'rib qoldi. Afsuski, retseptni yozib olishga vaqti bo'lmadi. Bu taomni tayyorlash uchun unga qanday mahsulotlar kerak bo'ladi? Faridaga maslahat bering.

Asl o'zbekcha

Watch the video clip and practice both listening and speaking.

What are some traditions of hosting a guest in Uzbekistan?
What this video and find out.

22-mashq: 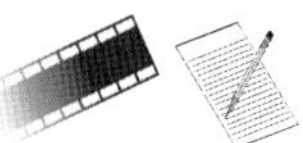 After watching the video, put the following actions in order.

1. Uchinchi kelin choy quydi.	
2. Birinchi kelin dasturxon yozdi.	
3. Ikkinchi kelin shirinliklar va non olib keldi.	
4. Birinchi kelin choy olib keldi.	

23-mashq: Watch the video again and see if you can answer the following questions.

1. What are some non-verbal actions you noticed in this video?
2. Who do you think is the youngest daughter-in-law in this family. Why?
3. Who do you think is the most respected guest of the two women?
4. Why do you think so?

24-mashq:  Watch again and find out who says the following sentences.

Xush kelibsizlar!	________
Yangi yilni yaxshi o'tkazib oldingizmi?	________
Mevalardan ham olib kelinglar.	________

25-mashq: **Sinfdoshingiz bilan ishlang.** Using the information you found out from the video, make a dialogue with a classmate where one of you is the host and the other a guest. Use some of the non-verbal actions you learned. Present your dialogue to the class.

Cultural Notes

Typically the person entitled to the most respect at a meal at home (such as oldest person of the group or a special guest) is given the place at the table furthest away from the door. This spot is called "to'r". Other guests are then placed at spots as far from the door as possible in descending order of their "respectability." Within families, age is the main determinant.

Below are some Uzbek superstitions mentioned in this chapter:

- Uzbeks do not throw bread away, as it is considered sacred in Uzbek culture.
- According to another superstition, one should not whistle indoors, as this might bring bad luck.
- On Wednesdays, some people cook "chuchvara" (dumplings) as it is believed that it might help to solve their problems.
- Also, you should never lend salt to anyone in the evening, as you might lose all the "baraka" (blessings and luck).

Sizga xat keldi

In this section, you will read an email message that Tom received from Sherzod.

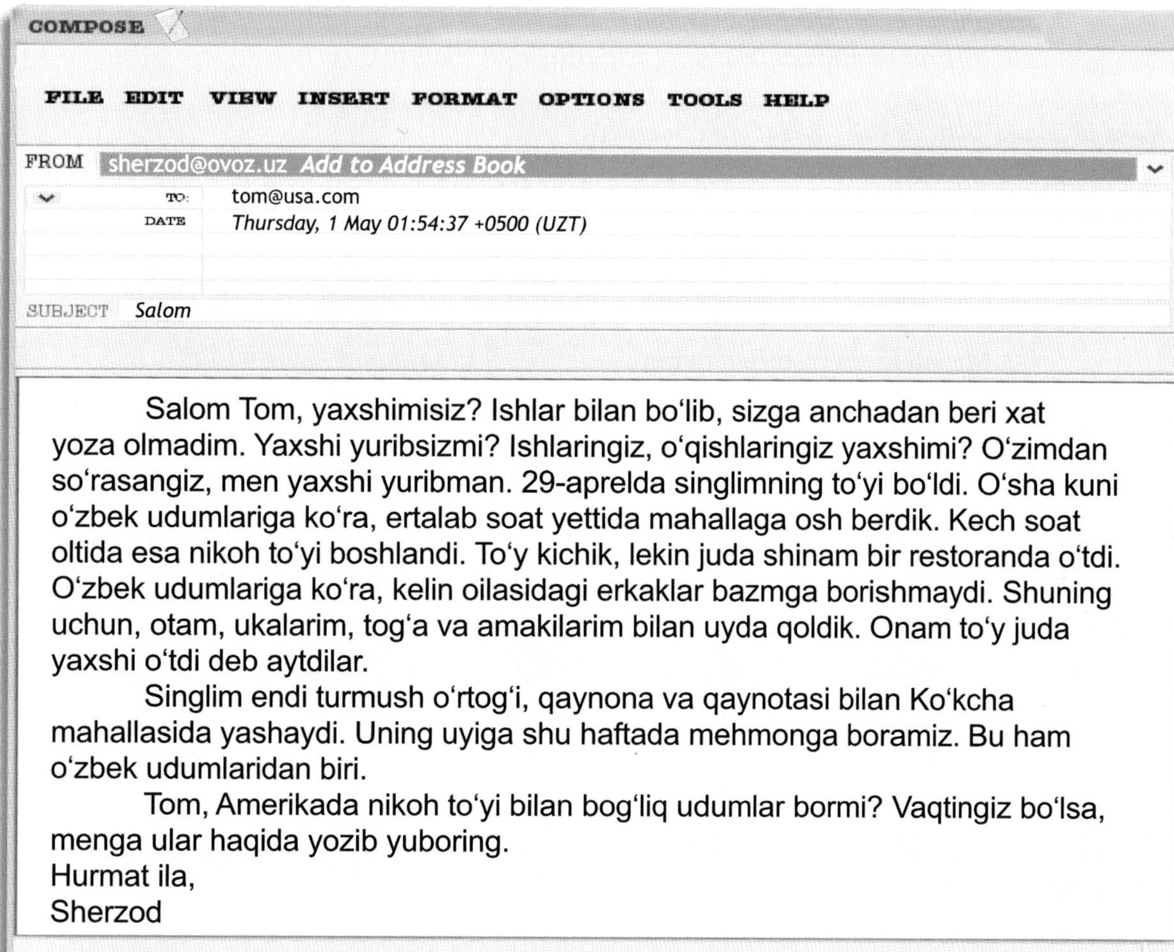
COMPOSE

FILE EDIT VIEW INSERT FORMAT OPTIONS TOOLS HELP

FROM sherzod@ovoz.uz *Add to Address Book*

TO: tom@usa.com

DATE *Thursday, 1 May 01:54:37 +0500 (UZT)*

SUBJECT *Salom*

Salom Tom, yaxshimisiz? Ishlar bilan bo'lib, sizga anchadan beri xat yoza olmadim. Yaxshi yuribsizmi? Ishlaringiz, o'qishlaringiz yaxshimi? O'zimdan so'rasangiz, men yaxshi yuribman. 29-aprelda singlimning to'yi bo'ldi. O'sha kuni o'zbek udumlariga ko'ra, ertalab soat yettida mahallaga osh berdik. Kech soat oltida esa nikoh to'yi boshlandi. To'y kichik, lekin juda shinam bir restoranda o'tdi. O'zbek udumlariga ko'ra, kelin oilasidagi erkaklar bazmga borishmaydi. Shuning uchun, otam, ukalarim, tog'a va amakilarim bilan uyda qoldik. Onam to'y juda yaxshi o'tdi deb aytdilar.

Singlim endi turmush o'rtog'i, qaynona va qaynotasi bilan Ko'kcha mahallasida yashaydi. Uning uyiga shu haftada mehmonga boramiz. Bu ham o'zbek udumlaridan biri.

Tom, Amerikada nikoh to'yi bilan bog'liq udumlar bormi? Vaqtingiz bo'lsa, menga ular haqida yozib yuboring.

Hurmat ila,
Sherzod

26-mashq: **Mustaqil ishlang.** Savollarga javob bering.

1. Sherzod singlisining nikoh to'yiga bordimi? Nima uchun?
2. Sherzodning onasi to'y haqida nima dedi?
3. Sherzodning singlisi hozir qayerda yashaydi? U kim bilan yashaydi?
4. Sizning madaniyatingizda nikoh to'yi bilan bog'liq qanday udumlar bor?
5. Bu udumlar haqida gapirib bering.

Qo'shimcha mashqlar

Reinforce new structures and vocabulary by completing these extra activities.

Mustaqil ishlang. Quyida berilgan mashqlarni bajaring. Yangi so'zlar va grammatik qoidalarning ishlatilishiga ahamiyat bering.

Verbal nouns with kerak, shart and mumkin

27-mashq: Match the phrases in Column A to the ones in Column B.

	A	B
	1. Chet tilida bemalol gapirish uchun	a. sog'liq uchun zarar.
	2. Mazali taom pishirish uchun	b. salomatlik garovidir*.
	3. Chekish	c. shu tilda ko'proq o'qish kerak.
	4. Universitetga o'qishga kirish uchun	d. oshpaz bo'lish shart emas.
	5. Sport bilan shug'ullanish	e. uchta fandan imtihon topshirish kerak.

28-mashq: Compose sentences as in the model. Choose either **kerak**, **shart** or **mumkin**. Follow your sentence with an explanation.

Namuna: *Men, begun, ovqat pishirmoq*

Bugun ovqat pishirishim kerak, chunki kechqurun uyimizga mehmon keladi.

Laylo, ertaga, imtihonga tayyorlanmoq (to prepare for)

____

____

biz, do'kon, bormoq va mahsulotlar sotib olmoq

____

____

siz, kasalxona, bormoq

____

____

do'stim Kamol, Xitoy, bormoq

____

____

ular, sport bilan, shug'ullanmoq

____

____

***salomatlik garovidir** - *is a guarantee of good health*

29-mashq: Rewrite the sentences. Follow the model given below:
Men buvimning uyiga kam boraman. – *Buvimning uyiga ko'proq borishim kerak.*

1. Karim yaxshi o'qimaydi.
____
2. O'tirishga vino olib bormaymiz.
____
3. Karim xonasini tozalamaydi.
____
4. Salim ovqat pishirishni bilmaydi.
____
5. Laylo ertalablari nonushta qilmaydi.
____
6. Farhod mashinasini nihoyatda tez haydaydi.
____
7. Zamira har kuni darsga kechikadi.
____
8. Barno mashina haydashni bilmaydi.
____

30-mashq: Using the structures with **kerak, shart, mumkin** (and their negative forms) give advice or suggest a solution.

Model: Televizorimiz juda eski.
Yangi televizor sotib olishingiz kerak.

1. Kelasi yil Lola malaka oshirish uchun Yaponiyaga ketadi.
____
2. Indinga matematikadan imtihon topshiramiz.
____
3. Malika ispan tilini o'rganyapti.
____
4. Qahramon imtihondan yomon baho oldi.
____
5. Zilola har kuni darsga kechikadi.
____

31-mashq: **Mustaqil ishlang**. Matnni o‘qib, savollarga javob bering.

Laylo shu yil may oyida maktabni bitirdi. U o‘qishini davom ettirishni xohlaydi. Uning orzusi - Toshkent Davlat Milliy universitetining filologiya fakultetiga o‘qishga kirishdir.

Bu universitetga kirish oson bir ish emas. U avval barcha hujjatlarini tayyorlashi va tibbiy ko‘rikdan o‘tishi kerak. So‘ng universitetga borishi va murojaat blankasini to‘ldirishi kerak. Kerakli ma’lumotlarni aniq va xatolarsiz yozishi shart. Blankaga to‘rtta rangli surat yopishtirishi kerak. Blankani faqat qora siyohli ruchka bilan to‘ldirishi kerak. Qalam yoki boshqa rangli ruchka bilan yozish mumkin emas. Shundan keyin blankani topshirishi mumkin.

Bu ishlardan keyin, 1-avgustda, uchta fandan imtihon topshirishi kerak. Imtihonlar oson emas, shuning uchun ularga qunt bilan tayyorlanishi shart.

1. Laylo qaysi universitetda o‘qishni xohlaydi? ________________
2. Murojaat blankasini qanday to‘ldirish kerak? ________________
3. Blankani qanday ruchka bilan to‘ldirishi kerak? ______________
4. Layloga nechta surat kerak? ___________________________
5. Suratlar qanday bo‘lishi kerak? ________________________
6. Laylo imtihonlarni qachon topshiradi? ____________________

murojaat blankasi	*application form*
hujjat	*documents*
tibbiy ko‘rik	*medical check-up*
o‘tmoq	*to pass*
to‘ldirmoq	*to fill out (application)*
ma’lumot	*information*
aniq	*clear, exact*
yopishtirmoq	*to attach, to glue*

siyoh	*ink*
qunt bilan	*diligently*
tayyorlanmoq	*to prepare for*
shaxsan	*in person*
qatnamoq	*to commute*
jahon	*world*
topshirmoq	*to submit*
qabul	*admission*

32-mashq: A.  Match the speakers' questions and responses to make a meaningful dialogue.

Qabul bo'limi
Admissions office

Yigit: ____________
Ayol: Vaalaykum assalom. Ha, ha, eshitaman.
Yigit: ____________
Ayol: Qabul 1-iyunda boshlangan. 20-iyulgacha hujjat qabul qilamiz.
Yigit: ____________
Ayol: Olti dona fotosurat, tibbiy ma'lumotnoma va pasportingizni olib kelishingiz kerak.
Yigit: ____________
Ayol: Pasportni shaxsan ko'rsatasiz, lekin topshirmaysiz.
Yigit: ____________
Ayol: Akmal Ikromov tumanidagi Reshetov ko'chasini bilasizmi?
Yigit: ____________
Ayol: Paxtakor metro stantsiyasidan 35-avtobus qatnaydi.
Yigit: ____________
Ayol: Ha, shanba va yakshanbadan tashqari har kuni shu yerdamiz.
Yigit: ____________
Ayol: Salomat bo'ling.
Yigit: ____________

Abituriyent
Applicant

a. Hujjatlarni qayerga olib borish kerak?

b. Xo'p, rahmat.

c. Kechirasiz, universitetga qabul qachon boshlanadi?

d. Alo, assalomu alaykum, bu Jahon Tillari Universitetimi?

e. Katta rahmat.

f. Pasportni ham topshirish kerakmi?

g. Yo'q, u taraflarni, umuman, shaharni yaxshi bilmayman.

h. Qanday hujjatlar topshirish kerak?

i. Ertaga ishlaysizlarmi?

B. Now listen and check if you completed the activity correctly.

33-mashq: Using the vocabulary from the text above, write a short passage about applying for university (driving license, visa, etc.) in your country.

Haydovchilik guvohnomasini olish uchun nima qilish kerak?
Viza olish uchun-chi? Fotosurat topshirish kerakmi?
Tibbiy ko'rikdan o'tish shartmi?

deb - structure

34-mashq: Answer the questions using *deb* constructions. Follow the model.

Dilshodga nima bo'ldi? *U kasal bo'lib qoldi deb eshitdim.*

1. Nosir ingliz tilini biladimi? ______________________.
2. Karim uylandimi? ______________________.
3. Feruza yangi uy sotib oldimi? ______________________.
4. Laylo Angliyada o'qiydimi? ______________________.
5. Salimning o'g'li armiyadan qaytdimi? ______________________.
6. Farida yaxshi talabami? ______________________.
7. Ertaga dars bo'ladimi? ______________________.

35-mashq: Compose sentences about Zamira using *deb* constructions. Follow the model. Based on the given words use either **bilmoq**, **eshitmoq**, or **o'ylamoq**.

o'qishga kirmoq -- Zamira o'qishga kirdi deb eshitdim.

ispan tilini, o'rganmoq

____

____

Ispaniyaga, ketmoq – mumkin

____

____

maktabda, ishlamoq

____

____

Alisherni, yomon ko'rmoq

____

____

aqlli va mehribon

____

____

Muomala odobi

Study the phrases used in everyday speech.

Listen to these phrases. First, discuss them with your instructor in class. Then using the phrases, work with your classmate to create a dialogue.

Ruxsat so'rash - Asking permission	**Javob** - Response
Mumkinmi? *May I?*	**Mayli, xo'p.** *Yes, please.*
Kirish mumkinmi? *May I come in?*	**Bemalol.** *Sure (come in; leave)*
... ga ruxsat bersangiz. *Allow me.....*	**Kiring, marhamat.** *Please, come in.*
... ga ijozat bersangiz. *Allow me ... .*	**Ixtiyor o'zingizda.** *Do as you wish.*
Kirsam maylimi? *May I come in?*	**Ixtiyoringiz.** *Do as you please.*
	Xo'p, bemalol. *Sure.*

Suhbat

____

____

____

____

____

____

____

Yangi so'zlar

 Listen and review the new vocabulary used in this chapter.

ahamiyat bermoq	*to pay attention*
alkogol	*alcohol*
allergiya	*allergies*
anchadan beri	*for a long time*
aniq	*clear, exact*
aqlan	*intellectually*
aroq (araq)	*vodka, hard liquor*
baho	*grade*
baho olmoq	*to receive a grade*
baraka	*blessing*
bazm	*banquet*
biror	*some*
bog'liq (-ga ~); (bilan ~)	*connected with, related to, dependent on*
burda **bir burda non**	*piece* *a slice of bread*
choynak	*kettle*
-dak	*like, similar* (an adverbial suffix)
dasturxon yozmoq	*to set a table*
deb	the past gerund form of **demoq**
-dek	*like similar* (an adverbial suffix)
dunyo	*world*
ekan	*to be seemingly, apparently*
faol	*active*
faraz qilmoq	*to imagine*
faxrlanmoq	*to be proud of someone*
-ga ko'ra	*according to*
garov	*guarantee*
hisoblanmoq	*to be considered*
hujjat	*documents*
hushtak chalmoq	*to whistle*
ijaraga olmoq	*to rent*
ijobiy	*positive*
ikkalasi	*both of them*
irim	*superstition*
jiddiy	*seriously*
jismonan	*physically*
juft	*even number*
kechikmoq	*to be late*
kesmoq	*to cut*
ko'pchilik	*majority, most*
ko'rsatuv	*TV program*
kosa	*bowl*
kumush	*silver*
kuzatmoq	*to see off*
lagan	*platter*
likopcha	*plate*
ma'lumot	*information*
madaniyat	*culture*
malaka oshirish	*practicum*
mamnun	*pleased, grateful*
mehmon	*guest*
mehmondor-chilik	*hospitality*
mezbon	*host*
mis	*copper*
mototsikl	*motorbike*
muammo	*problem*
mukammal	*perfect, complete*
murojaat blankasi	*application form*

natija	*result, consequences*
nikoh	*marriage*
nikoh to'yi	*wedding party*
odat	*habit, custom*
olib boriladigan	*which is taken to*
oltin	*gold, golden*
omad	*luck*
ovoz	*voice, sound*
passiv	*passive*
pes	*wretch, worm*
pichoq	*knife*
pitstsa	*pizza*
piyola	*cup*
qatnamoq	*to commute*
qatnashmoq	*to participate*
qiyin	*difficult, hard*
qoida	*rules*
qolmoq	*to stay*
qoshiq	*spoon*
qunt (bilan)	*diligently*
raqsga tushmoq	*to dance*
retsept	*recipe*
salbiy	*negative*
salom bermoq	*to greet*
saxiy	*generous*
siyoh	*ink*
sochiq	*towel, napkin*
sovg'a	*gift, present*
stakan	*glass*
talabchan	*demanding*
tandirdan uzib olmoq	*to take it out of the tandoor oven*
tansiq ovqat	*delicacy*
tarbiya	*raising, upbringing*
tayyorlamoq	*to prepare*
tayyorlanmoq	*to prepare oneself for*
tibbiy ko'rik	*medical check-up*
tirishqoq	*hardworking*
to'ldirmoq	*to fill out*
to'r	*a place of honor*
to'y	*wedding party*
to'ymoq	*to be full, to have enough*
to'g'ri kelmoq	*to fit, to be appropriate*
topshirmoq	*to submit*
tor	*narrow, tight*
udum	*custom*
ulug'	*great*
urf-odat	*customs, traditions*
vaqtingiz bo'lsa	*if you have time*
vilka	*fork*
xalq	*nation*
xos xususiyat	*specific peculiarity*
Xush kelibsiz!	*Welcome!*
ya'ni	*in other words, that is to say*
yetarli	*enough, sufficient*
yo'qotib qo'ymoq	*to lose*
yopishtirmoq	*to glue*
yozib olmoq	*to write down, to jot down*
zarar	*harm, harmful*
o'rgatmoq	*to teach*
o'tirish	*party*
o'tmoq	*to pass*
o'zim	*myself*
shaxsan	*in person*
shikoyat	*complaint*
shug'ullanmoq	*to be engaged in; to work on*

O'N UCHINCHI DARS 13
CHAPTER THIRTEEN

IQLIM VA FASL

TALKING ABOUT THE WEATHER AND CLIMATE

IN THIS CHAPTER

- **Yangi darsni boshlaymiz!**
  Weather and the seasons
- **Diqqat, qoida!**
  Conditional mood, telling time, compound verbs
- **Keling, suhbatlashaylik!**
  Activities to practice speaking, listening, reading, and writing
- **Asl o'zbekcha**
  Authentic video clips
- **Qo'shimcha mashqlar**
  Extra activities to reinforce new structures and vocabulary
- **Muomala odobi**
  Native speakers' daily speech
- **Yangi so'zlar**
  Vocabulary used in this chapter

Yangi darsni boshlaymiz!

Study the new vocabulary and phrases used throughout the chapter.

1-mashq: So'zlarni o'qing, tinglang va eslab qoling.

qish

bahor

yoz

kuz

quyosh

qor

yomg'ir

chaqmoq

bulut

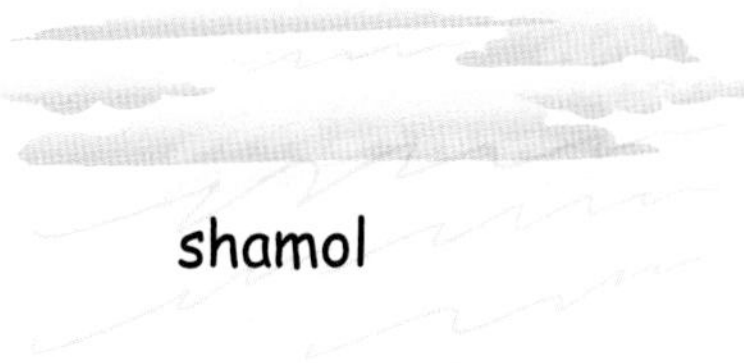

shamol

do'l

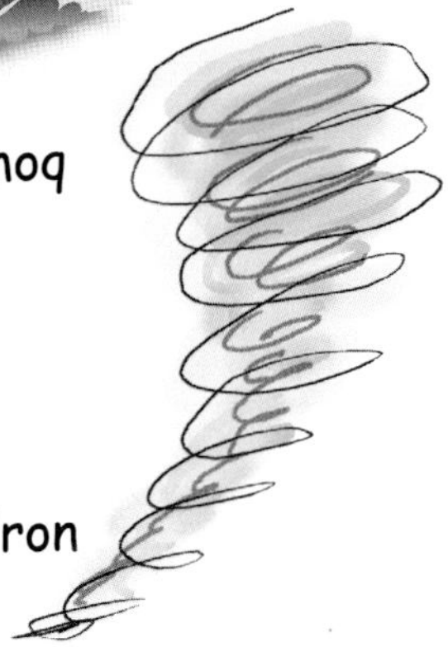

bo'ron

EARTHQUAKE

zilzila

DROUGHT

qurg'oqchilik

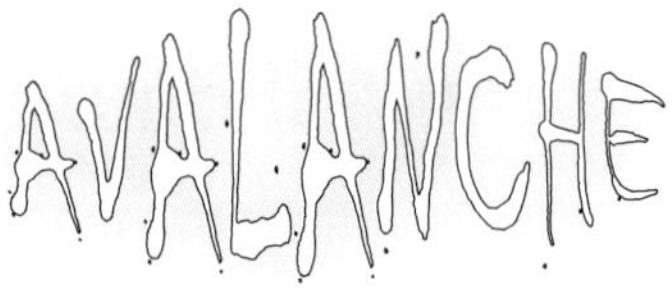

AVALANCHE

qor ko'chishi

iliq - mild
salqin - cool
nam - humid, damp
kuchli yomqir/shamol - strong rain/wind

suv toshqini

2-mashq: Bu qaysi fasl?

1. Bu faslda tabiat uyg'onadi. Daraxtlar gullaydi. Havo iliq bo'ladi, ko'p yomg'ir yog'ib, chaqmoq chaqadi.
2. Bu nihoyatda sovuq fasl. Qor va yomg'ir yog'adi. Havo sovuq bo'ladi. Kuchli shamol esadi.
3. Mevalar va sabzavotlar ko'p bo'ladi va odatda, havo juda issiq bo'ladi. Talabalar va o'quvchilar ta'tilga chiqadilar.
4. Bu faslda yomg'ir ko'p yog'adi, kuchli shamol esadi. Daraxtlarning barglari to'kiladi.

3-mashq:  What verbs are used with the following words? Use the text above as a reference.

yomg'ir	
chaqmoq	
issiq	
shamol	
qor	
sovuq	

4-mashq:  Quyidagi gaplar to'g'ri deb o'ylaysizmi?

	T	N
1. Afrikada qor kam yog'adi.		
2. Hindistonda yomg'ir yog'maydi.		
3. Qishda Rossiyada havo sovuq bo'ladi.		
4. Yozda O'zbekistonda havo issiq bo'ladi.		
5. Afrika Osiyodan sovuqroq.		
6. Antarktikada yozda ham qishda ham havo issiq bo'ladi.		

5-mashq: Which natural disaster (tabiiy ofat) is described below?

1. Shahar va qishloqlar suv tagida qoladi.

____

2. Yer qimirlaydi, uylar buziladi.

____

3. Qor yog'adi, tog'larda qor ko'chadi.

____

4. Suv bo'lmaydi, odamlar va hayvonlar suvsiz qoladi.

____

5. Kuchli shamol esadi, daraxtlar sinib, uylar buziladi.

____

6-mashq: Quyidagi savollarga javob bering, so'ng fasllar haqida suhbat o'tkazing.

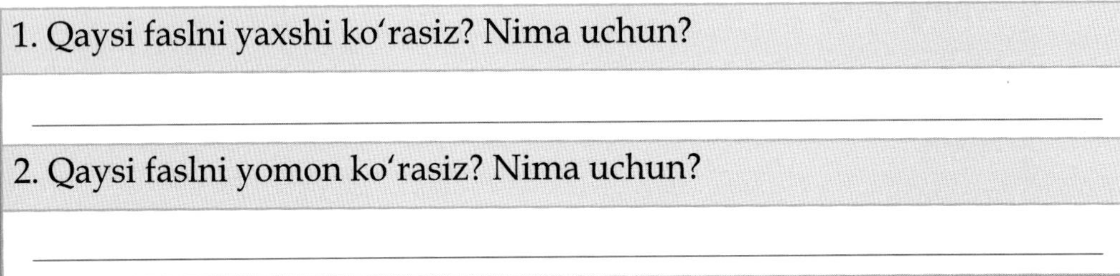

1. Qaysi faslni yaxshi ko'rasiz? Nima uchun?

____

2. Qaysi faslni yomon ko'rasiz? Nima uchun?

____

Diqqat, qoida!

Learn the new grammar points and complete the grammar-related activities.

1. Conditional mood

You can easily spot the use of the conditional in Uzbek from the suffix **-sa** added to the verb stem. To form sentences in the conditional mood, add **-sa** to the stem of the verb and then the personal predicate ending. The word **agar**-*if* may or may not be used since the suffix **-sa** already has the meaning of *if*.

u yerga borsam - *If I go there*	uyda **qolsa** - *If he stays*
xonaga kirsang - *If you enter the room*	uyga **ketsak** - *If we leave*
uni **ko'rsangiz** - *If you see him*	ovqat **yesangizlar** - *If you eat*
uni **ko'rsalar (ko'rishsa)** - *If they see it*	

A conditional phrase is a dependent clause, therefore, an independent clause is required to form a complete sentence. In Uzbek, with this form of the conditional, for the second part of the sentence you can use the present-future tense or the imperative. Examples:

Qor yog'sa, parkka bormaymiz.
If it snows, we won't go to the park.
Yer qimirlasa, tashqariga chiqing!
If an earthquake happens, get out of your house.

To form the negative, add the suffix -**ma** before -**sa** and the personal predicate endings.

u yerga bormasam - *If I don't go there*	uyda **qolmasa** - *If he doesn't stay*
xonaga kirmasang - *If you don't enter the room*	uyga **ketmasak** - *If we don't leave*
uni **ko'rmasangiz** - *If you don't see him*	ovqat **yemasangizlar** - *If you don't eat*
uni ko'rmasalar (**ko'rishmasa**)- *If they don't see it*	

7-mashq:  **Mustaqil ishlang.** Gaplarni tugallang.

1. Agar qor yog'sa,	
2. Ishga kechiksam,	
3. O'zbekistonga borsam,	
4. Agar bo'ron bo'lsa,	
5. Mashinam buzilsa,	
6. Darsni tushunmasam,	

8-mashq:  **Mustaqil ishlang.** Read the conversation and summarize the advice with conditional sentences using **kerak**, **shart** or **mumkin**.

Namuna:
A: Yoz faslini uncha yoqtirmayman. Havo nihoyatda issiq bo'lsa, kasal bo'lib qolishim mumkin.
B: O'zbekistonda bahor va kuz oylarida havo issiq bo'lmaydi.

Javobingiz: *Agar issiq havoni uncha yoqtirmasangiz, O'zbekistonga bahorda yoki kuzda borishingiz kerak, chunki bu fasllarda havo uncha issiq bo'lmaydi.*

1. A: Qish faslini yaxshi ko'raman. B: Alyaskada shtatida havo sovuq bo'ladi, qish fasli uzoq davom etadi.
2. A: Tarixga qiziqaman, qadimiy binolarni, muzeylarni ko'rishni xohlayman. B: Buxoro, Samarqand va Xiva shaharlarida qadimiy binolar ko'p.
3. A: O'zbek milliy taomlarini yaxshi ko'raman. B: Shahrimizda o'zbekcha restoran bor.
4. A: Tom o'zbek mumtoz musiqasini yaxshi ko'radi. B: Mart oyida Toshkentda Munojat Yo'lchiyevaning konserti bo'ladi.
5. A: Anna avtobus va taksida yurishni yomon ko'radi. B: Toshkentda metro bor.

2. Conditional cont'd

The conditional of sentences constructed with personal predicate endings are formed with the help of the verb **bo'lmoq**.

kasalman-*I am sick*	**kasal bo'lsam** - *if I am sick*
kasalsan-*you are sick*	**kasal bo'lsang** - *if you are sick*
talabasiz-*you are a student*	**talaba bo'lsangiz** - *if you are a student*
u talaba-*he/she is a student*	**u talaba bo'lsa**-*if he/she is a student*
xursandmiz-*we are glad*	**xursand bo'lsak**-*if we are glad*
ular boy-*they are rich*	**boy bo'lishsa**-*if they are rich*

Also, **bo'lmoq** is used in place of **bor** and **yo'q** in conditional sentences.

Uyida iti bo'lsa, nima qilasan?
If she has a dog in her house, what are you going to do?

Puling bo'lmasa, bu yerga nega kelding?
If you do not have money, why did you come here?

9-mashq: **Maslahat bering!** Imagine your Uzbek friend is visiting your home town. Based on how your friend feels, give her some advice. What places should she visit? What places she should not visit?

och	
xafa	
kasal	
puli ko'p	
puli kam	
kayfiyati yaxshi	
kayfiyati yomon	

10-mashq: **Ko'chaga chiqmang!** Give some advice to a person who is planning to visit your country. What does she/he need to do if the specified natural disaster occurs?

bo'ron	*Agar bo'ron bo'lsa, ko'chaga chiqmang!*
suv toshqini	
zilzila	
bo'ron	
qurg'oqchilik	

11-mashq: **Nima qilasiz?** Work with a partner. One of you is going to organize an outdoor activity. The other sees all the problems that might arise. Give your solutions.

Yomg'ir yog'sa nima qilamiz?	

Note:
In Uzbek, a verb in conditional mood can be used in combination with words such as **bo'ladi, ham** and **kerak**.

a. It is used with the word **kerak** – *needed, necessary* to denote probability, doubt, and indefiniteness.

Yomg'ir yog'sa kerak. *It might rain.*
Dilshod ertaga kelmasa kerak. *Dilshod will probably not show tomorrow.*

b. It is used with **bo'lmoq** to indicate permission.

Endi lug'atingizni ishlatsangiz bo'ladi.
And now you can use your dictionary.

Note the difference of this structure and the one that is used to express ability.

Siz gapira olasiz. *You can speak* (You are physically *able to speak*).
Gapirsangiz bo'ladi. *You can speak* (You have permission to speak).

c. It is used with the conjunction **ham** to signify an action that happened in spite of the fact, and translated into English as the conjunction *although* or *even though.*

Faridani tanisa ham, u bilan salomlashmadi.
Even though he knew Farida, he did not greet her.

Tilni yaxshi bilsa ham, kinoni uncha yaxshi tushunmadi.
Although she knew the language well, she did not understand the movie.

12-mashq: Match the phrase or clause in column A to the one in column B.

A	B
1. Nozim yosh bo'lsa ham,	a. deb o'yladi.
2. Zamirani sevmasa ham,	b. hali baquvvat.
3. Yomg'ir yog'sa kerak	c. ko'p narsani biladi.
4. Buvisi keksa bo'lsa ham,	d. unga uylandi.

3. Compound Verbs II

In Chapter 10, you were introduced to two auxiliary verbs that are used in forming compound verbs, such as **kelib turmoq, ta'tib ko'rmoq** and others. Here are two auxiliary verbs that are also used in forming compound verbs.

The structure formed with the auxiliary verb **yubormoq** indicates that the action (expressed in the main verb) occurs rapidly and unexpectedly.

Nazira yig'ladi. *Nazira cried.*
Nazira yig'lab yubordi. *Nazira burst into tears (She unexpectedly started crying).*
U qichqirdi. *He screamed.*
U qichqirib yubordi. *She suddenly screamed.*
Yomg'ir yog'di. *It rained.*
Yomg'ir yog'ib yubordi. *Suddenly, it started raining.*

The structure formed with the verb **qolmoq** also indicates that the action takes place unexpectedly.

Kecha Jamilani ko'rdim. *I saw Jamila yesterday.*
Kecha Jamilani ko'rib qoldim. *I ran into Jamila yesterday.*
Kecha shu maqolani o'qidim. *I read this article yesterday.*
Kecha shu maqolani o'qib qoldim.
I ran across this article yesterday and read it.

Although both constructions are used to convey a similar meaning, they cannot be used interchangeably with just any verb. The combination of **qolmoq** or **yubormoq** with certain verbs might not be possible, or might indicate a different meaning.

4. Telling time in Uzbek

To tell the time, place the word ***soat*** before the numeral.
Soat o'n ikki. Soat 12. *It is twelve o'clock.*
Soat besh. Soat 5. *It is five o'clock.*

To tell the minutes past the hour, use the word **o'tmoq**-*to pass* in the definite past tense. Also, add **-dan** to the end of the numeral indicating the hour.
Soat oltidan 25 minut o'tdi. *It is 20 minutes past six.*
Soat sakkizdan 10 minut o'tdi. *It is 10 minutes past eight.*

Use the word **kam** to express the number of minutes before the hour.
Soat 20 minuti kam besh. *It is 20 minutes to five. (4:40)*
Soat 5 minuti kam olti. *It is 5 minutes to six.* (5:55)

In colloquial speech, people use a shorter version. In this case, the word **minuti** is dropped, and instead, the suffix -**ta** is added to the number of the hour.
Soat o'nta kam besh. *It is five to five.* (4:55)

Also, the word **yarim** is used to indicate *half past* or *30 minutes past.*
Soat yetti yarim. *It is half past seven.*

Note telling time in Uzbek from the examples given below.

Soat necha (bo'ldi)? *What time is it?*	Soat nechada? (Qachon) *At what time? When?*
Soat olti (6:00)	Soat oltida
Ikkidan o'n minut o'tdi. (2:10)	ikkidan o'n minut o'tganda
O'n bir yarim (11:30)	o'n bir yarimda

Qachon qaytasiz? Soat o'ndan yigirma minut o'tganda.
When will you be back? At twenty after ten.
Kino qachon boshlanadi? Beshta kam uchda.
What time does the movie start? At five minutes to three.
Soat necha bo'ldi? Ikki yarim. *What time is it? It is half past two.*

13-mashq: Savollarga javob bering.

1. O'zbek tili darsingiz soat nechada boshlanadi?	
2. O'zbek tili darsingiz soat nechada tugaydi?	
3. Soat nechada tushlik qilasiz?	
4. Uy vazifangizni soat nechada qilasiz?	

14-mashq: A. **Mustaqil ishlang.** If the hands of the clock are given, write time in words. If the time is given in words, draw the hands on the clock.

Soat sakkiz
Soat yetti yarim.
Soat yigirma minuti kam to'qqiz.
Soat o'n besh minuti kam o'n.
Soat yigirma minuti kam yetti.
Soat o'n ikkidan uch minut o'tdi.

B. **Mustaqil ishlang.** Listen to the audio. Try to jot down as many of the times told as you can.

15-mashq: Listen to Karima answering questions about her daily schedule to complete the activity below:

1. Karima soat nechada uyg'onadi?
2. Universitetga nechanchi avtobusda boradi?
3. Darslar soat nechada boshlanadi?
4. Soat nechada tushlik qiladi?
5. Uyga soat nechada qaytadi?

16-mashq: **Soat necha bo'ldi?** What time is it? Take turns with another student reading and writing the following in Uzbek. As one reads, the other should listen carefully and write down the correct time. Then, add three of your own.

- Soat necha bo'ldi? - Ikkidan o'n minut o'tdi.

Student A

12:55 __________
8:10 __________
10:35 __________
1:05 __________

Student B

3:20 __________
4:00 __________
5:50 __________
6:40 __________

17-mashq: A. Mustaqil ishlang. Put the following sentences in order to create a meaningful dialogue. The first line is done for you.

1.	**Ravshan**: Karim aka, ertaga Muzaffarning to‘yiga borasizmi?
	Dilmurod: Mayli, xayr.
	Karim: Ha, uyda bo‘laman.
	Dilmurod: Yaxshi, uyingizga soat sakkizdan o‘n besh minut o‘tganda o‘taman. Bo‘ladimi?
	Dilmurod: Ha, mashinamda, nimaga edi?
	Dilmurod: Soat sakkiz yarimlarda.
	Karim: Yaxshi. Dilmurod, siz mashinangizda borasizmi?
	Ravshan: Xo‘p, unday bo‘lsa, ertaga to‘yda ko‘rishamiz.
	Karim: Ha, alabatta boraman. Siz soat nechada borasiz?
	Ravshan: Men esa kechroq, soat to‘qqizlarda boraman. Ertaga jiyanimning tug‘ilgan kuni, u yerga ham borishim kerak.
	Karim: Ha, bo‘ladi, rahmat.
	Karim: Mashinam ustaxonada edi. Siz bilan borsam, nima deysiz?
	Karim: Xo‘p, xayr.
	Dilmurod: Albatta. Uyingizdan olib ketish kerakmi yoki …

B. Listen to the audio to check your answers.

18-mashq: Work with a classmate and make a similar dialogue.

Keling, suhbatlashaylik!

Practice new grammar notes and vocabulary by reading, listening, writing and speaking.

19-mashq: A. **Matnni o'qing.** Uni ingliz tiliga tarjima qilmasdan tushunishga harakat qiling. O'qituvchingiz yordamidan foydalaning.

O'zbekiston geografiyasi va iqlimi.

O'zbekiston Markaziy Osiyoning o'rta va shimoliy qismida joylashgan. U Markaziy Osiyoning barcha mamlakatlari bilan chegaradosh. U shimoli-sharqda Qirg'iziston, shimol va shimoli-g'arbda Qozog'iston, janubi-g'arbda Turkmaniston, janubi-sharqda Tojikiston Respublikalari bilan, janubda qisman Afg'oniston bilan chegaradosh. O'zbekistonning maydoni 444700 kvadrat kilometr va u Kaliforniya shtatidan biroz kattaroq.

O'zbekiston maydonining ko'p qismi tekislik, oz qismi tog' va adirlardan iborat. O'zbekiston hududidan Markaziy Osiyoning eng katta daryolari – Amudaryo va Sirdaryo oqib o'tadi. Bu ikki daryo orasidagi hudud "Turon pasttekisligi" deb ataladi. Bu tekislikning ko'p qismi Qizilqumdan iborat. Respublikaning sharqi va janubi-sharqiy qismida Tyanshan, Oloy, Turkiston, Zarafshon va Hisor tog'lari bor. Bu tog'lar orasida vodiylar joylashgan. Aholining asosiy qismi vodiylarda yashaydi.

O'zbekistonning iqlimi kontinental. Bu yerda odatda qishda sovuq va yozda issiq bo'ladi. Bahor va kuz oylarida tez-tez yomg'ir yog'adi va havo iliq bo'ladi.

O'zbekistonda har xil tabiiy ofatlar bo'lib turadi. Masalan, 1966-yilda Toshkentda juda kuchli zilzila bo'lib o'tdi. Zilzila natijasida Toshkentning qadimiy binolari vayron bo'ldi. Zilziladan keyin Toshkentda yangi va zamonaviy binolar qurildi.

O'zbekistonda tog'lar, cho'llar va vodiylar bor.

Zilziladan keyin Toshkentda yangi va zamonaviy binolar qurildi.

Toshkentdagi "Jasorat" haykali. Toshkent zilzilasidan keyin shaharni qayta qurgan kishilarga bag'ishlangan. Haykaldagi soatga qarang. Bu zilzila boshlangan vaqt. Savol: Toshkentda zilzila soat nechada boshlangan?

B. **Mustaqil ishlang.** Matn asosida savollarga javob bering.

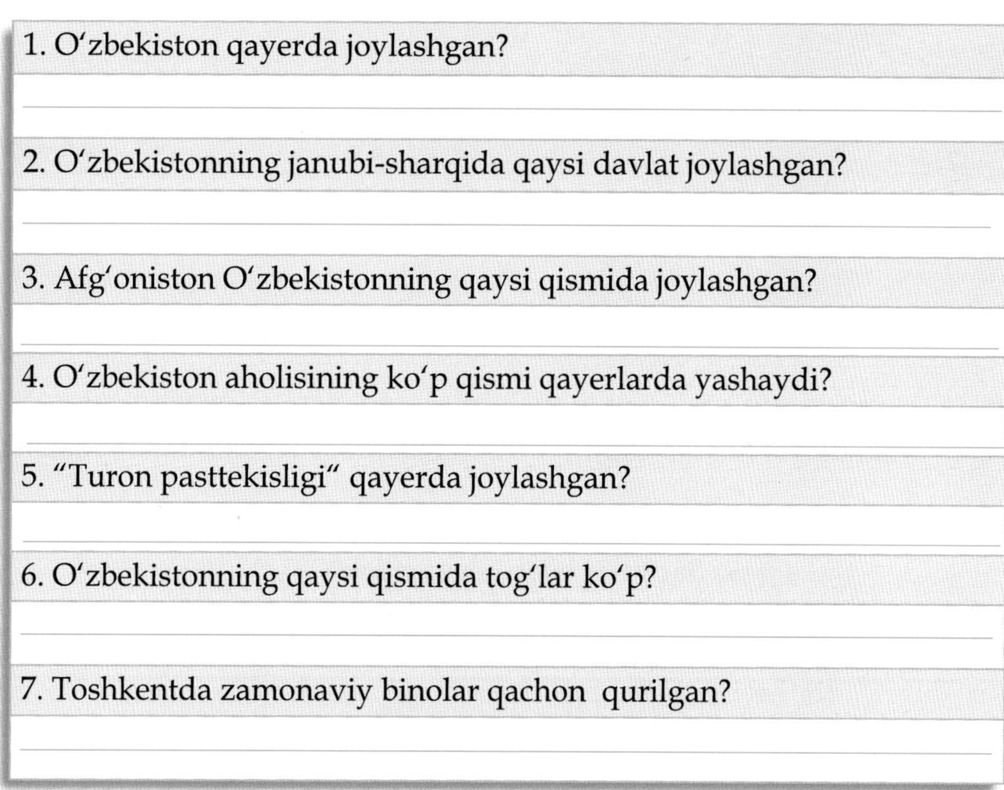

1. O'zbekiston qayerda joylashgan?
2. O'zbekistonning janubi-sharqida qaysi davlat joylashgan?
3. Afg'oniston O'zbekistonning qaysi qismida joylashgan?
4. O'zbekiston aholisining ko'p qismi qayerlarda yashaydi?
5. "Turon pasttekisligi" qayerda joylashgan?
6. O'zbekistonning qaysi qismida tog'lar ko'p?
7. Toshkentda zamonaviy binolar qachon qurilgan?

C. **Mustaqil ishlang.** Matn asosida O'zbekiston viloyatlari yoki shaharlari haqida gaplar tuzing. Yangi so'z va grammatik qoidalardan, shuningdek quyida berilgan xarita va namunadan foydalaning.

Namuna: *Xorazm viloyati O'zbekiston hududining shimolida joylashgan. U yerda tog'lar bo'lmasa kerak, chunki matnga ko'ra, tog'lar asosan O'zbekistonning sharqida joylashgan. Viloyat Orol dengiziga yaqin.*

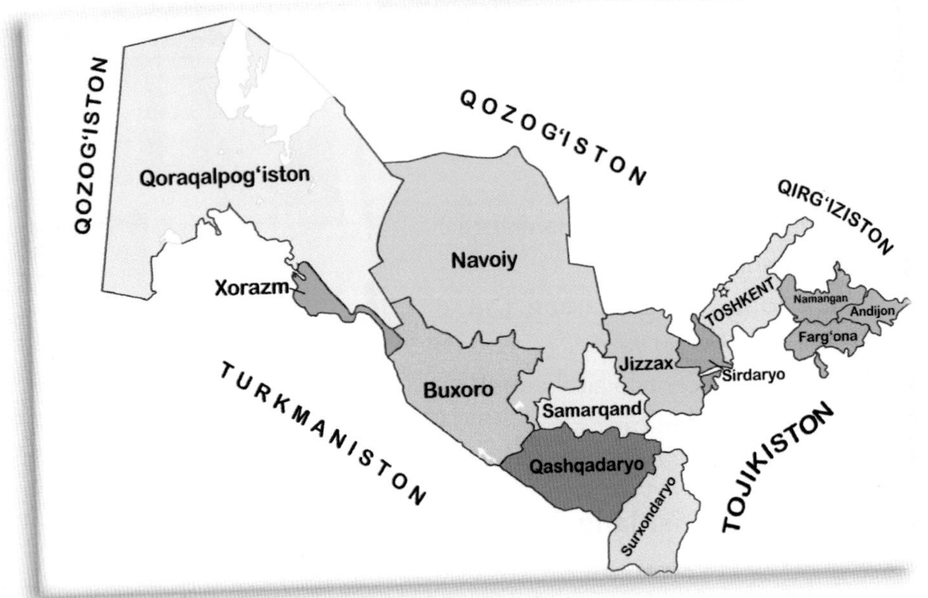

1. ______________________________
____
2. ______________________________
____
3. ______________________________
____

D. **Mustaqil ishlang.** Matndan va mashqlardan foydalanib biror shtat yoki davlat haqida gapirib bering. Quyidagi savollardan foydalaning.

1. Bu davlat yoki shtat qayerda joylashgan?
2. Qaysi davlatlar bilan chegaradosh?
3. Geografiyasi va iqlimi qanday?
4. Baland tog'lar, daryolar yoki dengizlar bormi?
5. Tabiiy ofatlar bo'lib turadimi?

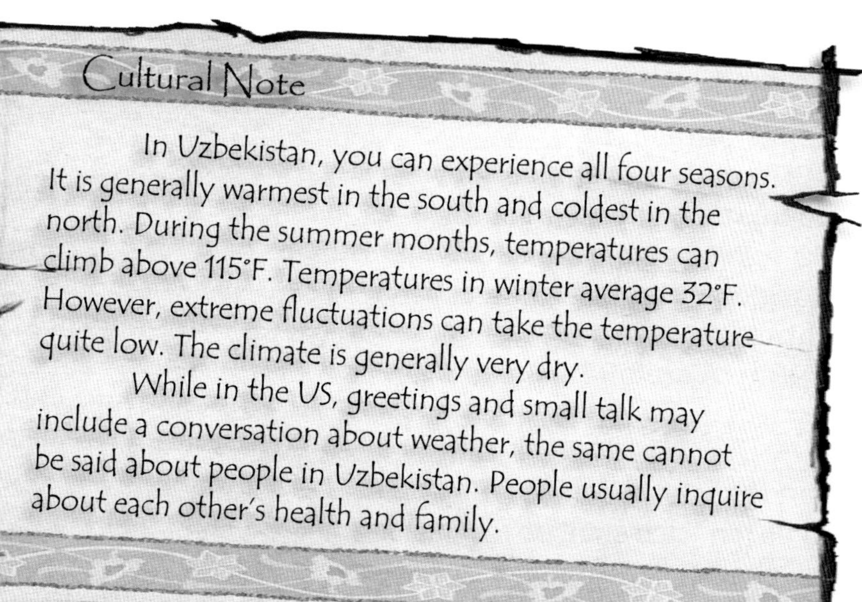

Cultural Note

In Uzbekistan, you can experience all four seasons. It is generally warmest in the south and coldest in the north. During the summer months, temperatures can climb above 115°F. Temperatures in winter average 32°F. However, extreme fluctuations can take the temperature quite low. The climate is generally very dry.

While in the US, greetings and small talk may include a conversation about weather, the same cannot be said about people in Uzbekistan. People usually inquire about each other's health and family.

20-mashq: **Sinfdoshingiz bilan ishlang.** Suv toshqini, qurg'oqchilik va zilzila tabiiy ofatlardir. Sizning shtatingizda qanday tabiiy ofatlar bo'lib turadi? Agar bunday tabiiy ofat bo'lsa, nima qilishingiz kerak? Consider these questions, discuss them with a classmate, then present your answers to the class.

21-mashq: **Mustaqil ishlang.** Look at the following descriptions of natural disasters from different newspapers *(on the next page)*. Unfortunately, you can get only half of the information from the text. In order to find out the rest of the information and answer the questions, listen to them on the audio.

1. Qurg'oqchilik Texas shtatining qaysi qismida bo'lib o'tdi?

2. Suv toshqinida necha kishi vafot etdi? Necha kishi evakuatsiya qilindi?

3. Qirg'izistonda necha kishi vafot etdi?

4. Nima uchun bu bo'ron "Uch shtat bo'roni" deb nomlandi?

5. Pokistonda zilzila qachon bo'lib o'tdi? Tabiiy ofat natijasida necha kishi vafot etdi?

Amerika Qo‘shma Shtatlarida

Texas shtatining _______ 1996-yilda qurg‘oqchilik boshlandi. Yog‘ingarchilik 60 foizga qisqardi. Qurg‘oqchilik bu shtatning iqtisodiga salbiy ta’sir qildi.

_____________1925-yil 18-martda kuchli bo‘ron bo‘ldi. Bu bo‘ron “Uch shtat bo‘roni” deb nomlandi. Bo‘ronda 695 kishi vafot etdi.

1998-yil avgustda Xitoyda bo‘lib o‘tgan suv toshqinida _____kishi vafot etdi. 700 mingdan ko‘proq kishi Xitoyning boshqa viloyatlariga evakuatsiya qilindi.

viloyatlardan va qo‘shni respublikalardan

2004-yil fevral oyida Qirg‘iziston tog‘larida qor ko‘chdi. ________ kishi vafot etdi va yetti kishi yaralandi.

__________ Pokiston g‘arbida kuchli zilzila bo‘ldi. Bu zilzilada taxminan _____ kishi vafot etdi, 3 milliondan ko‘proq kishi uy-joysiz qoldi.

Shu bilan birga, keyingi vaqtlarda dunyoning turli yerlarida bo‘lib o‘tayotgan tabbiy ofatlarni eslab

22-mashq: **Mustaqil ishlang.** Have you ever experienced a natural disaster? Write a short paragraph about it and present it to the class.

23-mashq: **Extended task**. Prepare a short brochure about a country you want to visit. Add information about population, people, natural disasters, and interesting places. Using your brochure, do some role-playing. Imagine you work in a travel agency. Choose one or two countries and tell why the client (your classmate) should visit them. Suggest an appropriate time of the year he/she should go there. Discuss possible natural disasters. Then switch roles.

Namuna:
Xodim: Assalomu alaykum, keling!
Mijoz: Vaalaykum assalom, rahmat.
Xodim: Xo'sh, xizmat?
Mijoz: Men iyun oyida biror joyga borib, dam olmoqchiman.
Siz qayerni tavsiya qilasiz?
Xodim: Agar yozda borsangiz, Turkiyani tavsiya qilaman. Qimmat emas, dengiz bor, havosi ham juda yaxshi.

Asl o'zbekcha

Watch the video clip and practice both listening and speaking.

24-mashq:  Listen to the weather broadcast and determine what the weather will be in the following cities.

1. Qoraqalpog'iston Respublikasi	Kunduzi	Kechasi
2. Buxoro	Kunduzi	Kechasi
3. Surxondaryo	Kunduzi	Kechasi
4. Toshkent	Kunduzi	Kechasi

25-mashq: Here are some expressions that were used in this video. Read them and with the help of these expressions complete the activities that follow.

- *Yog'ingarchilik bo'lmaydi/bo'ladi.*
- *Issiq/sovuq bo'ladi.*
- *Vaqti-vaqti bilan yomg'ir yog'adi.*
- *Kuchli shamol esadi.*

26-mashq: **Sinfdoshingiz bilan ishlang.** Using the information about the following cities, make a short weather report and present it to the class. Use the above expressions when preparing your weather report. If severe weather is expected, warn the people or give advice.

Toshkent 0.....+2	Nyu-York 0....+2
Moskva -7....-13	Mexiko 0....+2
London -2 0	Pekin 0.... +2
Parij 0.....+2	Addis-Abeba +23 ...+25

Qo'shimcha mashqlar

Reinforce new structures and vocabulary by completing these extra activities.

Mustaqil ishlang. Quyida berilgan mashqlarni bajaring. Yangi so'zlar va grammatik qoidalarning ishlatilishiga ahamiyat bering.

27-mashq: Read the following words and phrases. Match them to the categories given below.

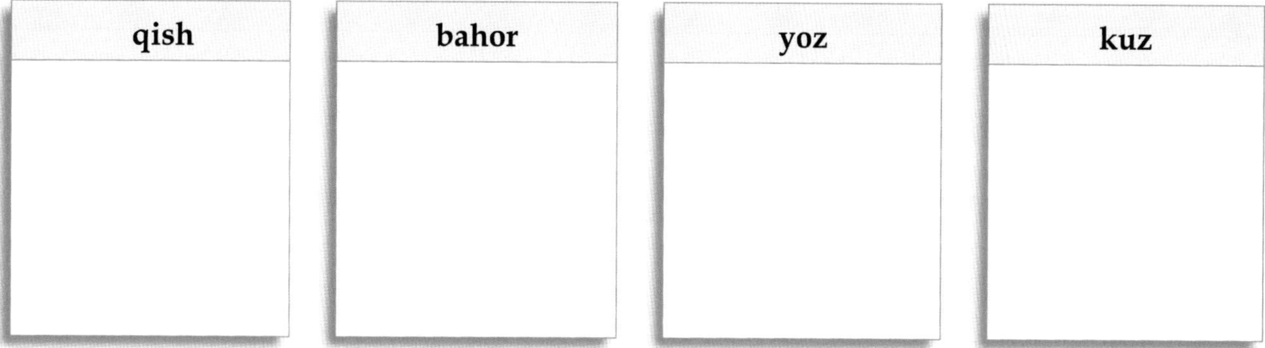

qish	bahor	yoz	kuz

yomg'ir, qor, quyosh, gul, "hosil bayrami", chaqmoq, sovuq, issiq, iliq, ta'til, suv toshqini, gullamoq, qor ko'chishi, "Navro'z bayrami", do'l, shamol, uzun tunlar va qisqa kunlar.

Conditional Mood

28-mashq: Quyida gaplar siz uchun to'g'rimi yoki noto'g'ri?

1. Agar yomon baho* olsam, yig'layman*. ____________________
2. Kompyuterda ko'p ishlasam, boshim og'riydi. ______________
3. Yomg'ir yog'sa, uyda o'tiraman. ____________________
4. Odamlarni tanimasam ham, ular bilan gaplashaveraman*. ______________
5. Yaxshi ko'rgan komandam yutqazsa*, hech kim bilan gaplashmayman. ________

***baho** - *grade* ***gaplashaveraman** - *I talk anyway*
***yig'lamoq** - *to cry* ***yaxshi ko'rgan komandam yutqazsa** - *if my favorite team loses*

29-mashq:  Berilgan so'zlarni ishlatib, gaplar tuzing.

Lola -- o'qishga kirmoq -- Termizga ketmoq
Agar Lola o'qishga kirsa, u Buxoroga ketadi.

biz -- pul bo'lmoq -- uy sotib olmoq va ko'chib ketmoq

___

___

Dilshod -- ta'tilga chiqmoq -- Turkiyaga bormoq

___

___

men -- O'zbekistonga bormoq -- o'zbek tilini o'rganmoq

___

___

Alisher -- uylanmoq -- biz to'yga bormoq.

___

___

buvingiz -- qishloqdan kelmoq -- bizga telefon qilmoq (imp.!)

___

___

30-mashq: Quyida berilgan gaplarni bir-biriga moslang.

1	Farrux aka yosh bo'lmasa ham,
2	Yomg'ir yog'sa ham,
3	Ingliz tilini bilmasa ham,
4	Ovqat pishirishni bilsa ham,
5	Darsingizni tugatib,
6	Mashinasi eski bo'lsa kerak,

a	odamlar plyajga* keladilar.
b	inglizcha kinolarni tarjimasiz ko'radi.
c	uni har kuni ustaxonaga olib keladi.
d	har kuni restoranda ovqatlanadi.
e	har kuni sport bilan shug'ullanadi.
f	televizor ko'rsangiz bo'ladi.

***plyaj** - *beach*

Telling time in Uzbek

31-mashq: Soat necha bo'ldi?

a. Vaqtni so'zlar yordamida yozing.

8:10 ________________

12:55 ________________

4:25 ________________

10:15 ________________

2:00 ________________

5:10 ________________

b. Vaqtni raqamlar yordamida yozing.

O'n ikkidan yigirma minut o'tdi. ________

Soat uch yarim. ________

O'nta kam uch. ________

Soat sakkiz. ________

Birdan o'ttiz besh minut o'tdi. ________

Yigirma beshta kam ikki. ________

O'n beshta kam besh. ________

32-mashq:. Gaplarni o'qib, savollar tuzing. Namunadan foydalaning.

1. Har kuni soat olti yarimda uyg'onaman. *Har kuni soat nechada uyg'onasiz?*
2. Universitetda darslar soat to'qqiz yarimda boshlanadi. ________________
3. Soat o'n ikki yarimda tushlik qilaman. ________________
4. Soat ikkida ishga boraman. Men tarjimon bo'lib ishlayman. ________________
5. Soat besh yarimda uyga qaytaman. ________________
6. Dushanba va seshanba kunlari Chorsudagi "Tillar markazida" ispan tilini o'rganaman.

____

33-mashq: A. Read the following dialogue that is taking place between friends. Put it in correct order.

__1__ Ravshan: Zamiraxon, kechirasiz, soat necha bo'ldi?

____ Ravshan: O'n sakkizga! Opamning yolg'iz o'g'li. Bu yil barcha qarindoshlarni taklif qilishgan. Bormasam bo'lmaydi.

____ Zamira: Ha, mayli. Yaxshi boring!

____ Zamira: Nega? Biror ishingiz bormi?

____ Ravshan: Mayli, ertagacha!

____ Zamira: Jiyaningiz necha yoshga to'ladi?

____ Zamira: Beshdan yigirma besh minut o'tdi.

____ Ravshan: Ha, bugun jiyanimning tug'ilgan kuni. Hozir do'kondan biror sovg'a olib, o'sha yerga borishim kerak. Undan keyin, soat to'qqizda do'stim Muzaffarning ham to'yiga borishim kerak.

____ Ravshan: Voy! Kech bo'lib ketibdi*. Mayli, men uyga keta qolay*.

Kech bo'lib ketibdi. *It's already so late.*

Men uyga keta qolay. *I'd better go home.*

B. To check your answers listen to the audio.

Muomala odobi

Study the phrases used in everyday speech.

Gaplarni tinglang.
Sinfda o'qituvchingiz bilan ishlang, gaplarni o'qib, ularning ma'nosini tushunishga harakat qiling. So'ng sinfdoshingiz bilan ishlab, suhbat tuzing.

Yordam so'rash - Asking for favor

Iltimos, mumkin bo'lsa,...
Would you please....
Iltimos, qiyin bo'lmasa,....
If it isn't a problem,....
Agar bemalol bo'lsa, kitobingizni berib turing.
If it is possible, can I borrow your book?

Rad javobi - Refusing

Ilojim yo'q.
It is not possible.
Mumkin emas.
It is not allowed.
Qo'limdan kelmaydi.
I cannot do this.
Sira ilojim yo'q.
It is not possible at all.

Rozilik javobi - Agreeing

Albatta.
Sure.
Bemalol.
No problem.
Jonim bilan.
With pleasure.
Xo'p.
Ok.

Suhbat

Yangi so'zlar

Listen and review the new vocabulary used in this chapter.

adir	*hills, heights*
aholi	*population*
bag'ishlanmoq	*to be dedicated*
baho	*grade*
bahor	*spring*
barcha	*all, every*
barg	*leaf*
Bo'ladimi?	*Will it work?* *Does it sound good?*
bo'lmoq	*to be, to become*
bo'ron	*storm*
bulut	*cloud*
buzilmoq	*to be destroyed*
gullamoq	*to blossom*
daraxt	*tree*
dars	*lesson, class*
daryo	*river*
davom etmoq	*to continue, to last*
do'l	*hail*
esmoq **Kuchli shamol esadi.**	*to blow* *A strong wind blows.*
evakuatsiya qilinmoq	*to be evacuated*
fasl	*season*
haykal	*monument, memorial*
hosil	*crop, harvest*
hudud	*territory*
iliq	*warm, mild*
iqlim	*climate*
iqtisod	*economy*
jasorat	*courage*
kayfiyat	*mood*
ko'chmoq	*to move, to fall off*
kontinental	*continental climate*
kuz	*autumn, fall*
mamlakat	*country, state*
Munojat Yo'lchiyeva	*a leading performer of classical Uzbek music*
nam	*humid, damp*
Necha yoshga to'ladi?	*How old is he going to be?*
nomlanmoq	*to be called, to be named*
oqmoq	*to flow, to leak*
oz	*few, little, not enough*
pasttekislik **Turon pasttekisligi**	*low ground, plain* *Turan Lowland* or *Turanian Basin*
plyaj	*beach*
qadimgi	*ancient, old*
qarindosh	*relatives*
qayta	*once more, again*
qimirlamoq	*to tremor, to shake*
qish	*winter*
qism	*part, piece*
qisman	*partially, partly*
qisqarmoq	*to shrink, to descrease*
Qizilqum	*The Kyzyl Kum, a desert located in Central Asia*
qolmoq	*to stay, to be left behind*
qor	*snow*
qor ko'chishi	*avalanche*
qurg'oqchilik	*drought*
qurmoq	*to build*
quyosh	*sun*
qo'shiqchi	*singer*

salbiy	*negative, negatively*
salqin	*cool, cool shade*
sovuq	*cold*
suv toshqini	*flood*
tabiat	*nature*
tabiiy ofat	*natural disaster*
taniqli	*well-known, popular*
tarixiy	*historical*
tashqari	*outside*
taxminan	*approximately, around*
ta'sir qilmoq	*to influence, to impact*
tekislik	*flat ground, plain*
to'kilmoq	*to fall out, to drop*
to'y	*marriage, wedding*
tugamoq	*to be finished, to run out*

unday bo'lsa	*if that is the case*
uy-joy	*house, shelter*
vodiy	*valley*
yarim	*half*
yaralanmoq	*to get injured*
yig'lamoq	*to cry*
yog'moq	*to rain, to snow, to pour down*
yomg'ir	*rain*
yoz	*summer*
yutqizmoq	*to lose*
zilzila	*earthquake*
chaqmoq	*lightning (n), to strike (v)*
shamol	*wind*
chiqmoq	*to leave, to go (outside)*

O'N TO'RTINCHI DARS 14
CHAPTER FOURTEEN

KIYIM-KECHAK

TALKING ABOUT CLOTHING

IN THIS CHAPTER

- **Yangi darsni boshlaymiz!**
  Talking about clothing, including Uzbek traditional clothing
- **Diqqat, qoida!**
  Indefinite past tense, verbal nouns, repeated conjunctions
- **Keling, suhbatlashaylik!**
  Activities to practice speaking, listening, reading, and writing
- **Asl o'zbekcha**
  Authentic video clips
- **Qo'shimcha mashqlar**
  Extra activities to reinforce new structures and vocabulary
- **Muomala odobi**
  Native speakers' daily speech
- **Yangi so'zlar**
  Vocabulary used in this chapter

Yangi darsni boshlaymiz!

Study the new vocabulary and phrases used throughout the chapter.

1-mashq: **So'zlarni o'qing, tinglang va eslab qoling.**

kostyum - men's suit
xalat - robe
sviter - sweater
jinsi shim - jeans

palto - winter coat
qalpoq - winter hat
uzuk - ring
soat - wristwatch

zirak - earrings
kamar - belt
zontik/soyabon - umbrella
hassa - cane

2-mashq: **Matnni o'qing**. Read the following instructions given to Peace Corps volunteers serving in Uzbekistan. You do not need to understand each word. Underline all the names for types of clothing, and try to find the answers to the activity below.

Tinchlik Korpusining O'zbekistondagi vakillariga ko'rsatmalar

Kiyim-kechak haqida:

- O'zingiz bilan ham qishki ham yozgi kiyimlaringizni olib keling.
- Bir juft qulay poyabzal olib kelishni unutmang!
- Qishloq joylarda ishlasangiz, keng va uzun qilib bichilgan ko'ylak yoki yubka olib keling. Umuman, kalta shortik, yubka yoki ko'ylak olib kelmaganingiz ma'qul.
- O'zbekistondagi masjid yoki madrasalarni ziyorat qilgan vaqtlaringizda, shim kiyib oling, shortik kiymang. Ayollarga ro'mol o'rash, uzun yubka yoki ko'ylak kiyish maslahat beriladi.
- Ta'ziya bildirish uchun borsangiz, to'q (qora yoki ko'k) rangdagi kiyimlaringizni kiyib oling. O'sha kuni zirak, uzuk yoki boshqa turdagi taqinchoqlaringizni taqmang.

3-mashq: **Mustaqil ishlang.** Using the text, find out what verbs are used with the listed items of clothing.

zirak	
kiyim	
to'n	
shortik	
soat	

do'ppi	
ro'mol	
yubka	
uzuk	
shim	

4-mashq: **Suhbatlashing**. Amerikada kiyim-kechak bilan bog'liq bo'lgan qanday udumlar yoki qonun-qoidalar bor? Sinfda shu mavzu bo'yicha suhbat o'tkazing. Amerikaga o'qish uchun kelayotgan O'zbekistonlik talabalarga maslahat bering.

Diqqat, qoida!

Learn the new grammar points and complete the grammar-related activities.

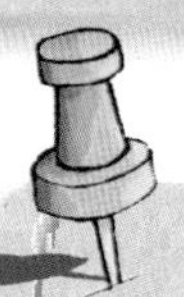

1. Indefinite past tense

The past tense expressed by the ending **-gan** is used when talking about the things that happened many years ago, actions that were not personally eye-witnessed or things done in the past with no specific timeframe. That is, it indicates that the action was experienced in the past without indicating a definite time.
The indefinite past tense in Uzbek is formed by adding the suffix **-gan** to the stem of the verb, and then adding the personal predicate ending.

Men bu shaharda bo'lganman. *I have been to this city.*
Sen uni ko'rgansan. *You have seen him.* **Siz uni ko'rgansiz.** *You have seen him.*
U bu kitobni o'qigan. *He has read this book.*
Ingliz tilini o'rganganmiz. *We have learned English.*
Bu kinoni ko'rgansizlar. *You have watched this movie.*
Zilziladan keyin shaharga kelishgan va uni qayta qurishgan. *After the earthquake, they came and re-built the city.*

As usual, the interrogative is formed by adding **-mi.** For subjects **men, biz,** and **u** you need to add this suffix after the personal endings.

U yerda bo'lganmizmi? *Have we been there?*

For subjects **sen, siz, sizlar,** and **ular** you need to attach **-mi** before the personal endings.

O'zbekistonda bo'lganmisiz? *Have you been to Uzbekistan?*
Samarqandni ko'rganmisan? *Have you seen Samarkand?*

The negative is formed by adding the suffix **-ma** to the verb stem.

Bu muzeyga bormaganmisiz? *Haven't you been to this museum?*
Yo'q, bormaganman. *No, I have never been there.*

The negative form of the verb in the indefinite past tense can also be expressed with the following constructions:
- with **emas,** as in: **Borgan emasman.** *I have never been there.*
- with **yo'q,** as in: **Bo'rganim yo'q.** *I have never been there.*

Consonant changes: If the verb stem ends with **-q** the ending **-gan** mutates to **-qan**. If the verb stem ends with **-k**, it mutates to **-kan**.

Zebo Karimni sevmasa ham, unga turmushga chiqqan.
Even though she she didn't love him, Zebo married Karim.
Bu daraxtlarni kim ekkan?
Who has planted these trees?

Difference between definite and indefinite past tense.
The definite past tense is used when talking about things that happened in the recent past or when the timeframe is clearly specified. Adverbs that specify time, such as **kecha**, **o'tgan yili**, **bir yil oldin** are used with definite past tense.

Men bu kitobni o'qiganman. *I have read this book.*
Men kecha bu kitobni o'qidim. *I read this book yesterday.*

5-mashq: **Mustaqil ishlang.** Avval gaplarni o'qing, so'ng ular siz uchun to'g'ri yoki noto'g'ri ekanligini belgilang.

	T	N
1. Xiva, Buxoro va Samarqand shaharlarini ziyorat qilganman.		
2. Yapon tilini o'rganganman.		
3. Yevropaning ko'p shaharlarida bo'lganman.		
4. Yoshligimda aktrisa/aktyor bo'lishni orzu qilganman.		
5. Maktabda lotin tilini o'rganganman.		

Note:

In Uzbek, the indefinite past tense is used to express what somebody *is wearing* or to discuss what somebody *has on.*
Rasmdagi yigit qizil futbolka kiygan. *He is wearing a red t-shirt.*

Use of the present continuous is restricted to the actual process of getting dressed.
Farida paltosini kiyyapti. *Farida is putting on her coat.*

Verbs **kiymoq** and **kiyinmoq**
The verb **kiymoq**-*to wear* is a transitive verb, and therefore can take an object.
Ular har kuni oq ko'ylak kiyadilar. *They wear white shirts every day.*

kiyinmoq – is a reflexive form of the verb **kiymoq**. The reflexive verbs are generally intransitive, that is, they do not take objects. **Kiyinmoq** can be translated into English as *to get dressed* or *to dress oneself.*
Ular yaxshi kiyinadilar. (the verb doesn't have any object).
They are generally well dressed.
Shifokorlar qanday kiyinadilar?
How are doctors usually dressed?
Shiforkorlar qanday xalat kiyadilar?
What kind of jacket do doctors wear?

6-mashq: **Mustaqil ishlang.** Namunada berilgan gaplarni o'qing, so'ng yangi so'zlardan va grammatik qoidalardan foydalanib, quyidagi suratlarda berilgan kishilarni tasvirlang.

Namuna:
Bu bir qiz va uning buvasining surati. Qizning buvasi qora to'n va do'ppi kiygan. Qiz esa qizil sviter va ko'k ko'ylakda.

7-mashq: Bugun sinfdoshingiz qanday kiyingan? U nima kiygan? Uni tasvirlang.

2. Repeated conjunctions

na... na...	*neither... nor...*
ham... ham...	*both... and...*
yoki... yoki...	*either... or...*

Dilshod seshanba kunlari na ishlaydi, na o'qiydi.
Dilshod neither works nor studies on Tuesdays.
Feruza sizga yoki telefon qiladi yoki xat yozadi.
Feruza will either phone you or write you a letter.
Biz kitob ham o'qimadik, televizor ham ko'rmadik.
We neither read a book nor watched TV.

If you have the same verb used in both parts of the sentence, do not repeat it.

Dilshod palov ham somsa ham yedi.
Dilshod ate the pilaf and the somsa.
Men u bilan yoki bugun, yoki ertaga uchrashaman.
I will meet with him either today or tomorrow.
Bugun yoki kinoga, yoki konsertga boramiz.
We will go to a movie or a concert.

8-mashq: **Sinfdoshingiz bilan ishlang.** Read the following Uzbek proverbs and discuss the meanings with a classmate.

Na o'zi yeydi, na itga beradi.

Odobli bola elga manzur.

Hisobli do'st ayrilmas.

9-mashq:  **A: Matnni o'qing.** You do not need to understand each word. Answer the questions that follow.

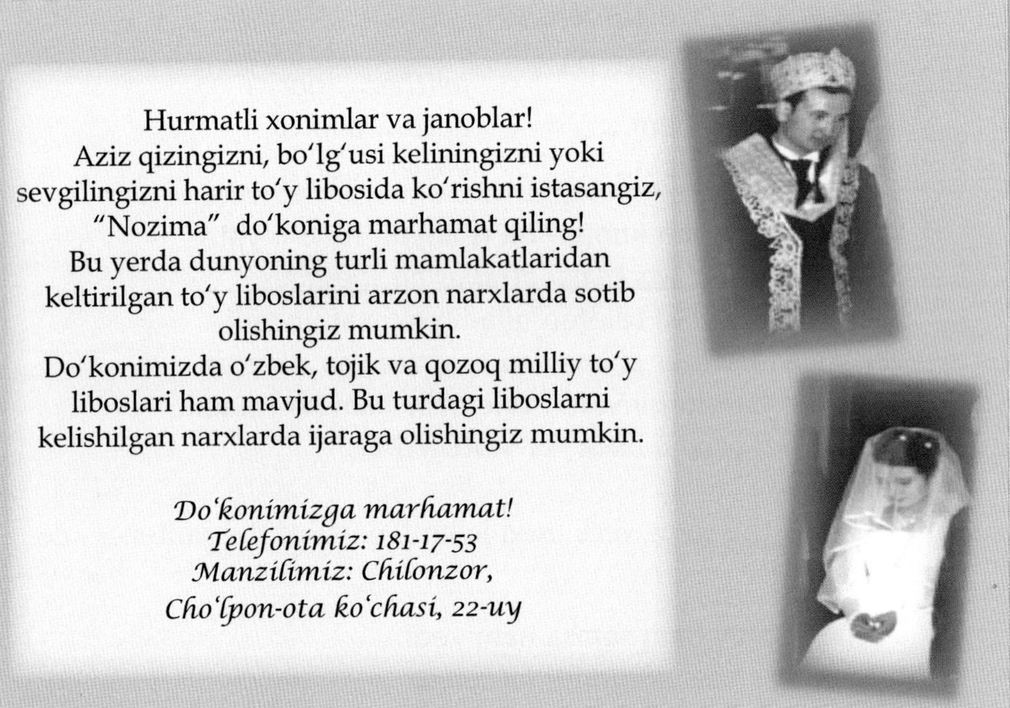

Hurmatli xonimlar va janoblar!
Aziz qizingizni, bo'lg'usi keliningizni yoki sevgilingizni harir to'y libosida ko'rishni istasangiz, "Nozima" do'koniga marhamat qiling!
Bu yerda dunyoning turli mamlakatlaridan keltirilgan to'y liboslarini arzon narxlarda sotib olishingiz mumkin.
Do'konimizda o'zbek, tojik va qozoq milliy to'y liboslari ham mavjud. Bu turdagi liboslarni kelishilgan narxlarda ijaraga olishingiz mumkin.
Do'konimizga marhamat!
Telefonimiz: 181-17-53
Manzilimiz: Chilonzor,
Cho'lpon-ota ko'chasi, 22-uy

1. Matn nima haqida?

a.	nikoh to'yi
b.	to'y liboslari do'koni
c.	o'zbek milliy liboslari
d.	o'zbek milliy taomlari

2. Quyidagilarning qaysi biri noto'g'ri?

a.	narxlar uncha qimmat emas
b.	milliy to'y liboslarini faqat ijaraga olishingiz mumkin
c.	liboslar dunyoning turli mamlakatlaridan keltirilgan
d.	tojik va qozoq milliy to'y liboslarini sotib olishingiz mumkin

B: **Mustaqil ishlang.** Write three sentences about "Nozima do'koni" using the repeated conjunctions. Follow the model.

Namuna: *Nozima do'konidan ham milliy ham zamonaviy to'y liboslarini xarid qilishingiz mumkin.*

3. *Further application of verbal nouns*

In Uzbek the verbs **xohlamoq**-*to want*, **bilmoq**-*to know*, **boshlamoq**-*to start*, tugatmoq-*to finish*, and **yaxshi/yomon ko'rmoq**-*to like/dislike* when used with verbal nouns make the sentences equivalent to English: *I like singing*; *I start doing*; etc.

In this grammatical structure, verbal nouns are used as objects and take the accusative case ending **-ni**. Examples:

Men ovqat pishirishni yomon ko'raman. *I hate cooking.*
U chang'i uchishni biladi. *He knows how to ski.*
Ashula aytishni yaxshi ko'raman. *I like singing.*

10-mashq:  **Mustaqil ishlang**. Quyidagi gaplar to'g'rimi yoki noto'g'ri?

	T	N
1. Ertalablari barvaqt uyg'onishni yaxshi ko'raman.		
2. O'zbek tilida bemalol gapirishni xohlayman.		
3. Suzishni bilmayman.		
4. Shahmat o'ynashni bilaman.		
5. O'zbekcha taomlarni tayyorlashni bilaman.		
6. Futbol o'ynashni yaxshi ko'raman.		
7. Ertalablari darsga borishni yoqtirmayman.		
8. Universitetni bitirib, yaxshi ish topishni xohlayman.		

11-mashq: **Mustaqil ishlang**. Savollarga javob bering.

1. Shanba va yakshanba kunlari nima qilishni yaxshi ko'rasiz?

2. Musiqa tinglashni yaxshi ko'rasizmi? Musiqaning qaysi turini sevib tinglaysiz?

3. Futbol, voleybol yoki basketbol o'ynashni yaxshi ko'rasizmi?

12-mashq: A. Mustaqil ishlang. Ghayrat is talking about the things that he likes and dislikes doing. Look at the pictures below, and tell what you think Zamira and Zafar like to do.

Ismim G'ayrat, 48 yoshdaman. Toshkentda yashayman. Turli xil taomlarni tayyorlashni yaxshi ko'raman. O'zbekcha, uyg'urcha va ruscha taomlarni pishira olaman. Sportni, ayniqsa, futbol o'ynashni yaxshi ko'raman.
Bu qizning ismi Zamira.
Sizningcha, Zamira nima qilishni yaxshi ko'radi?
Nima qilishni yomon ko'radi?
Musiqa tinglashni yaxshi ko'radimi?
Sportni yaxshi ko'radi deb o'ylaysizmi?
Bu o'spirinning ismi Zafar.
Zafar nima qilishni yaxshi ko'radi?
Nima qilishni yomon ko'radi?
Sportni yaxshi ko'radi deb o'ylaysizmi?

B. **Tinglang!** Now listen to Zamira and Zafar discussing their likes and dislikes. Did you guess right?

13-mashq: **Sinfdoshingiz bilan ishlang.** Siz nima qilishni yaxshi ko'rasiz? Nimalarni yomon ko'rasiz? Discuss your likes and dislikes with a classmate.

Men	Sinfdoshim
...yaxshi ko'raman	...yaxshi ko'radi
...yomon ko'raman	...yomon ko'radi

14-mashq: **Sinfdoshlaringiz bilan ishlang.** Discuss the following ad in class. Make a similar ad, and present it to the class. Answer your classmates' questions about your product!

Toshkent va Samarqandda joylashgan do'konlarimizga taklif etamiz!

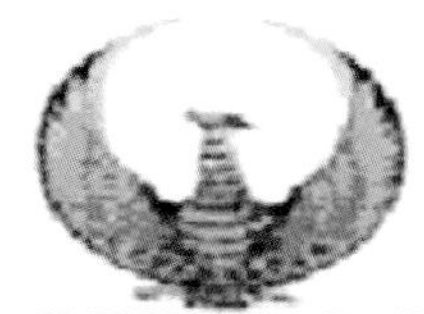

HUMO

Zamonaviy va sifatli poyabzallarni arzon narxlarda sotib olishni xohlaysizmi? Unday bo'lsa, "Humo" firmasining do'konlariga marhamat qiling! "Humo" firmasi sizga xorijiy texnologiyalar asosida tayyorlangan mahsulotlarni taklif etadi. Do'konlarimizdan ayollar, erkaklar va bolalar uchun har xil poyabzallarni sotib olishingiz mumkin.

Manzilimiz:

Toshkentda:
Mirobod k-si 24.
Tel: 169-02-14

Samarqandda:
Mustaqillik k-si 65 uy,
Tel: 35-19-88

"Humo" firmasi – sifat va ishonch garovidir!

Keling, suhbatlashaylik!

Practice new grammar notes and vocabulary by reading, listening, writing and speaking.

15-mashq: **Mustaqil ishlang. A.** First, read the answers provided by an Uzbek student. Then answer these questions based on your own culture.

1 Davlatingizda maktab o'quvchilari qanday kiyinadilar?

O'zbekistonlik talabaning javobi: *O'zbekistonda maktab o'quvchilari forma kiyadilar. O'g'il bolalar odatda oq ko'ylak va qora shim, qiz bolalar esa oq bluzka va qora yubka kiyadilar.*

Sizning javobingiz: ______________________________

____

2 Universitetlarda-chi? Talabalar ham forma kiyadilarmi?

O'zbekistonlik talabaning javobi: *Yo'q. Universitetlarda talabalar forma kiymaydilar. Talabalar xohlagan kiyimlarini kiyishlari mumkin.*

Sizning javobingiz: ______________________________

____

____

3 Davlatingizda odamlar qanday kiyinadilar?

O'zbekistonlik talabaning javobi: *Ba'zi kishilar zamonaviy, ba'zilar esa milliy kiyinadilar. Katta shaharlarda odamlar asosan zamonaviy kiyinadilar. Milliy kiyimlarni har xil an'anaviy marosimlarga kiyadilar. Masalan, nikoh to'ylarida kelinni atlas ko'ylakda va kuyovni to'nda ko'rishingiz mumkin.*

Sizning javobingiz: ______________________________

____

4 Bayramlarda odamlar qanday kiyinadilar?

O'zbekistonlik talabaning javobi: *Qaysi bayram ekanligiga bog'liq, albatta. Masalan, Navro'z bayramida, odamlar milliy kiyimlarini kiyadilar. Bayram kuni, ko'chalarda atlas ko'ylak kiygan ayollarni ko'rishingizni mumkin. Diniy bayramlarda ham odamlar milliy kiyimlarini kiyadilar, masalan, hayit kunlari ko'chalarda do'ppi kiygan erkaklarni uchratishingiz mumkin.*

Sizning javobingiz: ______________________________

____

____

5 **Siz qanday kiyinasiz? Qanday kiyimlarni kiyishni yaxshi ko'rasiz?**

O'zbekistonlik talabaning javobi: *Men juda oddiy kiyinaman. Odatda futbolka va jinsi shimda yuraman. Krossovka yoki qulay poyabzal kiyishni yaxshi ko'raman.*

Sizning javobingiz: ______________________________

____

B: **Sinfdoshingiz bilan ishlang.** Get together with your classmate and compare your answers.

16-mashq: **Sinfdoshingiz bilan ishlang.** What are some words you use to describe your clothes? Or when shopping for clothes? Here are some additional words in Uzbek. Use them to make a dialogue together with a classmate. Consider the questions below.

to'q rangli - *dark-colored*
och rangli - *light-colored*
razmer/o'lchov - *size*
yo'l-yo'l - *striped*
xolli - *spotted*
katakli - *checked*
g'ijim - *wrinkled*
dazmollamoq - *to iron*

1. Qaysi rangdagi kiyimlarni kiyishni yaxshi ko'rasiz?
2. Oxirgi marta qanday kiyim sotib oldingiz? (shim, palto, ko'ylak)
3. Kiyimlaringizni har kuni dazmollaysizmi?
4. Qaysi turdagi kiyimlarni kiyishni yoqtirmaysiz? Nima uchun?

17-mashq: A. **Matnni o'qing.** Read the following passage about Munira xola.

Munira xola yakshanba kuni bozorga bordi. Eri uchun shim, qizi uchun bir juft paypoq, o'g'li uchun ko'ylak qidirdi. U Chorsu bozoriga borib, bir joyda yaxshi shimlarni ko'rib qoldi:

B. **Tinglang**. Listen to the dialogue to find out the answers to the questions below.

1. Qanday shim sotib oldi?
2. Shim uchun necha so'm to'ladi?
3. Paypoqlar necha pul turadi?
4. Nechta paypoq sotib oldi?
5. Munira xolaga qanday ko'ylak kerak edi?
6. Ko'ylakni necha pulga sotib oldi?

C. **Sinfdoshingiz bilan ishlang**. Consider the situations below, and make a dialogue. Then act it out. Use the dialogue above as a module.

Siz: Toshkent shahridagi kiyim do'konlarining birida sotuvchi bo'lib ishlaysiz. Ingliz tilini umuman bilmaysiz. Bir chet-ellik talaba do'koningizga kirdi. U bilan suhbatlashing, unga o'zbek milliy liboslari haqida gapirib bering.
Sinfdoshingiz: Bir necha haftadan keyin O'zbekistondan uyingizga qaytasiz. Esdalik uchun o'zbek milliy liboslaridan to'n, do'ppi va turli xil taqinchoqlar sotib olishni xohlaysiz. Kiyim do'konidasiz, sotuvchi bilan suhbatlashing.

18-mashq: **Matnni o'qing.** Matn asosida savollarga javob bering.

An'anaviy o'zbek milliy kiyimlari rang-barang, jozibador va xilma-xildir. O'zbek milliy kiyimlarining matosi odatda ipakdan yoki paxtadan to'qiladi. Erkaklarning milliy kiyimlari to'n, do'ppi va qiyiqchadan iborat. Ayollarning milliy kiyimlari esa atlas ko'ylak, lozim, ro'mol va do'ppidan iborat.

O'zbekiston tarixida bo'lgan voqealar odamlarning yashash tarziga va albatta, kiyimlariga katta ta'sir ko'rsatdi. An'anaviy kiyimlar o'rnini zamonaviy kiyimlar egalladi. Shunday bo'lsada, hozirgi vaqtda ham ko'pgina an'anaviy marosimlar milliy kiyimlarsiz o'tmaydi. Bozor va do'konlarda an'anaviy o'zbek milliy kiyimlarining har xil turlari sotiladi.

Ayollar do'ppisi.

Erkaklar do'ppisi.

Atlas ko'ylak.

O'zbekistonga sayohat qilsangiz, albatta Toshkentdagi "San'at muzeyiga" boring. Bu muzeyda an'anaviy o'zbek milliy kiyimlarining xilma-xil turlarini ko'rishingiz mumkin. Muzeyda ayollar kiyadigan rang-barang "atlas" matosi haqida afsonalar eshitishingiz va uning to'qilish jarayonini kuzatishingiz mumkin.

19-mashq: A. **Savollarga javob bering.** Quyidagi gaplar to'g'rimi yoki noto'g'ri? Matn asosida javob bering.

	T	N
1. Bu matn o'zbek milliy kiyimlari haqida.		
2. O'zbek milliy kiyimlari ipakdan yoki paxtadan to'qiladi.		
3. Do'ppi - ayollar kiyadigan milliy ko'ylak.		
4. Atlas - qora rangli mato.		
5. Toshkentdagi "San'at muzeyi"da o'zbek milliy taomlari haqida afsonalar eshitishingiz mumkin.		

B. **Mustaqil ishlang.** With all you know about Uzbek traditional clothing, provide answers to the questions below.

1. O'zbek madaniyati va tarixini yaxshiroq o'rganish uchun masjidga borishni xohlaysiz. U yerga borish uchun qanday kiyinishingiz kerak?

2. O'zbekistonda yashaysiz. Universitetda o'zbek tilini o'rganasiz. Kecha universitet professorlaridan birining vafoti haqida eshitib qoldingiz. Bu professorni yaxshi tanir edingiz, shuning uchun uning uyiga borishni va oilasiga ta'ziya bildirishni xohlaysiz. Qanday kiyinishingiz kerak? Nima uchun?

3. Toshkentda yashaysiz. Do'stlaringizdan biri, Lola, sizni nikoh to'yiga taklif qildi. Qanday kiyinasiz?

C. **Extended task.** Choose one of the following questions and do some research. What do you think these people wore? Compare their clothing with what they wear nowadays. Write a short essay and present it to the class.

1. 19-asrda Yevropada odamlar qanday kiyinganlar?
2. 17-asrda Xitoyda odamlar qanday kiyinganlar?
3. 18-asrda O'rta Osiyoda ayollar qanday kiyinganlar?

Asl o'zbekcha

Watch the video clip and practice both listening and speaking.

20-mashq: A. Before you watch the video, look at the picture below, describe it and guess what the video is about.

B. Watch the video once and describe it in a few sentences. Get together with a classmate and discuss what you saw. You can use the statements below to start the discussion.

1. Bu video .... haqida deb o'ylayman.
2. Siz nima deb o'ylaysiz?
3. Menimcha, bu bola .... yoshda.
4. Bu bola maktab o'quvchisi bo'lsa kerak.

C. Watch the video again, and answer the questions below.

1. Bolaning ismi nima?

Avazov Alisherxon Ahror o'g'li	
Ahrorov Alisherxon Avaz o'g'li	
Alisherov Avazxon Ahror o'g'li	
Ahrorov Avazxon Alisher o'g'li	

2. Quyidagi gaplar to'g'rimi yoki noto'g'ri?

	T	N
a. U 1991-yilda tug'ilgan.		
b. Uydan 25-avgustda chiqib ketgan.		
c. Kech soat 20:00da uydan chiqib ketgan.		
d. Peshonasida 5 yoki 6 santimetrlik chandig'i bor.		
e. Futbolkasi kul rang.		
f. Shortigi jigarrang.		
g. Rezina shippagi bo'lgan.		

3. Bolani ko'rgan kishilar nima qilishlari kerak?

Militsiya (Ichki Ishlar bo'limi)ga telefon qilishlari kerak.

____

Hech narsa qilishlari kerak emas.

____

Bolaning ota-onasiga xat yozishlari kerak.

____

21-mashq: **Sinfdoshingiz bilan ishlang.** First fill out the following form. Then role-play: Imagine you lost someone in a Tashkent bazaar; talk to a police officer (your classmate) and describe the person. Tell when and where you last saw them, what they look like, and what they are wearing.

TOSHKENT SHAHAR CHILONZOR TUMANI ICHKI ISHLAR BO'LIMI
YO'QOLGAN FUQAROLARNI RO'YXATGA OLISH VARAG'I

Ismingiz ______________________________
Manzilingiz ______________________________
Telefon raqamingiz *(shahar kodini ham yozing)* ________________
Yo'qolgan shaxsning ismi ________________________
Yo'qolgan shaxsni tasvirlab bering *(bo'yi, og'irligi; sochining rangi, alohida belgilari)*

____
____
____
____

Varaqa to'ldirilgan sana *(kun, oy, yil)*____________________

Imzo ________________

Qo'shimcha mashqlar

Reinforce new structures and vocabulary by completing these extra activities.

Mustaqil ishlang. Quyida berilgan mashqlarni bajaring. Yangi so'zlar va grammatik qoidalarning ishlatilishiga ahamiyat bering.

22-mashq: Quyida berilgan so'zlarni alohida kategoriyalarga ajrating.

ko'ylak, kostyum, shippak, ro'mol, shortik, palto, etik, do'ppi, shim, qalpoq, yubka, sviter.

ustki kiyim	bosh kiyim	oyoq kiyim

23-mashq: Dilshod, Zuhra va Azizning rejalari haqida o'qing. Ular borayotgan yerlariga qanday kiyimlarini olib borishlari kerak? Nima uchun? Maslahat bering.

Bu yigitning ismi Dilshod. U hozirgi vaqtda Toshkentda yashaydi va Toshkent Davlat Iqtisod universitetida o'qiydi. Ikki oy avval u AQShning Atlanta shahridagi universitetga qabul qilindi. U bir haftadan keyin Atlantaga ketadi va o'sha yerdagi universitetda o'qishini davvom ettiradi.

Bu ayolning ismi Zuhra. U Samarqandda yashaydi. "Samarqand Davlat Tarix va Me'morchilik*" muzeyida kurator bo'lib ishlaydi. Zuhra noyabr oyida Londonga boradi va o'sha yerda o'tkaziladigan konferensiyada qatnashadi*.

Bu kishining ismi Aziz. U asli farg'onalik, lekin hozirgi vaqtda Buxoroda yashaydi va xususiy* biznes bilan shug'ullanadi. Oilali, xotini va ikkita farzandi bor. Aziz iyulda oilasi bilan Turkiyaga sayohat qilishni rejalashtiryapti.

***xususiy** - *private*
***rejalashtirmoq** - *to plan*
***me'morchilik** - *architecture*
***o'sha yerda o'tkaziladigan konferensiyada qatnashadi** - *she will participate in a conference organized there*

Indefinite Past Tense

24-mashq: Quyidagi gaplar siz uchun to'g'rimi yoki noto'g'ri?

1. O'zbekistonda bo'lmaganman. ___________________
2. Hech qachon chang'i uchmaganman. _______________
3. Misrda bo'lganman, qadimgi yodgorliklarni ko'rganman. _____________
4. Turk tilini o'rganganman. ____________
5. Sport bilan shug'ullanganman, musobaqalarda* qatnashganman. _______

25-mashq: Har bir ustundan bitta so'z tanlab, gaplar tuzing. Yangi grammatik qoidalardan foydalanishni unutmang!

men, biz, Alisher va Lola, talabalarning barchasi, mehmonlar, o'qituvchilar, odamlar, do'stlarim, toshkentliklar.	**bir necha yil avval, hech qachon, bir marta, nechanchi asrda, qachon, o'tgan asrda, zilziladan keyin**	**ko'chib ketmoq, yashamoq, vafot etmoq, yordam bermoq, o'qishga kirmoq, tug'ilmoq, qurmoq, qaytib kelmoq, olib ketmoq.**

1. ______________________________

2. ______________________________

3. ______________________________

4. ______________________________

5. ______________________________

6. ______________________________

7. ______________________________

8. ______________________________

***musobaqa** - *contest*

26-mashq:  **Mustaqil ishlang.** Matnni o'qib, savollarga javob bering.

Diqqat qidiruv!

Toshkent shahar, Chilonzor tumanida yashovchi Umarov Laziz qidirilmoqda. U 2006-yil, 15-martda uydan chiqib ketgan. Alohida belgilari: bo'yi 175 santimetr, sochi qora va ko'zlari jigarrang, peshonasida 5-7 santimetrlik chandig'i bor. O'sha kuni jinsi shim, qora sviter kiygan. Oyog'ida qora etik bo'lgan. Lazizni oxirgi marta Amir Temur xiyobonida ko'rishgan. Laziz haqida bilgan yoki uni ko'rgan kishilarni miltsiyaga murojaat qilishlarini so'raymiz.

1. Qidirilayotgan* kishining ismi nima? ______________
2. Uydan qachon chiqib ketgan? ____________________
3. Bo'yi necha santimetr? _________________________
4. Qanday alohida belgilari bor? ___________________
5. Uni oxirgi marta qayerda ko'rishgan? ______________
6. Agar siz Lazizni ko'rsangiz, nima qilishingiz kerak? ______________

Further Application of Verbal Nouns

27-mashq: Quyidagi gaplar siz uchun to'g'rimi yoki noto'g'ri? .

	T	N
1. Suzishni bilaman.		
2. Piyoda yurishni yaxshi ko'raman.		
3. Qo'rqinchli* kinolarni yomon ko'raman.		
4. Turli xil davlatlarga safar qilishni xohlayman.		
5. O'zbekcha taomlarni pishira olaman.		
6. Qo'shiq aytishni yaxshi ko'raman.		
7. Yangi kiyimlar va taqinchoqlar sotib olishni yoqtiraman.		

***qo'rqinchli** - *scary* ***qidirlayotgan** - *the one who is missing*

28-mashq: You've just arrived in the Tashkent airport and cannot find your luggage. When you contact the "lost and found," they ask you some questions. Answer them.

Ayol: *Assalomu alaykum, keling.*

Siz: ______________________________

____

Ayol: *Ismingiz nima? Qayerdan kelyapsiz? Passportingiz bormi?*

Siz: ______________________________

____

____

Ayol: *Xo'sh xizmat? Nima bo'ldi?*

Siz: ______________________________

____

____

Ayol: *Yaxshi. Chemodaningizning rangi qanday edi?*

Siz: ______________________________

____

____

Ayol: *Tushunarli. Ichida nima bor edi?*

Siz: ______________________________

____

____

Ayol: *Yaxshi. Sizga ertaga telefon qilamiz. Toshkentda bo'lasizmi? Qaysi mehmonxonada turasiz?*

Siz: ______________________________

____

____

Ayol: *Yaxshi. Mayli, yaxshi boring.*

Siz: ______________________________

____

____

Muomala odobi

Study the phrases used in everyday speech.

Gaplarni tinglang.
Sinfda o'qituvchingiz bilan ishlang, gaplarni o'qib, ularning ma'nosini tushunishga harakat qiling. So'ng sinfdoshingiz bilan ishlab, suhbat tuzing.

Maqtov - Compliment	**Javob** - Response
Voy-bo'y, rosa chiroyli ekan! *Wow, this is so pretty!* **Kiyimingiz rosa yarashibdi!** *It suits you very much!* **Ochilib ketibsiz!** *You look so pretty!* **(Yangi mashinangiz/uyingiz) buyursin!** *May it (a new car/house) serve you well!*	**Rahmat.** *Thank you.* **Tashakkur!** *Thank you.* **Aytganingiz kelsin!** lit: *Let your wishes come true!*

Suhbat 1:

Suhbat 2:

Yangi so'zlar

Listen and review the new vocabulary used in this chapter.

afsona	*legend*
an'anaviy	*traditional*
atlas	*brightly-colored satin material, used in women's traditional dresses*
ayrilmas	*inseparable*
aza	*mourning*
belgi	*sign*
berilmoq	*to be given*
bir marta	*once*
bir necha	*several*
bluzka	*blouse*
bosh kiyim	*headwear*
boshlamoq	*to start*
diqqat	*attention*
do'ppi	*Uzbek skullcap*
etik	*boots*
forma	*uniform*
futbolka	*t-shirt*
g'ijim	*wrinkled*
galstuk	*tie*
go'zallik saloni	*beauty salon*
harir	*delicate fabric, fine*
hassa	*cane*
hisobli	*responsible, accountable*
imzo	*signature*
ipak	*silk*
ishonch	*trust*
ishonmoq	*to trust, to believe*
janob	*gentleman*
jarayon	*process*
jinsi shim	*jeans*
jozibador	*attractive, alluring*
kalta	*short*
kamar	*belt*
katakli	*checked*
keng	*wide*
kiyim-kechak	*clothing and such*
kiymoq	*to wear*
ko'rinish	*appearance*
ko'ylak	*shirt, dress*
ko'zoynak	*eyeglasses*
kostyum	*men's suit*
krossovka	*jogging shoes; sneakers*
kul rang	*gray*
kuzatmoq	*to observe*
libos	*apparel, clothing*
lozim	*women's pyjama-style drawers, usually made of atlas*
manzil	*address*
manzur	*liked, admired*
Marhamat qiling!	*Welcome! Be our guest!*
marosim	*ceremony*
maslahat	*advice*
mato	*cloth, material*
ma'qul	*acceptable, reasonable*
me'morchilik	*architecture*
militsiya	*militia, police*
milliy	*national*
murojaat qilmoq	*to speak to; to appeal, to turn to*
musobaqa	*competition*
och rangli	*light-colored*
odamlarning yashash tarzi	*people's lifestyle*

oddiy	*simple*
orzu	*dream*
palto	*winter coat*
pardoz	*make-up, cosmetics*
paxta	*cotton*
paypoq	*socks*
peshana	*forehead*
poyabzal	*footwear, shoes*
qabul qilinmoq	*to be accepted*
qadimgi	*ancient*
qalpoq	*winter hat*
qidirilmoq	*to be searched*
qidiruv	*search*
qiyiqcha	*sash*
qo'lqop	*glove, mitten*
rang-barang	*varicolored, brightly colored*
razmer/ o'lcham	*size*
rezina	*rubber*
ro'mol	*headscarf, scarf*
san'at	*art*
sevgili	*loved, beloved*
sifatli	*quality*
soat	*wristwatch*
sotilmoq	*to be sold*
suzmoq	*to swim*
sviter	*sweater*
ta'sir ko'rsatmoq	*to influence, to impact*
ta'ziya bildirmoq	*to express condolences or sympathy*
taklif etmoq	*to offer*
taqinchoq	*jewelry*
taqmoq	*conversation*
zirak taqmoq	*to wear, to pin, to affix*
tasvirlamoq	*to describe*
to'n	*Uzbek traditional robe*
to'q rangli	*dark-colored*
to'qilmoq	*to be weaved, to be knitted*
topmoq	*to find*
tufli (coll)	*shoes*
uzuk	*ring*
uzun	*long*
varaqa	*sheet, slip*
voqea	*event*
xalat	*robe*
xizmat qilmoq	*to serve*
xohlamoq	*to want*
xolli	*spotted*
xonim	*lady, madam*
xususiy	*private*
yo'l-yo'l	*striped, with stripes*
yo'qolgan shaxs	*missing person*
yodgorlik	*monument, relic*
yordam bermoq	*to help*
yubka	*skirt*
zamonaviy	*modern*
zirak	*earring(s)*
zontik/ soyabon	*umbrella*
o'ramoq	*to wrap*
ro'mol o'ramoq	*to wear a headscarf*
o'tmoq	*to pass, to happen*
shim	*pants, trousers*
shippak	*sandals, flip-flops*
shortik	*shorts*
chandiq	*scar*
chemodan (chamadon)	*suitcase*
shikoyat	*complaint*

O'N BESHINCHI DARS 15
CHAPTER FIFTEEN

NIMA BEZOVTA QILYAPTI?

DISCUSSING MEDICAL MATTERS

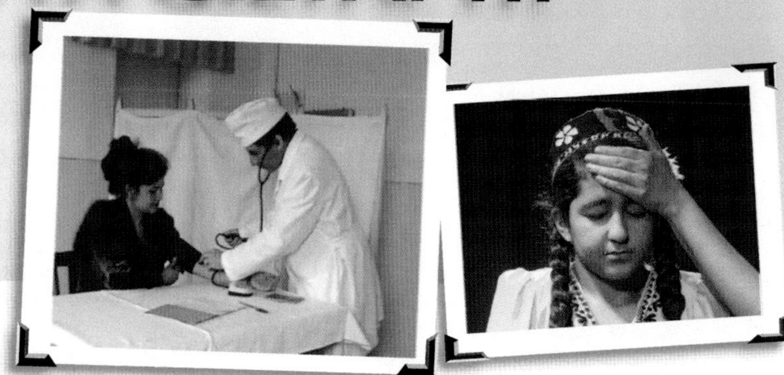

IN THIS CHAPTER

- **Yangi darsni boshlaymiz!**
  Describing illnesses and talking about health
- **Diqqat, qoida!**
  Future tense of intention, subordinate clause of time, adverbs
- **Keling, suhbatlashaylik!**
  Activities to practice speaking, listening, reading, and writing
- **Asl o'zbekcha**
  Authentic video clips
- **Sizga xat keldi** Email Exchange
  Letters about Uzbek culture and people
- **Qo'shimcha mashqlar**
  Extra activities to reinforce new structures and vocabulary
- **Muomala odobi**
  Native speakers' daily speech
- **Yangi so'zlar**
  Vocabulary used in this chapter

Yangi darsni boshlaymiz!

Study the new vocabulary and phrases used throughout the chapter.

1-mashq: So'zlarni o'qing, tinglang va eslab qoling.

boshim og'riyapti

tishim og'riyapti

qornim og'riyapti

Bu dorini bir kunda ikki marta iching

isitmam bor

aksiryapman

yo'talyapman

Bemor:

Qattiq og'riyapti/Tinmay og'riyapti. It hurts a lot.
Qo'lim singanga o'xshaydi. I think (lit: it seems like) I broke my arm.
Yiqilib tushdim. I fell.
Ko'nglim ayniyapti. I am feeling nauseous.
Ikki kundan beri kasalman. I have been sick for two days.
Mazam bo'lmayapti. I am not feeling well.
Og'rib ketyapti. It hurts a lot (lit: the pain is not stopping)

Shifokor:

Nima bezovta qilyapti? What seems to be the problem?
Tinchlikmi? What is wrong? Are you okay?
Qani, ko'raylik-chi! Okay, let's see.
Qon bosimingiz juda past. Your blood pressure is very low.
Shamollagansiz. You have a cold.
Bu yuqumli kasalik This is a contagious disease.
Ukol olishingiz kerak. You need a shot.
Rentgen qilish kerak. It needs an X-ray.
Tez yordam chaqirdingizmi? Did you call in an emergency?

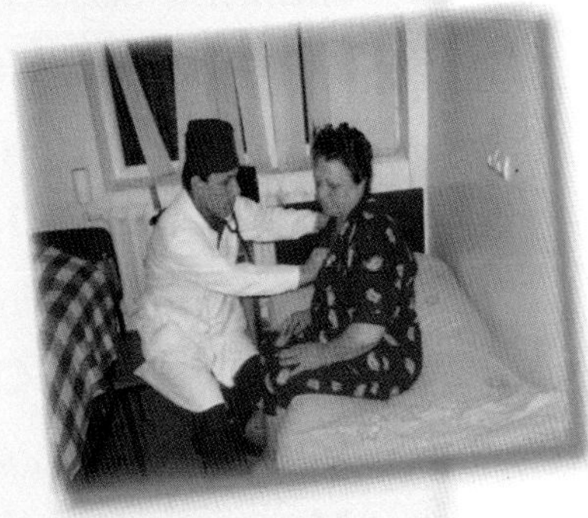

2-mashq: **A.** **So'zlarni tinglang.** Listen to the audio and practice these words.

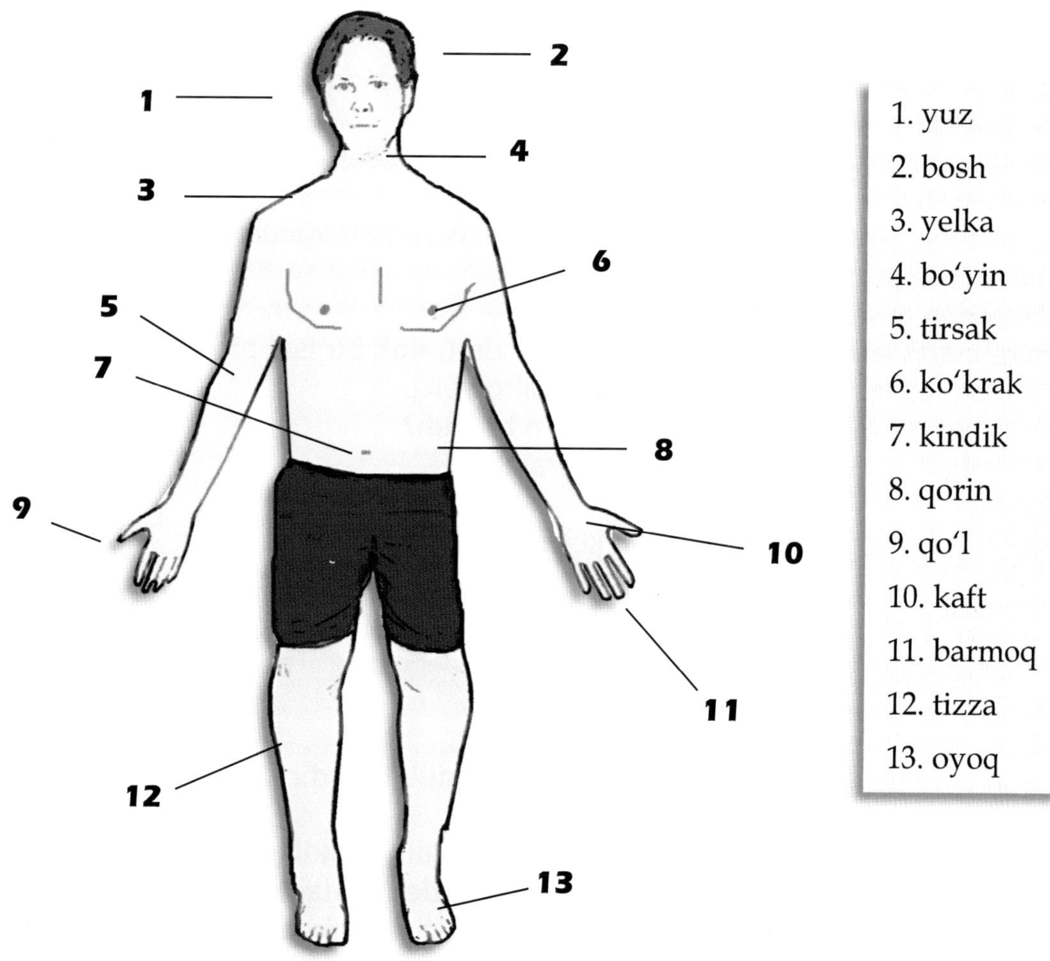

1. yuz
2. bosh
3. yelka
4. bo'yin
5. tirsak
6. ko'krak
7. kindik
8. qorin
9. qo'l
10. kaft
11. barmoq
12. tizza
13. oyoq

B. Now using these words play "Simon says" in Uzbek with a classmate.

1. peshana
2. soch
3. qosh
4. burun
5. ko'z
6. quloq
7. lab
8. jag'
9. tish
10. iyak

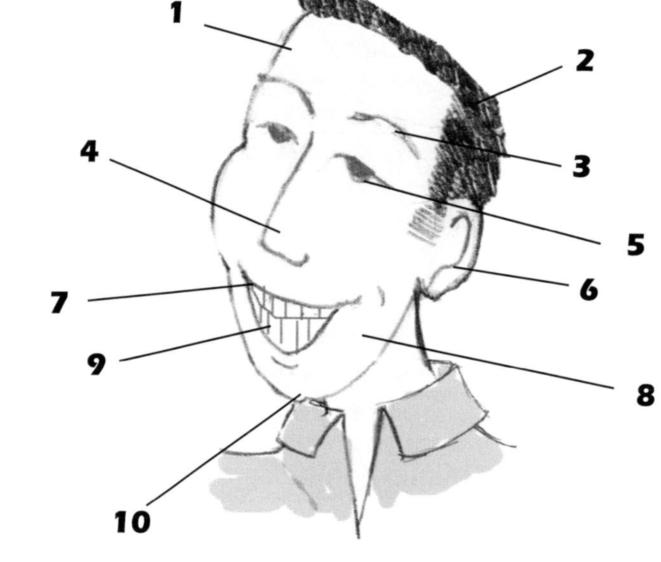

3-mashq: **Mustaqil ishlang.** Suhbatlarni o'qing. Yangi so'zlarning ishlatilishiga ahamiyat bering.

Bemor: Assalomu alaykum. Mumkinmi?
Shifokor: Marhamat, keling. Nima bezovta qilyapti?
Bemor: Mazam bo'lmayapti, boshim qattiq og'riyapti.
Shifokor: Qani, qon bosimingizni tekshirib ko'raylik-chi! Og'riq qachon boshlandi?
Bemor: Ikki kun avval, shekilli. Ha, to'g'ri, chorshanbadan beri tinmay og'riyapti.
Shifokor: Qon bosimingiz birozgina baland. Mana bu dorini bir kunda ikki marta ichasiz.
Bemor: Ovqatdan avvalmi?
Shifokor: Yo'q, ovqatdan keyin iching. Undan tashqari, iloji bo'lsa, bir-ikki kun dam oling. Yog'li ovqatlardan kamroq yeng.
Bemor: Xo'p. Bu dorini qayerdan sotib olsam bo'ladi?
Shifokor: Dorixonadan. Hozir retsept yozib beraman.
Bemor: Rahmat.
Shifokor: Salomat bo'ling. Bir-ikki kundan keyin o'zgarish bo'lmasa, yana keling.
Bemor: Xo'p, rahmat.

Shifokor: Keling, uka. Nima bo'ldi, tinchlikmi?
Bemor: Daraxtga chiqib olma terayotgan edim, yiqilib tushdim. Qo'lim qattiq og'riyapti.
Shifokor: Qani, mana bu yerga o'tiring-chi. Qachon yiqilib tushdingiz?
Bemor: Kecha kunduzi. Avval qo'limning eti uzildi deb o'yladim, og'riq kuchayib ketganidan keyin, keliningiz do'xtirga boring deb qo'ymadi.
Shifokor: Ko'nglingiz ayniyaptimi?
Bemor: Ha, biroz.
Shifokor: Qo'lingizning mana bu yeri og'riyaptimi?
Bemor: *(bemor qichqirib yuboradi)* **Voy, sekinroq, yomon og'rib ketyapti!**
Shifokor: Qo'lingiz singanga o'xshaydi. Rentgen qilish kerak.

4-mashq: **Sinfdoshingiz bilan ishlang.** Birinchi sahifada berilgan so'zlardan va yuqorida berilgan suhbatlardan foydalanib suhbat tuzing.

Diqqat, qoida!

Learn the new grammar points and complete the grammar-related activities.

1. Subordinate Clause of Time

Subordinating conjunctions, such as *when*, are not widely used in Uzbek to create relative clauses (such as, *I saw Jim when I was in New York*). To express similar meaning, the following construction is used.

verb stem + **-gan** + possessive ending

kel- + -gan + personal possessive ending + -da
uyga kelganimda - *when I come home*
uyga kelganingizda - *when you come home*
uyga kelganida - *when she/he comes home*
uyga kelganimizda - *when we come home*
uyga kelganingizda - *when you (pl) come home*
uyga kelganlarida/kelishganida - *when they come home*

This form is a dependent clause, therefore, an independent clause is required to form a complete sentence. Notice that only the verb in the independent clause takes suffixes that show tense, person, and number.

O'zbekistonga borganimda, albatta Samarqandga boraman.
When I go to Uzbekistan, I will definitely go to Samarkand.
Men xafa bo'lganimda, onam ham xafa bo'ladilar.
When I am sad, my mother is sad, too.
Toshkentda yashaganimda, bozorga ko'p borganman.
When I lived in Tashkent, I went to the bazaar a lot.
Kasal bo'lganida, shifokorga bormadi.
When he was sick, he didn't go to the doctor.

Notice the use of this form with a postposition **keyin**-*after:*

Parhez (diyeta) qilganimdan keyin, ancha ozdim.
After staying on a healthy diet, I lost a lot of weight.
Armiyadan kelganidan keyin, Nozimaga uylandi.
After he came back from the army, he married Nozima.
Bu xabarni eshitganimdan keyin, darhol onamga telefon qildim.
Upon hearing this news, I immediately called my mom.

5-mashq: **Mustaqil ishlang.** Combine the following pairs of sentences using the language point you read above. Make other changes as necessary.

1. Kelasi yil O'zbekistonga boraman. U yerda Registon maydonini ko'raman.

   O'zbekistonga borganimda, Registon maydonini ko'raman.

2. Feruza AQShda yashagan. U AQSh universitetlarining birida tahsil olgan.

3. Dilshod ustaxonada mashina tuzatadi. U musiqa tinglashni yaxshi ko'radi.

4. Karimning qon bosimi ko'tarilib turadi. Shunday vaqtlarda u ukol oladi.

5. Jeyms Toshkentda yashagan. U universitetda o'zbek tilini o'rgangan.

6. Azizaning boshi qattiq og'riydi. Shunday vaqtlarda qo'li ishga bormaydi.

6-mashq: **Mustaqil ishlang.** Quyida berilgan vaziyatlarda nima qilasiz?

1. Charchaganingizda nima qilasiz?
2. Asabiylashganingizda-chi?
3. Yomon baho olganingizda nima qilasiz?
4. Darsni tushunmaganingizda-chi?
5. Do'stingiz siz haqingizda yomon mish-mish tarqatsa nima qilasiz?
6. Boshingiz o'g'riganida nima qilasiz?
7. Ishga yoki darsga kechikkaningizda nima qilasiz?
8. Yomon tush ko'rganingizda-chi?

2. *Postpositions* beri, buyon

Similar to postpositions **keyin** and **avval** mentioned in Chapter 9, the postposition **beri**-*since, for* requires the preceding noun or pronoun to have an ablative case ending -**dan**.

Apreldan beri kasalman. *I have been ill since April.*
1967-yildan beri Toshkentda yashaymiz.
We have been living in Tashkent since 1967.
Ikki haftadan beri kasalman.
I have been ill for two weeks.
Mana shu zavodda uch yildan beri ishlayman.
I have been working in this plant for three years.

The word **buyon** is mostly used in written Uzbek.
Kechadan buyun qo'ng'irog'ingizni kutamiz.
We have been waiting for your call since yesterday.

3. *Adverbial suffix* -gacha

The suffix -**gacha** is attached to nouns, adjectives, and pronouns to create adverbs. The adverbs with this suffix can be translated into English with the preposition *til* or *until*.

Farg'onada yanvargacha turamiz.
We will stay in Ferghana until January.
Kitobni oxirigacha o'qidingizmi?
Did you read the book up to the end?
Bugun soat beshdan to'qqizgacha ishxonada bo'laman.
I will be in the office from 5pm to 9pm.

ISH VAQTI:
7:00 dan 19:00 gacha.
Dushanba -
Tozalik kuni.

7-mashq: **Mustaqil ishlang.** Gaplarni o'qing, ular siz uchun to'g'rimi yoki noto'g'ri?

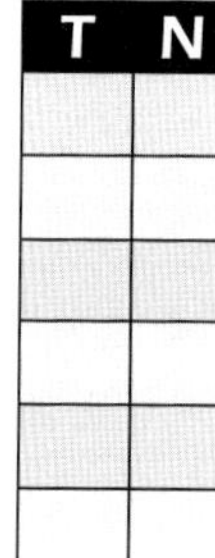

	T	N
1. Ikki yildan beri universitetda o'qiyman.		
2. Uch oydan beri o'zbek tilini o'rganyapman.		
3. Ikki kundan beri kasalman.		
4. Ertalabdan beri yomg'ir yog'yapti.		
5. Kechadan beri boshim og'riyapti.		
6. Bir haftadan beri imtihon topshiryapman.		

8-mashq: **Sinfdoshingiz bilan ishlang.** Chekasizmi? Qachondan beri? What are some habits you have? First put down at least two of them and then ask your classmate if he/she has the same ones.

Siz	Sinfdoshim
Chekasizmi? Qachondan beri?	

9-mashq: **Mustaqil ishlang.** Using the suffixes **-dan** and **-gacha**, make sentences. Follow the model.
Namuna: *Televizor - Har kuni soat sakkizdan o'ngacha televizor ko'raman.*

uy vazifa:	
kitob:	
nonushta:	
ovqat:	
sport zal:	
uxlamoq:	

Note:

marta, mahal- *time, occasion.*
When used with **marta, mahal** numbers do not take the suffix **-ta**.
For example:

Bu dorini bir kunda ikki mahal iching.
Take this medicine twice a day.
G'ofur ikki yilda bir marta Farg'onaga boradi.
Gofur goes to Fergana once every two years.
Onangizga uch yildan beri bir marta ham xat yozmadingizmi?
Haven't you written to your mother once in three years?

10-mashq:  **Sinfdoshingiz bilan ishlang.** Savollarga javob bering.

1. Bir kunda necha marta ovqatlanasiz?
2. Bir haftada necha soat o'zbek tilini o'rganasiz?
3. Bir haftada necha marta universitetga borasiz?

11-mashq: **Mustaqil ishlang.** Dialogni o'qib, mashqlarni bajaring.

Shifokor qabulxonasida to'rt kishi o'tiribdi. Ular shiforkorni kutishyapti.
Feruza: Voy, qo'lingizni qayerda sindirdingiz?
Nosir: Kecha, narvondan yiqilib tushdim.
Feruza: Rostdanmi? Eh, yomon bo'libdi!
Nosir: Ha. *(bir necha soniyadan keyin)* Bolangiz kasalmi?
Feruza: Ha, ikki kundan beri yo'talyapti-ya.
Diyor: Ukam, kel, mana bu yerga o'tir.
Nosir: Yo'q, o'tiravering. Sizning ham tishingiz og'riyapti, shekilli?
Diyor: Eh, gapirma! Na uxlay olaman, na ishlay olaman. Bir ish qilish qiyin.
Nizom aka: Ha, men ham shunday.
Diyor: Sizning ham tishingiz og'riyaptimi?
Nizom aka: Yo'q, boshim og'riydi. Shifokor qon bosimingiz baland deb aytdi. Har xil dorilar yozib berdi. Ta'sir qilmayapti.
Feruza: Parhez qilishingiz kerak. Yog'li ovqatlarni kamroq yeyishingiz kerak.
Nizom aka: Parhez...
(Hamshira eshikni ochadi.)
Hamshira: Mahkamova shu yerdami?
Feruza: Ha, shu yerdaman!
Hamshira: Keling, kiring.

12-mashq: **Sinfdoshingiz bilan ishlang.** Now that you know about the people and their symptoms, make dialogues between each of these people and the doctor.

3. Future tense of intention

In Uzbek, when talking about the things that we intend to do in the future, we use the future tense of intention. It is translated into English as: *want to, intend to, going to, would like to.*

verb in infinitive form (ex: **bormoq**) + **-chi** + personal predicate ending
Toshkentga bormoqchiman. *I intend to go to Tashkent.*
Bozorga bormoqchisiz. *You want to go to the market.*
U ketmoqchi. *He would like to leave.*
Sizlar kelmoqchisiz. *You would like to come.*
Biz gilam sotib olmoqchimiz. *We want to buy a carpet.*
Ular kino ko'rmoqchilar (or **Ular kino ko'rishmoqchi**). *They want to watch a movie.*

The interrogative form:
As usual, a statement is changed to a question by adding **-mi.** As before, note that for **men** and **biz** you need to add this suffix after the personal predicate endings.

U yerga bormoqchimizmi? *Are we going to go there?*

For **sen**, **siz**, **sizlar**, **u**, and **ular** you need to attach -**mi** before the personal predicate endings.

O'zbekistonga bormoqchimisiz?
Are you going to visit Uzbekistan?

The negative sentences are formed with the help of **emas.** The personal predicate endings are edded to **emas.**

U ketmoqchi emas. *He doesn't intend to leave.*
Yozmoqchi emassan. *You do not want to write.*

In colloquial speech, **emas** and the verb are pronounced as one word. In this case the initial **e** of **emas** is dropped.

To use it in the past tense, simply add - **edi** and add the possessive ending to it.

Kitob sotib olmoqchi edim. *I was going to buy a book.*
Ovqat pishirmoqchi eding. *You wanted to cook.*
U sho'rva pishirmoqchi edi. *He was going to cook soup.*

13-mashq: **Mustaqil ishlang.** Matnlarni o'qing.

Ismim Lochin, Urganch shahridanman. Maktabda o'qiyman. Maktabni bitirganimdan keyin, Jahon Iqtisodi va Diplomatiyasi Universitetiga o'qishga kirmoqchiman. Hozirgi vaqtda imtihonlarga qunt bilan tayyorlanyapman.

Ismim Nafisa, hozirgi vaqtda Jahon Tillari Universitetining tarjimonlik fakultetida o'qiyman. Universitetning ikkinchi kurs talabasiman. Kelasi semestrda nemis tilini o'rganishni boshlamoqchiman. Universitetni bitirib, biror xorijiy firmada tarjimon bo'lib ishlashni xohlayman.

Ismim Karima Mo'minova. Toshkent Tibbiyot Pediatriya Instituti shifoxonasida jarroh bo'lib ishlayman. Rejalarim ko'p. Xususiy shifoxona ochmoqchiman. Shifoxonani zamonaviy jihozlar bilan ta'minlab, O'zbekistondagi tajribali, yosh va tirishqoq shifokorlarni ishga taklif qilmoqchiman.

14-mashq: **Sinfdoshingiz bilan ishlang.** Matnlar asosida quyidagi savollarga javob bering.

1. Universitetni bitirganingizdan keyin, nima qilmoqchisiz?
2. O'zbek tilidan tashqari yana qaysi xorijiy tilni o'rganmoqchisiz?
3. Boshqa davlatlarga sayohat qilmoqchimisiz?

Keling, suhbatlashaylik

Practice new grammar notes and vocabulary by reading, listening, writing and speaking.

15-mashq: **Sinfdoshingiz bilan ishlang.** Imagine you are in Uzbekistan and are having the following problems. Working with a partner choose your roles and make short dialogues using the given situations.

1. *Toshkent markazida joylashgan yangi kvartirada turibsiz, lekin ikki kundan beri na issiq suvingiz, na sovuq suvingiz bor. Kvartiraning egasiga (a landlord) telefon qilib, muammolaringizni tushuntiring.*

2. *Kecha do'stingiz sizga metro yonida, soat ikki yarimda uchrashamiz deb aytdi. Do'stingizni metro yonida soat ikki yarimdan beri kutyapsiz. Hozir soat besh minuti kam uch, do'stingiz hali kelmadi. Unga telefon qiling.*

3. *Kasalsiz. Boshingiz va tomog'ingiz og'riyapti. Shifokor sizga bir nechta dorilarni sotib olishni va bir kunda ikki mahal ichishni maslahat berdi. Bu dorilarni ichdingiz, lekin tuzalmadingiz. Shifokorga telefon qilib, vaziyatni tushuntiring.*

4. *Kasalsiz, boshingiz og'riyapti, lekin bugun kunduzi imtihon topshirishingiz kerak. O'qituvchingizga telefon qilib, vaziyatni tushuntiring.*

16-mashq: A. **Mustaqil ishlang.** Read the following traditional remedies used in Uzbekistan.

Tomog'ingiz og'riganida, sovuq suv ichmang, issiq sut iching.

Shamollasangiz, asal choy iching.

Baliqdan tayyorlangan taomlardan keyin sut yoki qatiq ichmang.

Boshingiz og'risa, issiq choy iching.

B. What are some traditional remedies people use in your country? Make a list. Discuss them in the classroom.

17-mashq: **Savollar asosida sinfda suhbat o'tkazing.**

An'anaviy tibbiyot haqida qanday fikrdasiz?

An'anaviy tibbiyot usullariga ishonasizmi? Ulardan foydalanasizmi?

18-mashq: **Matnni o'qing.**

Ibn Sino kim bo'lgan? U qayerda tug'ilgan? Qayerda yashagan? Quyidagi matnni o'qib, sinfda Ibn Sino haqida suhbat o'tkazing.

ibn Sino (Avicenna)

Abu Ali Ibn Sino

Abu Ali ibn Sino 980-yilda Buxoro yaqinidagi Afshona qishlog'ida tug'ildi. 5-10 yoshlarida maktabda o'qidi. Maktabni bitirib, ustozi Abu Abdullohdan mantiq, tibbiyot, falsafa va fiqh ilmlarini o'rgandi. 16 yoshidan boshlab Sharq va G'arb olimlarining ilmiy asarlarini mustaqil o'rgandi. U Gippokrat, Golen, Aristotel, Abu Bakr ar-Roziyning asarlarini puxta o'rgandi. Ibn Sino 17 yoshida taniqli olim bo'lib yetishdi. U Xivada, Mashhadda va Tehronda yashadi. O'sha yerlarda xon saroylarida tabiblik va vazirlik qildi. 1037-yilda Xamadonda vafot etdi.

Ibn Sino arab va fors tillarida falsafa va tibbiyot bo'yicha 300dan ortiq asarlar yozgan. "Tib qonunlari" - ular orasidagi eng mashhur asardir. Bu asar 11-asrda lotin tiliga tarjima qilingan va 17-asrning o'rtalarigacha Yevropa universitetlarida darslik sifatida ishlatilgan.

Ibn Sinoning davolash usullari hali ham mashhur. O'zbekistonda asosan tabiblar bu usullardan foydalanadilar.

19-mashq: A. **Mustaqil ishlang.** Matnni o'qing.

Tabiblar

Tabiblar haqida eshitganmisiz? Ular haqida nimalarni bilasiz?

Tabiblar bu an'anaviy tibbiyot bilan shug'ullanuvchi kishilardir. Tabiblar odatda kichik shahar yoki qishloqlarda yashaydilar. Ular odamlarni turli xil tabiiy mahsulotlar, asosan, o'simliklar yordamida davolaydilar.

B. Matn asosida savollarga javob bering.

1. Tabiblar kim?

2. Ular qayerlarda yashaydilar?

3. Kishilarni davolash uchun tabiblar nimalardan foydalanadilar?

C. Tabib haqidagi videoni ko'rib, savollarga javob bering.

Bemorni nima bezovta qilyapti?

Tabib bemorga qanday yordam berdi?

D. **Suhbatlashing.** Quyidagi savollar asosida, sinfda suhbat o'tkazing.

1. Tabiblar kishilar uchun foydali deb o'ylaysizmi? Nima uchun shunday deb o'ylaysiz?

2. Agar yashayotgan shahringizda yoki qishlog'ingizda shifokor bo'lmasa, tabibga borasizmi?

Asl o'zbekcha

Watch the video clip and practice both listening and speaking.

20-mashq: Watch the video and answer the following questions:
Bemorni nima bezovta qilyapti? To'g'ri javobni belgilang.

1. Quloqlari og'riydi. ☐
2. Oyoqlari og'riydi. ☐
3. Barmoqlari og'riydi. ☐

Savollarga javob bering:

Bemor necha kundan beri kasal?	
Og'riq qachon kuchayadi?	
Bemor ishlaydimi?	
Nima uchun?	

Savollarga javob bering:

	Eskuzan	Trental
1. Nechta tabletka/tomchi/kapsula ichishi kerak?		
2. Dorilarni necha mahal ichishi kerak?		
3. Dorilarni qachon ichishi kerak?		
4. Dorilarni necha kun ichishi kerak?		

21-mashq: 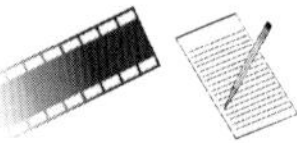 Watch the video and answer the following questions:

Bemor necha kundan beri kasal?	
Uni nima bezovta qilyapti?	
Isitmasi necha gradusgacha ko'tarilyapti?	

22-mashq: Make a similar dialogue and act it out.

Cultural Note

"Sovuq mijoz" and "issiq mijoz": Often you may hear Uzbek people using these phrases. In English, they mean something like "hot and cold temperament". It goes back to Ibn Sino's categories of food and people. According to him, people should eat a certain type of food to be healthy, and knowing which "mijoz" you are will help you to be careful about the food you eat. For example, if you are "cold tempered," you should eat products such as nuts and honey but not lemon or other products that contain a lot of acid. Some people still believe in and use these traditional methods, while others do not.

23-mashq: **Sinfda suhbatlashing.** Now that you have some information about the medical matters in Uzbekistan, discuss the questions below with your class.

1. Davlatingizdagi shifoxonalar va shifokorlar haqida suhbatlashing.
2. Shifoxonalarda davolanish bepulmi?
3. Davlatingizda tabiblar (yoki an'anaviy tibbiyot bilan shug'ullanuvchi kishilar) bormi? Odamlar ularga ishonadilarmi?

Sizga xat keldi

In this section, you will read the e-mail message from Tom.

24-mashq: A. Xatni o'qing.

COMPOSE

FILE EDIT VIEW INSERT FORMAT OPTIONS TOOLS HELP

FROM tom@usa.com *Add to Address Book*

TO: sherzod@ovoz.uz

DATE *May, 15*

SUBJECT *RE: SALOM*

Hurmatli Sherzod, yaxshimisiz? Ishlar bilan charchamasdan yuribsizmi? Singlingizning nikoh to'yini tafsilotlar bilan tasvirlab, yuborgan xatingiz uchun katta rahmat. Xatingizni o'qib, to'yga borib kelgandek bo'ldim! O'zimdan so'rasangiz, men yaxshi yuribman. Ikki kundan beri imtihonlarga tayyorlanyapman. Imtihonlarim iyun oyida boshlanadi. Imtihonlarni topshirib bo'lganimdan keyin, ta'tilga chiqaman. Yozda Floridaga borishni rejalashtiryapman. Ota-onamni ko'rib, o'sha yerda bir yoki ikki hafta turib kelmoqchiman.

Sherzod, menga sizning maslahatingiz kerak. Bilasiz, universitetda uch yildan beri o'zbek tilini o'rganaman. Kelasi yil, universitetni bitirganimdan keyin, O'zbekistonga safar qilmoqchiman. Safarim davomida ham o'zbek tilini, ham o'zbek urf-odatlarini yaxshilab o'rganib olmoqchiman. Shu sababdan, Toshkent markaziga yaqin joylashgan mahallada, o'zbeklar xonadonida turishni istayman. Agar siz shunday oilalarni bilsangiz, iltimos, menga ular haqida yozib yuboring.
Javobingizni kutib qolaman.
Salom ila,
Tom

B. Savollarga javob bering.

1. Tom hozir nima bilan mashg'ul?
2. Yozda nima qilishni rejalashtiryapti?
3. Tom Sherzodga qanday savol bilan murojaat qilyapti?

C. Nima deb o'ylaysiz?

1. Tom O'zbekistonga qaysi faslda borishi kerak?
2. U qanday kiyimlarini olib borishi kerak?

D. Suhbatlashing:

Siz O'zbekistonga borsangiz ....

1. Qaysi shaharda yashashni istaysiz? Nima uchun?
2. Kim bilan yashashni xohlaysiz? Sababini tushuntiring.
3. U yerga qachon (qaysi faslda, oyda) borishni istaysiz? Nima uchun?

Qo'shimcha mashqlar

Reinforce new structures and vocabulary by completing these extra activities.

Mustaqil ishlang. Quyida berilgan mashqlarni bajaring. Yangi so'zlar va grammatik qoidalarning ishlatilishiga ahamiyat bering.

25-mashq: To'g'ri javobni belgilang.

1. Mening otam kasalxonada ___ bo'lib ishlaydi. U bemorlarni davolaydi.
   - a. oshpaz
   - b. ofitsiant
   - c. shifokor
   - d. quruvchi

2. Aspirinni ___ dan sotib olishingiz kerak.
   - a. maktab
   - b. oziq-ovqat do'koni
   - c. kutubxona
   - d. dorixona

3. Kecha narvondan yiqilib, ___ sindirdi.
   - a. barmog'ini
   - b. qaymog'ini
   - c. o'rtog'ini
   - d. qishlog'ini

4. Ko'zim yaxshi ko'rmaydi. Kitob yoki gazetani ___ taqib o'qiyman.
   - a. qalpoq
   - b. qo'lqop
   - c. dori
   - d. ko'zoynak.

5. O'tgan yil mashinasida halokatga uchrab, ikki hafta Toshkentning markaziy ___ yotdi.
   - a. parkida
   - b. kasalxonasida
   - c. hayvonot bog'ida
   - d. muzeyida

Adverbial Clause of Time

26-mashq: Quyidagilar to'g'rimi yoki noto'g'ri?

	T	N
1. Mashina haydaganimda, telefonda gaplashmayman.		
2. Qo'rqinchli kino ko'rganimdan keyin, uxlay olmayman.		
3. Sinfda o'zbekcha gapirganimda, asabiylashaman.		
4. Boshim og'riganida, dori ichmayman. Umuman, dori ichishni yoqtirmayman.		
5. Rahbarim* bilan gaplashganimdan keyin, kayfiyatim* buziladi.		
6. Uxlashga yotishdan avval, kitob o'qiyman.		

*rahbar** - *boss* ***kayfiyat** - *mood*

27-mashq: Gaplarni tugallang.

a. Sport bilan shug'ullanishni boshlaganimdan so'ng, ____________________

____

b. Odatda Zuhra qo'rqinchli kino ko'rganidan keyin, ____________________

____

c. Dilshod ingliz tilini o'rganishidan avval, ____________________

____

d. Tom O'zbekistonga borishidan avval, ____________________

____

e. Kecha restoranda ovqatlanganimdan keyin, ____________________

____

f. Shifokorga borganimdan so'ng, ____________________

____

Adverbs: -dan beri and -gacha

28-mashq: *beri* ko'makchisini ni ishlatib, savollarga javob bering.

1. Qaysi shaharda yashaysiz? Bu shaharda necha yildan (oy, hafta) beri yashaysiz?

____

2. Eng yaqin do'stingizning ismi nima? Uni necha yildan beri bilasiz?

____

3. Mashina haydaysizmi? Qachondan beri?

____

4. O'zbek tilini qachondan beri o'rganyapsiz?

____

5. Qaysi sport turi bilan shug'ullanasiz? Qachondan beri?

____

29-mashq: *-gacha* qo'shimchasini ishlatib, gaplar tuzing.

Toshkent - Samarqand, 268 kilometr.
Toshkentdan Samarqandgacha 268 (ikki yuz oltmish sakkiz) kilometr.

1. **Toshkent -- Moskva, 2794 kilometr.**

____

2. **Nyu York -- Toshkent, 10175 kilometr.**

____

3. **Toshkent -- Boston, 5234 kilometr.**

____

4. **Bishkek -- Toshkent, 475 kilometr.**

____

5. **Samarqand -- Buxoro, 217 kilometr.**

____

Future Tense of Intention

30-mashq: Gaplarni tugallang. Namunadan foydalaning.

Tom ispan tilini o'rganyapti, *chunki u kelasi yil Ispaniyaga bormoqchi va o'sha yerda kichik restoran ochmoqchi.*

1. **Jamila yangi kiyimlar sotib olyapti,** ______________________

____

2. **Singlim uy tozalayapti,** ______________________

____

3. **Salim ikki oydan beri mashina haydashni o'rganyapti,** ______________________

____

4. **Tom arab tilini o'rganyapti,** ______________________

____

31-mashq:  Matnni o'qib, uni kerakli so'zlar bilan to'ldiring.

Ulug'bek asli farg'onalik, lekin hozirgi vaqtda Toshkentda yashaydi. U to'rt yil avval Toshkent Davlat Milliy Universitetining "Biznes boshqaruvi*" fakultetiga o'qishga kirgan edi. To'rt yildan beri bir xonali kvartirada (to live) ________ . Kvartirasi ko'p qavatli binoda (located)__________.

Ulug'bek ikki hafta avval universitetni (to graduate) __________. Ammo hali hech qayerda (to work)____________ . Tajribasiz talabaning yaxshi ish topishi qiyin. Bir necha kun avval do'sti Laziz, "Mehnat bo'limiga*" borishni (to advise)____________ . Ertaga Chilonzor tumanining "Mehnat bo'limi"ga (would like to go) ______________ . Agar u yerdan ish (to find (neg!))___________, Farg'onaga (intends to return) ____________ .

***bizness boshqaruvi** - *business management*
***mehnat bo'limi** - *employment agency*

32-mashq: **A.** Put the following dialogue in the correct order. Once you are done, answer the questions that follow.

1 Erkak: Amerikaga xat jo'natish necha pul?

___ Ayol: Yo'q, bu yerda emas. Hozir metroda "Paxtakor" stansiyasiga boring. Fedeks Abay ko'chasida joylashgan.

___ Ayol: Yaxshi boring.

___ Ayol: Aniq bilmayman. Taxminan 45-50 ming so'm.

___ Erkak: Necha kunda yetib boradi*?

___ Ayol: 2500 so'm.

___ Erkak: Necha pul?

___ Ayol: Qayerga jo'natmoqchisiz?

___ Erkak: Voy-bo'y! Tezroq yetib bormaydimi? Menga ikki yoki uch kunda yetib boradigani kerak*.

___ Ayol: Ikki yoki ikki yarim haftada.

___ Erkak: Voy-bo'y! Mayli, na iloj! O'sha erga boraman. Ularning idorasi ham shu binodami?

___ Ayol: Yo'q, lekin siz Fedeksga borishingiz mumkin. Ular ikki kunda yetkazishadi, lekin xizmat haqi qimmatroq bo'ladi.

___ Erkak: Rahmat!

___ Erkak: Chikagoga, Illinoys shtatiga.

B. Listen to the audio to check your answers.

1. Bu suhbatni qayerda eshitishingiz mumkin?
   a. kasalxonada
   b. dorixonadan
   c. aloqa bo'limida
   d. sayohat agentligida

2. Fedeks orqali xat necha kunda Chikago yetib boradi?
   a. olti haftada
   b. ikki yarim haftada
   c. ikki haftada
   d. ikki kunda

3. Abay ko'chasiga qanday borish mumkin?
   a. metroda
   b. taksida
   c. avtobusda
   d. poyezdda

C. Work with a classmate to create a similar dialogue. Present it to the class.

* **... yetib boradigani kerak** - *I need the one that will get there.....*

* **yetib bormoq** - *to reach* * **yetkazmoq** - *to deliver*

Muomala odobi

Study the phrases used in everyday speech.

Gaplarni tinglang.
Sinfda o'qituvchingiz bilan ishlang, gaplarni o'qib, ularning ma'nosini tushunishga harakat qiling. So'ng sinfdoshingiz bilan ishlab, suhbat tuzing.

Nima deyish kerak?	What is the appropriate thing to say?
Biror kishi aksirganida: **Sog' bo'ling!**	When somebody sneezes: *Be healthy!*
Biror kishi sog'lig'i haqida shikoyat qilganida: **Yomon bo'libdi.** **Shifosini bersin.** **Tezroq tuzalib keting.**	When someone complains about his/her health: *I am sorry (lit: It is bad)* *Get healthy* *Feel better soon*
Biror kishining vafot etganini eshitganingizda: **Joyi jannatdan bo'lsin.** **Xudo rahmatiga olgan bo'lsin.**	When you hear about somebody's death: *lit: Let the person rest in heaven.* *lit: Let him/her have God's forgiveness.*

Suhbat

Yangi so'zlar

Listen and review the new vocabulary used in this chapter.

aksirmoq	*to sneeze*
asab	*nerve*
asabiylashmoq	*to be nervous*
aynimoq	*to turn bad or sour*
baho	*grade*
barmoq	*finger*
beri (-dan ~)	post. *until*
biznes boshqaruvi	*business management*
bo'lib yetishmoq	*to develop into, to become*
bo'yicha	*pertaining to*
bo'yin	*neck*
bosh	*head*
boshlanmoq	*to start, to begin*
buyon (-dan ~)	post. *until*
buyuk	*great*
davolamoq	*to heal, to treat*
dori **~ ichmoq**	*medicine* *to take medicine*
dori yozib bermoq	*to prescribe a medicine*
dorixona	*pharmacy*
dugona	*friend (used for women only)*
ega (n)	*owner*
et **~ uzilishi** **Qo'lim sinmadi, eti uzildi, xolos.**	*muscle, flesh* *muscle strain, sprain* *I did not break my arm, just sprained a muscle.*
falsafa	*philosophy*
fiqh	*Islamic jurisprudence*
foydali	*helpful, useful, beneficial*
-gacha	adverbial suffix
halokatga uchramoq	*to have an accident*
ilmiy	*scientific*
imtihon topshirmoq	*to take a test*
isitma	*fever*
istamoq	*to wish for, to desire*
iyak	*chin*
jag'	*jaw*
jo'natmoq	*to send*
kaft	*palm*
kindik	*bellybutton*
ko'krak	*chest*
ko'ngil **ko'nglim ayniyapti.**	*heart, spirit* *I feel nauseated.*
lab	*lip*
mahal **Besh mahal namoz o'qiydi.**	*time* *He prays 5 times a day.*
mantiq	*logic*
marta **Bu dorini bir kunda ikki marta iching.**	*time* *Take this medicine twice a day.*
mish-mish	*gossip, rumor*
muammo	*problem, issue*
narvon	*ladder*
parhez	*diet*
parhez qilmoq	*to follow a healthy diet*
peshana	*forehead*
puxta	*solid*
qabulxona	*reception room*
qon bosimi	*blood pressure*

qorin	*stomach, belly*
qo'ng'iroq	*bell, ring*
rahbar	*leader, advisor*
reja	*plan*
rentgen	*x-ray*
Rostdanmi?	*Really? No kidding?*
sarflamoq	*to spend*
saroy	*palace*
sifatida	*as, in the capacity of*
sindirmoq **Kosani sindirdim.**	*caus. of sinmoq – to break* *I broke the bowl (I made it break)*
sinmoq (intr.)	*to break*
sindirmoq (tr.)	*to break*
soniya/sekund	*second*
ta'sir qilmoq	*to influence*
tabib	*doctor, healer*
tafsilot	*details*
tahsil olmoq	*to study, to get an education*
taniqli	*popular, well-known*
tarqatmoq	*to spread*
tasvirlamoq	*to describe*
ta'minlamoq	*to provide*
Tib qonunlari	*The Book of Healings*
tibbiyot	*medicine*
tirsak	*elbow*
tish	*tooth*
tizza	*knee*
termoq	*to pick (fruit, cotton)*
tomoq	*throat*
tush	*dream*
tuzalmoq	*to recover, to get better*
ukol	*injection, shot*
ustoz	*teacher, master*
usul	*method, approach*
vazir	*vizier, minister*
xon	*khan (title for a ruler)*
xususiy	*private*
yelka	*shoulder*
yetib bormoq	*to reach*
yetkazmoq	*to deliver*
yiqilib tushmoq	*to fall down*
yo'talmoq	*to cough*
yog'li	*fatty*
Yomon bo'libdi.	*I am sorry (lit: what happened to you is bad)*
yordam	*help, assistance*
yuqumli	*contagious*
yuz	*face*
o'simlik	*plant, herb*
o'tiravering (o'tira bering)	*keep sitting*
o'zgarish	*change*
o'zgarmoq (intr.)	*to change*
og'rimoq **Qattiq og'riyapti.**	*to hurt, to cause pain* *It is hurting badly.*
og'riq	*pain*
shamollamoq	*to catch a cold*
shekilli	*it seems like, apparently*
shikoyat	*complaint*
shug'ullanuvchi	*those who practice*

O'N OLTINCHI DARS 16
CHAPTER SIXTEEN

SAYOHAT

DISCUSSING
TRAVEL AND LEISURE

IN THIS CHAPTER

- **Yangi darsni boshlaymiz!**
  Discussing travel and leisure, renting an apartment, complaining
- **Diqqat, qoida!**
  Participles, past gerund, passive voice
- **Keling, suhbatlashaylik!**
  Activities to practice speaking, listening, reading, and writing
- **Asl o'zbekcha**
  Authentic video clips
- **Qo'shimcha mashqlar**
  Extra activities to reinforce new structures and vocabulary
- **Muomala odobi**
  Native speakers' daily speech
- **Yangi so'zlar**
  Vocabulary used in this chapter

Yangi darsni boshlaymiz!

Study the new vocabulary and phrases used throughout the chapter.

1-mashq: Yangi so'zlarni o'qing, tinglang va eslab qoling.

Poyezd
stansiya
platforma
chipta/bilet
-ga chiqmoq
-dan tushmoq
yo'lovchi/passajir

Avtobus
bekati
yo'nalishi
yo'l kira/yo'l xaqi
yo'lovchi
haydovchi

Uchoq/samolyot
styardessa
pilot
Toshkentdan uchmoq
Tokiyoga qo'nmoq
passajir

Mashina
haydamoq
ijaraga olmoq
benzin quymoq
ustaxonaga olib bormoq
ustaxona

Taksi
olmoq

Tuya yoki ot
minmoq

Mehmonxona
-ga joylashmoq
-dan chiqib ketmoq
bo'sh xona
xizmat

Dam olmoq
sayohat qilmoq
safar qilmoq
ziyorat qilmoq
saylga chiqmoq

Dengiz
-da suzmoq
qayiqda suzmoq
baliq tutmoq

Tog'
-ga chiqmoq - "to climb (to)"
chang'i uchmoq - "to ski"
osma yo'l - "ski lift"
alpinizm - "rock climbing"

2-mashq: **Mustaqil ishlang.** Quyidagi gaplarni o‘qing. Ular siz uchun to‘g‘rimi yoki noto‘g‘ri?

	T	N
1. Xorijiy davlatlarga sayohat qilishni uncha yoqtirmayman.		
2. Yolg‘iz sayohat qilishni yaxshi ko‘raman.		
3. Odatda do‘stlarim bilan sayohat qilaman.		
4. Xorijiy davlatlarda bo‘lmaganman.		
5. Yolg‘iz sayohat qilish xavfli deb o‘ylayman.		
6. Faqat katta shaharlarga sayohat qilaman.		
7. Kichik shaharlarga borishni yaxshi ko‘raman.		
8. Poyezdda sayohat qilishni yaxshi ko‘raman.		
9. Samolyotda uchishni yoqtirmayman, safar vaqtida ancha asabiylashaman.		
10. Hech qachon tuya minmaganman.		
11. Otda yoki tuyada sayohat qilish noqulay deb o‘ylayman.		

3-mashq: **Savollarga javob bering.** Yangi so‘zlarning ishlatilishiga ahamiyat bering.

1. Sayohat qilishni yaxshi ko‘rasizmi?

____

2. Oxirgi marta qayerga sayohat qildingiz? Gapirib bering.

____

3. Sayohatlaringiz davomida biror qiziq voqea sodir bo‘lganmi?

____

4. Kim bilan sayohat qilishni yaxshi ko‘rasiz?

____

5. Qaysi davlatlarga sayohat qilishni yoqtirasiz?

____

6. Qaysi transport turida sayohat qilishni yaxshi ko‘rasiz? Nima uchun?

____

7. Yaqin kelajakda biror yerga sayohat qilishni rejalashtiryapsizmi?

____

4-mashq: A. **Matnni o'qing.** Yangi so'z va iboralarga ahamiyat bering.

Xorijiy davlatlarga sayohat qilish ancha tayyorgarlikni talab qiladi. Masalan, xorijiy davlatga sayohat qilish uchun, odatda, viza olish kerak. Buning uchun rasmga tushish, hujjatlarni to'ldirish va ularni xorijiy davlat elchixonasiga topshirish kerak.

Viza olganingizdan keyin, aviachipta sotib olishingiz va borayotgan joyingiz haqida ko'proq ma'lumot to'plashingiz kerak. Kerak bo'lsa, tibbiy ko'rikdan o'tishingiz va ukol olishingiz kerak. So'ng, kerakli kiyim va narsalaringizni chemodanga joylashishingiz kerak. Undan tashqari, har ehtimolga qarshi, siz sayohat qilishni rejalashtirayotgan davlatda yashaydigan kishilarning madaniyati va tilini o'rganishingiz kerak.

B. Matn asosida savollarga javob bering.

1. Viza olish uchun hujjat topshirganmisiz? Qaysi davlatga sayohat qilish uchun viza olgansiz? Konsullik xizmatidan foydalanganingizda, biror qiziq yoki bexush voqea sodir bo'lganmi? Gapirib bering.

   ____

   ____

2. Odatda biror joyga sayohat qilsangiz, aviachiptani qayerdan sotib olasiz?

   ____

3. Biror davlatga sayohat qilishdan avval, shu davlat haqida ma'lumot to'plash lozim deb o'ylaysizmi? Shu davlatda yashaydigan kishilarning tili va urf-odatlarini o'rganish kerak deb o'ylaysizmi? Nima uchun?

   ____

   ____

5-mashq: **Sinfdoshingiz bilan ishlang.** Birinchi sahifada berilgan yangi so'zlardan foydalanib, suhbat tuzing. Quyida berilgan misoldan foydalaning.

Anna: Tomas, sharq davlatlarida bo'lganmisiz?
Tomas: Ha, bir necha davlatlarga sayohat qilganman.
Anna: Qaysi davlatlarda bo'lgansiz?
Tomas: Misr, Marokash va Turkiyada bo'lganman.
Anna: Misrda bo'lganingizda, qayerlarga borgansiz?
Tomas: Asosan katta shaharlarda bo'lganman.
Anna: Tuya yoki ot minib, biror joyga borganmisiz?
Tomas: Afsuski, yo'q. Asosan taksida yurganman.

Diqqat, qoida!

Learn the new grammar points and complete the grammar-related activities.

1. Participles

In general, participles derive from verbs and act as adjectives. In Uzbek, participles also function as relative clauses.

A relative clause is a clause that modifies a noun. For example, in the English sentence below, the noun *man*, is modified by the relative clause *who called.*

The man, who called, knows me well.

In English, relative clauses are introduced by relative pronouns, such as *that, which, who, whom,* and *whose*. However, in Uzbek, relative clauses are introduced with the help of participles. There are three types of participles in Uzbek.

Past participle is formed by adding the suffix **-gan** to the stem of the verb. The use of this participle implies that the action is completed.

ishlamoq - *to work* **ishlagan** - *worked, one who worked*

Telefon qilgan erkak meni yaxshi taniydi.
The man, who called, knows me well.
O'zbekistondan kelgan professorni ko'rdingizmi?
Did you see the professor who came from Uzbekistan?

Note that a word ending with -**gan** is used as an adjective (or relative clause), and modifies the noun that follows it. In order not to mix it up with the verb, always check the place of the participle; it usually comes before the noun it modifies. On the other hand, the verb (which is in the 3rd person singular form of indefinite past tense) comes at the end of the sentence.

Uyga kirgan yigit meni chaqirdi.
A man who came in the house called me.
U 1985-yilda universitetga kirgan.
He entered (was enrolled) into the university in 1985.

Present participle is formed by adding the suffix **-yotgan** to the stem of the verb. The use of this participle implies that the action is in process.

ishlamoq - *to work* **ishlayotgan** - *working, one who is working*

Telefon qilayotgan erkak meni yaxshi taniydi.
The man, who is calling, knows me well.
Dutor chalayotgan qiz qaysi maktabda o'qiydi?
What school does the girl who is playing the dutor go to?

The negative of both present and past participles are formed by adding **-ma** to the verb stem.

Imtihonga kelmagan talabalarga telefon qilishimiz kerak.
We need to call the students who did not come to the exam.
Raqsga tushmayotgan talabani yaxshi taniyman.
I know the student who is not dancing.

Future participle is formed by adding the suffix **a+digan** to verb stems that end in consonants, and **y+digan** to verb stems that end in vowels.

ket+a+digan - ketadigan - *one who will leave*
yasha+y+digan - yashaydigan - *one who will live*

The use of this participle denotes an action that will take place in the future or can also be used to describe a habitual action.

- **Telefon qiladigan erkak meni yaxshi taniydi.**
The man, who will call, knows me well.
- **Men bilan bir sinfda o'qiydigan qiz choy olib keldi.**
The girl, who studies with me in the same class, brought tea.

The negative form of the future participle is formed by adding a suffix **-ma** to the verb stem.

- **O'zbekistonga safar qilmaydigan talabalar kecha insho yozishdi.**
The students, who are not going to visit Uzbekistan, wrote an essay yesterday.

In general, participles are used very consistently in Uzbek. In a single sentence, several participles can be used to modify nouns. Therefore, Uzbek sentences might seem long and incoherent to an English speaker.

Do not translate such sentence word by word. In these cases, the rule of thumb is to find the subject and the verb of the sentence, and then look for anything else. Consider the sentence above. There, **talabalar insho yozishdi** are the most important parts of the sentence. Once you figure this out, look for other clues, such as participles. You know that participles generally modify the noun; this should give you a clue about **safar qilmaydigan**. Finally, look for other parts of speech, such as the adverbs **O'zbekistonga** and **kecha**.

6-mashq: A. **Matnlarni o'qing.** Skim the following passages taken from different sources. You do not need to understand every word or translate it; just circle all the participles and the nouns they modify, and underline the verbs.

Fransiyaning Rude shahrida qadimiy dazmollarni yig'adigan kishilar bir klub tashkil qilganlar. Klub a'zolari mingdan ortiq dazmol turlari va ular haqida yozilgan ma'lumotlarni to'plaganlar. "Qaysi dazmol qachon paydo bo'lgan?" - degan savolga ham shu yerdan bemalol javob topishingiz mumkin. Masalan, ko'mir bilan ishlaydigan dazmollar XVII asrda paydo bo'lgan. Ungacha esa odamlar yonayotgan ko'mir solingan idishdan foydalanishgan. Elektr dazmollar 1913-yilda o'ylab topilgan.

Navro'z – O'rta Osiyo xalqlarining eng qadimiy bayramlaridan biridir. "Navro'z" forscha so'z bo'lib "yangi kun" degan ma'noni anglatadi. 21-mart, kecha va kunduz tenglashgan kun, Navro'z bayrami sifatida O'rta Osiyo xalqlari tomonidan keng nishonlanadi. Navro'z munosabati bilan o'ziga xos turli taomlar, shirinliklar tayyorlanib, bayram dasturxoni bezatiladi. Navro'z dasturxoni uchun sumalak, halim, ko'k somsa va ko'k chuchvara asosiy taomlar hisoblanadi.

B. Discuss your findings in the classroom with your instructor.

7-mashq: **Mustaqil ishlang.** Quyidagi gaplar to'g'rimi yoki noto'g'ri?

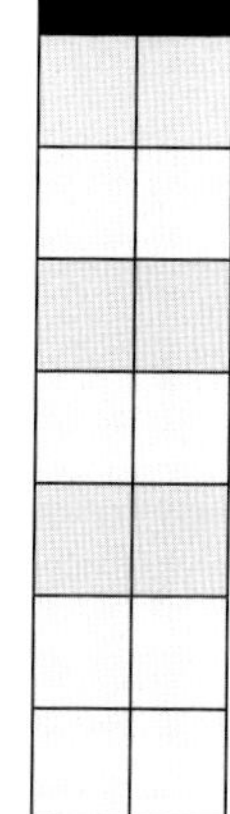

a. Turistlar kam boradigan yerlarga sayohat qilishni yaxshi ko'raman.

b. Xitoy tilida gapirmaydigan tanishlarim yo'q.

c. Odamlar bilan gavjum bo'lgan joylarda dars qilishni yoqtirmayman.

d. O'zbek tilida gapiradigan do'stlarim ko'p.

e. Kelasi yil O'zbekistonga safar qiladigan talabani taniyman.

f. Tatar tilida bemalol gapiradigan do'stlarim ko'p.

g. Turk tilini o'rganayotgan yigitni bilaman.

h. Qo'l telefon ishlatmaydigan odamlarni bilmayman.

8-mashq: **O'qituvchingiz bilan ishlang**. Quyidagi maqollarni tushunishga harakat qiling. Ingliz tilida ham shunday maqollar bormi?

Ish bilganga bir tanga, til bilganga ming tanga.

Ishlagan tishlaydi.

Birlashgan o'zar, birlashmagan to'zar.

2. Past Gerund

In Uzbek, clauses are very rarely linked together by using the conjunction **va**. Instead, the past gerund form of the verb is used to link them together. It is formed by adding **-b** (**-ib** after verb stems ending in consonants) to the verb. The verb in this form denotes the completion of the action.

Kitobni o'qib, Salimaga telefon qildim.
I read the book and called Salima.
(Having read the book, I called Salima).

The suffixes indicating tense and person are not added to a verb in past gerund form and they are understood to be the same as that of the main verb.

Nasiba soat to'qqizda universitetga borib, soat o'n ikkida uyga qaytadi.
Nasiba will go to the university at nine and come back home at twelve.
Nasiba soat to'qqizda universitetga borib, soat o'n ikkida uyga qaytdi.
Nasiba went to the university at nine and came back home at twelve.

9-mashq:  **Mustaqil ishlang.** Quyidagilar to'g'rimi yoki noto'g'ri?

	T	N
1. Odatda universitetdan kelib, sport zalga boraman.		
2. Kechqurunlari ovqatlanib, televizor ko'raman.		
3. Ertalablari barvaqt uyg'onib, nonushta tayyorlayman.		
4. O'zbek tilini o'rganib, O'zbekistonga safar qilmoqchiman.		
5. Kechqurunlari darslarimni qilib, musiqa tinglayman.		
6. Har kuni televizor ko'rib, uxlashga yotaman.		
7. Kecha o'zbek tilini o'rganib, kitob o'qidim.		
8. Juma kunlari universitetdan kelib, kinoteatrga boraman.		

10-mashq:  **Mustaqil ishlang.** Gaplarni davom ettiring.

1. Har kuni universitetga borib, ______________________
2. O'zbek tilini o'rganib, ______________________
3. Universitetdan/ishdan qaytib, ______________________
4. Har kuni televizor ko'rib, ______________________
5. Kecha radio tinglab, ______________________
6. Sport zaldan kelib, ______________________
7. O'tirishga borib, ______________________

3. Passive voice

The passive voice of a verb is used when the subject of the verb refers to the person or thing receiving the action described by the verb. Only a transitive verb, the one which can take the object, can be put into the passive voice. In English, passive voice is formed with an auxiliary verb and the past participle.

Adam wrote the letter. (active voice)
The letter was written. (passive voice)

In Uzbek, the passive voice is formed with the help of a suffix **-il** (**-l** is attached to stems ending with a vowel, **-in** is attached to stems ending in 'l'). It comes immediately after the verb root and precedes all other suffixes.

Karim idishlarni yuvdi. *He washed the dishes* (active voice).
Idishlar yuvildi. *The dishes were washed* (passive voice).
Qodiriy 'O'tgan kunlar' asarini yozgan.
Qodiriy wrote the novel 'Bygone days'.
'O'tgan kunlar' asari Qodiriy tomonidan yozilgan.
The novel 'Bygone days' was written by Qodiriy.

11-mashq: Mustaqil ishlang. Skim the text, you do not need to understand every word, and underline all the verbs used in the passive voice. Discuss them in your class.

Tamaki Amerika qit'asidan kelib chiqqan. U Yevropaga XV-asr oxirida dengizchi va kashfiyotchi Xristofor Kolumb tomonidan olib kirilgan. 1560-yilda Lissabon saroyida Fransiya elchisi Jan Niko ('nikotin' so'zi uning ismidan olingan) tamaki barglarini Fransiya qirolichasi Yekaterina Medichiga hadya qilgan. O'sha vaqtlarda tamaki bosh og'rig'ini qoldiradigan dori sifatida ishlatilgan. Sovg'a qattiq bosh og'rig'idan azob chekadigan qirolicha tomonidan xursandchilik bilan qabul qilingan. Shundan so'ng, tamaki butun Yevropa bo'ylab tarqalgan.

12-mashq: Mustaqil ishlang. Re-write the sentences using passive voice. Follow the model. **Namuna**: U bugun asarni o'qiydi. – Asar bugun o'qiladi.

1. Ular kecha paxta terishdi. ______
2. She'rni o'zbek tiliga tarjima qildim. ______
3. Usta mashinani tuzatadi. ______
4. Sotuvchi do'konni ochdi. ______
5. Dasturxon yozdik. ______
6. Men xat yozdim. ______

Keling, suhbatlashaylik

Practice new grammar notes and vocabulary by reading, listening, writing and speaking.

13-mashq: A.  **Suhbatlarni o'qing.**

Xorijiy davlatlarda bo'lganmisiz?
Qaysi davlatlarga safar qilgansiz?

Ha, bir necha davlatlarda bo'lganman. Xitoy, Turkiya va Boltiq bo'yi davlatlariga safar qilganman.

Siz yoqtirgan shahar yoki davlat qaysi?

Men bo'lgan shaharlar orasida eng chiroyli shahar Istanbul deb o'ylayman. Istanbul masjidlari, ko'priklari, bozorlari juda ajoyib, odamlari nihoyatda xushmoamala.

B. **Sinfdoshingiz bilan ishlang**. Safar qilgan davlatlaringiz haqida suhbatlashing. Savollardan foydalaning.

1. Siz qaysi davlatlarga safar qilgansiz?
2. Qaysi davlat yoki shaharga borishni xohlaysiz? Nima uchun?
3. Siz yoqtirgan davlatga/shaharga qaysi faslda borish kerak? Nima uchun?

14-mashq: A. **Mustaqil ishlang.** Order the sentences to make meaningful dialogues. Listen to the audio to check your answers.

Mehmonxonada

1	Bo'sh xonalar bormi?
__	Necha kun turasiz? Ikki kundan ko'proq tursangiz, arzonroqqa beramiz.
__	Yaxshi.
__	Ha, bor.
__	Dushanbagacha turaman, y'ani to'rt kun.
__	Mana, xonaning kaliti. 39-xonaga chiqasiz.
__	Bir kishilik xona necha pul?
__	Ikkinchi qavatda. Liftda chiqsangiz bo'ladi.
__	Bu xona nechanchi qavatta?
__	Unday bo'lsa, yuz ming so'm to'laysiz.

Ijaraga kvartira olish

1	Alo, assalomu alaykum. Men e'lon bo'yicha telefon qilyapman.
__	Mayli, maslahatlashib, telefon qiling.
__	Ijaraga berayotgan kvartirangiz haqida bilmoqchi edim.
__	Juda yaxshi. Bir oyga necha pul?
__	Ijara 200 ming so'm, undan tashqari suv, elektr, gaz va telefonga alohida to'laysiz.
__	Uch xonali. Xonalari katta, oshxonasi va balkoni bor. Hamma kerakli jihozlar, ya'ni mebel, muzlatgich va gaz plita bor.
__	Nechta xonasi bor?
__	Ha, albatta. Kvartira 'Bodomzor' metro bekatiga yaqin. 50-maktabning oldidagi ko'p-qavatli binoning 3-qavatida joylashgan.
__	Ha, yaxshi. Men uydagilar bilan maslahatlashib, sizga yana telefon qilaman.
__	Ha, eshitaman.

B. **Sinfdoshingiz bilan ishlang.** Yangi so'zlardan va suhbatlardan foydalanib, suhbat tuzing.

15-mashq: Sinfdoshingiz bilan ishlang. Work with your classmate and role play using the situations below.

1

Siz: Toshkentga safar qilmoqchisiz. U yerda qaysi mehmonxonada turishni bilmaysiz. O‘zbekistonda bo‘lgan do‘stingiz bilan gaplashib, u yerdagi mehmonxonalar haqida so‘rang.

Sinfdoshingiz: O‘zbekistonga bir necha marta safar qilgansiz. Toshkentdagi mehmonxonalarni yaxshi bilasiz. Sinfdoshingizning savollariga javob bering. Toshkentdagi biror mehmonxonani unga tavsiya qiling.

2

Siz: “Do‘stlik” mehmonxonasidasiz. Afsuski, xonangizda sochiq va sovun yo‘q. Undan tashqari, xonadagi televizor ham ishlamayapti. Mehmonxona ma’muriyatiga telefon qiling va vaziyatni tushuntiring.

Sinfdoshingiz: “Do‘stlik” mehmonxonasida ishlaysiz. Kech soat 7da sizga bir mehmon telefon qilib, shikoyat qilyapti. Javob bering. Muammoni qanday hal qilishingizni tushuntiring.

3

Siz: Samarqand markazidagi “Afrosiyob” mehmonxonasiga joylashdingiz. Ertaga Toshkentga bormoqchisiz, lekin aeroportga qanday yetib borishni bilmaysiz. Mehmonxona qabulxonasiga telefon qilib, taksi yoki avtobus haqida so‘rang.

Sinfdoshingiz: Mehmonxonada ishlaysiz. Bir mehmon sizga telefon qilib, aeroportga qanday yetib olish haqida so‘rayapti. Avtobus va taksi xizmati haqida ma’lumot bering.

4

Siz: Toshkentga o‘zbek tilini o‘rganish uchun keldingiz. Shaharda yarim yil turmoqchisiz. Ijaraga kvartira olishni istaysiz. Kvartirasini ijaraga berayotgan kishiga telefon qilib, u bilan kvartira haqida suhbatlashing.

Sinfdoshingiz: Kvartirangizni ijaraga bermoqchisiz. Sizga bir amerikalik talaba telefon qilib, kvartirangiz haqida so‘rayapti. Uning savollariga javob bering.

16-mashq: **Matnni oʻqing.** Toshkentga safar qilganmisiz? Toshkent shahri haqida nimalarni bilasiz? Quyida berilgan, Toshkent haqidagi matnni oʻqib, savollarga javob bering.

Toshkent

Toshkent – Markaziy Osiyodagi eng qadimgi shaharlardan biri. Shahar 5-9 asrlarda Choch, Shosh, Binkat va Tarkand deb atalgan. Shahar 6-asrda Turk xoqonligi tarkibiga kirgan. O'sha davrda shahar kuchli mudofaa devori bilan o'ralgan. Shahar atrofida bir necha qasrlar ham qurilgan. O'sha davrlarda Buyuk Ipak yo'lining bir tarmog'i shahar orqali o'tgan va shaharning rivojlanishida muhim rol o'ynagan.

8-asr boshlarida arablar Toshkentni bosib olib, uni vayron qilganlar. 9-asrda shahar avvalgi o'rnidan biroz uzoqroqda qayta barpo bo'lgan va Binkat deb atalgan. 10-asrlarda Binkat yirik savdo markaziga aylangan. Ba'zi tarixiy manbalarga ko'ra, bu shahar 11-asrdan boshlab Toshkent deb atalgan.

Toshkent 13-asrda Mo'g'ul qo'shinlariga qarshi bo'lgan urushda yoqib yuborilgan. 14-asr oxirlarida esa Amir Temur saltanatining sharqidagi muhim strategik shaharga aylangan.

19-asr o'rtalarida Toshkent Rossiya bilan savdo qiladigan eng yirik savdo markaziga aylangan. 1865-yil iyun oyida Toshkentni Rossiya qo'shinlari bosib olganlar. 1867-yilda Toshkent Turkiston general-gubernatorligining markazi bo'lgan. 1905-yilda Orenburg-Toshkent temir yo'li qurilgan. Shundan so'ng, ko'plab sanoat korxonalari barpo etilgan. Shuning hisobiga, Toshkent aholisining soni ham tez o'sgan.

1917-yil noyabrda Toshkentda Sovet hokimiyati o'rnatilgan. 1918-yilning aprelidan boshlab Toshkent Turkiston ASSR poytaxti, 1930-yilda esa O'zbekiston SSR poytaxti bo'lgan.

1941-45 yillarda Toshkent sanoati frontga xizmat qilgan. Urushdan keyin shahar tez o'sgan. 1966 yilda bo'lgan zilziladan keyin ko'plab yangi binolar va metropoliten qurilgan.

1991-yil 1-sentyabrdan Toshkent mustaqil O'zbekiston Respublikasining poytaxti.

17-mashq: **Mustaqil ishlang.** Matn asosida savollarga javob bering.

Matnga mos sarlavhani belgilang.

a. Bolalik xotiralarim.
b. Toshkent – non shahri.
c. Toshkent tarixi.
d. Zamonaviy Toshkent.

5 – 9-asrlarda shahar rivojlanishiga nima sababchi bo'lgan?

a. arablarning hujumi va shaharning vayron qilinishi
b. mudofaa devorlari va qasrlarning buzib tashlanishi
c. Buyuk Ipak Yolining hissasi
d. shaharning Choch deb atalishi

Toshkentda birinchi temir yo'l qachon qurilgan?

a. zilziladan keyin
b. ruslar bosqinidan keyin
c. Ikkinchi Jahon Urushi vaqtida
d. Sovet hokimiyati o'rnatilganidan keyin

18-mashq: Savollarga javob bering. Each sentence describes a main event in the text. Place them in the order in which they occurred.

___	Shahar yoqib yuborildi.
___	Toshkent sanoati frontga xizmat qildi.
___	Shaharda zilzila bo'ldi.
___	Turk xoqonligi tarkibiga kirdi.
___	Yangi va zamonaviy uylar qurildi.
___	Toshkent strategik markazga aylandi.
___	Mustaqil davlat poytaxtiga aylandi.
___	Temir yo'l qurildi.
___	Shahar Toshkent deb atala boshlandi.

19-mashq: **Savollarga javob bering.** Quyidagilar to'g'rimi yoki noto'g'ri? Matn asosida javob bering.

	T	N
1. Shaharning nomi doim Toshkent bo'lgan.		
2. Buyuk Ipak yo'li Toshkent orqali o'tgan.		
3. Amir Temur hukomronligi davrida Toshkent muhim shaharga aylangan.		
4. Temir yo'l qurilganidan keyin, Toshkent aholisining soni kamaygan.		
5. Toshkent Rossiya imperiyasining poytaxti bo'lgan.		
6. Toshkent metropoliteni zilziladan keyin qurilgan.		

Asl o'zbekcha

Watch the video clip and practice both listening and speaking.

20-mashq: The video you are about to watch is about renting an apartment. Check the phrases and words that you think might be used in this video.

ijara xaqi ☐	dahliz ☐
sayohat ☐	taksi ☐
siz nima tavsiya qilasiz? ☐	Achchiq ekan! ☐
oshxona ☐	yotoq ☐
ayvon ☐	Kvartirangizning balkoni bormi? ☐
ko'cha ☐	idish-tovoq ☐
Sabzavot sotmaymiz! ☐	Ikki kilo shakar kerak edi. ☐
qimmat ☐	muzlatgich ☐

21-mashq: A. 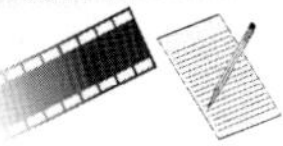 **Mustaqil ishlang.** Videoni ko'rib, savollarga javob bering.

1. Yigitga qanday kvartira (xonadon) kerak?

2. Oshxonada nimalar bor?

3. Ayol hammom haqida nima dedi?

4. Yigitga kvartira yoqdimi?

5. Yigit kvartirani qancha muddatga ijaraga olmoqchi?

____

6. Yigit bir oyga necha pul to'lashga rozi bo'ldi?

____

B. Videoni yana bir marta ko'rib, suhbatni to'ldiring.

Yigit: ____________
Ayol: *Ha, bor. Men ijaraga xonadon topshiraman.*
Yigit: ____________
Ayol: *Albatta, marhamat. Keling, marhamat. Mana bu – dahliz. Uyda kerakli barcha jihozlar mavjud. Bu yer – oshxona. Oshxonada barcha idish-tovoqlar bor. Mana bu yerda – muzlatgich. Keling, bu yer – ayvon. Bemalol ko'rishingiz mumkin.*
Yigit: ____________
Ayol: *Albatta bo'ladi, keling. Mana bu – mehmonxona. Uy sizga ma'qulmi?*
Yigit: ____________
Ayol: *Yuring, yotoq mana bu yerda. Mana bu - yotoq. Marhamat, ko'rishingiz mumkin. Hamma kerakli narsalar bor.*
Yigit: ____________
Ayol: *Xursandman. Mana bu yerda hammom, ko'rib turganingizdek, juda shinam.*
Yigit: ____________
Ayol: *Albatta, yuring. Uyni qancha muddatga ijaraga olmoqchisiz?*
Yigit: ____________
Ayol: *Oyiga ikki yuz ellik ming so'm to'lashingiz kerak bo'ladi.*
Yigit: ____________
Ayol: *Yo'q, bir yuz ellik ming so'm juda kam. Ikki yuz ming so'm bera qoling.*
Yigit: ____________
Ayol: *Demak, uyning narxiga kelishdik. Qachon kelasiz?*
Yigit: ____________
Ayol: *Yaxshi, xayr.*
Yigit: ____________

a. Mayli, kelishdik.

b. Men bu shaharga o'qish uchun kelganman, uch oy muddatga uy olmoqchiman.

c. Men ertaga sizga qo'ng'iroq qilib, keladigan kunimni aytaman.

d. Keng, yorug', xonalari yaxshi ekan. Yotog'ingiz qayerda?

e. Menga uyingiz ma'qul bo'ldi. Endi ijara xaqini kelishib olsak bo'lar edi.

f. Menga dahlizi keng, mehmonxonasi bor, alohida yotog'i bor bir uy kerak edi. Uni ko'rishning iloji bormi?

g. Bir yuz ellik ming so'm bersam bo'ladimi?

h. Yaxshi, ko'rinishi yomon emas. Menga uy ma'qul.

i. Yaxshi, boshqa xonalarni ko'rsak bo'ladimi?

j. Kechirasizlar, mana shu uyda ijaraga topshiriladigan xonadon bormi?

k. Xayr, yaxshi qoling.

22-mashq: **Sinfdoshingiz bilan ishlang.** Pretend you are leasing an apartment. Your classmate would like to rent it. Make a dialogue and act it out.

Qo'shimcha mashqlar

Reinforce new structures and vocabulary by completing these extra activities.

Mustaqil ishlang. Quyida berilgan mashqlarni bajaring. Yangi so'zlar va grammatik qoidalarning ishlatilishiga ahamiyat bering.

Participles

23-mashq: Fill in the blanks with a correct participle in an appropriate form.

sotib olmoq, gapirmoq, bilmoq, o'ynamoq, turmoq, javob bermoq, o'qimoq, ko'rmoq

1. Futbol ____________yigitni juda yaxshi taniyman. U sinfdoshimning ukasi.
2. Kechagina ____________________________ kitobimni yo'qotib qo'ydim.
3. Onam ikki yildan beri _______________________ teleserial kecha tugadi.
4. Toshkentda _________________________ yigitning ismi nima?
5. Ispan tilini ____________ kishilarni taniysizmi? Bizga tarjimon kerak edi.
6. Telefonda ______________________ qiz sizning singlingizmi?
7. Kechirasiz, garajda ____________________ mashina siznikimi?
8. Kecha men telefon qilganimda ___________________________ ayol kim?

24-mashq: Quyidagi shaharlarga safar qilgan kishilar qayerlarga borishlari va nimalarni ko'rishlari kerak? Maslahat bering. Namunadan foydalaning.

Namuna: Samarqand - Samarqandga safar qilgan kishilar, Registon maydonini ko'rishlari kerak.

a. Nyu-York: ____

b. Parij: ____

c. San-Fransisko: ____

d. Istanbul: ____

e. London: ____

f. Pekin: ____

g. Tokio: ____

25-mashq: Savollarga javob bering.

**Namuna: Siz o'rgangan tillar orasida eng qiyin til qaysi?
Men ispan, xitoy va o'zbek tillarini o'rganganman. Ular orasida eng qiyin til xitoy tili bo'lsa kerak.**

1. Siz bilgan kishilar orasida eng saxiy kishi kim?
   ____
2. Siz ko'rgan filmlar orasida eng qo'rqinchli film qaysi?
   ____
3. Siz safar qilgan shaharlar orasida eng toza shahar qaysi?
   ____
4. Siz bilgan universitetlar orasida eng qadimgi universitet qaysi?
   ____
5. Siz taniydigan kishilar orasida eng tirishqoq kishi kim?
   ____

26-mashq: Who is described? Provide the Uzbek word.

1. hujjat yoki nutqni bir tildan ikkinchi tilga tarjima qiladigan kishi:	________
2. restoranda ovqat pishiradigan kishi:	________
3. maktab yoki universitetda dars beradigan kishi:	________
4. dalada ishlaydigan, turli xil sabzavot yoki mevalar ekadigan kishi:	________
5. shifoxonada ishlaydigan, kishilarni davolaydigan shaxs:	________

Past Gerund

27-mashq: Gaplarni to'ldiring. Namunadan foydalaning.

Namuna: Universitetni _*bitirib*_, Samarqandga qaytib keldi.
boshlanmoq, o'qimoq, o'rganmoq, tuzatmoq, tayyorlamoq, kelmoq

a. **O'zbekcha kitob ____________, ko'p yangi so'zlarni o'rgandi.**
b. **Mashinasini ____________, uni sotib yubordi.**
c. **Ingliz tilini ____________, tarjimon bo'lib ishladi.**
d. **Dars soat ikkida ____________, soat oltida tugaydi.**
e. **Avtobus 'Bodomzor' masjidi yoniga ____________, turistlarni kutadi.**
f. **Biz o'zbekcha taomlarni ____________, sizni uyimizga taklif qilamiz.**

28-mashq: So'zlardan foydalanib, savollarga javob bering.

a. Bugun ertalab nima qildingiz? (yuvinmoq, kofe ichmoq)

____

b. Lola peshinda nima qiladi? (tushlik qilmoq, ishini davom ettirmoq)

____

c. O'zbek tilini o'rganayotgan talabalar, kelasi haftada nima qilishmoqchi? (viza olish uchun hujjat topshirmoq, safarga tayyorlanmoq)

____

d. Qahramon o'tgan kuni nima qildi? (narvondan yiqilmoq, qo'lini sindirmoq)

____

e. Qahramon bugun nima qiladi? (dorixonaga bormoq, dori sotib olmoq)

____

f. Imtihondan o'tmagan talabalar nima qilishadi? (tayyorlanmoq, qayta topshirmoq)

____

29-mashq: E'lonni (ad) o'qib, savollarga javob bering.

Toshkent shahar, Markaz 1 dahasi, 5 qavatli binoning 3-qavatida joylashgan ikki xonali kvartira sotiladi. Kvartira yevropacha usulda remont qilingan. Xonalari alohida, kirganda dahlizi bor. Balkon 2x6 metr, oynavand. Oshxonasida yangi gazplita o'rnatilgan.

Kvartira "Bolalar dunyosi" do'koni orqasida joylashgan. "Amir Temur xiyoboni" metro bekatiga yaqin. Narxi kelishilgan holda. Qo'shimcha ma'lumotlar uchun kech soat oltidan sakkizgacha 245-46-19 telefon raqamlariga qon'g'roq qiling.

1. Which of the following was NOT mentioned about this apartment?
- **a. Toshkentda joylashgan**
- **b. metro va do'konga yaqin**
- **c. juda arzon narxga sotiladi.**
- **d. shahar markazida joylashgan.**

2. Which one of the following maps illustrates the location of the apartment as it was described in the text?

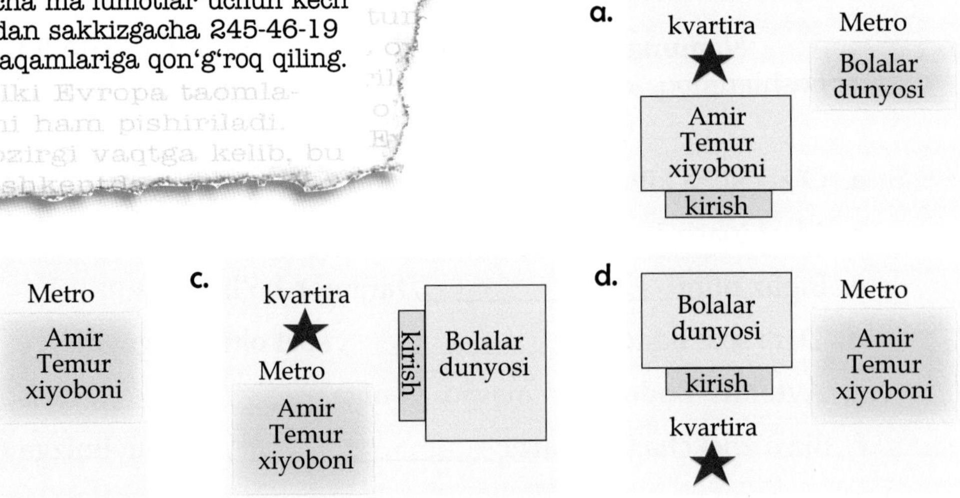

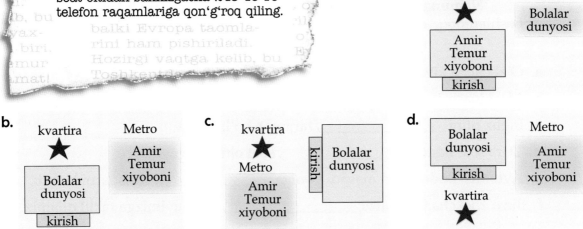

30-mashq: **Mustaqil ishlang.** Your good friend is planning to go to Uzbekistan and study Uzbek. She is asking your advice about housing, because during your stay in Uzbekistan, you rented this house. Describe it to your friend. Tell her about the location, amenities, and the price. Mention about the disadvantages, if any. Do you recommend this place to her?

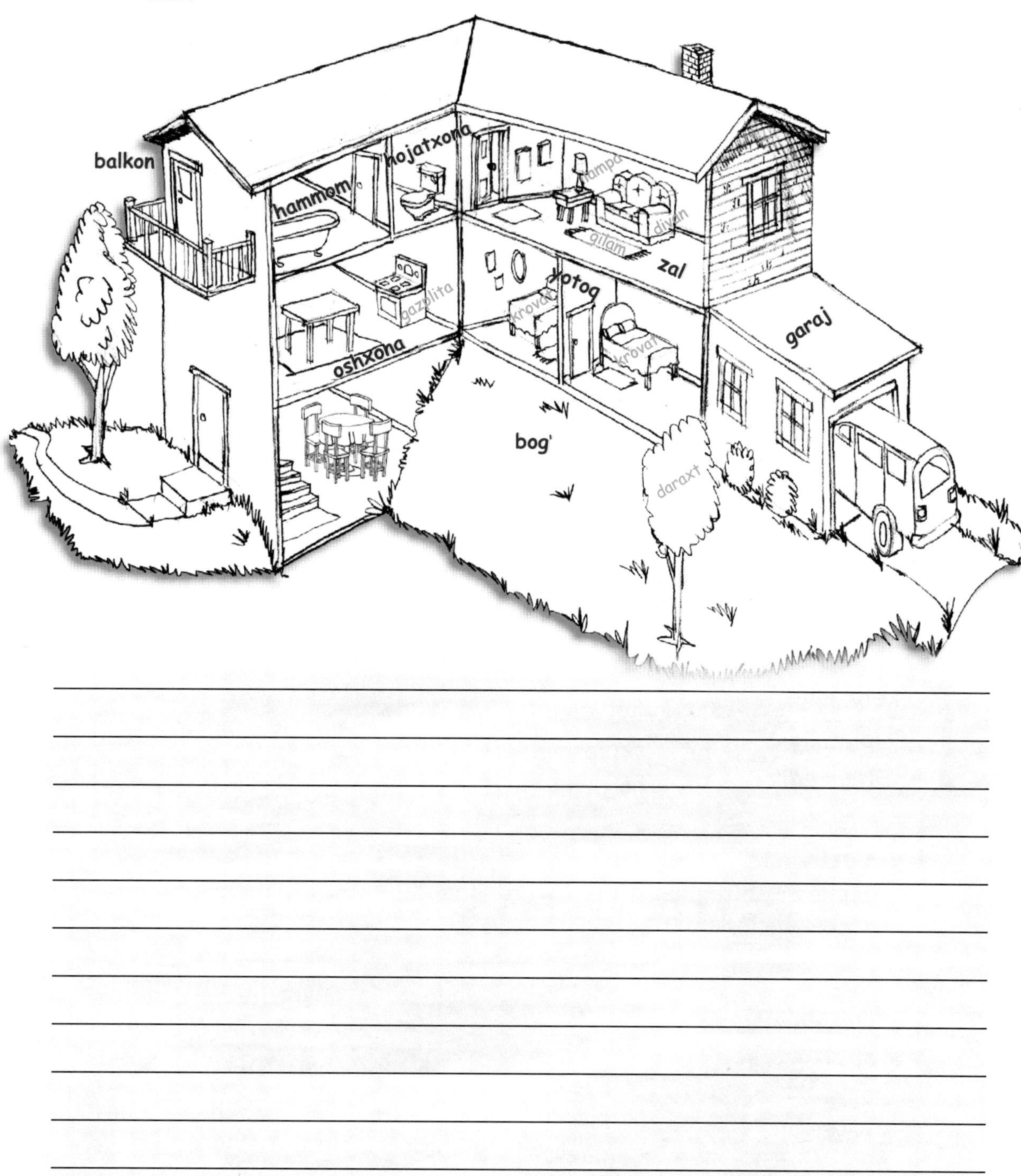

___

___

___

___

___

___

___

___

___

___

___

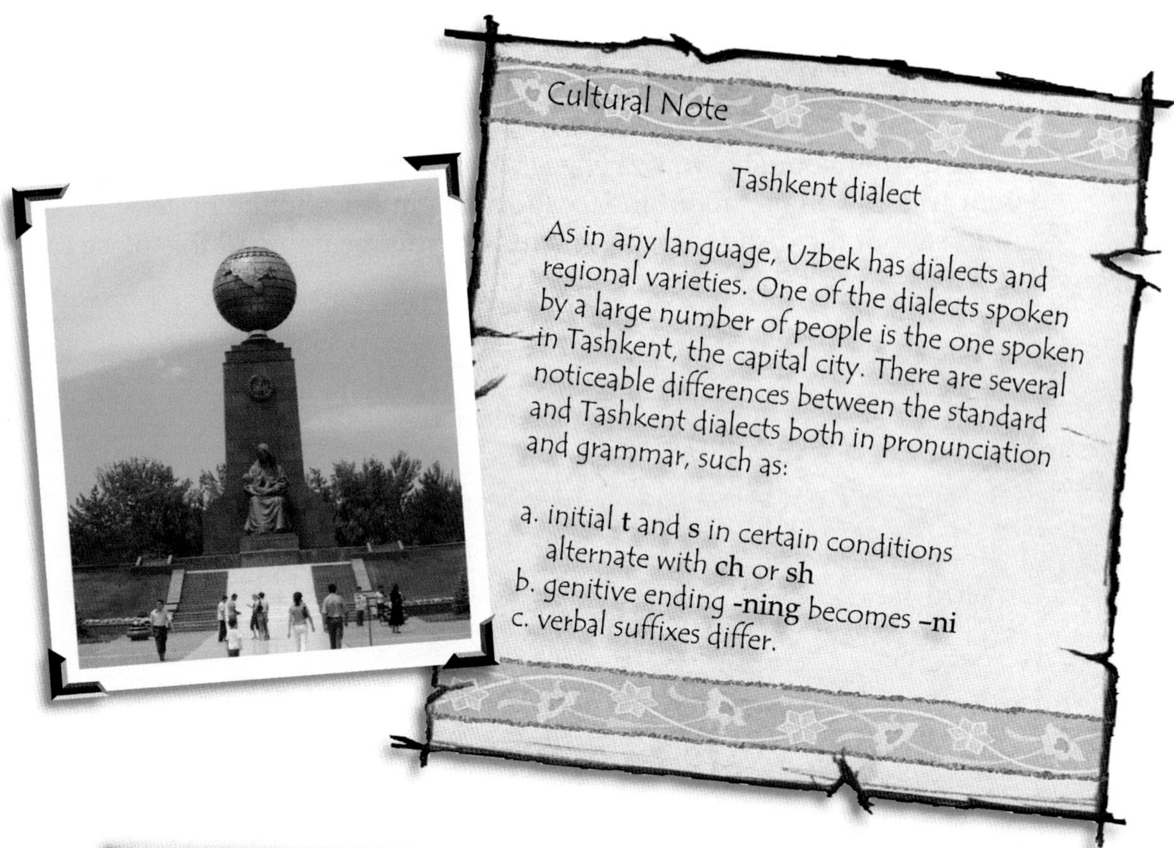

Cultural Note

Tashkent dialect

As in any language, Uzbek has dialects and regional varieties. One of the dialects spoken by a large number of people is the one spoken in Tashkent, the capital city. There are several noticeable differences between the standard and Tashkent dialects both in pronunciation and grammar, such as:

a. initial **t** and **s** in certain conditions alternate with **ch** or **sh**
b. genitive ending **-ning** becomes **–ni**
c. verbal suffixes differ.

Standard Uzbek	Tashkent dialect	English translation
tushundim	chushundim	I understood
soch	choch	hair
uning bolasi	uni bolasi	his child
Mening kitobim	Mani kitobim	my book
ketyapmiz	ketvommiz	we are leaving
gaplashayotgan qiz	gaplashvotgan qiz	a girl who is talking
borgan edik	boruvdik	we had gone

Some most frequently used words that differ from standard Uzbek include:

Standard Uzbek	Tashkent dialect	English translation
qayerda?	qatta?	where?
qayerga?	qatga?	where to?
qayerdan?	qattan?	where from?
qandaysiz?	qaleysiz? qanaqasiz?	How are you?

Muomala odobi

Study the phrases used in everyday speech.

Gaplarni tinglang.
Sinfda o'qituvchingiz bilan ishlang. Gaplarni o'qib, ularning ma'nosini tushunishga harakat qiling. So'ng sinfdoshingiz bilan suhbat tuzing.

Tasdiqlash - Agreeing	**Inkor etish** - Disagreeing
Rost, xuddi shunday. *Right, it is true.*	**Mutlaqo noto'g'ri!** *Completely wrong!*
Shu gapingizga qo'shilaman. *I agree with you.*	**Bo'lishi mumkin emas!** *It cannot be true!*
Hech shubha yo'q! *There is no doubt!*	**Bu gapingiz noto'g'ri!** *You are wrong!*
Albatta to'g'ri! *Certainly, it is true!*	**Hech ham bunday emas!** *It is not like this at all!*
Shubhasiz, to'g'ri! *No doubt, it is true!*	**Bunday bo'lishi mumkin emas!** *It cannot be true!*
	Fikringizga qo'shila olmayman. *I cannot agree with you.*

Suhbat

Yangi so'zlar

 Listen and review the new vocabulary used in this chapter.

alohida	*separate*
atalmoq	*to be named, to be called*
avtobus bekati	*bus station*
avvalgi	*previous*
aylanmoq	*to turn into*
ayvon	*veranda*
barpo etilmoq	*to be established, to be found*
benzin quymoq	*to fill up with gas*
bexush	*unpleasant*
bir kishilik xona	*a hotel room for one person*
birlashmoq	*to unite*
biror	*some*
bo'sh xona	*vacant room*
bo'yicha	*about, regarding*
Boltiq bo'yi davlatlari	*Baltic states*
boshlamoq	*to start, to begin*
boshlarida	*in the beginning*
bosib olmoq	*to conquer*
bosqin	*occupation*
dahliz	*entrance hallway, foyer*
dala	*field*
dam olmoq	*to rest*
dars qilmoq	*to study, to do homework*
davomida	*during*
e'lon	*announcement*
ekmoq	*to plant, to grow*
elchixona	*embassy*
foydalanmoq	*to use, to make use of*
front	*front (mil.)*
gavjum	*crowded*
hal qilmoq	*to solve*
hammom	*bathroom*
har ehtimolga qarshi	*just in case*
hissa	*contribution*
hokimiyat	*regime, government*
hujjat topshirmoq	*to apply*
hujum	*attack*
hukumronlik	*reign*
idish-tovoq	*dishes*
ijaraga olmoq	*to rent*
joy	*place*
keng	*wide*
lift	*elevator*
ma'lumot	*information*
ma'muriyat	*administration*
ma'qul	*acceptable, reasonable*
manba	*source*
mashina haydamoq	*to drive a car*
mebel	*furniture*
mehmonxonadan chiqib ketmoq	*to check out of a hotel*
mehmoxonaga joylashmoq	*to check into a hotel*
minmoq	*to ride*
muddat	*time, period*
mudofaa	*defense*
muhim	*important*
muzlatgich	*freezer*
nutq	*speech*
orqali	*through, via*
ot	*horse*
pilot/uchuvchi	*pilot*
platforma	*platform*

poyezd	*train*
qasr	*palace*
qavat	*floor (as in 2nd floor)*
qayta	*again, once more, over again*
qiziq	*funny, interesting*
qo'l telefon	*cell phone*
qo'shin	*army, troops*
qurilmoq	*to be built*
raqsga tushmoq	*to dance*
rivojlanmoq	*to develop*
rozi bo'lmoq	*to agree*
safar qilmoq	*to travel, to have a trip*
sanoat korxonalari	*industrial enterprises*
savdo	*trade*
saxiy	*generous*
saylga chiqmoq	*to have a picnic*
sayohat qilmoq	*to travel*
shuning hisobiga	*as a result of this*
sizniki	*your, yours*
sodir bo'lmoq	*to happen, to occur*
sochiq	*towel*
sovun	*soap*
sport zal	*gym*
stansiya	*station*
styuardessa	*flight attendant*
saltanat	*sultanate, dominion*
taksi olmoq	*to take a cab*
talab qilmoq	*to require*
tanga	*coin*
tanimoq	*to know, to be acquainted*
tarkibiga kirmoq	*to be part of*
tarmoq	*branch, division*
tayyorgarlik	*preparedness*
temir yo'l	*railroad*
tirishqoq	*hardworking*
tishlamoq	*to bite, to eat*
to'zar	*gets scattered*
Tokiyoga qo'nmoq	*to land in Tokyo*
Toshkentdan uchmoq	*to take off in Tashkent*
turist	*tourist*
Turk xoqonligi	*Turkic khanate*
Turkiston general-gubernatorligi	*Turkestan governor-generalship*
tuya	*camel*
vayron qilmoq	*to destroy*
vaziyat	*situation*
xavfli	*dangerous*
xizmat	*service*
xorijiy davlat	*foreign country*
xotira	*memory*
ya'ni	*that is*
yer	*place*
yirik	*large, great*
yo'lovchi	*passenger*
yo'nalish	*direction, route*
yo'qotib qo'ymoq	*to lose*
yoqib yubormoq	*to set on fire*
yorug'	*bright*
yoshlik	*childhood*
yotoq	*bedroom*
yo'l kira/xaqi	*fare (bus, taxi)*
ziyorat qilmoq	*to visit*
o'rin	*place*
o'rnatilmoq	*to establish, to install*
o'smoq	*to grow*
o'zar	*gets ahead*
chipta/bilet	*ticket*

APPENDICES

* these are the transcripts to listening activities for which no text is provided in the textbook.

Appendix A: Transcripts

Chapter 2

11-mashq.

1. Birinchi rasm: Menimcha, bu erkak va ayol juda baxtlidir. Ular keksa, lekin hali ham baquvvat. Menimcha, ular o'zbeklar.
2. Ikkinchi rasm: Menimcha bu qiz chiroyli. U yosh va xursand. Menimcha, u tojik.
3. Uchinchi rasm: Menimcha, bu erkak va ayol boydir. Ular xursand. Menimcha, ular o'zbeklar.

Chapter 4

27-mashq.

Bu sinf. U katta va shinam. Sinfda yetti talaba va bir o'qituvchi bor. Sinfda yana ikkita deraza, bitta eshik va ikkita taxta bor. Sinfda bitta televizor va bitta kompyuter ham bor. Sinfda yana kitob javoni ham bor. Kitob javonida beshta kitob va sakkizta daftar bor.

Chapter 5

16-mashq.

1. Maktabdasiz. Maktabdan chiqing va Navoiy ko'chasi tomon yuring. Navoiy ko'chasida chapga burilib, Furqat ko'chasi tomon yuring. Furqat ko'chasidan o'tib, yana 10 metrcha yuring. O'ng tomonda nima bor? Chap tomonda-chi?

2. Universitetdasiz. Universitetdan chiqib, Bobur ko'chasi tomon yuring. Bobur ko'chasidan o'ting. Qayerdasiz?

3. Kasalxonadasiz. Kasalxonadan chiqib, Navoiy ko'chasi tomon yuring. Navoiy ko'chasida o'ngga buriling. Furqat ko'chasi, maktab, supermarket va Zulfiya ko'chasidan o'tib, yana 10 metrcha yuring. Chap tomonda nima bor?

4. Supermarketdasiz. Supermarketdan chiqib, Navoiy ko'chasi tomon yuring. Navoiy ko'chasida o'ngga buriling. Ko'cha bo'ylab to'g'riga yuring. Furqat va Bobur ko'chalaridan o'ting. Qayerdasiz? O'ng tomonda nima bor? Chap tomonda-chi?

Chapter 6

4-mashq.

Lola soat oltida uyg'onadi va yuvinadi. U soat yettida nonushta qiladi. Lola universitetda o'qiydi. U soat to'qqizda universitetga boradi. U universitetga avtobusda yoki metroda boradi. Lola soat o'n ikkida tushlik qiladi. Soat uchda uyga qaytadi. Soat oltida kechki ovqatni yeydi va ingliz tilini o'rganadi. Lola kechqurunlari televizor ko'radi va kitob o'qiydi. U soat o'n ikkida uxlaydi.

20-mashq.

#1.

- Kechirasiz, ismingiz nima?
- Ra'no.
- Ra'no, qayerdansiz?
- Toshkentdan.
- Siz kvartirada yashaysizmi?
- Ha.
- Odatda bozorga borasizmi?
- Yo'q, men Toshkentning markazida yashayman, u yerda supermarketlar juda ko'p. Shuning uchun odatda supermarketga boraman.
- Hm, qimmat emasmi?
- Biroz, lekin juda qulay.

#2.
- Kechirasiz, ismingiz nima?
- Hamidov Furqat.
- Furqat aka, siz qayerdansiz?
- Samarqanddan, Jonboy qishlog'idanman.
- Kvartirada yashaysizmi?
- Yo'q, yo'q!! Qishloqda kvartiraga nima bor?! Kvartirani yomon ko'raman. Hovlida yashayman. Katta hovlida.
- Yaxshi, rahmat.

23-mashq.

Ismim Nodira. Toshkent Davlat Milliy universiteti talabasiman. Universitetning filologiya fakultetida o'qiyman. Universitetda darslar ertalab soat sakkiz yarimda boshlanadi va soat ikkida tugaydi. Shanba kunlari darslar soat o'n ikkida tugaydi. Darsdan keyin men do'stlarim bilan uchrashaman va biz kinoga yoki kafega boramiz.

38-mashq.

Bir necha oy avval Toshkentning Yunusobod tumanida "Bahor" restorani ishga tushirildi. Bu yerda nafaqat o'zbek taomlari, balki Yevropa taomlari ham tayyorlanadi. Hozirgi vaqtga kelib, bu Toshkentdagi eng yaxshi restoranlardan biridir.

Ajoyib xizmat va mazali taomlardan bahramand bo'lishni xohlaysizmi? Unday bo'lsa, "Bahor" restoraniga marhamat qiling! Restoranimizda dushanba va chorshanba kunlari yevropacha taomlarni; seshanba, payshanba va juma kunlari esa o'zbek milliy taomlarini tayyorlaymiz. "Bahor" restoraniga marhamat! Restoranimiz "Navoiy" ko'chasida joylashgan. Biz sizni kutamiz!

Chapter 7

15-mashq.

Bu oilamning surati. Bu suratni singlimning to'yida olganmiz. Singlimning ismi Farida, erining ismi Jasur. Suratda yana amakivachcham Alisher va uning xotini Ra'no ham bor. Ziyod va Laylo - ularning farzandlari. Ravshan va Zilola - mening farzandlarim. Bu suratda yana mening do'stim Qahramon ham bor.

24-mashq.

1. -rasm: Bu oila besh kishidan iborat. Oilada ota-ona, buva, buvi va bir o'g'il bor.
2. -rasm: Bu oila katta emas. Oilada ona, bir qiz va bir o'g'il bor.
3. -rasm: Bu oila to'rt kishidan iborat. Oilada ota-ona va ikki farzand bor.
4. -rasm: Bu oila ham katta emas. Bu oilada ota-ona va bir farzand bor.

Chapter 8

21-mashq.

Oilamiz yetti kishidan iborat: otam, onam, to'rt opam va men. Otam va onam nafaqadalar. Birinchi opam, Barno, iqtisodchi. Ikkinchi opam, Ra'no, bankda ishlaydi. Uchinchi opam, Laylo, ingliz tili o'qituvchisi. Dono opam shifokor. Men universitetda talabaman.

Bu suratda Barno opam otamning o'ng tomonida va Ra'no opamning chap tomonida o'tiribdi. Dono opam esa otamning chap tomonida va Laylo opamning o'ng tomonida o'tiribdi. Men suratda otamning oldidaman.

34-mashq.

1. Salom Begzod, bu men Nozimman. Hozir konsertga ketyapman. Juda yaxshi konsert. Soat oltida boshlanadi. Men bilan borasanmi? Mayli, xayr.
2. Begzod? Yaxshimisan, bolam? Men xolang, Faridaman. Bozorga ketyapman. Yakshanba kuni mening uyimga kelinglar. Onang va ukangni ham olib kel. Xo'p, mayli.
3. Begzod aka, yaxshimisiz? Men Zokirman. Men hozir aeroportdaman, uyga kelyapman. Meni kutib olasizmi?

Men soat sakkizda Toshkentga yetib kelaman.

4. Salom Begzod, yaxshimisan? Men opangman. Hozir universitetdaman. Bugun uyga kech boraman, chunki do'stlarim bilan konsertga boramiz. Mayli, bo'pti.

Chapter 9

5-mashq.

Nigora: Dilshod, qalaysan? Yaxshimisan?
Dilshod: Uncha yaxshi emas.
Nigora: Nima bo'ldi?
Dilshod: Bugun boshlig'im meni urushdi*.
Nigora: Nima uchun urushdi?
Dilshod: Chunki ishga kech bordim.
Nigora: Nima uchun kech bording?
Dilshod: Kecha do'stlarim bilan mehmonga bordim. Uyga soat ikkida qaytdim. Ertalab soat sakkizda uyg'ondim. Avtobusga ulgurmadim*, ishga juda kech bordim.
Nigora: Voy, yomon bo'libdi.

**to scold, to fight*
**to be on time*

15-mashq.

Mahmud aka kecha o'g'lining uyiga bordi. Kelinini va nabiralarini ko'rdi. O'g'li bilan ancha gaplashib o'tirdi. Kechki ovqatga kelini mazali palov tayyorladi. Kechki ovqatdan keyin, soat sakkizlarda uyga qaytdi.

Karim aka va uning nabirasi Sardor kecha Chorsu bozoriga borishdi. Bozordan oltita non sotib olishdi va soat ikkida uyga qaytishdi.

27-mashq.

Shoir, mutaffakir va davlat arbobi - Alisher Navoiy 1441-yil 9-fevralda tug'ildi. Navoiy fors va turk tillarida she'rlar yozdi. 1483 va 1485-yillar mobaynida mashhur "Xamsa" asarini yaratdi. Alisher Navoiy 1501-yilda vafot etdi.

O'zbek shoiri va yozuvchisi - Oybek 1905-yilning 10-yanvarida Toshkentda tug'ildi. Oybek avval eski maktabga bordi, bu maktabda u o'zbek va arab tillarini o'rgandi, so'ng Toshkentdagi yangi rus-tuzem maktabida o'qidi. Bu maktabda u rus tilini o'rgandi. Oybek "Bolalik xotiralarim," "Onamning mozorida," "Qutlug' qon" kabi she'r va dostonlar yozdi. Pushkinning "Yevgeniy Onegin" asarini o'zbek tiliga tarjima qildi. Oybek 1968-yilda vafot etdi.

Abdulla Qodiriy 1894-yil 10-aprelda Toshkent shahrida tug'ildi. Avval eski maktabda o'qidi, u yerda o'zbek va arab tillarini o'rgandi. So'ng rus-tuzem maktabiga bordi. 1926-yilda Moskvada adabiyot kursida o'qidi. Abdulla Qodiriy yozuvchi, tilshunos va tarjimon edi. U 1919- va 1920-yillarda o'zbek adabiyotidagi birinchi roman "O'tgan kunlar"ni yozdi. U 1938-yil 4-oktyabrda vafot etdi.

37-mashq.

Ilhom: 135-16-43
Nasiba: 178-89-00
Farida: 45-22-14
Nozim: 245-56-70
Kamola: 132-45-66

Chapter 10

24-mashq.

1-sotuvchi: Ha, bor. Keling, necha kilogramm kerak?
2-sotuvchi: Yangi, bugun ertalab Farg'onadan olib keldik.
3-sotuvchi: 300 so'm
4-sotuvchi: Necha pul berasiz?
5-sotuvchi: 100 so'm juda arzon. Yana biroz qo'shing.
6-sotuvchi: Mayli, oling.

25-mashq.

Qulupnay: 1200 so'm
Kitob: 875 so'm

Non: 250 so'm
Uzum: 1275 so'm
Televizor: 245000 so'm
Yangi passport: 15850 so'm

Chapter 13

14-mashq.
4:30, 10:25, 2:55, 3:05, 12:45, 6:35, 4:15, 8:50, 1:25, 12:40, 7:10, 3:45, 2:00, 9:40, 10:05, 5:55

15-mashq.
- Karima, har kuni barvaqt uyg'onasizmi?
- Ha, har kuni soat 6:45 uyg'onaman.
- Universitetga nimada borasiz? Metrodami?
- Yo'q, uyimiz yonida avtobus bekati bor. O'sha yerda 19-avtobusga chiqib, universitetga boraman.
- Soat nechada universitetga yetib borasiz?
- Soat 8:10minut o'tganda universitetga yetib boraman, lekin darslar soat 8:30 boshlanadi.
- Tushlik qilasizmi?
- Albatta, sinfdoshlarim bilan universitet oshxonasida har kuni soat birda tushlik qilamiz.
- Soat nechada uyga qaytasiz?
- Taxminan soat o'n beshta kam oltida.

21-mashq.
Tabiiy ofatlar
Texas shtatining g'arbida, 1996-yilda qurg'oqchilik boshlandi. Yog'ingarchilik 60 foizga qisqardi. Qurg'oqchilik bu shtatning iqtisodiga salbiy ta'sir qildi.

Missuri, Illinoys va Indiana shtatlarida 1925-yil 18-martda kuchli bo'ron bo'ldi. Bu bo'ron "Uch shtat bo'roni" deb ataldi. Bo'ronda 695 kishi vafot etdi.

1998-yil avgustda Xitoyda bo'lib o'tgan suv toshqinida 2500 kishi vafot etdi. 700 mingdan ko'proq kishi Xitoyning boshqa viloyatlariga evakuatsiya qilindi.

2004-yil fevralda Qirg'iziston tog'larida qor ko'chdi. 4 kishi vafot etdi va yetti kishi yaralandi.

2005-yil oktabrda Pokiston g'arbida kuchli zilzila bo'ldi. Bu zilzilada taxminan 90 ming kishi vafot etdi, 3 milliondan ko'proq kishi uy-joysiz qoldi.

Chapter 14

12-mashq.
Ismim Zamira, andijonlikman. Men kitob o'qishni va o'zbek mumtoz musiqasini tinglashni yaxshi ko'raman. Bo'sh vaqtlarimda dutor chalishni o'rganaman. Sportni uncha yoqtirmayman. Ochiq havoda dam olishni yaxshi ko'raman. Yaxshi ko'rgan rangim - yashil.

Ismim Zafar. Toshkentning Shayhontohur tumanida yashayman. Maktabda o'qiyman. Do'stlarim ko'p. Bo'sh vaqtlarimda sport bilan shug'ullanaman. Futbol o'ynashni va anhorda suzishni yaxshi ko'raman. Dars tayyorlashni va uy tozalashni yoqtirmayman.

17-mashq.
Munira xola yakshanba kuni bozorga bordi. Eri uchun shim, qizi uchun bir juft paypoq, o'g'li uchun ko'ylak qidirdi. U Chorsu bozoriga borib, bir joyda yaxshi shimlarni ko'rib qoldi:
- Bu shim necha pul?
- Keling, xola! Mana, bu shimlar 9 ming so'm, mana bular qimmatroq, 15 ming so'm.
- Nima farqi bor? Nima uchun mana bu shimlar qimmatroq?
- Bu shimlar Namanganda tikilgan, mana bularni Turkiyadan olib kelganmiz.
- Ha, yaxshi. Qaysi razmerlari bor?

- Hamma razmerlar bor, xola. Qaysi rangi kerak?
- Menga qora yoki kul rangli shim kerak.
- Ha, mana. Nechanchi razmer kerak?
- Ellik ikkinchi.
- Mana, kul rangli shim ham qora shim ham bor.
- Necha pul boʻladi?
- 15 ming soʻm, xola. Narxi shu.
- Yaxshi, oʻrab bering.

Shimni sotib oldi va boshqa yerda chiroyli paypoqlarni koʻrdi.
- Bu paypoqlaringiz necha pul?
- Ikki ming soʻm, xola. Keling, ham arzon ham juda sifatli. Mana har-xil rangli paypoqalar bor. Qaysi birini olasiz?
- Mana bu och qizil va kul rang paypoqlaringiz necha pul?
- Bular ikki yarim ming soʻm, xola. Bularning sifati juda yaxshi.
- Yaxshi, ikkita bering.

Soʻng oʻgʻli uchun koʻylak qidirdi:
- Singlim, bu koʻylak necha pul?
- Bular 7 ming soʻm.
- Mana bu koʻylaklar-chi?
- Bular 15 ming, xola. Bu koʻylaklarning sifati juda yaxshi, 100 foiz paxtadan. Qanday koʻylak qidiryapsiz?
- Boshqa ranglari ham bormi? Toʻq rangli koʻylaklaringiz ham bormi?
- Ha, mana, koʻring.
- Menga mana bu koʻylak yoqdi.
- Bu 15 ming soʻm, xola. Boʻladimi?
- Arzonroq berasizmi?
- Necha pul berasiz?
- Oʻn uch ming soʻm.
- Yoʻq, boʻlmaydi. Yana biroz qoʻshing.
Oʻn tort ming berasizmi?
- Ha, mayli, oʻrab bering.

Munira xola bozordan oʻziga bitta roʻmol va shippak sotib oldi va uyiga qaytdi.

Appendix B: Grammatical Summary

A. Pronunciation: Guide to Uzbek Sounds

In chapter 1 of the textbook you were introduced to Uzbek sounds. Below you will find more detailed information about them, particularly Uzbek vowels. Learning about Uzbek sounds will be helpful in improving your listening comprehension as well as general understanding of spoken Uzbek.

1. Uzbek Vowels

All the vowel sounds in Uzbek are represented by the following 6 letters in the alphabet. However, the characteristics of these vowel sounds can be changed based on their position within a word. Below are their descriptions.

Which vowel?	How is it pronounced?	When? Where?
i	similar to English *i* in words, such as *ill.*	after the frontal consonants: **tish**-tooth, **siz** - *you* in between the frontal consonants: **tikan** – *thorn* after the consonants **k** and **g**: **kim** – *who,* **sigir** – *cow* in the initial position when preceding the frontal consonants: **it** – *dog,* **ish** – *work*
	a bit shorter than English *i* in words *dill, bill.*	after consonants **q, g‘** and **x**: **qiz** – *girl,* **oxir** – *the end,* **og‘iz** – *mouth*
	similar to English short *e* in words *beg, get.*	at the end of a word: **yozdi** – *he wrote,* **kuldi** – *he laughed*
	long, similar to English *ee* in words *creek, sleet.*	followed by the letter **y**: **kiyik** – *deer,* **kiydi** – *he wore,* **tiyin** – *cent*

Which vowel?	How is it pronounced?	When? Where?
e	similar to English *i* in words, such as *ill.*	in the beginning of the word, followed by consonant *h*: **ehtiyoj** – necessity, **ehtimol** – probability
	similar to English *e* in words such as, *beg, get.*	in all other positions: **sen** – *you,* **er** – *husband*

Which vowel?	How is it pronounced?	When? Where?
a	somewhat similar to English *a* in words *bat, dad.*	when adjacent to frontal consonants, and consonants such as **k** and **g**: **aka** – *older brother,* **mana** – *here,* **gap** – *sentence, talk*
	somewhat similar to the vowel sound in *hot,* but pronounced further back, and more open	when following consonants such as **q, g'** and **q**: **qalam** – *pencil,* **ga'lati** – *weird*

Which vowel?	How is it pronounced?	When? Where?
o	somewhat similar to the vowel sound in *hose,* but pronounced further back, and more open	when following consonants such as **q, g'** and **x**: **bog'** – *garden,* **g'oz** – *goose*
	similar to English *a* in *saw, all.*	with all other consonants: **ota** – *father,* **ona** – *mother,* **somon** – *hay*

Which vowel?	How is it pronounced?	When? Where?
u	somewhat similar to the vowel sound in *book,* but pronounced further back, and high	when adjacent to consonants such as **q, g'** and **x**: **qush** – *bird*
	similar to English *oo* in *book, hood.*	with all other consonants: **tush** – *dream,* **kuz** – *autumn*
	similar to English *oo* or *u* in words such as *dude, boot.*	when following the consonant **v**: suv – *water,* **o'quvchi** – *student*

Which vowel?	How is it pronounced?	When? Where?
O'	back, might be difficult to differentiate from **o**.	when adjacent to consonants such as **q, g'** and **x**: **qo'sh** – double, **xo'jayin** – *master, owner*
	in some dialects becomes very close to Uzbek *u*.	when following consonants such as **k** and **g**: **ko'z** – *eye*, **ko'p** – many, **ko'k** – *blue*
	somewhat similar to English *flow*, however, without the final *w*.	in all other positions: **o'zbek** – *uzbek*, **to'rt** – *four*

2. Some notes on Uzbek consonants

F	This consonant is very rare in spoken Uzbek. Words that are used with this consonant are usually pronounced as *p* in spoken, colloquial Uzbek: **faqat** – *paqat*.
V	This consonant is pronounced as the English *w*: **vaqt** – *waqt*, **varaq** – *waraq*.
Ch	In spoken Uzbek, when preceding the consonants **t** and **d**, it is pronounced as **sh**. **Uchta kitob o'qidim.** *Ushta kitob o'qidim.*
D	After voiceless consonants pronounced as **t**: **ketdi** – **ketti.**
H	In certain dialects, especially in the Tashkent dialect, consonants **h** and **x** are not differentiated. Both consonants are pronounced similarly, as a harder version of **h**.

B. Uzbek Grammar

For detailed explanations of the grammatical points given below, check the "Diqqat, qoida!" section of each chapter.

1. Personal pronouns

Men – I	*Biz* – we
Sen – you	*Sizlar* - you (plural)
Siz - you (respect)	*Ular* – they
U – he/she/it	

2. Personal predicate endings

(Men) kasalman.	(Men) shifokormanmi?	(Men) kasal emasman.
(Sen) kasalsan.	(Sen) shifokormisan?	(Sen) kasal emassan.
(Siz) kasalsiz.	(Siz) shifokormisiz?	(Siz) kasal emassiz.
U kasal.	U shifokormi?	U shifokor emas.
(Biz) kasalmiz.	(Biz) shifokormizmi?	(Biz) shifokor emasmiz.
(Sizlar) kasalsizlar.	(Sizlar) shifokormisizlar?	(Sizlar) kasal emassizlar.
Ular kasal(lar).	Ular kasalmi(lar)?	Ular shifokor emas(lar).

3. Demonstrative pronouns

u-that/that one (he/she/it); *bu*-this/this one; *shu*-this (used for people/objects already mentioned); *o'sha*-that (used for people/objects already mentioned), *mana*-this, this one; *mana bu*-this one over here; *ana*-that one; *ana u*-that one over there.

4. Question words

kim-who, *nima*-what, *qanday*-what kind of, *qaysi*-which, *qachon*-when, *qancha*-how many, *necha/nechta*-how many.

5. Ordinal numbers

-nchi, - inchi: *uchinchi* – third; *beshinchi* – fifth
In writing, a hyphen is placed after the number instead of writing -nchi (-inchi).
19-sahifa: *o'n to'qqizinchi sahifa* - page number 19 (lit: 19th page)
20-asr: yigirmanchi asr – twentieth century

6. Cases

Nominative case: – no ending	Accusative case: ***-ni***
Genitive case: ***-ning***	Locative case: ***-da***
Dative case: ***-ga, -ka, -qa***	Ablative case: ***-dan***

7. Imperative

Ishlamoq-to work	
(Sen) ishla! Work (you informal)!	*(Sen) ishlama!* Do not work (you informal)!
(Siz) ishlang! Work (you formal)!	*(Siz) ishlamang!* Do not work (you formal)!
(Sizlar) ishlanglar! Work (you plural)!	*(Sizlar) ishlamanglar!* Do not work (you pl.)!

8. Tenses

Negative form: - add ***may*** before the tense ending:

Universitetda o'qimayman.
I don't study at the University.
Ingliz tilida gapirmaydi.
He doesn't speak English.

Adverbs used with this tense:
To refer to the present tense: *bugun*-today; *hozir*-now; *har kuni*-every day; *ba'zan*-sometimes; *hech qachon*-never; *doim*-always; *kamdan-kam*-rarely.

To refer to the future: *ertaga*-tomorrow; *indinga*-the day after tomorrow; *kelasi yil*-next year; *kelasi hafta*-next week; ...... *kundan keyin*-in ....days

a. Present-future tense

Tense endings
(after verbs ending in consonant)

(men) - **a-man**	*boraman* – I (will)go
(sen) - **a-san**	*borasan* – you (will)go
(siz) - **a-siz**	*borasiz* – you (will) go
(u) - **a-di**	*boradi* – he/she (will) go
(biz) - **a-miz**	*boramiz* – we will go
(sizlar) - **a-sizlar**	*borasizlar* – you (will) go
(ular) - **a-dilar (-ishadi)**	*boradilar (borishadi)*– they (will) go

Tense endings
(after verbs ending in vowel)

(men) - **y-man**	*ishlayman* – I (will) work
(sen) - **y-san**	*ishlaysan* – you (will) work
(siz) - **y-siz**	*ishlaysiz* – you (will) work
(u) - **y-di**	*ishlaydi* – he/she/it (will) work
(biz) - **y-miz**	*ishlaymiz* – we (will) work
(sizlar) - **y-sizlar**	*ishlaysizlar* – you (will) work
(ular) - **y-dilar (-shadi)**	*ishlaydilar (ishlashadi)*– they (will) work

b. Definite past tense

Tense endings

(men) - ***dim***	*bordim* – I went
(sen) - ***ding***	*bording* – you went
(siz) - ***dingiz***	*bordingiz*– you went
(u) - ***di***	*bordi* – he/she/it went
(biz) - ***dik***	*bordik* – we went
(sizlar) – ***dingizlar***	*bordingiz* – you went
(ular) - ***dilar (-ishdi)***	*borishdi* – they went

Negative form – add *-ma* before the tense ending:
Darsga bormadik.
We didn't go to class.

Adverbs: *kecha*-yesterday; *o'tgan kuni*-the day before yesterday; *o'tgan hafta (yil, oy)*-last week (year, month).

c. Present continuous tense

The following endings are added to the verb stem:

(men) - ***yapman***	ishlayapman – I am working
(sen) - ***yapsan***	ishlayapsan – you are working
(siz) - ***yapsiz***	ishlayapsiz– you are working
(u) - ***yapti***	ishlayapti – he/she/it is working
(biz) - ***yapmiz***	ishlayapmiz – we are working
(sizlar) – ***yapsizlar***	ishlayapsizlar – you are working
(ular) - ***yaptilar*** (***-shyapti)***	ishlayaptilar– they are working

Negative form: add *-ma* before the tense ending:
Men uxlamayapman.
I am not sleeping.

Note: turmoq, yurmoq, yotmoq and o'tirmoq are formed with ending –ib:
turibman - I am standing
o'tiribdi - he is sitting
yotibsan - you are lying
yuribmiz - we are walking.

d. Indefinite past tense

Negative form – add suffix *-ma* before the tense ending:
U yerda bormaganman. I haven't been there.

(men) ***-ganman***	*ishlaganman* – I've worked
(sen) ***-gansan***	*ishlagansan* – you've worked
(siz) ***-gansiz***	*ishlagansiz*– you've worked
(u) ***-gan***	*ishlagan* – he/she/it has worked
(biz) ***-ganmiz***	*ishlaganmiz* – we've worked
(sizlar) ***-gansizlar***	*ishlagansizlar* – you've worked
(ular) ***-ganlar***	*ishlaganlar*– they've worked

e. Future tense of intention

Negative form is formed with word **emas**:
Bu ishni qilmoqchi emasman – I don't want/intend to do that.

(men) ***-moqchiman***	*ishlamoqchiman* – I intend to work
(sen) ***-moqchisan***	*ishlamoqchisan* – you intend to work
(siz) ***-moqchisiz***	*ishlamoqchisiz* – you intend to work
(u) ***-moqchi***	*ishlamoqchi* – he/she/it intend to work
(biz) ***-moqchimiz***	*ishlamoqchimiz* – we intend to work
(sizlar) ***-moqchisizlar***	*ishlamoqchisizlar* – you intend to work
(ular) ***-moqchilar***	*ishlamoqchilar*– they intend to work

9. Yes/No questions

To form these kind of questions add the particle *–mi* to the stem of the conjugated verb or an adjective and a noun with a personal ending.

Ketasizlarmi? Will you leave?	Talabami? Is he a student?
Ko'ridingizmi? Did you see?	Chiroylimi? Is she pretty?

10. Plurality of nouns

kitob – a book	kitoblar – books	talaba – student	talabalar – students

Note: When the plurality of a noun is presented by a number the suffix *-lar* is not used, instead the suffix *–ta* is added to the end of the number.
kitob – a book uchta kitob – three books (notice no *–lar* at the end of kitob)

11. Possessive

The following suffixes are added to the end of a noun to express possession.

nouns ending in consonant		***nouns ending in vowel***	
	kitob-book		amaki-uncle (paternal)
-im	*kitobim*-my book	***-m***	*amakim*-my uncle
-ing	*kitobing*-your book	***-ng***	*amaking*-your uncle
-ingiz	*kitobingiz*-your book	***-ngiz***	*amakingiz*-your uncle
-i	*kitobi*-his/her book	***-si***	*amakisi*-his/her uncle
-imiz	*kitobimiz*-our book	***-miz***	*amakimiz*-our uncle
-ingiz	*kitobingiz*-your book	***-ngiz***	*amakingiz*-your uncle (pl.)
-lari	*kitoblari*-their book	***-lari***	*amakilari*-their uncle

12. Verbal nouns

Verbal nouns are formed by adding *–sh* (to a verb stem ending in vowel), *-ish* (to the verb stem ending in consonant).

gapirmoq - to speak gapirish – speaking o'qimoq – to study o'qish – studying

13. Expressing possibility, need and obligation

When used with verbal nouns the words *kerak*-need, *shart*-must, *mumkin*-may have a meaning close to the English modal verbs *need, must,* and *may.*
To form these sentences add *–ish (-sh)* to the stem of the verb and then add a possessive ending.

Ketishim kerak. I need to leave.
Ko'rishimiz shart. We must see.
Kelishing shart. You must come.
Gapirishingiz shart. I must/have to talk.
U ketishi kerak. He needs to leave.
Kirishingiz shart. You must enter.
Kirishlari mumkin. They may enter.

14. Expressing ability

To express ability in Uzbek, add the suffix *–a* for a verb stem ending in a consonant and *–y* for a verb stem ending in a vowel, and then add the verb *olmoq.*

Gapira olaman. I can speak.
Pishira olmadi. He couldn't cook.
Ishlay oladimi? Can she work?

15. Postpositions

1. Postpositions derived from nouns
The nouns that these postpositions govern take genetive case endings.

ich	*ich* – inside; *xalta ichida* – inside the bag; *xalta ichidan* – from inside the bag.
ust	*ust* – top, above: *Kitobni javon ustidan oldim.* I took it from the top of the shelf. *Daraxt ustida nima qilyapsizlar?* What are you doing in the tree (on top of the tree)? *Daftaringizni stol ustiga qo'ying.* Put your notebook on the table.
tag	*tag* – under: *It stol tagida yotibdi.* The dog is (laying) under the table. *O'sha daraxt tagiga borsang, topasan.* If you go under that tree you'll find it.
ora	*ora* – among: *Orangizda ingliz tilini biladiganlar bormi?* Is there any one among you who speaks English?
old	*old* – front: *Oldimda o'tiribdi.* He is sitting in front of me. *Issiq choyni bolaning oldiga qo'ymang.* Don't place hot tea in front of a child.
orqa	*orqa* – back: *Teatr markaziy dorixonaning orqasida joylashgan.* The theater is located behind the central drugstore. *Orqamdan har xil gap tarqatib yuribdi.* She spreads rumors behind my back.
tomon	*tomon* – side: *Chap tomoningizda o'tirgan yigit kim?* Who is the guy sitting on your left (side)?

2. True postpositions

a. The following postpositions require the preceding noun or pronoun to be in ablative case (suffix *-dan*)

avval **oldin** **burun**	before: *Faridadan avval Karima xonaga kirib keldi.* Farida entered the room before Karima.
keyin **so'ng**	after: *Darsdan keyin kutubxonaga boraman.* I'll go to the library after the class.
beri **buyon**	since, for: *Ikki kundan beri kasalman.* I have been sick for two days. *Apreldan beri shaharda turibmiz.* We have been staying in this city since April.

b. The following postpositions require the preceding noun or pronoun to be in nominative case (zero suffix)

bilan	with: *Do'stim bilan uchrashdim.* I met my friend (lit: met with).
orqali	through, via: *Toshkent orqali kelishdi.* They came through Tashkent.
haqida	about: *U haqida juda ko'p eshitganmiz.* We have heard a lot about him.

16. Word order

As indicated in Chapter 6, word order in Uzbek is quite flexible. You can alter the word order to emphasize a particular part of a sentence. In order to do so, you need to place that part directly in front of the verb. In the following sentence, the word order changes based on the emphasis:

Zamira kecha Ravshanni ko'rib qoldi. Zamira saw Ravshan yesterday (no emphasis)

Zamira Ravshanni kecha ko'rib qoldi. Zamira saw Ravshan YESTERDAY (emphasis is on when she saw him: It was yesterday that Zamira saw Ravshan).

Ravshanni kecha Zamira ko'rib qoldi. ZAMIRA saw Ravshan yesterday (emphasis is on who saw Ravshan: It was Zamira who saw Ravshan).

17. Verbal suffixes: causative and passive

These suffixes come immediately after the stem of the verb and precede all other suffixes.
1. Passive:
In Uzbek passives sentences are formed by adding a passive suffixe to the stem of the verb.

-l	after the stem ending in vowel: *taramoq* – to comb, *taralmoq* – to be combed
-il	after the stem ending in consonant: *yuvmoq* – to wash, *yuvilmoq* – to be washed
-in	after the stem ending in *-l: qilmoq* – to do, *qilinmoq* – to be done

2. Causative:
When causative suffixes are added to verbs, they express the idea of someone causing something to take place. In English, these are expressed with the verbs *make* and *have.*
She made me wash the dishes.
In Uzbek, causative verbs are formed by adding a suffix to the stem of a verb.

-dir	after the verb stems that end with a voiced consonant, such as *-z, -d, -n, -m,* etc.: *yonmoq* – burn, *yondirmoq* – to make burn
-tir	after the verb stems that end with a voiceless consonant, such as *-t, -p: aytmoq* – to say, *ayttirmoq* – to make (someone) say
-t	after the verb stems that end in vowels: *ishlamoq* – to work, *ishlatmoq* – to make (someone) work

UZBEK

COMPLEMENTARY READER

UZBEK CYRILLIC ALPHABET

APPENDIX C

ЎЗБЕК ТИЛИ

ҚЎШИМЧА ЎҚИШ КИТОБИ

Section 1: Uzbek Cyrillic Alphabet

This section introduces students to the Uzbek Cyrillic alphabet.

The Uzbek Cyrillic alphabet consists of 35 characters: 10 vowels, 23 consonants and 2 signs.

The following table includes the letters of the Uzbek Cyrillic alphabet, the phonetic representation of each character in IPA (International Phonetic Alphabet), and how they are represented in the Uzbek Latin alphabet.

1-машқ.  With the help of your instructor read the following letters of Uzbek Cyrillic alphabet.

Cyrillic	IPA	In Uzbek Latin
Аа	a or æ	a
Бб	b	b
Вв	v or w	v
Гг	g	g
Дд	d̪	d
Ее	ɛ	ye
Ёё	jɒ	yo
Жж	dʒ	j
Зз	z	z
Ии	i or ɨ	i
Йй	j	y
Кк	k	k
Лл	l	l
Мм	m	m
Нн	n	n
Оо	ɑ	o
Пп	p	p
Рр	r	r
Сс	s	s
Тт	t̪	t
Уу	u or ʉ	u
Фф	ɸ	f
Хх	χ	x
Цц	ts	ts or s
Чч	tʃ	ch
Шш	ʃ	sh
ь	ʲ	-
ъ	ʔ	’
Ээ	ɛ or e	e
Юю	ju	yu
Яя	ja	ya
Ўў	o or ø	o‘
Ққ	q	q
Ғғ	ɣ	g‘
Ҳҳ	h	h

Some Uzbek letters look and sound somewhat like their English counterparts. See if you can read the following letters.

А	а	Like *a* in *father*.
Е	е	In the beginning of a word sounds like *ye* as in *yes*, and in the middle of a word is pronounced like *e* as in bell.
К	К	Like *k* in *cat* and *skit*. Uzbek *k* is not aspirated, i.e, pronounced without breath.
С	с	Like *s* and never like *k*.
Т	т	Like *t* in *tank*. To pronounce Uzbek *t* properly try to place your tongue against your teeth.
О	о	Always pronounced *o* and never *a*.
З	з	Like *z* in *zoo*, *zero*.

2-машқ. Read the following words in which these sounds occur.

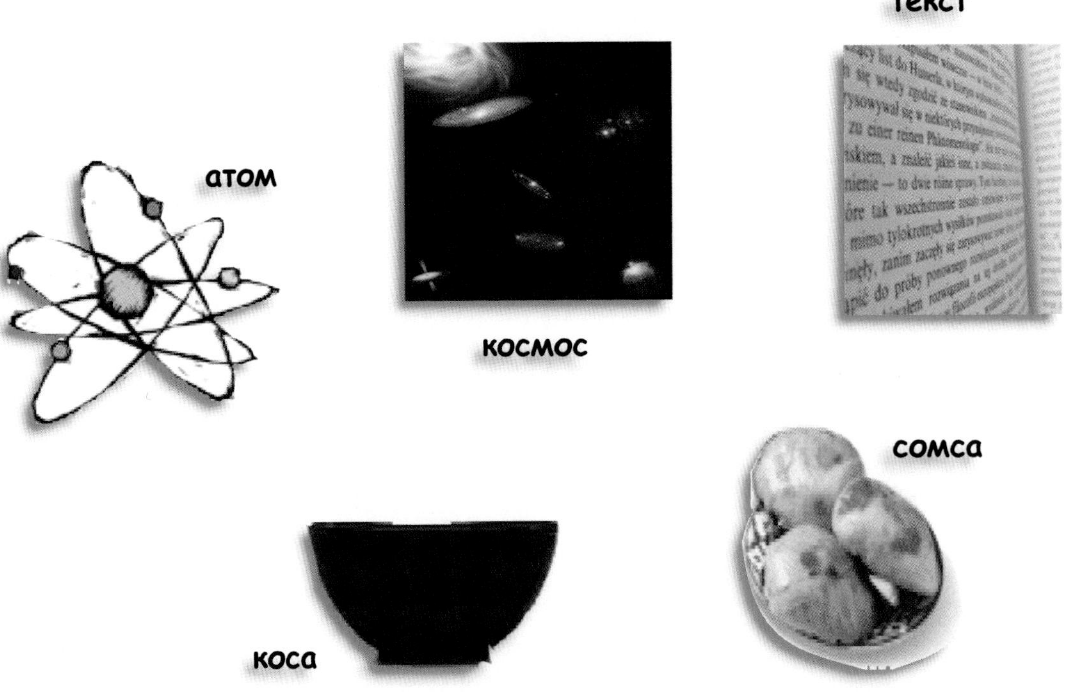

Look at the following Cyrillic letters; some of them look like Greek letters such as gamma, delta, lambda, etc. You might recognize most of them from their use in mathematics or geometry.

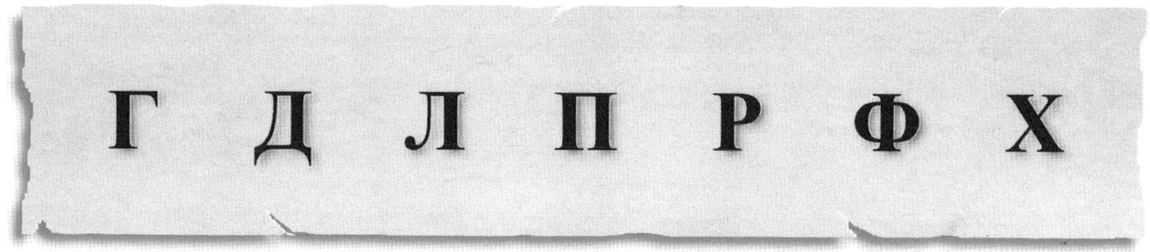

Г	Like *g* in *great* and never like *j* like in *judge*.
Д	Like *d* in *day*.
Л	Like *l* in *let*.
П	Like *p* in *pie*.
Р	Pronounced stronger than English *r*.
Ф	Like *f* in *fact* or *phone*.
Х	Like *ch* as in *Bach* and never like English *x* as in *text*.

3-машқ. Read the following cognates in which these letters occur.

4-машқ. Now try to read the following Uzbek words where these letters are used.

дарахт- tree
парда – curtain
керак – necessary
соат – clock
тор – a name of a musical instrument
дазмол – iron

Now read these Cyrillic letters that look like English letters but sound completely different.

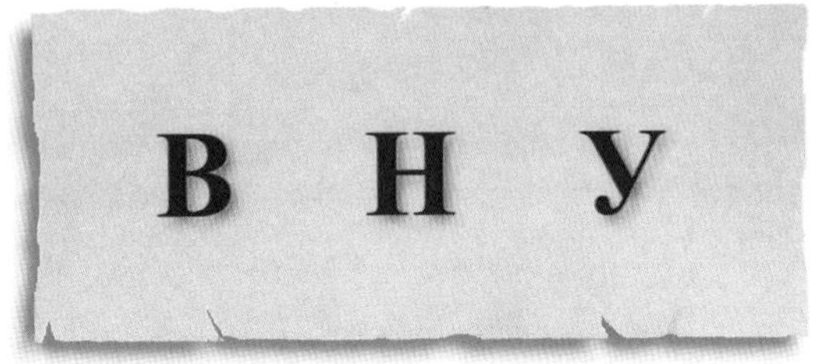

В	Like *v* in *very* (find out more about how this sound is pronounced from Chapter 1 of your textbook).
Н	Like *n* in *never*, but placing your tongue against your upper teeth.
У	Like *u* in *put*.

5-машқ. Read the following cognates in which these letters are used.

нерв
август
профессор
донор
саксофон
метро
Тошкент метроси
Бодомзор метро бекати

6-машқ. Read the following geographical names where the letters you learned are used.

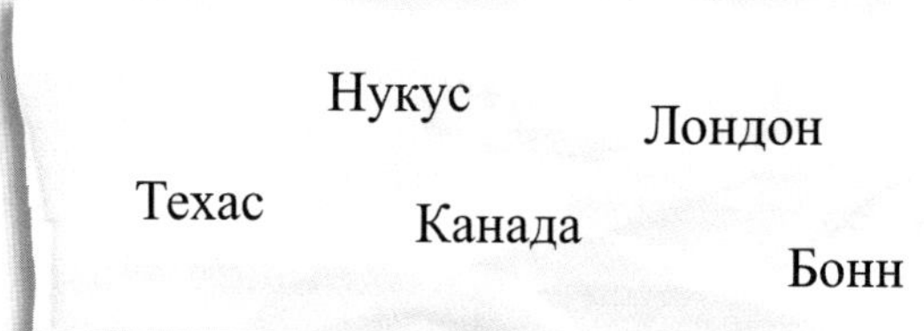

7-машқ. Now read the following Uzbek words in which these letters are used.

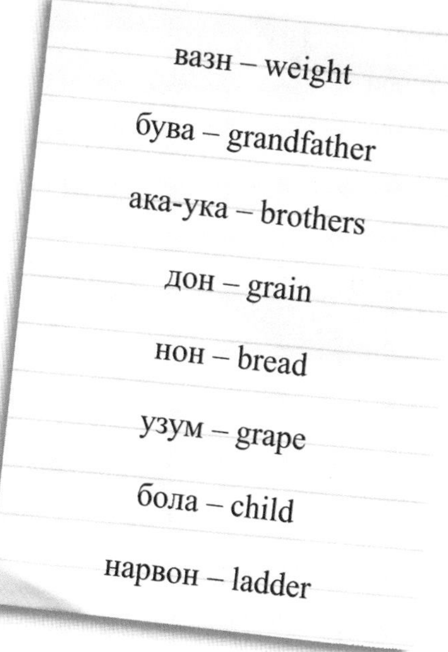

вазн – weight
бува – grandfather
ака-ука – brothers
дон – grain
нон – bread
узум – grape
бола – child
нарвон – ladder

The following letters sound very much like English letters but look different.

Б	Like *b* in *bye*. Note that the lower case б is a bit different from the capital one: Б
Ж	Like *j* in *jail*.
И	Like *i* in *give*. (Read more about the pronunciation of this sound in Chapter 1 of your textbook)
Й	Like *y* in *boy* or *clay*.
Ч	Like *ch* in *chase*.
Ш	Like *sh* in *shop*.

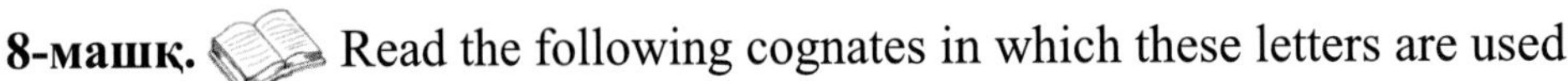

8-машқ. Read the following cognates in which these letters are used.

Алишер Навоий театри
багаж
жираф
такси
театр
трамвай
банан
зебра
трамвай

9-машқ. Read the following geographical names where these letters are used.

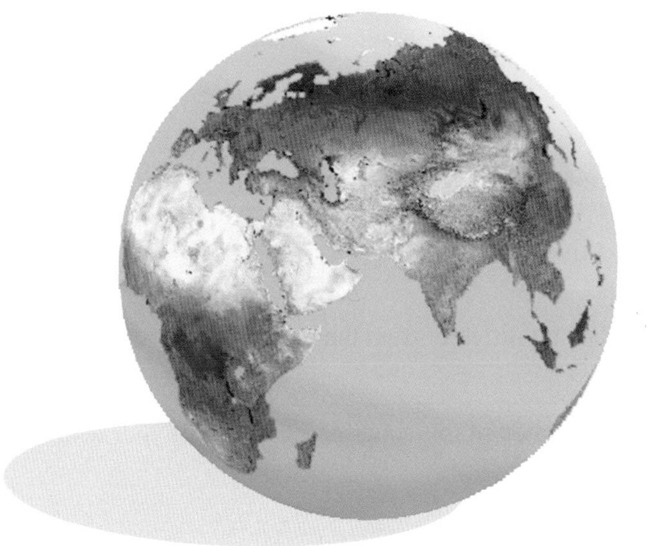

Вашингтон
Тошкент
Лондон
Москва
Пекин
Токио
Астона
Бишкек
Душанбе

Here are three so called "yotacized" vowels. These letters stand for a sequence of two sounds (й and a vowel sound). In the Uzbek Latin alphabet these sounds occur as a combination of two letters.

Ё (й+о)	Doesn't have a direct correspondence in English. In Uzbek Latin alphabet represented by *yo*, as in *quyon, yosh.*
Ю (й+о)	Like *yu* in *youth, use*; in Uzbek Latin alphabet represented by *yu*, as in *buyuk, yurak*
Я (й+о)	Like *ya*; in Uzbek Latin alphabet represented by *ya*, as in *yakshanba.*

10-машқ. Read the following the Uzbek words where these letters are used.

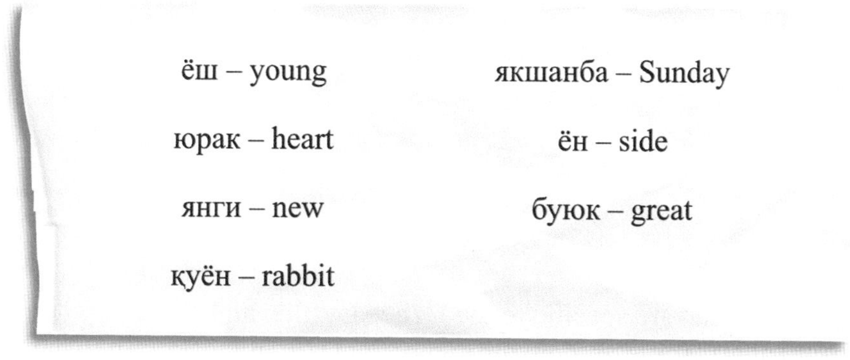
ёш – young
якшанба – Sunday
юрак – heart
ён – side
янги – new
буюк – great
қуён – rabbit

Here is another vowel sound of Uzbek Cyrillic alphabet.

Э	Occurs only in the beginning of words, pronounced as *e* in bell.

эркак – *men*
элак – *sifter*
эркин – *free*

эр – *husband*

Here is a consonant that does not occur originally in Uzbek words.

ц	It is pronounced as *ts* and occurs only in Russian loan words. In the Uzbek Latin Alphabet represented as *ts* between two vowels and as *s* in the beginning of the word or after another consonant. Ex: sirk-цирк, militsiya-милиция

11-машқ. Read the following words where these letters are used.

Here are sounds that are specific to the Uzbek Cyrillic alphabet (they do not occur in the Russian alphabet). Some of them also do not correspond to any English sound.

Ў	Like *ou* in *boat*; in Uzbek Latin alphabet represented by *o'*.
Қ	No correspondence in English; in Uzbek Latin alphabet represented by *q*.
Ғ	No correspondence in English; in Uzbek Latin alphabet represented by *g'*.
Ҳ	Like *h* in *humid*; in Uzbek Latin alphabet represented by *h*.

12-машқ. Read the following geographical names located in Uzbekistan.

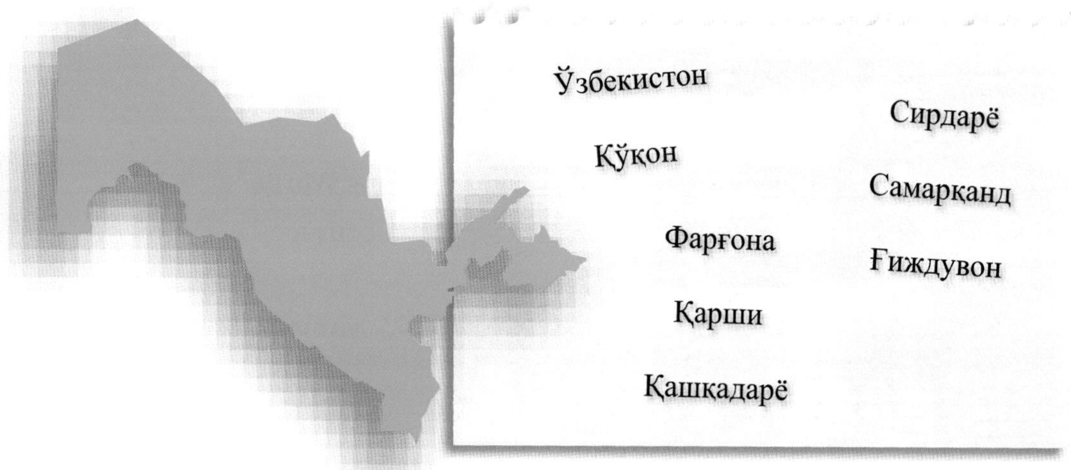

Two signs of the Uzbek Cyrillic alphabet are given below.

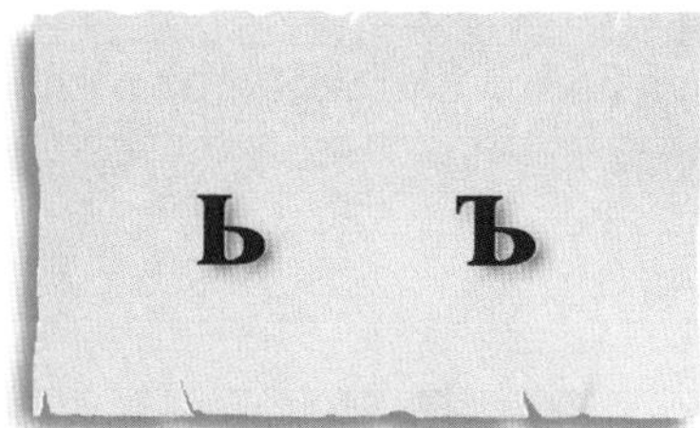

ь	Soft sign. It occurs only in Russian loan words, where it makes the preceding consonant soft and palatal (rather as if it is followed by **y**). This sound is not represented in the Uzbek Latin alphabet.
ъ	Glottal stop sign, used either in loan Russian words or in Arabic words. In the Uzbek Latin alphabet it is represented by an apostrophe.

13-машқ. Read the following words.

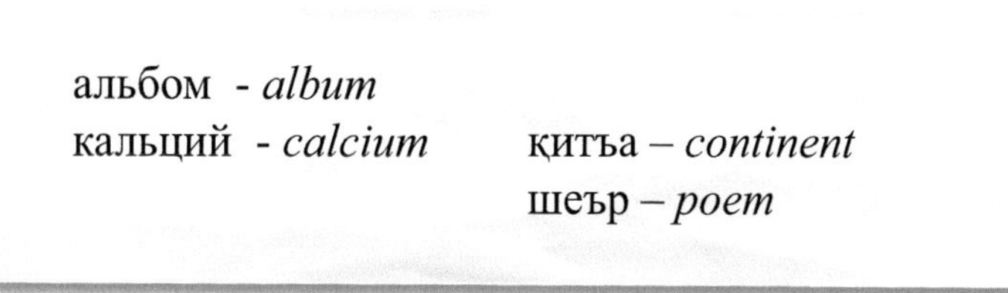
альбом - *album*
кальций - *calcium*
қитъа – *continent*
шеър – *poem*

Activities

14-машқ. With all the letters you have learned, try to read the following words with the help of your instructor. First read the letters, then the words.

New Letters
Б, Н, З, И
Г
Л, М, П
К, Т, Ч, У
С
Р
Ш, Д
Ж, Ф

New Words
бензин
газ
лампа
кетчуп
такси
паспорт
шоколад
жираф

15-машқ. Look at the national flags below and write the name of the country correctly in both alphabets. The letters are scrambled.

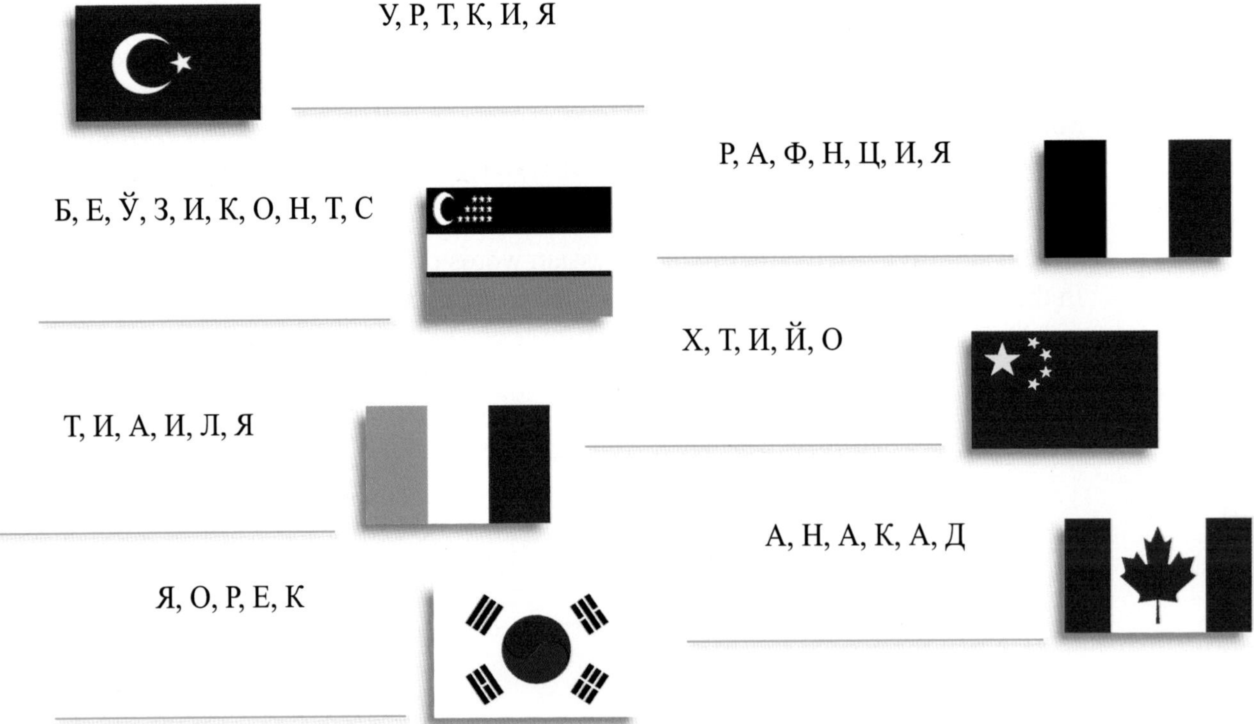

16-машқ. Match the city with the country.

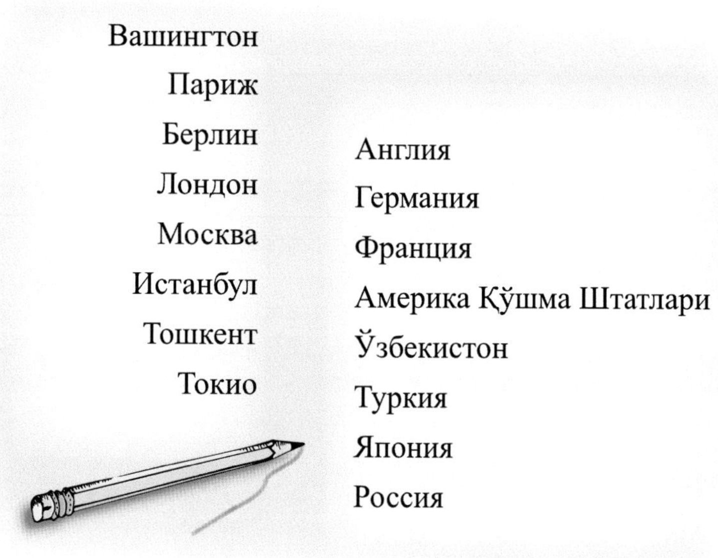

Вашингтон	Англия
Париж	Германия
Берлин	Франция
Лондон	Америка Қўшма Штатлари
Москва	Ўзбекистон
Истанбул	Туркия
Тошкент	Япония
Токио	Россия

17-машқ. Match the object and the name that is associated with it.

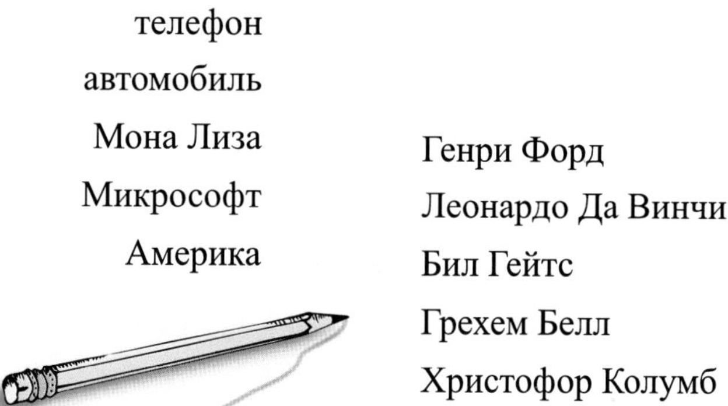

телефон	Генри Форд
автомобиль	Леонардо Да Винчи
Мона Лиза	Бил Гейтс
Микрософт	Грехем Белл
Америка	Христофор Колумб

18-машқ. Now that you know how to read in Cyrillic, try to write in it. Categorize the countries at the top of the next page according to the continent.

Испания, Аргентина, Алжир, Ҳиндистон, Япония, Бразилия, Буюк Британия, Малайзия, Хитой, Канада, Замбия, Панама, Зимбабве, Мексика, Португалия, Вьиетнам, Куба, Покистон

Осиё	**Африка**	**Америка**	**Европа**

19-машқ. Here is a map of Asia. Read the country names with your instructor.

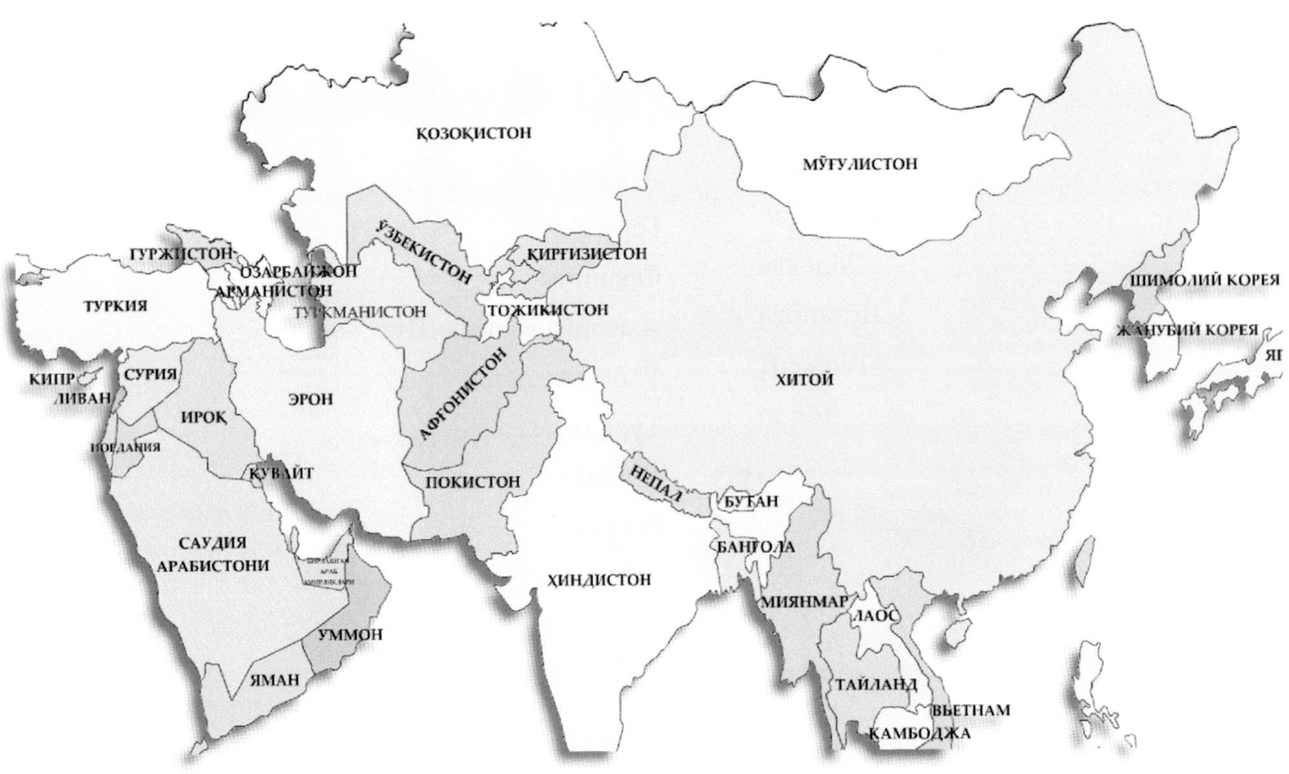

20-машқ. Look at the list of people's names and categorize them according to their field of profession.

Рембрант, Эйнштейн, Том Круз, Чарли Чаплин, Моцарт, Сталин, Пикассо, Мандела, Ньютон, Христофор Колумб

Movie Stars	Presidents/Leaders	Scientists	Musicians/Artists

21-машқ. The following cognates sound the same and are almost spelled the same in Uzbek and English. Now try to write them in Cyrillic:

koka-kola ______________________

video ______________________

audio ______________________

viski ______________________

foto ______________________

kamera ______________________

kometa ______________________

teatr ______________________

sport ______________________

22-машқ. Here are the names of some famous writers, poets, and scientists. Try to read their names and the short information about each of them.

Алишер Навоий
шоир, мутафаккир
ва давлат арбоби.

Абдулла Қодирий
ёзувчи, тилшунос ва
таржимон

Зулфия
шоира ва таржимон

Мирзо Улуғбек
файласуф, олим,
астраном ва математик

Нодира
шоира ва давлат арбоби

Чўлпон
ёзувчи , шоир ва
публицист

Cursive script

Uzbeks do not print when writing by hand, either in Latin or Cyrillic script. As there are some differences between cursive (and italic) letters and printed ones, you must learn to read and write the cursive script.

Cyrillic	*Italic*	*Cursive*	Handwriting hints
Аа	*Аа*	*Аа*	Upper case *А* is not written as *а*
Бб	*Бб*	*Бб*	Notice that lowercase *б* is not short.
Вв	*Вв*	*Вв*	Lowercase *в* is also tall.
Гг	*Гг*	*Гг*	Notice that *г* is rounded, do not confuse it with *ч* - *ch*.
Дд	*Дд*	*Дд*	Lowercase *д* resembles English *g*. Do not confuse them.
Ее	*Ее*	*Ее*	
Ёё	*Ёё*	*Ёё*	
Жж	*Жж*	*Жж*	
Зз	*Зз*	*Зз*	*з* and *э* look very similar. But notice that the lowercase *з* always has a hook and *э* doesn't.
Ии	*Ии*	*Ии*	Terminate the letter *и* in the base line. Avoid writing it as English *U*.
Йй	*Йй*	*Йй*	
Кк	*Кк*	*Кк*	Lower case *к* is short, and not tall as English k.
Лл	*Лл*	*Лл*	This letter begins with a hook.
Мм	*Мм*	*Мм*	Also begins with a hook, do not confuse with English *m* as this will give you a lowercase *m* (т) and not *м*.
Нн	*Нн*	*Нн*	Do not confuse with *п* (п)
Оо	*Оо*	*Оо*	
Пп	*Пп*	*Пп*	Do not confuse with *н* (н)

Рр	*Рр*	*Рр*	
Сс	*Сс*	*Сс*	
Тт	*Тт*	*Тт*	Do not confuse with *м*. In handwriting you can place a horizontal line above the lowercase *т*.
Уу	*Уу*	*Уу*	
Фф	*Фф*	*Фф*	
Хх	*Хх*	*Хх*	
Цц	*Цц*	*Цц*	
Чч	*Чч*	*Чч*	Do not confuse with lowercase *г* (г)
Шш	*Шш*	*Шш*	Terminates in baseline. Avoid writing it as English *W*. In handwriting you can place a horizontal line below *ш*.
ь	*ь*	*ь*	Words do not start with this letter, so there is no uppercase version of it. Avoid writing it as lowercase *б*.
ъ	*ъ*	*ъ*	Words do not start with this letter, so there is no uppercase version of it.
Ээ	*Ээ*	*Ээ*	Do not confuse with *з*.
Юю	*Юю*	*Юю*	
Яя	*Яя*	*Яя*	Begins with a hook.
Ўў	*Ўў*	*Ўў*	Do not forget to place a line above *Ўў*. Otherwise it will be the same as letter *Уу*.
Ққ	*Ққ*	*Ққ*	Do not forget to finish this letter with a short hook. Otherwise it will be the same as the letter *Кк*.
Ғғ	*Ғғ*	*Ғғ*	This letter is written as *Гг* but with a short line in the middle *Ғғ*.
Ҳҳ	*Ҳҳ*	*Ҳҳ*	Do not forget to finish this letter with a short hook. Otherwise it will be the same as the letter *Хх*.

23-машқ. You have already seen the following words in earlier activities. Now practice writing them in cursive. Make sure you follow the hints given on the previous page.

атом ________	*космос* ________
коса ________	*текст* ________
багаж ________	*банан* ________
жираф ________	*зебра* ________
такси ________	*нерв* ________
театр ________	*август* ________
трамвай ________	*профессор* ________
донор ________	*метро* ________
саксофон ________	*паспорт* ________
Москва ________	*Бишкек* ________
Ўзбекистон ________	*Душанбе* ________
Қўқон ________	*Самарқанд* ________
Фарғона ________	*Ғиждувон* ________
Қарши ________	*Қашқадарё* ________

Алишер Навоий шоир, мутафаккир ва давлат арбоби.

____

Жаҳон отин Увайсий, шоира.

____

Нодира (Комила), шоира ва давлат арбоби.

____

Абдулла Авлоний, ёзувчи ва драматург.

Ғафур Ғулом, шоир ва ёзувчи.

Озод Шарфуддинов, адабий танқидчи ва таржимон.

24-машқ. Here are several handwritten sentences. Try to read them; if you have any problems consult your instructor. In the provided space write several sentences in cursive Cyrillic.

Эртага соат ўн иккида менга телефон қилинг.

картошка
сабзи
нон
шакар
туз
ёғ
узум

Бувижон,
Бугун мен Замира билан концертга бораман.
Уйга соат ўн бир яримда қайтаман.
Дилшод

Section 2: Authentic Texts

This section offers learners more practice in recognizing Cyrillic letters by reading short texts.

1-машқ.  Look at the following ad and answer the questions that follow.

1. Find the names of some cities and countries.

2. What is advertised?

3. Can you guess where the company's office is located?

4. What street are they on?

5. What do you think the last three words mean?

2-машқ. In the space provided make your own ad. Write it either in cursive or print, including information about the product, its price, and contact information for the company.

3-машқ.  Read the ad below and answer the questions.

1. Бу қандай дўкон?

   a. гўшт дўкони;
   b. дорихона;
   c. китоб дўкони;
   d. озиқ-овқат дўкони.

2. Бу дўконда қандай маҳсулотлар сотилади?

4-машқ.  Look at the following business cards and scan the information written on them. Answer the questions that follow.

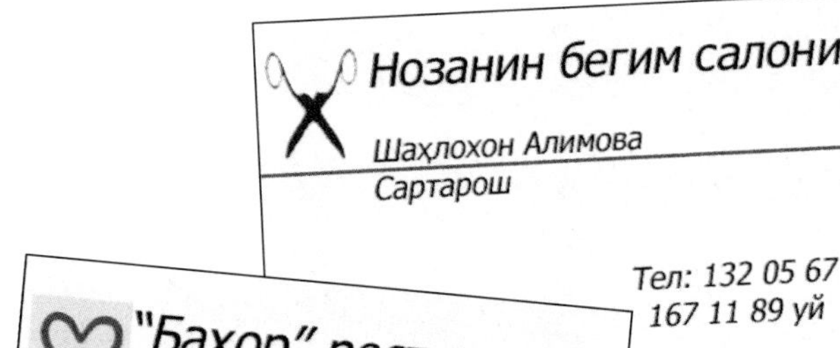

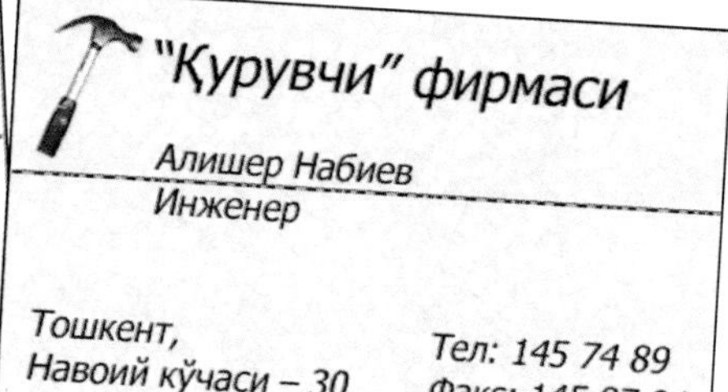

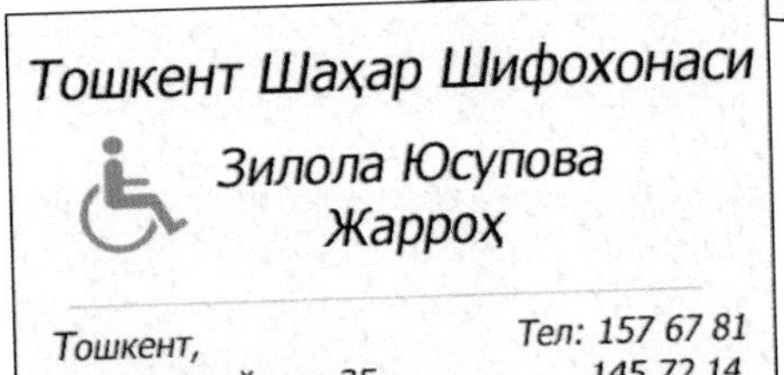

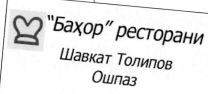

1. **Алишер Набиев ким?** ________________ ________________
2. **Унинг идораси қаерда?** ________________ ________________
3. **Ошпазнинг исми нима?** ________________ ________________
4. **Ресторан қайси кўчада жойлашган?** ________________ ________________
5. **Жарроҳнинг идораси нечанчи қаватда?** ________________ ________________
6. **Шаҳло ким?** ________________ ________________

5-машқ. Choose any profession you like and make a business card for yourself. Include your name, address, telephone number and business hours. Then introduce yourself to your classmate.

6-машқ.   Scan the text and answer the questions.

Табият яратди!
Биз тайёрладик!

Шўрва

Гўшт - 300-500 г
Пиёз - ўртача 2-4 дона
Сабзи - ўртача 2 дона
Картошка - ўртача 2-3 дона
Қизил булғор қалампири - 1-2 дона
Помидор - 2-3 дона
1-2 ош қошиқ ёки 1-2 та 15 граммлик кичик пакетчадаги Магги "Сеҳрли лаззатим".

Қўй (ёки мол) қовурғаларига 2 литр совуқ сув қуйинг. Қайнаш даражасигача олиб бориб, оловни пасайтиринг ва юзидаги кўпикларни олинг. Кўпик пайдо бўлиши тугагандан кейин халқа қилиб тўғралган пиёз, узунасига кесилган сабзи, ингичка қилиб тўғралган булғор қалампири ва помидор солинг. Хоҳишингизга кўра пиёз билан бирга 1 стакан олдиндан ивитилган нўхат ҳам қўшишингиз мумкин. Одатда шўрва паст оловда 2-2.5 соат давомида қайнатилади. Тайёр бўлишига 30 дақиқа қолганда йирик тўғралган картошка, 10 дақиқа қолганда эса 1.5-2 ош қошиқ (ёки 1-2 та 15 граммлик кичик пакетчалардаги) Магги "Сеҳрли Лаззатим"дан солинг.

Шўрвангизнинг лаззатини уйғотинг! Maggi

1. Бу қандай таом?

2. Қанча картошка керак?

3. Қандай гўшт керак?

4. Қанча сув керак?

5. Бу таом неча соат қайнатилади?

7-машқ. Skim the text (you do not need to understand every word), and answer the questions that follow.

ЎЗБЕКИСТОН РЕСПУБЛИКАСИ ОЛИЙ ВА ЎРТА МАХСУС ТАЪЛИМ ВАЗИРЛИГИ

ЎЗБЕКИСТОН ДАВЛАТ ЖАҲОН ТИЛЛАРИ УНИВЕРСИТЕТИ

2003/2004 ўқув йили учун

кундузги бўлим бакалавриатининг қуйидаги йўналишлари:

- *халқаро журналистика;*
- *инглиз филологияси;*
- *француз филологияси;*
- *испан филологияси;*
- *немис филологияси;*
- *славян филологияси;*
- *тиллар бўйича иккинчи мутахассислик*

магистратуранинг:

- *халқаро журналистика;*
- *инглиз филологияси;*
- *француз филологияси;*
- *испан филологияси;*
- *немис филологияси;*
- *славян филологияси;*
- *референт-таржимон*

мутахассисликлари бўйича қабул эълон қилади.

Абитуриентларнинг хужжатлари қабул комиссиялари томонидан 2003 йилнинг 20 июлига қадар қабул қилинади.

Манзилимиз: Тошкент ш., А.Икромов тумани, академик Решетов к., 4-уй (аввалги Республика рус тили ва адабиёти институти). «Пахтакор» метросидан 35-автобус, «Чилонзор» метросидан 20-автобус, 37-йўналишли такси қатнайди.

Телефонлар: 75-82-21, 75-89-51.

Университет қабул ҳайъатига топшириладиган хужжатлар қуйидагилардан иборат:

- *университет ректори номига ариза;*
- *ўрта маълумоти ҳақида етуклик аттестати ёки дипломнинг асл нусхаси;*
- *3х4 см ҳажмдаги олти дона фотосурат;*
- *086/У шаклдаги тиббий маълумотнома;*
- *паспорт ва ҳарбий хизматга тегишли ҳужжат шахсан кўрсатилади*

Тест синовлари кундузги бўлимда 1 август куни ўтказилади.

Талабаликка танлов асосида қабул қилиш абитуриентнинг тест синовларида тўпланган балларига асосан ҳал қилинади.

Халқаро журналистика ва испан филологияси факультетларида тест натижаларидан ташқари ижодий имтиҳонда олинган баллар ҳам ҳисобга олинади.

Ўзбекистон Республикаси олий ўқув юртларининг I курсларига 2003/2004 ўқув йилида талабаларни қабул қилиш тартиб ва қоидалари тўғрисидаги низом асосида амалга оширилади.

Омад сизга ёр бўлсин!

1. Бу қандай Универстет?

____

2. Бу Университетда қандай факултетлар бор?

____

3. Университет қайси кўчада жойлашган?

____

4. Нечта фото керак?

____

5. Имтиҳон қачон бўлади?

____

8-машқ. Imagine you are opening a university in Uzbekistan or elsewhere in Central Asia. Make a brochure advertising the classes and opportunities for students. Talk

Section 3: Additional Reading Texts

This section consists of texts complete with a number of content- and task- based activities.

Биринчи матн

1-машқ. Study the key words used in this passage. Most of them should already be familiar from the texts you read in the textbook, however, there are some new ones too. Note the spelling of these words in Uzbek Cyrillic alphabet.

бўйича	in, pertaining to
бўлим	department, section
вакил	representative
жаҳон	world
завқ олмоқ	to enjoy, to take pleasure
мақсад	aim, objective
манзара	scenery, view
мумтоз	classical
ном	name
предмет	object
ривожланмоқ	to develop
сабоқ бермоқ	to teach
севимли	favorite
таваллуд топмоқ	to be born
тадбиркор	businessman

таржимаи ҳол	autobiography, biographic sketch
таълим	education
таълим олмоқ	to study (school, university)
тизим	system
тузиб чиқмоқ	to develop (materials, plans)
туман	district
туфайли	because of, due to
устоз	teacher
ҳавас қилмоқ	to feel inspired, to be filled with enthusiasm
ҳосил	harvest
шаҳодатнома	certificate, diploma
шу билан бирга	at the same time, also
яратмоқ	to create, to develop
ўзим	myself
ўқув йили	academic year
яхшиланмоқ	to improve

2-машқ. Complete the activities.

A. Match the vocabulary words on the left with the definitions on the right.

дарслик	
ривожланмоқ	замонавий бўлмаган
мумтоз	шахснинг ҳаёти, оиласи, таълими ҳақида ёзиладиган очерк
деҳқон	талабалар, ўқувчилар учун китоб
таржимаи ҳол	шахс ёки предметга берилган исм
ном	нарса ёки ҳодисанинг яхшиланиши
	далада экин экадиган шахс

B. Sort the following words into the appropriate category.

ОИЛА	**ТАЪЛИМ**

мактаб, она, дарслик, ўқитувчи, ота, кутубхона, сингил, ука, дарс, буви, танаффус, ўқувчи, ўқишга кирмоқ, турмушга чиқмоқ, битирмоқ, шаҳодатнома, ажрашмоқ, синфдош, баҳо, сабоқ бермоқ, устоз

C. In Uzbek, write definitions for the following words.

тадбиркор ______________________
сабоқ бермоқ ______________________
жаҳон ______________________
ўқитувчи ______________________
устоз ______________________
баҳо ______________________
завқ олмоқ ______________________

3-машқ. Read the following key words and sentences that are used in the text. Can you guess what this passage is about? Write down your ideas, then discuss them with the class.

она	Тошкентда туғилганман.
ота	Ўқитувчи бўлиб ишлайман.
сингил	Университетда таълим олдим.

4-машқ. Read the text.

Мен, Аҳмедова Ноила, 1978-йил 4-январда Тошкент шаҳрида таваллуд топганман.

Отам Аҳмедов Умаржон – деҳқон-фермер. Онам Аҳмедова Мунира – уй бекасилар. Синглим Аҳмедова Умида – Тошкент Давлат маданият институтида талабаларга сабоқ беради ва аспирантурада таълим олади.

Ўзим 1984–1994-йилларда Тошкент шаҳар Миробод туманидаги 125-ўрта мактабда, 1994–1996-йилларда Тошкент педагогика коллежида, 1998–2003-йилларда Тошкент Давлат педагогика университетининг филология факултетида таълим олдим.

Бугунги кунда Тошкент шаҳридаги 266-мактабда она тили ва адабиёт фанидан дарс беряпман. Шу билан бирга Низомий номидаги Тошкент Давлат Педагогика университетининг магистратура бўлимида ўзбек тили йўналиши бўйича 2-курсда ўқияпман.

Жаҳон адабиёти, мумтоз адабиёт ва ҳозирги замон ўзбек адабиёти вакилларининг асарларини севиб ўқийман.

Севимли рангим-оқ. Табиатнинг гўзал манзараларидан завқ олишни яхши кўраман.

Устозларимдан Зулфия опа Оқилова, Ўктам опа Ҳалилова, Одил ака Мадаев, Мадина опа Акрамоваларга ҳавас қиламан. Шу туфайли ҳам ўқитувчи бўлган бўлсам керак.

2004-йилнинг август ойларида UNDP «School Goes Digital»нинг туманимизда очилган «Компютер-ахборот технологияларини таълим тизимига жорий этиш курси»да ўқидим. Келажакда Ўзбекистон мактабларида компютер тизимини ривожлантириш, ўзбек тили йўналиши бўйича медиа-дарсларини тузиб чиқиш, электрон дарсликлар яратишни ўз олдимга мақсад қилиб қўйганман.

5-машқ. Answer the questions.

Қуйидагиларнинг қайси бири Ноила ҳақида?

а. акасининг оиласи билан яшайди
б. оилада ёлғиз фарзанд
с. оиласи тўрт кишидан иборат
д. оиласи беш кишидан иборат

Қуйидагиларнинг қайси бири матнда берилмаган?

а. Ноиланинг онаси ҳозирги вақтда уй бекаси.
б. Ноиланинг синглиси турмушга чиққан.
с. Ноиланинг отаси фермер бўлиб ишлайди.
д. Ноиланинг синглиси аспирант.

Ноиланинг касби нима?

а. ўзбек тили ва адабиёт ўқитувчиси
б. мактабда директор бўлиб ишлайди
с. вақтинча ишсиз
д. университетда дарс беради

Зулфия опа Оқилова Ноилага ким бўлади?

а. узоқ қариндоши
б. синфдоши ва дугонаси
с. Зайнаб Одилова Ноилага дарс берган.
д. Ноила Зайнаб Одилова билан битта маҳаллада катта бўлган.

Қуйидагиларнинг қайси бири матнда берилмаган?

а. адабиётни яхши кўради
б. келажакда электрон дарсликлар яратмоқчи
с. устозларини жуда ҳурмат қилади
д. турли хил таомлар тайёрлашни яхши кўради

6-машқ. Each sentence describes a main event in the text. Place them in the order they occurred.

__	Университетнинг филология факултетини битирди.
__	Ўрта мактабга борди.
__	Тошкент шаҳрида туғилди.
__	Мактабда ишлашни бошлади.
__	Педагогика коллежига ўқишга кирди.
__	Янги технологиялар ҳақида ўрганди.

7-машқ.  Replace each underlined word in the text with its synonym given below.

ўқитувчи

туғил

ўқи

дарс бер

8-машқ. Based on the text, write your own autobiography using the Uzbek Cyrillic alphabet. Emphasize your education. When and where did you go to school? What subjects did you like? What languages did you learn?

9-машқ. In class, discuss the educational system of Uzbekistan. Use the text as the main source. Ask your instructor about pre-school **(болалар боғчаси)**, secondary school **(ўрта мактаб)** and higher education **(юқори таълим)**.

Иккинчи матн

1-машқ. Study the key words used in this passage. Most of them should already be familiar from the texts you read in the textbook, however, there are some new ones too. Note the spelling of these words in Uzbek Cyrillic alphabet.

вақтинча	temporarily
кейинги сафар	next time
келин	daughter-in-law, bride
кўчиб келмоқ	to move
маҳалла	neighborhood
набира	grandchild
нафақа	pension
нафақага чиқмоқ	to retire
поликлиника	medical clinic
салбий	negative
тадбиркор	businessman
таклиф қилмоқ	to invite
тасодифни қаранг	what a coincidence
ташламоқ	to drop
тугатиб олишсин	let them finish
турар эдик	we used to live
турмуш ўртоғим	my wife/husband
чет-тили	foreign language
янқиндагина	recently
ўқув йили	academic year
ўтказмоқ Ўғлимизни янги мактабга ўтказамоқчимиз.	to transfer, to pass We would like to transfer our son to a new school.
қариндош	relative
қатнамоқ Ҳар куни электричкада Тошкентга қатнайди.	to go, to commutte Everyday he commutes to Tashkent on a train.
қийналмасдан Қийналмасдан етиб келдик.	without any problem We made it without any problems (lit: without being tired)
қўшни	neighbor

2-машқ. Complete the activities.

A. Match the vocabulary words on the left with the definitions on the right.

қўшни	
кўчиб келмоқ	фарзанднинг фарзанди
оила	эр-хотин ва уларнинг болаларидан иборат жамоа
набира	бир уйдан иккинчи уйга кўчмоқ
	сиз билан бир маҳаллада яшайдиган киши

B. Match each word on the left with its antonym on the right.

қийин	паст
яшамоқ	осон
севмоқ	эски
баланд	вафот этмоқ
янги	ёмон кўрмоқ

C. Match each word on the left with its synonym on the right.

бола	яхши кўрмоқ
турмуш ўртоғим	яшамоқ
севмоқ	пенсионер
турмоқ	фарзанд
нафақахўр	эрим

D. In what situations would you hear the following questions? Write down your answer.

1. Қачон кўчасиз? Ёрдам керакми?

___

2. Аспирин борми?

___

3. Бобур кўчаси қаерда?

___

4. Оилалимиз?

___

5. Кейинги бекатда тушасизми?

___

6. Мана бу диванни қаерга қўйиш керак?

___

7. Уй неча хонали?

___

3-машқ. The passage you are about to read is a short exchange that takes place between two neighbors who have just met. Before you read it, look at the words below and check the ones you think will appear in this passage.

__ қўшни	__ маҳалла	__ давлат	__ нафақа
__ ота-она	__ таом	__ биология	__ такси
__ фарзанд	__ иш	__ дарслик	__ мушук
__ уруш	__ кўчиб келмоқ	__ мактаб	__ ўқитувчи

4-машқ. Read the passage.

Сардор: Ассалому алайкум, яхшимисиз? Исмим Сардор, янги қўшнингиз бўламан.

Карим ака: *Ие, Сардорбек, яхшимисиз? Қийналмасдан кўчиб олдингларми?*

Сардор: Ҳа, раҳмат. Кеча кўчиб келдик.

Карим ака: *Жуда яхши бўлибди. Қаердан кўчиб келдинглар?*

Сардор: Оқтепа маҳалласидан. Ўша ерда ота-онам билан турар эдик.

Карим ака: *Ҳа, яхши, яхши. Ота-онангиз ким бўлиб ишлайдилар?*

Сардор: Отам шифокорлар. 17-шаҳар шифохонасида ишлайдилар. Онамлар ўқитувчи, ҳозир нафақадалар, ишламайдилар.

Карим ака: *Тасодифни қаранг, келинойингиз ҳам шифокор. Мана шу маҳалладаги поликлинакада болалар шифокори бўлиб ишлайди. Ўзингиз нима иш қиласиз?*

Сардор: Мен ҳам, келинингиз ҳам университетда ишлаймиз. Келинингиз инглиз тилидан дарс беради, мен эса иқтисоддан.

Карим ака: *Фарзандларингиз борми?*

Сардор: Ҳа, иккита ўғлимиз бор. Иккаласи ҳам мактабга боради.

Карим ака: *Мана шу маҳалладаги мактабга бердингизми?*

Сардор: Йўқ, Оқтепадаги мактабга қатнаб туришибди. Ўқув йилини тугатиб олишсин, кейин янги мактабга ўтказамиз. Шу атрофдаги мактабларни яхши деб эшитдик.

Карим ака: *Ҳа, ёмон эмас. Сардорбек, келинг, уйга киринг! Келинойингиз нонушта тайёрлаяпти, бир пиёла чой...*

Сардор: Йўқ, йўқ. Кейинги сафар, ҳозир болаларни мактабга ташлаб, ишга ўтишим керак.

Карим ака: *Ҳа, ундай бўлса, майли.*

Сардор: Хўп, майли, омон бўлинг!

5-машқ.  Answer the questions.

Сардор бу маҳаллага қачон кўчиб келди?

а. бир ой аввал
б. бир неча кун аввал
с. кеча
д. икки йил аввал

Сардорнинг ота-онаси ким?

а. отаси шифокор ва онаси университет кутубхонасида ишлайди
б. отаси шифокор ва онаси нафақада
с. отаси ўқитувчи ва онаси шифокор
д. отаси нафақада ва онаси ўқитувчи

Сардорнинг рафиқаси қаерда ишлайди?

а. ҳеч қаерда ишламайди, уй бекаси
б. университетда ўқитувчи
с. шифохонада ишлайди
д. тадбиркорлик билан шуғулланади

Қуйидагиларнинг қайси бири матнда берилмаган?

а. Сардор оилали. У икки фарзанднинг отаси.
б. Сардор университетда иқтисод фанидан дарс беради.
с. Сардор оилада ёлғиз фарзанд.
д. Сардорнинг фарзандлари Оқтепа маҳалласидаги мактабга борадилар.

Сардорнинг жавобига кўра, у Карим ака билан гаплашганидан кейин нима қилади?

а. Ота-онасининг уйига боради.
б. Онаси билан телефонда гаплашади.
с. Фарзандларини мактабга олиб боради.
д. Карим ака билан нонушта қилади.

6-машқ. Read the following sentences from the passage once more and check the answer that summarizes them best.

Тасодифни қаранг, келинойингиз ҳам шифокор. Мана шу маҳалладаги поликлинакада болалар шифокори бўлиб ишлайди.

а. Карим аканинг хотини болалар шифокори бўлиб ишлайди.
б. Сардорнинг хотини болалар шифокори бўлиб ишлайди.
с. Карим аканинг келини шифокор бўлиб ишлайди.
д. Маҳалладаги болалар поликлиникасига янги шифокор керак.

Ўқув йилини тугатиб олишсин, кейин янги мактабга ўтказамиз. Шу атрофдаги мактабларни яхши деб эшитдик.

а. Сардор янги маҳаллада жойлашган мактабларни яхши деб ўйлайди, шу сабабли, фарзандларини шу ердаги мактабларнинг бирига ўтказмоқчи.
б. Сардор фарзандларини янги мактабга беришни истамайди. Оқтепадаги мактабга боришларини хоҳлайди.
с. Сардорнинг фарзандлари ҳозирги вақтда янги маҳалладаги мактабларнинг бирига боришади. Сардор уларни Оқтепадаги мактабга ўтказмоқчи.
д. Сардор фарзандларини янги мактабга ўтказишни хоҳлайди, лекин бу маҳалладаги мактаблар ҳақида салбий фикрда.

Сардорбек, келинг, уйга киринг! Келинойингиз нонушта тайёрлаяпти, бир пиёла чой ...
а. Карим ака Сардорни бир пиёла чойга таклиф қилди.
б. Карим ака Сардор ва унинг хотинини нонуштага таклиф қилди.
с. Карим аканинг хотини Сардорни чойга таклиф қилди.
д. Сардор Карим акани бир пиёла чойга таклиф қилди.

7-машқ. Imagine you just moved into an Uzbek mahalla and are getting acquainted with your neighbor. How would you answer the questions asked below?

1. Ие, яхшимисиз, янги қўшни?

____

____

2. Яхши кўчиб келдингизми? Қачон кўчиб келдингиз?

____

____

3. Қаердан кўчиб келдингиз?

____

____

4. Оилалимисиз? Оилангиз билан кўчиб келдингизми?

____

____

Учинчи матн

1-машқ. Study the key words used in this passage. Most of them should already be familiar from the texts you read in the textbook, however, there are some new ones too. Note the spelling of these words in Uzbek Cyrillic alphabet.

азоб чекмоқ	to suffer
барг	leaf
билишар эди	they used to know …
бутун дунё	all the world, all around the world
денгизчи	sailor
жон дили билан	with pleasure
зарар	harm
ижарага бермоқ	to lease
иштаҳа	appetite
кашфиётчи	discoverer
келиб чиқмоқ	to originate, to start
келтириб чиқармоқ	to create
модда	element (chem.)
оғриқ қолдирадиган дори	pain reliever
сарой	palace
сил	tuberculosis
сифатида	as, in the content of
тамаки	tobacco
тарқалмоқ	to be spread
феъл	verb (gram)
хизмат	service
хислат	feature, characteristics
ҳадя қилмоқ	to present, to give a gift
шахсан	personally, in person
элчи	ambassador
ўсимлик	plant, herb
қабул қилмоқ	to accept
қарши	against
қаттиқ	strong
қиролича	queen
қитъа	continent

2-машқ. Complete the activities.

A. Look at the words below. What are some other words you know that would go with them? Provide at least 3 for each word. Follow the model.

Намуна: Нонушта - кофе, эрталаб, уйғонмоқ

барг ____________________
денгизчи ____________________
кашфиётчи ____________________
дори ____________________
тамаки ____________________
қиролича ____________________
қитъа ____________________

B. Match the words on the left with their English equivalents on the right.

аср	medicine
охир	time
ўсимлик	appetite
барг	tuberculosis
вақт	end
маҳсулот	service
сил	leaf
сўнг	gift
дори	century
хизмат	plant, herb
совға	after
иштаҳа	product

4-машқ. Read the names of famous people from history. Next to each name write down in Uzbek who they were (writer, artist, discoverer, etc).

Христофор Колумб:

Мария Кюри:

Жеймс Кук:

Елизавета биринчи :

Марко Поло :

5-машқ. In Uzbek, write definitions for the following words.

қитъа ______

ижарага бермоқ ______

сарой ______

ўсимлик ______

зарар ______

азоб чекмоқ ______

иштаҳа ______

6-машқ. The text you are about to read is about the history of tobacco. Before reading it, consider the following question. Then jot down a few ideas in Uzbek.

Тамаки тарихи ҳақида нималарни биласиз?

7-машқ. Read the text.

Тамаки тарихи

Тамаки Америка қитъасидан келиб чиққан. Уни Европага XV аср охирида денгизчи ва кашфиётчи Христофор Колумб олиб кирган. 1560-йилда Лиссабон саройида Франция элчиси Жан Нико ("никотин" сўзи унинг исмидан олинган) тамаки баргларини Франция қироличаси Екатерина Медичига ҳадя қилади. Одамлар ўша вақтда тамакини бош оғриғини қолдирадиган дори сифатида билишар эди. Қаттиқ бош оғриғидан азоб чеккан қиролича совғани жон дили билан қабул қилади. Шундан сўнг бу ўсимлик Франция бўйлаб тарқалади.

8-машқ.  Answer the questions.

Матнга кўра, 16-асрда тамаки қайси хислатлари учун танилган?
а. сил, яъни туберкулёзни даволайдиган дори
б. бош оғриғига қарши дори
с. иштаҳани очиш учун ичиладиган дори
д. бош оғриғини келтириб чиқарувчи маҳсулот

Қуйидаги феълларнинг қайси бири **ҳадя қилмоқ** *феълига синоним бўла олмайди?*
а. тақдим этади
б. совға қилади
с. ижарага беради
д. беради

Қуйидагиларнинг қайси бири Жан Нико ҳақида берилган маълумотга тўғри келмайди?
а. Христофор Колумб билан шахсан учрашган
б. 16-асрнинг 60-йилларида Лиссабон саройида бўлган
с. тамаки таркибидаги моддага унинг номи берилган
д. Франция элчиси бўлиб хизмат қилган

Матнни қайси мавзу тўлдириши ва давом эттириши мумкин?
а. Екатерина Медичи қабул қилган қонунлар ва уларнинг аҳамияти.
б. 16-асрда Лиссабонда тамаки билан савдо қилувчи корхоналар.
с. Алкогол таркибидаги зарарли моддалар.
д. Тамакининг бутун дунё бўйлаб тарқалиши.

9-машқ. First read this short passage about the history of tea. Then fill in the blanks with appropriate words. Use the text as a model.

Қаҳва Африка қитъасидан, аниқроғи, Эфиопиядан ______________. Савдогарлар қаҳвани Эфиопиядан Арабистонга __________________ ва Арабистоннинг Мокко портидан Европага ________________.

Дунёдаги биринчи қаҳвахона 1564-йилда Истанбулда, тахминан бир __________ кейин, яъни 1652 йилда Лондонда ва Парижда ________________.

10-машқ. Do some research and write a short paragraph about one of the following products. Use the text above as an example.

Чой тарихи
Автомобил тарихи
Ипак тарихи

Тўртинчи матн

1-машқ. Study the key words used in this passage. Most of them should already be familiar from the texts you read in the textbook, however, there are some new ones too. Note the spelling of these words in Uzbek Cyrillic alphabet.

археологик қазишмалар	archeological digs
айланмоқ (~га)	to turn (into)
барпо бўлмоқ	to bring about; to found, to establish
бир неча	several, a number of
бутунлай	completely, absolutely
буюм	article, goods
давр	period
далолат бермоқ	to prove, to be the evidence of
дарвоза	gate
дастлабки	original, first
ҳокимият	government
манба	source
мудофаа	defense
сақланмоқ	to be kept, to be preserved
ўсмоқ	to grow, to increase
дарвоза	gate
калит	key
даҳа	district
ҳоким	governer; ruler
***.....ортиқ эканлигидан далолат беради**	shows that it is more than...
*** Ўзингиз ҳақингизда бироз гапириб берсангиз.**	Would you mind telling us a little about yourself?

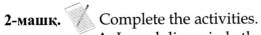

2-машқ.  Complete the activities.

A. In each line, circle the word that doesn't fit with the others.

вилоят, шаҳар, қишлоқ, девор

аср, бир, йил, кун

шимол, шарқ, уст, ғарб

буюм, тарих, сиёсат, иқтисод

B. Match the words on the left with their English equivalents on the right.

аср	trade
марказ	manufacture
давр	army
манба	source
қўшин	industry
корхона	center
аҳоли	population
ҳокимият	capital
мудофаа	defense
мустақил	railroad
савдо	independent
саноат	period
	government
	goods
	century

C. Match the word with its definition.

дарвоза	юз йиллик вақт
аср	душман ҳужумидан ҳимояланиш
натижа	идишлар, нарсалар
буюм	иш ёки воқеанинг охирги кўрсаткичи
мудофаа	шаҳар ёки ҳовлиларнинг кириш жойларига қуриладиган катта эшик

3-машқ. You are about to read a passage in Uzbek. Look at a few key words given below.

қадимги маданият пойтахт

уруш давлат зилзила

аср шаҳар давр

Can you guess what this passage is about?

а. тарих
б. сиёсат
с. таълим
д. табиат

4-машқ. Read the passage.

Диктор: *Ассалому алайкум Азиз ака, студиямизга хуш келибсиз!*

Азиз ака: Ваалайкум ассалом, таклиф қилганингиз учун катта раҳмат!

Диктор: *Азиз ака, Тошкент шаҳри тарихи ҳақида бироз гапириб берсангиз.*

Азиз ака: Тошкент Марказий Осиёдаги энг қадимги шаҳарлардан бири эканлиги ҳеч кимга сир эмас. Шаҳар атрофида олиб борилган археологик қазишмалар натижасида топилган буюмлар шаҳарнинг ёши 2000 йилдан ортиқ эканлигидан далолат беради.

Диктор: *Қандай буюмлар?*

Азиз ака: Сопол идишлар, бронза ойна, ҳар хил тангалар.

Диктор: *Бу буюмлар қаерда сақланади?*

Азиз ака: Ўзбекистон Давлат Тарих Музейида.

Диктор: *Азиз ака, баъзи тарихий китобларда Тошкент – турли номлар, масалан, Шош, Бинкат ва бошқа номлар билан юритилади.*

Азиз ака: Ҳа, шаҳарнинг дастлабки номи аниқланмаган, лекин 5–9 асрларда Чоч, Шош, Бинкат ва Тарканд деб аталган.

Диктор: *Нечанчи асрдан Тошкент деб атала бошлаган?*

Азиз ака: Беруний ва Қошғарий асарларида қайд этилишича, шаҳар 11-асрдан Тошкент деб аталган.

Диктор: *Тошкент даҳалари ва дарвозалари ҳақида гапириб берсангиз.*

Азиз ака: Тошкент 18-аср ўрталарида тўрт даҳа, яъни Себзор, Кўкча, Бешёғоч ва Шайҳонтоҳур даҳаларига бўлинган. Даҳаларнинг ҳар бирини мустақил ҳоким бошқарган. Бу давр тарихда “Тўрт ҳокимлик” дейилган. Шаҳар мудофаа девори билан ўралган.

Диктор: *... ва шаҳар дарвозлари бўлган. Тўғрими?*

Азиз ака: Ҳа, ўша вақтларда Тошкентнинг 12 дарвозаси бўлган.

Диктор: *Бу дарвозалар ҳали ҳам борми?*

Азиз ака: Афсуски, дарвозалар 1890-йилда бузиб ташланган, лекин дарвозаларнинг калитлари ҳозирги кунгача сақланиб қолган. Улар 1933-йилгача Санкт Питербургнинг Суворов Ҳарбий Музейида сақланган. 1933-йилда эса Ўзбекистонга қайтарилган. Ҳозирги вақтда улар Ўзбекистон Давлат Тарих *Музейида сақланади.*

5-машқ. Answer the questions.

Қуйидагиларнинг қайси бири археологик қазишмалар натижасида топилмаган?

а. тангалар

б. сопол идишлар

c. бронза ойна

д. олтин қошиқлар

Шаҳарнинг дастлабки номи нима бўлган?

а. Бинкат

б. Шош

c. Тарканд

д. тўғри жавоб йўқ

Нима учун 18-аср ўрталарида Тошкент "4-ҳокимлик" деб аталган?

а. Ўша вақтларда Тошкентда савдо ишлари жуда ривожланган.

б. Тошкент аҳолиси тўрт миллионга яқин бўлган.

c. Тошкент тўрт қисмга бўлинган ва тўрт ҳоким томонидан бошқарилган.

д. Тошкент тўрт қисмга бўлинган ва тўрт девор билан ўралган.

Тошкент дарвозаларининг сони ________ бўлган?

а. ўнта

б. ўн учта

c. ўн тўртта

д. ўн иккита

Қуйидагиларнинг қайси бири Тошкент дарвозаларнинг калитлари ҳақида айтилган гапларга тўғри келмайди?

а. 1933-йилда Ўзбекистонга қайтарилган

б. 1933-йилгача Суворов ҳарбий музейида сақланган

c. калитлар олтиндан ясалган

д ҳозирги вақтда музейда сақланади

6-машқ. Read the following statements and decide whether they are true or false

	Т	Н
1. Археологик қазишмалар натижасида топилган буюмлар музейда сақланади.		
2. 18-асрда Тошкент шаҳри даҳаларга бўлинган.		
3. Себзор, Кўкча, Бешёғоч ва Шайҳонтоҳур – 18-асрда яшаган Тошкент ҳокимларининг исми.		
4. Тошкент дарвозалари бузиб ташланган.		
5. Тошкент дарвозаларининг калитлари ҳозирги вақтда Тошкент Давлат Миллий Университетида сақланади.		

7-машқ. Imagine you have been interviewed by an Uzbek radio show about your home city. How would you answer these questions? Use the text as an example.

1. Ассалому алайкум, студиямизга хуш келибсиз!

____

____

2. Ўзингиз ҳақингизда бироз гапириб берсангиз. Қаердансиз?

____

____

3. Ўзбек тилини қаерда ўргангансиз? Неча йилдан бери ўзбек тилини ўрганасиз?

____

____

4. Ўзбек тилида жуда яхши гапирар экансиз!

____

____

5. Шаҳрингиз ҳақида гапириб берсангиз. Шаҳариингиз каттами? Қизиқарли жойлар борми?

____

____

Бешинчи матн

1-машқ. Study the key words used in this passage. Most of them should already be familiar from the texts you read in the textbook, however, there are some new ones too. Note the spelling of these words in Uzbek Cyrillic alphabet.

аҳоли	population; inhabitants
-дан ташқари	besides
Иттифоқ республикалари	Soviet states
иштирок	participation
олим	scientists
ортиқ	more than, exceeding
собиқ	post, ex
сўзламоқ	to speak, to converse
ташкил топмоқ	to be formed, to be organized
ташкил этмоқ	to consist of
уруғ	tribe, clan
халқ	nation, people
чет эл	foreign, abroad
шаклланмоқ	to form, to develop
яқин	close
ҳудуд	territory

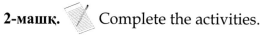

2-машқ.  Complete the activities.

A. Look at the words below. What are some other words you know that would go with them? Provide at least 3 for each word. Follow the model.

Namuna: Нонушта - кофе, эрталаб, уйғонмоқ

аҳоли ____________________

ҳудуд ____________________

халқ ____________________

сўзламоқ ____________________

олим ____________________

ўзбек тили ____________________

B. Match the words on the left with their English equivalents on the right.

аҳоли	nation
оила	to converse
халқ	ex
ҳам	also
сўзламоқ	family
кирмоқ	to consist of
тил	scientists
собиқ	population
яқин	to enter
олим	language
ташкил этмоқ	close

3-машқ. You are about to read a text about the Uzbek language and its origins. Before reading the text, jot down some of the things you know about Uzbek. Consider the questions below.

Ўзбек тили қайси давлатнинг расмий давлат тили ҳисобланади?
Ўзбек тилида ижод қилган шоир ва ёзувчиларни биласизми?
Қайси тиллар ўзбек тилига яқин?

4-машқ. Read the passage.

Ўзбек тили туркий тиллар оиласига киради. Бу тилда сўзловчи аҳоли 20 миллиондан ортиқ бўлиб, Ўзбекистон Республикаси ҳудудида яшайди. 5 миллиондан ортиқ ўзбеклар чет элларда (Афғонистон, Покистоп, Туркия, Саудия Арабистон ва собиқ Иттифоқ республикаларида) яшайди.

Туркий тиллар оиласига, ўзбек тилидан ташқари, турк (Туркия), уйғур (Хитойнинг Шинён-Қашғар вилояти), қозоқ, қирғиз, озарбайжон, татар, бошқирд, қумиқ каби тиллар ҳам киради. Туркий халқларнинг сони 70га, аҳолиси эса 200 миллионга яқиндир.

Бу туркий халқлар уч гуруҳга бўлинади: қарлуқлар, қипчоқлар, ўғузлар. Ўзбек тили асосан қарлуқ уруғи гуруҳига киради.

Баъзи олимлар ўзбек халқининг шаклланишида 92 туркий уруғнинг иштирок этганини кўрсатиб ўтадилар. Бу уруғларнинг асосий қисмини қарлук уруғлари ташкил этади. Бундан ташқари, ўзбек халқининг ташкил топишида ўғуз (Ҳоразмда) ва қипчоқ (Қашқадарё ва Сурхондарёда) уруғларининг ҳам иштироки бўлган.

5-машқ.  Answer the questions.

Матнга мос сарлавҳани белгиланг.

а. Ўзбек тили грамматикаси
б. Ўзбек араб алифбосининг аҳамияти
с. Туркий тилларнинг шаклланиши
д. Ўзбек тили ва унинг шаклланиши

Қуйидагиларнинг қайси бири матнда берилмаган?

а. Туркий тиллар структурасидаги фарқлар
б. Туркий тиллар ва уларнинг номлари
с. Ўзбек тилида гапирувчи кишилар
д. Жавобларнинг барчаси тўғри

Матнга кўра, қарлуқ бу - ______________

а. хитой ҳудудида яшайдиган халқларининг бир гуруҳи
б. ўзбек халқининг шаклланишида асосий рол ўйнаган туркий гуруҳнинг номи
с. ўзбек тилининг ривожланишида асосий рол ўйнаган олимнинг тахаллуси
д. Қашқадарё ва Сурхондарёда яшайдиган халқларнинг номи

6-машқ. Read the following statements and decide whether they are true or false

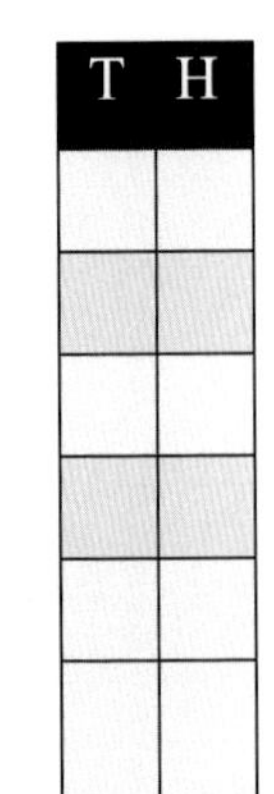

Т	Н

1. Ўзбек тилида гапирувчи кишиларнинг кўп қисми Афғонистонда яшайди.
2. Ўзбек тилида гапирувчи кишилар фақат Ўзбекистонда яшайди.
3. Ўзбек тилининг шаклланишида қарлуқ гуруҳининг ўрни катта.
4. Ўзбек тилининг шаклланишида иккита уруғ иштирок этган.
5. Уйғур тили туркий тиллар оиласига кирмайди.
6. Ўзбек тилида гапирувчи кишиларнинг сони туркий тилларда гапирувчи кишиланинг сонидан катта.

7-машқ. Do some research and write a short paragraph about a language you are interested in. Use the text as a model. Consider the questions below.

1. Бу тилда неча миллион (миллиард, минг) киши сўзлашади?
2. Бу тилда гапирувчи кишилар қаерларда яшайди?
3. Бу тил қайси тиллар гуруҳига киради?

about the professors, dorms, libraries, etc.

Қўшимча матнлар

1-машқ. The dialogues and short texts below are taken (a few of them modified) from Uzbek literature. Practice your reading in Cyrillic alphabet by reading these texts.

a. Худойберди Тўхтабоев, *Мунгли кўзлар*

– Отингиз Зафаржонми?
– Ҳа.
– Фамилиянгиз Каримов.
– Ҳа.
– Мени Мастура Хайриевна деб чақиришади. Ана, танишиб ҳам олдик. Тортинманг, менинг хам сизга ўхшаган ўғилларим бор. Ёшингиз ўн еттидами?
– Йўқ, ўн олти-ю, уч ойлик бўлдим.
– Қаранг, ўғлим билан тенг экансиз. Ўқишлар қалай?
– Бир йилга “отсрочка” беришди.
– Ҳозир бекорчиман денг?
– Лекин жуда бекорчи ҳам эмасман, кўпроқ китоб ўқияпман.
– Китоб ўқиганингиз яхши. Ўғлим ҳам шундай, қўлидан китоб тушмайди. Қандай китобларни ўқияпсиз?
– Кўпроқ қонуншуносликка оид.

бекорчи – idler
оид – concerning
отсрочка (rus) - deferment
қонуншунослик – jurisprudence
тортинманг – don’t be shy!
чақирмоқ – to call
от – name (coll.)
қарамоқ – to look
тенг – equal; at the same age
тушмоқ – to fall

b. Худойберди Тўхтабоев, *Ширин қовунлар мамлакати*

– Амаки?
– Устоз де мени, деяпман.
– Устоз?
– Лаббай.
– Мен спортни яхши кўраман, меҳнатга тоқатим йўқ.
– Хозирги ёшларнинг кўпи шундай.
– Жони-дилим футбол.
– Ош бўлса, иш бўлмаса, деган экан бир дангаса, – устозим чуқур хўрсинди.
– Устоз.
– Лаббай?
– Бир нарса сўрасам майлими?
– Майли.
– Нега бу мамлакатда қовунни яхши кўришади?

де – imp. form of демоқ
устоз – master; teacher
тоқат – patience
шундай – like this; such; as
чуқур – deep
хўрсинмоқ – to sigh
Лаббай? Yes? (response when being called)
қовун – melon

c. Ўлмас Умарбеков, *Фотима ва Зуҳра*

– Алло! Эшитаман! – эркак овоз келди трубкадан. Бу Алиев эмас эди.
– Менга Қодир ака керак эдилар, – сўради Зуҳра.
– Адамлар ишга кетганлар. Ким сўраяпти?
– Сиз ким бўласиз? – деди Зуҳра.
– Қизиқ, – трубкада кулги эшитилди. Қодир ака адам бўлсалар, мен ким бўламан? Мен Қодир ака Алиевнинг ўғиллари бўламан. Отим Равшан. Эшитяпсизми? Энди тушундингизми?
– Тушундим.
– Адамга нима деб қўяй?
– Адангизнинг қишлоқи бир танишлари бўламан. Келганларида исмимни Зуҳра деб айтсангиз танийдилар.

трубка – receiver
ада (coll.) – father
қишлоқи – villager
қизиқ – interesting; funny
Нима деб қўяй? Can I take a message?
таниш – acquaintance

d. Саид Аҳмад, *Суянчиқ*

– Ёшингиз нечада, ўртоқ Ҳайитова?
– Олтмиш еттида.
– Қандай касал бўлгансиз?
– Ҳеч қандай.
– Қандай дорилар ичгансиз?
– Умримда дори ичмаганман.
– Неча болангиз бор?
– Ўн бир болам бор. Набираларим қанча эканлиги эсимда йўқ.
– Чекканмисиз, ичганмисиз?
– Йўқ.
– Тишларингиз ясамами ёки ўзингизникими?
– Ҳаммаси ўзимники.
– Ё, тавба! – деди профессор. – Бундай соғлом одамни энди кўришим.

умр – life
ясама – fake; false
бундай – like this; such; so
Эсимда йўқ. I do not remember.
Ё, тавба! Good heavens!

e. Худойберди Тўхтабоев, *Сариқ девни миниб*

Икки ойдан бери касалхонада ётибман. Каравотим деразанинг тагида, хонада бор-йўғи икки кишимиз. Эшикнинг олдида Саид ака ётади, жуда қизиқчи одам. Кулдиргани–кулдирган. Қурилишда ишлайди, Социалистик Меҳнат Қаҳрамони, аммо юлдузини ҳеч тақмайди. Агар шундай юлдуз менда бўлганда жон-жон деб халатимнинг устидан тақиб олган бўлардим. Ишхонасида хам обрўси баланд бўлса керак, уни кўриш учун яхши кийинган, қорни катта одамлар келади. Бирови товуқ пишириб келади, бирови узум, олма ташлаб кетади, гул олиб келганлари ҳам кўп. Пиширилган товуқ олиб келган куни мен жуда хурсанд бўлиб кетаман. Нега десангиз, Саид ака парранда гўштини унча хушламайди, уни доим менга беради.

каравот – bed
қизиқчи – clown; jokester
меҳнат – labor; work
юлдуз – star
жон-жон – with pleasure
обрў- well respected; esteemed
парранда– poultry
бор-йўғи – only
қурилиш – construction site
қаҳрамон – hero
тақмоқ – to wear; to pin
халат – robe
биров – one; someone
хушламоқ – to like

f. Баҳодир Саримсоқов, *Афанди латифалари*

Ака-ука

Афандидан одамлар:
– Сиз каттами, акангиз каттами? – деб сўрашди.
– Ўтган йил акам мендан бир ёш катта эди, бу йил ёшимиз тенг бўлса керак, – деди Афанди.

Тўғри маслаҳат

Бир бемор Афандига ҳасрат қилди:
– Иккита шифокорга бордим, иккаласи икки хил маслаҳат берди, биринчиси денгизга бор, дейди, иккинчиси пиёда юр! –дейди.
– Ундай бўлса, денгизга пиёда боринг! – деди Афанди.

Дам оламан!

Афанди бошқа қишлоқдаги қариндошларининг уйига меҳмонга кетаётган эди. Кун иссиқ, йўл узоқ эди. Катта дарахт тагидаги бир дўконни кўриб қолди. Дўконга кириб ўтирди. Сотувчи:
– Ҳа, Афанди, нима оласиз? – деди.
Афанди сотувчига қараб:
– Дам оламан! – деди.

маслаҳат – advice
кетаётган эди– he was going
дарахт – tree
ҳасрат қилмоқ – to complain
узоқ – far; distant

Maps *Хариталар*

Африка харитаси

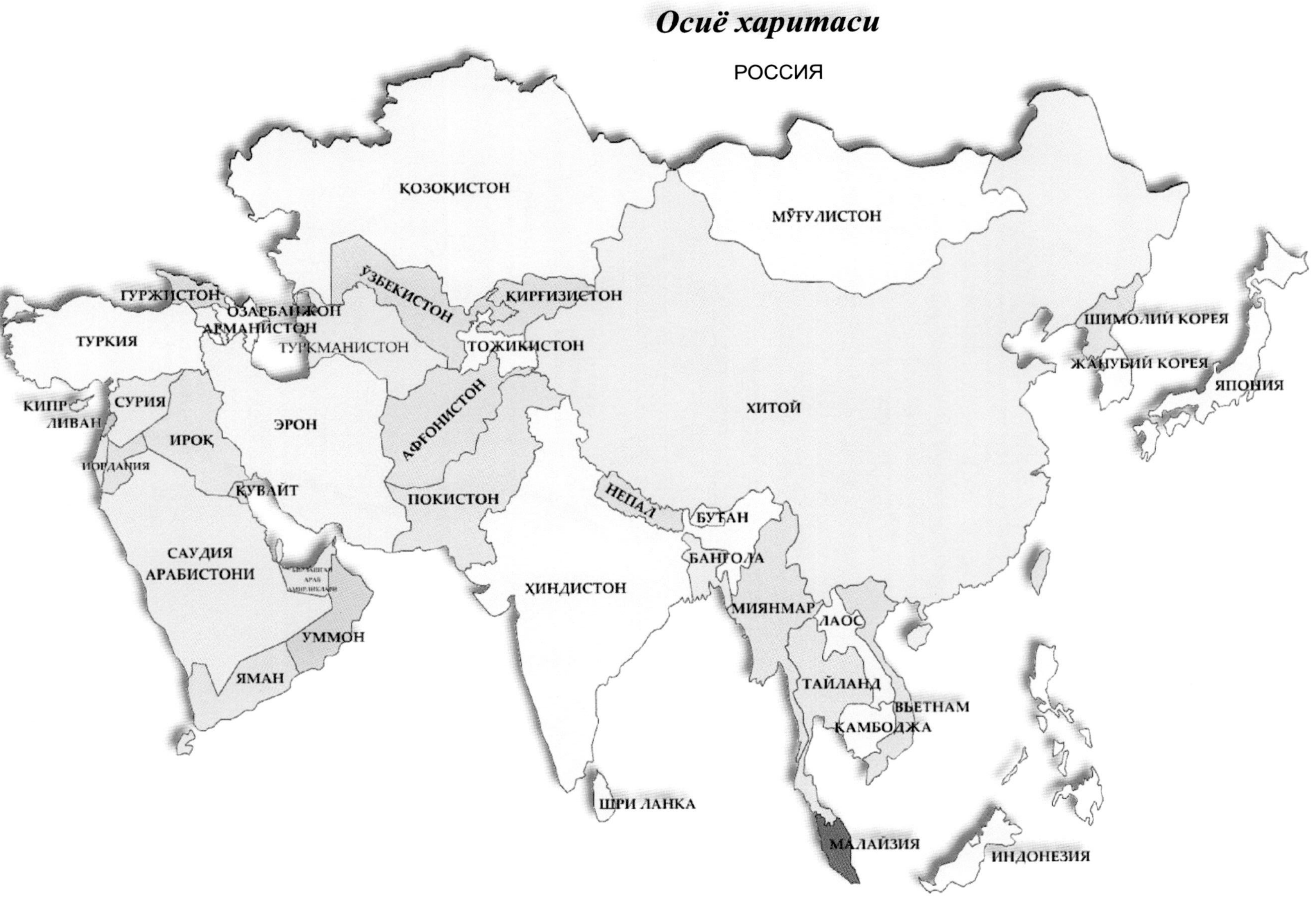
Осиё харитаси
РОССИЯ
ҚОЗОҚИСТОН
МЎҒУЛИСТОН
ГУРЖИСТОН
ОЗАРБАЙЖОН
АРМАНИСТОН
ЎЗБЕКИСТОН
ҚИРҒИЗИСТОН
ТУРКИЯ
ТУРКМАНИСТОН
ТОЖИКИСТОН
ШИМОЛИЙ КОРЕЯ
ЖАНУБИЙ КОРЕЯ
ЯПОНИЯ
КИПР
ЛИВАН
СУРИЯ
ИРОҚ
ЭРОН
АФҒОНИСТОН
ХИТОЙ
ИОРДАНИЯ
ҚУВАЙТ
ПОКИСТОН
НЕПАЛ
БУТАН
САУДИЯ АРАБИСТОНИ
БАНГОЛА
ҲИНДИСТОН
МИЯНМАР
ЛАОС
УММОН
ЯМАН
ТАЙЛАНД
ВЬЕТНАМ
КАМБОДЖА
ШРИ ЛАНКА
МАЛАЙЗИЯ
ИНДОНЕЗИЯ

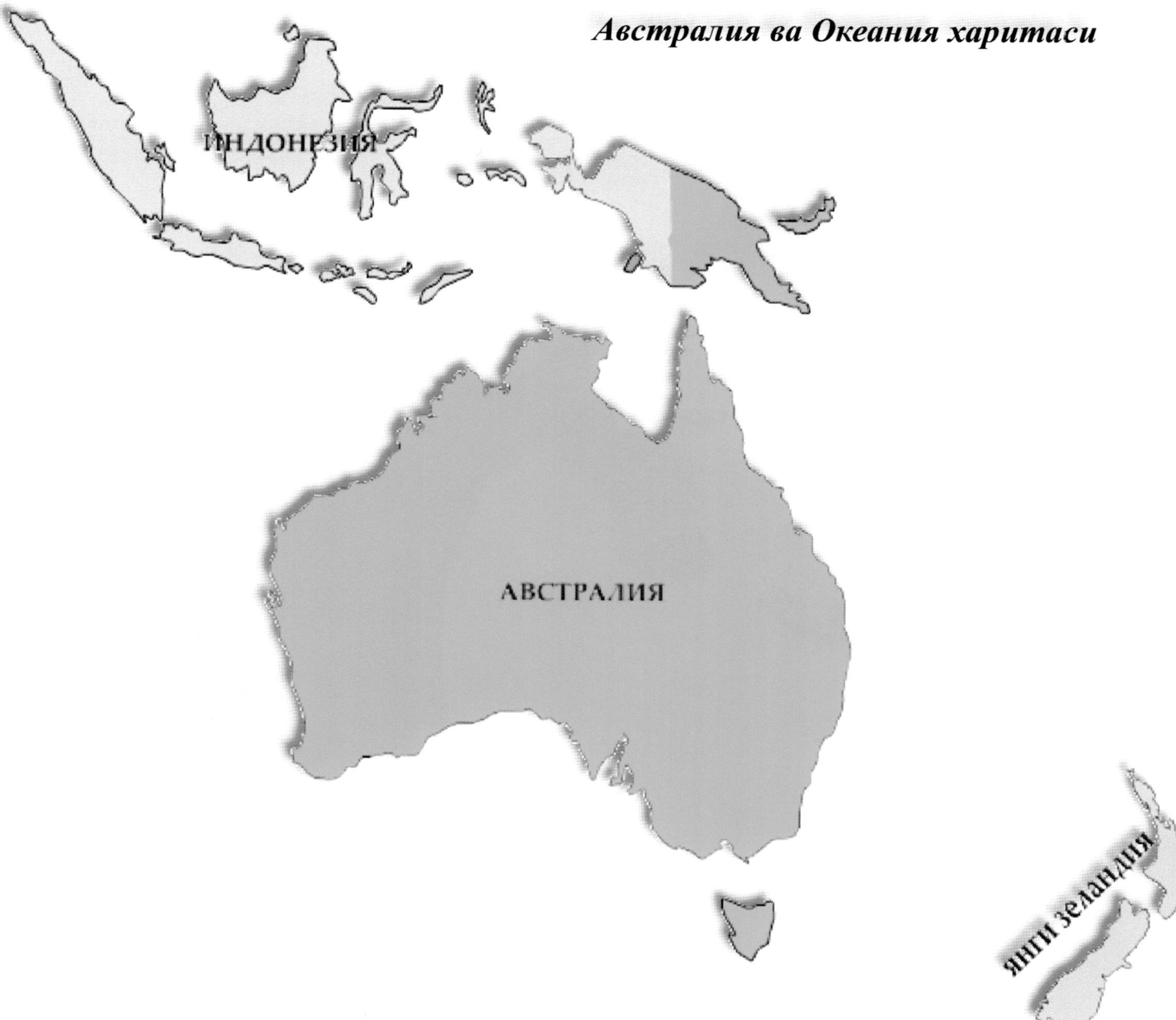
Австралия ва Океания харитаси
ИНДОНЕЗИЯ
АВСТРАЛИЯ
ЯНГИ ЗЕЛАНДИЯ

Марказий Америка харитаси

Европа харитаси

Шимолий Америка
харитаси
АМЕРИКА
ҚЎШМА
ШТАТЛАРИ
КАНАДА
АМЕРИКА
ҚЎШМА
ШТАТЛАРИ

Жанубий Америка
харитаси
ВЕНЕСУЭЛА
КОЛУМБИЯ
БРИТАНИЯ
ДАНИЯ
ФРАНЦИЯ
ГВИАНАСИ
ЭКВАДОР
БРАЗИЛИЯ
ПЕРУ
БОЛИВИЯ
ПАРАГВАЙ
ЧИЛИ
АРГЕНТИНА
УРУГВАЙ

Appendix D: Uzbek-English Glossary

- A -

adabiyot	*literature*
adashmoq	*to make a mistake, to get confused*
adir	*hills, heights*
afsona	*legend*
afsuski	*unfortunately*
ahamiyat bermoq	*to pay attention*
aholi	*population*
ajrashgan	*divorced, separated*
aka	*older brother*
aksirmoq	*to sneeze*
aktrisa	*actress*
alkogol	*alcohol*
allaqachon	*already*
allergiya	*allergy*
alohida	*separate*
aloqa bo'limi (pochta)	*post office*
amaki	*uncle (paternal)*
amakivachcha	*cousin (child of amaki)*
amma	*aunt (paternal)*
ammavachcha	*cousin (child of amma)*
an'anaviy	*traditional*
ana u	*that (that one over there)*
anchadan beri	*for a long time*
ancha	*quite a lot, rather, much*
aniq	*clear, exact*
apelsin	*orange*
aprel	*April*
aqlan	*intellectually, mentally*
aqlli	*smart, intelligent*
AQSh (Amerika Qo'shma Shtatlari)	*USA*
aralashtirmoq	*to stir*
aroq (araq)	*vodka, hard liquor*
arzimaydi -Katta rahmat! -Arzimaydi.	*You are welcome.* *-Thank you very much.* *-You are welcome.*
arzon	*inexpensive, cheap*
asab	*nerve*
asabiylashmoq	*to get nervous*
asal	*honey*
asar	*written work, novel*
asli	*originally*
asosiy	*main, fundamental, basic*
asosan	*main, fundamental*
aspirant	*graduate student*
aspirantura	*post-graduate study*
asr	*century*
Assalomu alaykum!	*Hello (lit. in Arabic: Peace be upon you!)*
atalmoq	*to be named, to be called*
atlas	*brightly-colored satin material, used in women's traditional dresses*
avgust	*August*
avtobus bekati	*bus station*
avtobus yo'nalishi	*bus route*
avval (-dan ~)	*before, ago*
avvalgi	*previous*
ayiruv	*minus*
aylanmoq	*to turn into*
aynimoq	*to turn bad or sour*
ayniqsa	*especially, particularly*
ayol	*woman*
ayrilmas	*inseparable*
ayrim	*some, certain, separate, distinct*
ayron	*a cold drink made of yoghurt and water*
aytgancha	*by the way*
aytmoq	*to say*
ayvon	*veranda*
aza	*mourning*
achchiq	*spicy*
achitqi	*yeast*

- B -

bag'ishlanmoq	*to be dedicated*
baho	*grade, price*

baho olmoq	*to receive a grade*
bahor	*spring*
baland	*high, tall*
balkon	*balcony*
baliq	*fish*
band	*busy*
bank	*bank*
banka	*jar*
baquvvat	*strong*
baraka	*blessing*
barakalla	*well done*
barcha	*all, every*
barg	*leaf*
baribir **unga baribir** **menga baribir**	 *He does not care.* *I do not care.*
barmoq	*finger*
barpo etmoq	*to establish*
barvaqt	*early*
baxtli	*happy*
bayram	*holiday*
bazm	*banquet*
ba'zan	*sometimes*
ba'zi	*some, few*
belgi	*sign*
belgilamoq	*to indicate, to mark*
bemalol	*fluently, easily*
beri (-dan ~)	post. *until*
berilmoq	*to be given*
bermoq	*give*
besh	*five*
beshik	*cradle*
beva	*widow*
benzin	*gas, petroleum*
bexos(dan)	*unintentionally*
bexush	*unpleasant*
bilmoq	*to know*
bino	*building*
bir	*one, once, some*
bir marta	*once*
bir necha	*several*
bir xil	*identical*
bir-biri **~ga o'xshaydi** **~dan farq qiladi**	*each other* *they look like each other* *they differ from each other*
biror	*some*
biroz	*a little, a few*
birlashmoq	*to unite*
bitirmoq (-ni ~)	*to graduate*
biz	*we*
biznes boshqaruv	*business management*
bichmoq	*to cut out (cloth for clothing)*
bluzka	*blouse*
bodring	*cucumber*
bog'	*garden*
bog'liq (-ga ~); (bilan ~)	*connected with, related to*
bola	*child*
bolalar bog'chasi	*kindergarten*
Boltiq bo'yi davlatlari	*Baltic states*
bor	*there is/are*
bormoq	*to go*
bosib olmoq	*to conquer*
bosqin	*occupation*
bosh	*head*
bosh kiyim	*headwear*
boshlab (-dan ~) **bugundan boshlab**	*starting* *starting today*
boshlamoq	*to start*
boshlanmoq	*to start, to begin*
boshqa	*other*
boshqarmoq	*to direct, to lead, to govern*
boy	*rich*
bozor	*market place*
bozor qilmoq	*to shop*
bog'	*garden, orchard*
bu	*this*
bulut	*cloud*
bundan tashqari	*besides, in addition*
burda	*piece*
burilmoq	*to turn*
burun	*nose*
buva	*grandfather*

buvi	*grandmother*
buyon (-dan ~)	post. *until*
buyuk	*great*
buyurmoq	*to order, to command*
buzib tashlanmoq	*to be destroyed*
buzilmoq	*to be destroyed, to be spoiled*
Bo'ladimi?	*Will it work? Does it sound good?*
bo'lib ishlamoq	*to work as, to be employed as*
bo'lib yetishmoq	*to develop into, to become*
bo'lim	*branch*
bo'lim boshlig'i	*head of the department*
bo'lka non (coll)	*roll, loaf of bread*
bo'r	*chalk*
bo'ron	*storm*
bo'y	*height*
bo'yicha	*pertaining to, about, regarding of*
bo'yin	*neck*
bo'ylab	*along*
bo'sh	*vacant, empty*
bo'sh xona	*vacant room*

- D -

-da	*at, in, on* (locative case ending)
daftar	*notebook*
-dak	*like, similar* (an adverbial suffix)
-dan	*from* (ablative case ending)
-dan tashqari	*besides, in addition*
dahliz	*entrance hallway*
dala	*field*
dam olmoq	*to rest*
daraxt	*tree*
dars	*class, lesson*
darslik	*textbook*
dars bermoq	*to teach*
dars qilmoq	*to study (the homework assignment, for the exam)*
dasturxon yozmoq	*to set a table*
dasturxonga tortmoq	*to serve food (at a table)*
davlat	*country, state*
davlat tili	*official language*
davolamoq	*to heal, to treat*
davomida	*during*
davom ettirmoq	*to continue, to carry on*
deb	the past gerund form of ***demoq***
dehqon/fermer	*farmer*
-dek	*like similar* (an adverbial suffix)
dekabr	*December*
demoq	*to say*
dengiz	*sea*
deraza	*window*
devor	*wall*
diktant	*dictation*
dimlamoq	*to steam*
diqqat	*attention*
director	*director*
divan	*sofa*
doim	*always*
doira	*tambourine*
don	*grain*
dona	*whole*
dori **~ ichmoq**	*medicine* *to take medicine*
dori yozib bermoq	*to prescribe a medicine*
dorixona	*pharmacy*
dramaturg	*playwright*
dugona	*friend (used for women only)*
dunyo	*world*
dushanba	*Monday*
dutor	*dutor, the national stringed instrument*
do'kon	*store*
do'l	*hail*
do'ppi	*Uzbek skullcap*

- E -

ega	*owner, master, subject*
egizak	*twin*
ekmoq	*to plant, to grow*
emas	negating word
elchixona	*embassy*
elchi	*ambassador*

endi	*just now; from now on*
er	*husband*
erkak	*man*
Eron	*Iran*
ertaga	*tomorrow*
ertalab	*in the morning*
esa	*and, and here*
esdalik	*souvenir*
eshik	*door*
eski	*old (thing)*
Eski shahar	*Old city (a part of Tashkent)*
Eski Jo'va	*the name of the central marketplace in Tashkent*
esmoq **kuchli shamol esadi.**	*to blow* *A strong wind blows.*
etik	*boots*
evakuatsiya qilinmoq	*to be evacuated*
e'lon	*announcement*
- F -	
falsafa	*philosophy*
fan	*science, subject (math, physics)*
faol	*active*
faqat	*only*
faraz qilmoq	*to imagine*
farzand	*child*
fasl	*season*
faxrlanmoq	*to be proud of someone*
fayzli	*charming, delightful*
fevral	*February*
fikrga qo'shilmoq	*to agree, to agree with someone's opinion*
fiqh	*Islamic jurisprudence*
firma	*company, business*
fizika	*physics*
foiz	*percent*
forma	*uniform*
foydalanmoq	*to use, to make use of*
foydali	*helpful, useful, beneficial*
fransuz	*French*
fransuz tili	*French language*
front	*front (mil.)*
futbolka	*t-shirt*
- G -	
-ga (-g'a, -qa)	*to, into, for, towards (dative case ending)*
-ga ko'ra	*according to*
-gacha	adverbial suffix
galstuk	*tie (n)*
gapirmoq	*to speak*
garaj	*garage*
garov	*guarantee*
gavjum	*crowded*
gazeta	*newspaper*
gazplita	*gas stove*
-gi	suffix, forms adjectives
gilam	*carpet*
globus	*globe*
gruzin	*Georgian*
gul	*flower*
gullamoq	*to blossom, to flower*
guruch	*rice*
go'dak	*baby*
go'sht **tovuq go'shti** **qo'y go'shti** **mol go'shti** **baliq**	*meat* *chicken* *lamb* *beef* *fish*
go'zallik saloni	*beauty salon*
- H -	
hafta	*week*
hali ham	*still*
hal qilmoq	*to solve*
halokatga uchramoq	*to get into an accident*
ham	*also*
hamma	*everybody, everyone*
hammom	*bathroom, bathhouse*
hamshira	*nurse*
har ehtimolga qarshi	*just in case*
har kuni	*every day*
har xil	*various, different*
harir	*delicate fabric, fine*
hassa	*cane*

hayit	*feast, holiday*
kichik hayit/ qurbon hayiti	*muslim festival of the sacrifice*
katta hayit/ ro'za hayiti	*the feast at the end of Ramadhan*
haykal	*monument, memorial*
hech kim	*nobody*
hech narsa	*nothing*
hech qachon	*never*
hech qayerda	*nowhere*
hissa	*contribution*
hisobchi	*accountant*
hisoblanmoq	*to be considered*
hisobli	*responsible, accountable*
hosil	*crop, harvest*
hokim	*mayor*
hokimiyat	*regime, government*
hojatxona	*bathroom, toilet*
hovli	*Uzbek style homes, courtyard*
hozir	*now, nowadays*
hozirgi vaqtda	*currently, nowadays*
hozirgi zamon	*contemporary, current*
hukumronlik	*reign*
hujjat	*documents*
hujjat topshirmoq	*to apply*
hushtak chalmoq	*to whistle*
hujum	*attack*
- I -	
ich	*inside*
ichimlik	*drinks*
ichmoq	*to drink*
idish-tovoq	*dishes*
ijaraga olmoq	*to rent*
ikkalasi	*both, both of them*
ikki	*two*
iliq	*warm, mild*
ilmiy	*scientific*
Iltimos!	*Please (while requesting)*
iltimos	*request, favor*
iltimos qilmoq	*to request, to beg*
imtihon	*exam*
imtihon topshirmoq	*to take a test*
imzo	*signature*
indinga	*the day after tomorrow*
ingliz	*English*
ingliz tili	*English language*
ipak	*silk*
Ipak Yo'li	*Silk Road*
iqlim	*climate*
irim	*superstition*
ish	*work*
isitma	*fever*
ismaloq	*spinach*
istamoq	*to want, to desire, to wish for*
iste'mol	*use, consumption*
it	*dog*
iyak	*chin*
iyul	*July*
iyun	*June*
ishga yollamoq	*to hire*
ishlamoq	*to work, to be employed*
ishonch	*trust*
ishonmoq	*to trust, to believe*
ishyoqmas	*lazy*
- J -	
jahl **~(poss) chiqmoq** **Jahlim chiqdi.** **Jahlingiz chiqyaptimi?**	*anger* *to get mad, to be angry* *I got angry.* *Are you angry?*
jamiyat	*society*
janob	*gentleman*
janub	*south*
janubi-g'arb	*southwest*
janubi-sharq	*southeast*
jarayon	*process*
jarroh	*surgeon*
jasorat	*courage*
javob	*answer, response*
javob bermoq	*to answer*
jag'	*jaw*
jiddiy	*serious, seriously*
jigarrang	*brown*
jihozlamoq	*to equip*

jinsi shim	*jeans*
jismonan	*physically*
jiyan	*nephew/niece*
joy	*place*
joylashgan	*located*
jozibador	*attractive, alluring*
juda	*very*
juft	*couple, pair, even number*
juma	*Friday*
jurnal	*journal*

- K -

kabi	*such as, like*
kabob	*kebab*
kaft	*palm*
kalta	*short (for inanimate objects)*
kamar	*belt*
kambag'al	*poor*
kamdan-kam	*rarely*
karam	*cabbage*
kartoshka	*potato*
kasal	*sick*
kasalxona	*hospital*
kasb	*profession, occupation*
kashf etmoq	*to discover*
katakli	*checked*
katta	*big*
katta buva	*great grandfather*
katta buvi	*great grandmother*
kayfiyat	*mood*
kech	*late, p.m.*
kecha	*yesterday*
kechikmoq	*to be late*
kechirasiz	*excuse me*
kechki ovqat	*dinner*
kechqurun	*evening*
keksa	*old (for animate objects)*
kelajakda	*in the future*
kelasi yil	*next year*
kelin	*daughter-in-law, bride*
kelishgan	*good looking (for men)*
kelmoq	*to come, to arrive*
keng	*wide, widely*
kerak	*needed, necessary*
kerakli	*necessary*
kesmoq	*to cut*
ketmoq	*to leave*
keyin (-dan ~)	*after*
keyinchalik	*later*
kichik	*small*
kilogram (kilo)	*kilogram*
kim	*who*
kindik	*bellybutton*
kino	*movie*
kir	*dirt, dirty*
kishi	*person, human being, someone*
kitob	*book*
kiyim	*clothing*
kiyim-kechak	*clothing and such*
kiymoq	*to wear*
kiyinmoq	*to dress*
kilogramm/kilo	*kilo, kilogramm*
kofe/qahva	*coffee*
kompyuter	*computer*
kompyuterda o'yin o'ynamoq	*to play computer games*
konsert	*concert*
kontinental	*continental climate*
korxona	*enterprise, business*
kosa	*bowl*
kostyum	*men's suit*
kotiba	*secretary*
krossovka	*jogging shoes; sneakers*
krovat (coll: **karavat**)	*bed*
krujka (Rus)	*mug, cup*
kuchsiz	*weak*
kul rang	*gray*
kumush	*silver*
kun	*day*
kun bo'yi	*throughout the day, a whole day*
kundalik	*daily, routine*
kunduz	*day, daytime*
kurka (coll: indyuk)	*turkey*
kutubxona	*library*

kuyov	*son-in-law, groom*
kuz	*autumn, fall*
kuzatmoq	*to see off; to observe*
kvartira	*apartment*
ko‘cha	*street*
ko‘chib kelmoq	*to move in*
ko‘chmoq	*to move, to fall off*
ko‘k	*blue*
ko‘kat	*greens*
ko‘krak	*chest*
ko‘ngil **Ko‘nglim ayniyapti.**	*heart, spirit* *I feel nauseated.*
ko‘p	*much, many, a lot*
ko‘pchilik	*majority, most*
ko‘plab	*many*
ko‘rinish	*appearance*
Ko‘rishguncha xayr.	*See you later.*
ko‘rmoq	*to watch, to see*
ko‘rsatuv	*TV program*
ko‘ylak	*shirt, dress*
ko‘z	*eye*
ko‘zoynak	*eyeglasses*
- L -	
lab	*lip*
lag‘mon	*noodle soup*
lagan	*platter*
lampa	*lamp*
-lar	plural suffix
lekin	*but, however*
libos	*apparel, clothing*
lift	*elevator*
likopcha	*plate*
litr	*liter*
lozim	*women's pyjama-style drawers, usually made of atlas*
lug‘at	*dictionary*
- M -	
madaniyat	*culture*
madrasa	*religious educational institution*
mahal **besh mahal namoz o‘qiydi.**	*time* *He prays 5 times a day.*
mahalla	*neighborhood*
mahsulot	*product*
makaron	*pasta*
maktab	*school*
malaka oshirish	*practicum*
mamlakat	*country, state*
mamnun	*pleased, grateful*
mana bu	*this (this one over here)*
mantiq	*logic*
manba	*source*
manzil	*address*
manzur	*liked, admired*
maqbara	*mausoleum*
maqol	*proverb*
maqtamoq	*to praise*
marhamat	*welcome; please*
marosim	*ceremony*
mart	*March*
marta **bir oyda ikki marta**	*times* *twice a month*
masala	*problem, question*
mashhur	*popular, well-known*
mashina	*car, automobile*
mashina haydamoq	*to drive a car*
mashg‘ul bo‘lmoq	*to be occupied*
masjid	*mosque*
maslahat	*advice*
mast	*drunk*
matematika	*mathematics*
matn	*text*
mato	*cloth, material*
mavjud	*available, present*
mavzu	*theme, topic*
may	*May*
maydon	*plaza, public square; territory*
mayli	*ok, good*
mazali	*tasty*
mazhun	*sad, gloomy*

ma'lumot	*information*
ma'muriyat	*administration*
ma'qul	*acceptable, reasonable*
mebel	*furniture*
me'morchilik	*architecture*
mehmon	*guest*
mehmondorchilik	*hospitality*
mehmonxona	*hotel*
mehnat	*labor, work*
mehnat qilmoq	*to work*
mehribon	*nice, kind*
men	*I*
metr	*meter*
metro	*metro*
meva	*fruit*
mezbon	*host*
-mi	question particle
militsiya	*police*
milliy	*national*
minmoq	*to ride*
mis	*copper*
misol **misol uchun**	*example* *for example, for instance*
mish-mish	*gossip*
mo'g'ul	*Mongolian*
mo'ylab	*mustache*
Moliya Instituti	*Financial Institute*
moslashtirmoq	*to match, to fit*
mototsikl	*motorbike*
mozor	*graveyard*
muammo	*problem, issue*
muddat	*time, period*
mudofaa	*defense*
muharrir	*editor*
muhim	*important*
mukammal	*perfect, complete*
mumtoz musiqa	*classical music*
muncha (coll)	*so, so much*
murabbo	*jam*
murch	*black pepper*
murojaat blankasi	*application form*
murojaat qilmoq	*to speak to, to appeal to, to turn to*
mushuk	*cat*
musobaqa	*competition*
mustaqil	*independent*
Mustaqillik kuni	*independence day*
musulmon	*muslim*
muzey	*museum*
muz-qaymoq	*ice cream*
muzlatgich	*freezer*
- N -	
nabira	*grandchild*
nam	*humid, damp*
namuna	*model, example*
narda	*backgammon*
narvon	*ladder*
narx	*price*
nashr qilinmoq	*to be printed, to be published*
nashriyot	*publishing house*
natija	*result, consequences*
Navro'z	*Navruz, Central Asian New Year celebration*
nechta	*how many*
nemis	*German*
-ni	accusative case ending
nihoyatda	*extremely*
nikoh	*marriage*
nikoh to'yi	*wedding party*
nima	*what*
nishonlamoq	*to celebrate*
nol	*null, zero*
nomlanmoq	*to be called, to be named*
non	*bread*
nonushta qilmoq	*to have breakfast*
nordon	*sour*
noyabr	*November*
nozik	*delicate, fine*
nutq	*speech*
Nyu-York	*New York*
- O -	
ob-havo	*weather*
och	*hungry*
och rangli	*light-colored*
ochilmoq	*to be opened*

ochmoq	*to open*
odamlar	*people*
odat	*habit, custom*
odatda	*usually*
oddiy	*simple*
ofitsiant	*waiter*
og'rimoq **qattiq og'riyapti.**	*to hurt, to cause pain* *It is hurting badly.*
og'riq	*pain*
oila	*family*
oilali	*married*
oktabr	*October*
old	*front*
olib bormoq	*to take*
olib kelmoq	*to bring*
olib ketmoq	*to take away*
olma	*apple*
olmoq	*to take*
olti	*six*
oltin	*gold, golden*
omad	*luck*
ommabop	*popular, of masses*
ona	*mother*
opa	*older sister*
oq	*white*
oqmoq	*to flow, to leak*
ora	*among*
orqa	*back*
orqali	*through, via*
orzu	*dream*
oson	*easy, effortless*
osh bo'lsin	*bon appétit*
oshpaz	*cook, chef*
oshxona	*kitchen*
ot	*horse*
otim (coll)	*my name*
ota	*father*
ovoz	*voice, sound*
ovqat pishirmoq	*to cook a meal*
oxir	*end, last part*
oz	*little, few*
ozarbayjon	*Azeri*
oziq-ovqat	*food products, grocieries*
oziq (ozuqa)	*nutrition, food*
ozg'in	*thin, skinny*
- P -	
palov	*a rice dish*
palto	*winter coat*
pardoz	*make-up, cosmetics*
parhez	*diet*
parhez qilmoq	*to follow a healthy diet*
park	*park*
passiv	*passive*
past	*low, short*
pasttekislik	*low ground, plain*
patir non	*fancy raised tandoor bread*
paxta	*cotton*
paypoq	*socks*
payshanba	*Thursday*
pes	*wretch, worm*
peshana	*forehead*
peshin	*noon*
pichoq	*knife*
pilot/uchuvchi	*pilot*
pirog	*pie*
pishloq	*cheese*
pishiriq	*pastry*
pitstsa	*pizza*
pivo	*beer*
piyola	*cup, teacup*
piyoz	*onion*
platform	*platform*
plyaj	*beach*
poyezd	*train*
pomidor	*tomato*
poyabzal	*footwear, shoes*
poytaxt	*capital city*
puxta	*solid*
- Q -	
qabul qilinmoq	*to be accepted*
qabulxona	*reception room*
qachon	*when*
qadimgi	*old, ancient*
qahvaxona	*coffeeshop*
qalam	*pencil*

qalampir	*red hot pepper*
qalpoq	*winter hat*
qanaqa (coll)	*what kind of*
qanday	*what kind of, how*
qancha	*how much*
qariya	*old man/old woman*
qatiq	*yogurt (plain)*
qatl etilmoq	*to be executed*
qatlam	*layer, layered*
qatnamoq	*to commute*
qatnashmoq	*to participate*
qavat	*floor (as in 2nd floor)*
qayerda	*where at*
qayerdan	*where from*
qayerga	*where to*
qaymoq	*cream*
qaynona	*mother-in-law*
qaynota	*father-in-law*
qaysi	*which*
qayta	*once more, again*
qaytmoq	*to return*
qaytmoq	*to come back, to return*
qidirilmoq	*to be searched*
qidiruv	*search*
qilmoq	*to do*
qimirlamoq	*to tremor, to shake*
qimmat	*expensive*
qish	*winter*
qishloq	*village*
qism	*part*
qisman	*partly, partially*
qiyin	*difficult, hard*
qiyiqcha	*sash*
qiz	*daughter, girl*
qizil	*red*
qiziq	*funny, interesting*
qiziqmoq **(~ga qiziqmoq)**	*to be interested in*
qoida	*rule*
qoldiq	*remnant*
qolmoq	*to stay, to be left behind*
qon bosimi	*blood pressure*
qop	*sack*
qor	*snow*
qormoq	*to knead, to mix*
qor ko'chishi	*avalanche*
qora	*black*
qorin	*stomach, belly*
qosh	*eyebrow*
qoshiq	*spoon*
qovoq	*pumpkin*
qovun	*melon*
qovurmoq	*to fry, to sauté*
qozoq	*Kazakh*
qulay	*convenient*
quloq	*ear*
qulupnay	*strawberry*
qunt (bilan)	*diligently*
qurdirmoq	caus.of **qurmoq** *-to build*
qurg'oqchilik	*drought*
qurilmoq	*to be built*
qurmoq	*to build*
quyosh	*sun*
quyida	*below*
qo'l	*arm, hand*
qo'l telefon	*cell phone*
qo'lqop	*glove, mitten*
qo'rqinchli	*scary*
qo'shin	*army, troops*
qo'shmoq	*to add*
qo'shni	*neighbor*
qo'shuv	*plus*
qo'y **qo'y go'shti**	*sheep* *lamb*
qo'ymoq	*to place, to put*

- R -

rafiqa	*wife*
rahbar	*leader, advisor*
rahmat	*thank you, thanks*
rang	*color*
rang-barang	*varicolored, brightly colored*
raqsga tushmoq	*to dance*
rasadxona	*observatory*
rasm	*picture, drawing*
razmer/o'lcham	*size*

Registon maydoni	*Registan square*
reja	*plan*
rejalashtirmoq	*to plan*
rengen	*x-ray*
restoran	*restaurant*
retsept	*recipe*
rezina	*rubber*
rivojlanmoq	*to develop*
rol o'ynamoq	*to play a role, to star*
rosa (coll)	*very, really*
rozi bo'lmoq	*to agree*
ruchka	*pen*
rus (coll. o'ris)	*Russian*
ro'mol	*headscarf, scarf*
ro'yhat	*list*
ro'yhatdan o'tmoq	*to register*
- S -	
sabzavot	*vegetable*
sabzi	*carrot*
safar qilmoq	*to travel, to have a trip*
sakkiz	*eight*
salat	*salad*
salbiy	*negative*
salom	*hello, hi*
salom bermoq	*to greet*
salqin	*cool, cool shade*
samolyot	*plane*
san'at	*art*
sanoat	*industry*
sanoat korxonalari	*industrial enterprises*
sarflamoq	*to spend*
sariyog'	*butter*
saroy	*palace*
savdo	*trade*
savol bermoq	*to ask a question*
saxiy	*generous*
saylga chiqmoq	*to go for a picnic*
sayohat qilmoq	*to travel*
semiz	*fat, overweight*
sen	*you (informal)*
sentabr	*September*
seshanba	*Tuesday*
sevgili	*loved, beloved*
sevib qolmoq	*to fall in love*
sevimli	*favorite*
sevmoq	*to love*
sifatida	*as, in the capacity of*
sifatli	*quality*
sigaret	*cigarette*
sindirmoq	caus.of *sinmoq - to break*
singil	*younger sister*
sinf	*class*
sinfxona	*classroom*
sinfdosh	*classmate*
sinmoq (intr.)	*to break*
sindirmoq (tr.)	*caus. of* **sinmoq**
six	*skewer*
siyoh	*ink*
siyosat	*politics*
siz	*you (formal)*
sizlar	*you (pl)*
sizningcha	*in your opinion*
soat	*clock, watch, time, hour*
soch	*hair*
sochiq	*towel, napkin*
sog'inmoq (-ni ~)	*to miss (someone)*
sog'lom	*healthy*
solmoq	*to put, to place*
somsa	*meat pastry*
son	*number*
soniya/sekund	*second*
soqol	*beard*
sotib olmoq	*to buy, to purchase*
sotilmoq	*to be sold*
sotmoq	*to sell*
sotuvchi	*seller*
sovg'a	*gift, present*
sovun	*soap*
sovuq	*cold*
sport	*sport*
sport zal	*gym*
stakan	*glass*
stansiya	*station*

stol	*table*
stul	*chair*
styuardessa	*flight attendant* (female)
suhbat	*conversation*
suhbatlashmoq	*to talk, to converse*
sultanat	*sultanate, dominion*
surat	*picture, photograph, photo*
sut	*milk*
suv	*water*
suv toshqini	*flood*
suzmoq	*to swim*
sviter	*sweater*
so'z	*word*
so'zlashmoq	*to converse, to talk*
so'm	*Uzbek currency, money*
- T -	
tabiat	*nature*
tabib	*doctor, healer*
tabiiy ofat	*natural disaster*
tafsilot	*details*
tag	*under*
tajribali	*experienced*
tajribasiz	*inexperienced*
taklif etmoq	*to offer*
taklif qilmoq	*to invite*
taksi olmoq	*to take a cab*
talaba	*student*
talabchan	*demanding*
talab qilmoq	*to require*
tanaffus	*break, recess*
tanaffusga chiqmoq	*to have a break*
tandirda yopmoq	*to bake in a tandoor oven (clay oven)*
tandirdan uzib olmoq	*to take out of the tandoor oven*
tanga	*coin*
tanimoq	*to be acquainted, to know*
taniqli	*well-known, popular*
tansiq	*delicacy*
taqinchoq	*jewelry*
taqmoq	*to wear, to pin, to affix*
tarbiya	*raising, upbringing*
tarkibiga kirmoq	*to be part of*
tarmoq	*branch, division*
tarjima qilmoq	*to translate*
tarjimonlik	*translation*
tarqatmoq	*to spread*
tarvuz	*watermelon*
tashkilot	*organization*
tashqari	*outside*
tasvirlab bermoq	*to describe*
tasvirlamoq	*to describe*
tavsiya qilmoq	*to recommend*
taxta (doska)	*blackboard; wood*
tayyor bo'lmoq	*to be ready*
tayyorgarlik	*preparedness*
tayyorlanmoq	*to prepare oneself*
ta'minlamoq	*to provide*
ta'sir ko'rsatmoq	*to influence, to impact*
ta'sir qilmoq	*to influence*
ta'til **yozgi ta'til**	*break* *summer break*
ta'ziya bildirmoq	*to express condolences or sympathy*
teatr	*theater*
tekislik	*low ground, plain*
televizor	*TV*
temir yo'l	*railroad*
teng	*equal*
tez	*fast, quickly*
tez-tez	*frequently*
tibbiy ko'rik	*medical check-up*
tibbiyot	*medicine*
til	*language, tongue*
tinglamoq	*to listen*
tirishqoq	*hardworking*
tirsak	*elbow*
tish	*tooth*
tishlamoq	*to bite, to eat*
tizza	*knee*
tog'	*mountain*
tog'a	*uncle (maternal)*
tog'avachcha	*cousin (child of tog'a)*

tojik	*Tajik*
tomon	*towards*
tomoq	*throat*
topilmoq	*passive form of* **topmoq** *- to find*
topmoq	*to find*
topshirmoq	*to submit*
tor	*narrow, to'r*
tort	*cake*
tortib bermoq	*to weigh*
toza	*clean*
tramvay	*tram*
tug'ilmoq	*to be born*
tug'ilgan kun	*birthday*
tugamoq	*to be finished, to run out*
tugallamoq	*to finish, to complete*
tun	*night*
tur **Sportning qaysi turi mashhur?**	*sort, kind* *What type of sport is popular?*
turist	*tourist*
turk	*Turkish*
turk xoqonligi	*Turkic Khanate*
Turkiston general-gubernatorligi	*Turkestan governor-generalship*
turli	*various types*
turmoq	*to stand, to stand up*
turmush o'rtog'im	*My wife/husband*
turmushga chiqmagan	*single, unmarried (for women)*
turmushga chiqqan	*married (for women)*
tush	*dream*
tushlik qilmoq	*to have lunch*
tushurmoq	*to lower*
tuxum	*egg*
tuya	*camel*
tuz	*salt*
tuzalmoq	*to recover, to get better*
tuzmoq	*to form, to organize*
to'ng'ich	*eldest*
to'g'ramoq	*to cut, to slice*
to'g'ri	*correct, straight*
to'g'ri kelmoq	*to be appropriate, to fit*
to'kib yubormoq	*to spill*
to'kilmoq	*to fall out, to drop*
to'la	*full, filled (with)*
to'lamoq	*to pay*
to'ldirmoq	*to fill out, to complete*
to'n	*Uzbek traditional robe*
to'q rangli	*dark-colored*
to'qilmoq	*to be weaved, to be knitted*
to'qqiz	*nine*
to'r	*a place of honor*
to'rt	*four*
to'xtamoq	*to stop*
to'y	*marriage, wedding*
to'yimli	*filling, substantial*
to'ymoq **To'ydim, rahmat**	*to be full, to have enough* *I am full, thank you.*

- U -

u	*that (also, she, he, it)*
uch	*three*
uch xonali	*three room (apartment, house)*
uchrashmoq (bilan ~) **Do'stlarim bilan uchrashaman.**	*to meet* *I'll meet with my friends.*
uchun	*for*
udum	*custom*
uka	*younger brother*
ukol	*injection, shot*
ular	*they*
ulug'	*great*
umr	*life*
umuman	*in general*
un	*flour*
uncha	*not so, not very*
unday bo'lsa	*if that is the case*
universitet	*university*
unutmoq (-ni ~) **ismini unutdim.**	*to forget* *I forgot his name.*
urf-odat	*customs, traditions*
ust	*outside*
ustaxona	*repair shop*

ustoz	*teacher, master*
usul	*method, approach*
uxlamoq	*to sleep*
uxlashga yotmoq	*to go to bed*
uy	*house*
uy bekasi	*housewife*
uy vazifa	*home work assignment*
uyg'onmoq	*to wake up*
uylangan	*married (for men)*
uylanmagan	*single, unmarried (for men)*
uzoq	*far, far away*
uzuk	*ring*
uzum	*grapes*
uzun	*long*
ushbu	*this (very), those (very)*
- V -	
va	*and*
Vaalaykum assalom!	*Hello (lit: in Arabic: Peace be upon you too!)*
vafot	*death*
vafot etmoq	*to pass away, to die*
vakil	*representative*
vaqt	*time*
vaqtinchalik	*temporarily*
varaqa	*sheet, slip*
vayron qilmoq	*to destroy*
vazir	*vizier, minister*
vaziyat	*situation*
velosiped	*bicycle*
vilka	*fork*
viloyat	*region*
vino	*wine*
vodiy	*valley*
voqea	*event*
voy	*exclamation, surprise*
- X -	
xafa	*sad, upset*
xalat	*robe*
xalq	*nation, people*
xalta	*bag*
xaridor	*buyer, customer*
xarita	*map*
xat	*letter*
xavfli	*dangerous*
xavfsiz	*safe*
xayr	*Goodbye*
xilma-xil	*various, all kinds*
Xitoy	*China*
xizmat	*service*
xizmat qilmoq	*to serve*
xo'randa	*client (at the restaurant)*
xohlamoq	*to want, to desire*
xola	*aunt (maternal)*
xolavachcha	*cousin (child of xola)*
xolli	*spotted*
xon	*khan*
xonim	*lady, madam*
xorijiy davlat	*foreign country*
xos xususiyat	*specific peculiarity*
xotin	*wife, woman*
xotira	*memory*
xuddi	*exactly, just like, nearly*
Xudoga shukur.	*Thank God.*
xunuk	*ugly*
xursand	*glad*
Xush kelibsiz!	*Welcome!*
xushmuomala	*polite*
xususiy	*private*
- Y -	
yakshanba	*Sunday*
yana	*also, more*
yangi	*new*
yanvar	*January*
yaqin	*close*
yarim	*half*
yashil	*green*
yaxshi	*well, good*
yaxshilanmoq	*to get better, to develop*
yaxshi ko'rmoq	*to like*
yaqin	*close*
ya'ni	*in other words, that is to say*
yelka	*shoulder*
yemoq	*to eat*
yer	*place, land, earth, soil*
yetarli	*enough, sufficient*

yetib bormoq	*to reach*
yetkazmoq	*to deliver*
yetti	*seven*
yig'lamoq	*to cry*
yigit	*young man, guy*
yiqilib tushmoq	*to fall down*
yirik	*large, great*
yodgorlik	*monument, relic*
yog' **o'simlik yog'i**	*oil, fat* *vegetable oil*
yog'li	*fatty*
yog'moq	*to rain, to snow, to pour down*
yo'lovchi	*passenger*
yolg'iz	*only, lonely*
yolg'izlik	*solitude, loneliness*
yomon	*bad*
yomon ko'rmoq	*to dislike*
yo'nalish	*direction, route*
yopmoq	*to close, to shut*
yopgan non	*flat (Uzbek) bread*
yoqib yubormoq	*to set on fire*
yoqmoq (-ga ~)	*to like, to please*
yoqtirmoq (-ni)	*to like*
yordam bermoq	*to help, to assist*
yorug'	*bright*
yosh	*young*
yosh bola	*child, kid*
yosh qiz	*young woman*
yosh yigit	*young man*
yoshligidan	*from his/her childhood*
yoshlik	*childhood*
yotoq	*bedroom*
yotoqxona	*dormitory, bedroom*
yoz	*summer*
yozib olmoq	*to write down, to jot down*
yozmoq	*to write*
yubka	*skirt*
yubormoq	*to send*
yugurmoq	*to run*
yuqumli	*contagious*
yurmoq	*to walk*
yutqizmoq	*to lose*
yuvinmoq	*to wash oneself*
yuvmoq	*to wash*
yuvosh	*gentle, tame (animal)*
yuz	*face*
yo'l-yo'l	*striped, with stripes*
yo'q	*there is/are not*
yo'qolib qolmoq	*to get lost*
yo'qotib qo'ymoq	*to lose*
yo'talmoq	*to cough*

- Z -

zamonaviy	*modern*
zarar	*harm, harmful*
zerikarli	*boring*
zerikmoq	*to be bored*
zilzila	*earthquake*
zira	*cumin*
ziravor	*spice*
zirak	*earring(s)*
ziyorat qilmoq	*to visit, to perform a pilgrimage*
zontik/soyabon	*umbrella*

- O' -

o'chirg'ich	*eraser*
o'g'il	*son*
o'n	*ten*
o'ng	*right*
o'qimoq	*to read, to study*
o'qish davomida	*during the studies*
o'qishga kirmoq	*to enroll (at the university)*
o'qituvchi	*teacher*
o'quvchi	*school children*
o'ramoq **ro'mol o'ramoq**	*to wrap* *to wear a headscarf*
o'rganmoq	*to learn*
o'rgatmoq	*to teach*
o'rin	*place*
o'rindiq	*bench*
o'rta	*middle*
o'rta maktab	*secondary school*
O'rta Osiyo	*Central Asia*

o'rta yosh	*middle aged*
o'rtacha	*medium, average*
o'simlik	*plant, herb*
o'smoq	*to grow*
o'spirin	*teenager*
o't	*grass*
o'tirish	*party*
o'tirmoq	*to sit, to sit down*
o'tmoq	*to pass, to happen*
o'xshamoq (-ga ~)	*to look like, to resemble*
o'yinqaroq	*playful*
o'ynamoq	*to play*
o'zbek	*Uzbek*
O'zbek so'mi	*Uzbek som (currency)*
O'zbek tili	*Uzbek language*
o'zgarmoq (intr.)	*to change*
o'zim	*myself*
- G' -	
g'arb	*west*
g'ijim	*wrinkled*
g'alati	*weird, strange*
- Sh -	
shaftoli	*peach*
shahar	*city*
shahar transporti	*public transport*
shahmat	*chess*
shakar	*sugar*
shakarob (achchiq-chuchuk)	*name of the summer salad*
shamol	*wind*
shamollamoq	*to catch a cold*
shanba	*Saturday*
sharbat	*juice*
sharq	*east*
sharqshunoslik	*oriental studies*
shaxsan	*in person, personally*
shekilli	*it seems like, apparently*
she'r	*poems*
she'riy to'plam	*collection of poems*
shifokor	*doctor*
shikoyat	*complaint*
shim	*pants, trousers*
shimol	*north*
shimoli-sharq	*northeast*
shinam	*cozy, comfortable*
shippak	*sandals, flip-flops*
shirin	*sweet*
shirinlik	*sweets, dessert*
shkaf	*closet*
sho'rva	*soup*
shortik	*shorts*
shovqin-suron	*noise, clamor*
shu atrofda	*around here*
shu yerda	*here, at this place*
shubhasiz	*beyond doubt, no doubt*
shug'ullanmoq (bilan ~)	*to do, to practice, to be engaged in, to work on*
Shukronalik kuni	*Thanksgiving day*
- Ch -	
chalmoq	*to play (musical instrument)*
chandiq	*scar*
chang'i uchmoq	*to ski*
chanqagan	*thirsty*
chap	*left*
chaqaloq	*baby*
chaqmoq	*lightning (n), to strike (v)*
charchamoq	*to be tired*
chekmoq	*to smoke*
chemodan (chamadon)	*suitcase*
-chi	question particle
Chilonzor	*a district in Tashkent*
chiroyli	*pretty, beautiful*
chipta/bilet	*ticket*
chizg'ich	*ruler*
chorraha	*intersection, road crossing*
Chorsu	*the name of the central marketplace in Tashkent*
chorshanba	*Wednesday*
choy	*tea*
choynak	*kettle*
choyxona	*teahouse*
chuchvara	*boiled dumplings*
chunki	*because*
cho'l	*desert*

Appendix E: English-Uzbek Glossary

- A -	
about	*haqida*
above	*yuqorida, yuqoridagi*
abroad	*chet el, xorij*
accomplish	*bajarmoq, tugatmoq*
according to	*~ga ko'ra, ~ning gapiga qaraganda*
accountant	*hisobchi*
ache	*og'rimoq, og'riq*
active	*faol*
actually	*aslida, aslini aytganda*
add	*qo'shmoq*
advice	*maslahat*
advise	*maslahat bermoq*
again	*yana*
ago	*avval, burun, ilgari*
agree	*rozi bo'lmoq, gapiga qo'shilmoq, ma'qul topmoq*
air	*havo*
alcohol	*alkogol, alkogol ichimlik*
all	*barcha, hamma, bari*
also	*ham, shuningdek*
already	*allaqachon*
always	*doim*
among	*orasida*
ancient	*qadimgi, qadimiy*
and	*va*
animal	*hayvon, jonivor*
answer	*javob*
apartment	*kvartira*
apparel	*libos, kiyim*
apparently	*shekilli*
appearance	*qiyofa, ko'rinish*
apple	*olma*
approximately	*taxminan*
April	*aprel*
arm	*qo'l*
around	*atrof, atrofida, taxminan*
art	*san'at*
ascend	*ko'tarilmoq*
astronomy	*astranomiya*
attractive	*jozibador, jozibali*
August	*avgust*
aunt	*amma, xola*
autumn	*kuz*
- B -	
baby	*chaqaloq, go'dak*
back	*orqa, orqa tomon, orqasida*
backgammon	*narda*
bake	*yopmoq (tandirda, duxovkada)*
bank	*bank*
based on	*asosida*
basis	*asos*
Be careful!	*Ehtiyot bo'ling!*
beard	*soqol*
because	*chunki*
bed	*kravat, karavot*
beef	*mol go'shti*
beer	*pivo*
before	*avval, ilgari, burun*
believe	*ishonmoq*
below	*quyida, quyidagi*
belt	*kamar*
bench	*o'rindiq*
bicycle	*velosiped*
big	*katta*
billion	*milliard*
black	*qora*
black pepper	*murch*
blackboard	*taxta, doska (Rus)*
blond	*malla*
blood	*qon*
bloom	*gullamoq*
blouse	*bluzka*
blow	*esmoq*
blue	*ko'k, ko'k rang*
Bon appetit!	*Yoqimli ishtaha!*
book	*kitob*
boots	*etik*
border	*chegara*
born	*tug'ilmoq*
boss	*rahbar, boshliq*
bother	*bezovta qilmoq*
bowl	*kosa*
boy	*o'g'il bola*
branch	*bo'lim*
brave	*mard, dovyurak, jasur*
bread	*non*
break	*(n) tanaffus*
break	*(v) sinmoq*
breakfast	*nonushta*
bride	*kelin*
bridegroom	*kuyov*

brother	*aka (older), uka (younger)*
brown	*jigarrang*
build	*qurmoq*
building	*bino*
bus	*avtobus*
businessman	*tadbirkor*
busy	*band*
but	*lekin, ammo, biroq*
butter	*sariyog'*
buy	*sotib olmoq*
buyer	*xaridor*
by the way	*aytgancha, aytganday*
bye	*xayr*
- C -	
cabbage	*karam*
call	*telefon qilmoq, chaqirmoq*
capital	*poytaxt*
car	*mashina, avtomobil*
carrot	*sabzi*
cat	*mushuk*
catch a cold	*shamollamoq*
celebrate	*nishonlamoq*
center	*markaz*
century	*asr*
ceremony	*marosim*
certainly	*albatta*
chair	*stul, kursi*
charming	*fayzli, jozibali*
cheap	*arzon*
cheese	*pishloq, sir*
chess	*shahmat*
chest	*ko'krak*
chicken	*tovuq*
child	*farzand, bola*
chin	*iyak*
choose	*tanlamoq*
chop	*to'g'ramoq*
cigarette	*sigaret*
city	*shahar*
class	*dars*
classic	*mumtoz, klassik*
classroom	*sinf*
classroom objects	*sinf jihozlari*
clean	*toza, tozalamoq*
client/customer	*mijoz, xo'randa (at the restaurant)*
climate	*iqlim*
clock	*soat*
close	*yaqin, yopmoq*
closet	*shkaf*
cloth	*mato*
clothing	*kiyim, kiyim-kechak*
cloud	*bulut*
coffee	*kofe, qahva*
cold	*sovuq*
colleague	*hamkasb*
colorful	*rang-barang, rangli*
come	*kelmoq*
compare	*solishtirmoq*
compile	*tuzmoq*
complain	*shikoyat qilmoq*
complaint	*shikoyat*
computer	*kompyuter*
condition	*ahvol*
confession	*tavba*
consisting of	*~dan iborat*
contagious	*yuqumli*
continent	*qit'a*
continue	*davom ettirmoq*
converse	*suhbatlashmoq*
cook	*ovqat pishirmoq*
correct	*to'g'ri*
cotton	*paxta*
cough	*yotalmoq*
cousin	*xolavachcha, ammavachcha, tog'avachcha, amakivachcha*
country	*mamlakat, davlat*
cream	*qaymoq*
crime	*jinoyat*
cucumber	*bodring*
cumin	*zira*
current	*hozirgi, hozirgi kundagi*
custom	*udum*
customs	*urf-odat*
- D -	
damage	*zarar*
dance	*raqs, raqsga tushmoq*
date	*sana*
daughter	*qiz*
day	*kun*
December	*dekabr*
dedicate	*bag'ishlamoq*
delicate	*nozik*
department	*fakultet*
descend	*tushmoq, kamaymoq*
describe	*tasvirlamoq*
dessert	*shirinlik, desert*
destroy	*buzib tashlamoq, vayron qilmoq*
dialogue	*dialog, suhbat*

dictation	*diktant*
die	*vafot etmoq, o'lmoq*
difference	*farq*
different	*har xil, turli*
difficult	*qiyin*
dirty	*kir, iflos*
disaster	*ofat*
discover	*ixtiro qilmoq, topmoq*
dish	*taom*
dislike	*yomon ko'rmoq*
district	*tuman*
disturb	*bezovta qilmoq*
divide	*bo'lmoq, ajratmoq*
divorce	*ajrashmoq*
divorced	*ajrashgan*
do	*qilmoq, bajarmoq*
doctor	*shifokor, vrach*
documentary film	*xujjatli film*
dog	*it*
door	*eshik*
doubt	*shubha*
drought	*qurg'oqchilik*
dress	*ko'ylak*
drink	*ichmoq*
drive	*haydamoq (mashina, velosiped)*
drop	*tomchi*
drug store	*dorixona, apteka*
drugs	*dori, dori-darmon*
drunk	*mast*
- E -	
each other	*bir-biri*
ear	*quloq*
early	*barvaqt, erta*
earrings	*zirak*
earth	*yer*
earthquake	*zilzila*
easily	*bemalol, osongina*
east	*sharq*
eat	*yemoq, ovqatlanmoq*
economist	*iqtisodchi*
economy	*iqtisod*
effect	*ta'sir*
effect	*ta'sir qilmoq*
egg	*tuxum*
eight	*sakkiz*
eighty	*sakson*
elbow	*tirsak*
elect	*tanlamoq, saylamoq*
election	*saylov*
end	*oxir, yakun, tugamoq*
English	*ingliz*
enter	*kirmoq*
equipment	*jihoz*
especially	*ayniqsa*
evening	*kechqurun*
event	*voqea*
every	*hamma, har bir*
every day	*har kuni*
everyone	*hamma*
exam	*imtihon*
excuse	*bahona*
excuse me	*kechirasiz*
existent	*mavjud, bor*
expensive	*qimmat*
extremely	*juda, nihoyatda, o'ta*
eye	*ko'z*
eyebrow	*qosh*
eyeglasses	*ko'zoynak*
- F -	
face	*yuz, aft*
fall	*kuz*
fall (from ladder, etc.)	*yiqilib tushmoq*
fall (rain, snow)	*yog'moq*
fall in love	*sevib qolmoq*
familiar	*tanish*
family	*oila*
far	*uzoq*
fat	*semiz, yog'*
father	*ota*
father-in-law	*qaynota*
feature film	*badiiy film*
February	*fevral*
fever	*isitma*
few	*kam, oz*
fiancé	*qayliq*
field	*dala*
fifty	*ellik*
fight	*urushmoq*
fill out	*to'ldirmoq*
filling	*to'yimli*
finance	*moliya*
find	*topmoq*
fine	*yaxshi*
finger	*barmoq*
finish	*tugatmoq, bitirmoq*
first	*birinchi*
fish	*baliq, baliq tutmoq*
fist	*musht*
five	*besh*
floor	*qavat*

flour	*un*
flower	*gul*
fly	*(n) pashsha*
fly	*(v) uchmoq*
follow (rules, traditions)	*rioya qilmoq*
food	*ovqat, oziq-ovqat*
foot	*oyoq*
for	*uchun*
for example	*masalan, misol uchun*
forehead	*peshana*
foreign	*xorijiy*
foreign language	*chet tili, xorijiy til*
foreigner	*chet-ellik*
forest	*o'rmon*
forget	*unutmoq*
formal	*rasmiy*
fortune teller	*folbin*
forty	*qirq*
four	*to'rt*
France	*Fransiya*
free	*ozod, erkin*
free (of charge)	*bepul, tekin*
French (people)	*fransuz*
French (language)	*fransuz tili*
frequently	*tez-tez*
Friday	*juma*
friend	*do'st, o'rtoq, dugona*
fries	*salomka*
from ...	*~dan*
fruit	*meva*
fry	*qovurmoq*
fulfill	*bajarmoq*
full	*to'la*
future	*kelajak*
- G -	
game	*o'yin*
garden	*bog'*
generally	*umuman*
German	*nemis, olmon*
girl	*qiz, qiz bola*
give	*bermoq*
glad	*xursand*
go	*bormoq, ketmoq*
gold	*oltin, tilla, zar*
golf	*golf*
good	*yaxshi*
goodbye	*xayr*
good-looking	*kelishgan, ko'rimli, ko'rkam*
govern	*boshqarmoq*
graduate	*bitirmoq, bitiruvchi*
graduate student	*aspirant*
grandchild	*nabira*
grandfather	*buva*
grandmother	*buvi*
grape	*uzum*
graveyard	*mozor*
gray	*kul rang*
great	*buyuk, ulug'*
green	*yashil*
green tea	*ko'k choy*
greens	*ko'kat*
guest	*mehmon*
guest room	*mehmonxona*
guitar	*gitara*
guy	*yigit*
- H -	
habit	*odat*
hail	*do'l*
hair	*soch*
half	*yarim*
hallway	*yo'lak, koridor*
hand	*qo'l*
happy	*baxtli*
hardworking	*tirishqoq*
hat	*qalpoq*
he	*u*
head	*bosh, kalla*
heal	*tuzalmoq*
health	*salomatlik, sog'lik*
healthy	*sog', sog'-salomat*
hear	*eshitmoq*
height	*bo'y*
hello	*salom*
help	*yordam, yordam bermoq*
herb	*o't, o'simlik*
here	*bu yerda*
high	*baland*
hire	*yollamoq, ishga yollamoq*
historic site	*tarixiy joy*
history	*tarix*
holiday	*bayram*
home	*uy*
homeland	*vatan*
homework	*uy vazifa*
honey	*asal*
hospital	*kasalxona, shifoxona*
host	*mezbon*
hot	*issiq*
hotel	*mehmonxona*
house	*uy, hovli, xonadon*
housewife	*uy bekasi*

how	*qanday, qanday qilib*
how many	*nechta, nechta*
how much	*qancha*
however	*lekin, ammo*
hundred	*yuz*
hungry	*och*
husband	*er*
- I -	
I	*men*
ice-cream	*muzqaymoq*
idea	*fikr*
ill	*kasal*
illness	*kasallik*
immediately	*darhol, tezda*
in my opinion	*menimcha*
in your opinion	*sizningcha*
incorrect	*noto'g'ri*
indicate	*belgilamoq*
influence	*ta'sir ko'rsatmoq*
injection	*ukol*
inside	*ich, ichida, ichiga*
inspiration	*ilhom*
interesting	*qiziq, qiziqarli*
invite	*taklif qilmoq*
it	*u*
- J -	
January	*yanvar*
jar	*banka*
juice	*sharbat*
July	*iyul*
jump	*sakramoq*
June	*iyun*
- K -	
Karakalpakistan	*Qoraqalpog'iston*
Kazakh	*qozoq*
keep	*saqlamoq, saqlab turmoq*
keys	*kalit*
khan	*xon*
kind	*(adj) merhibon*
kind	*tur*
kindergarten	*bolalar bog'chasi*
king	*shoh, qirol*
knee	*tizza*
knife	*pichoq*
know	*bilmoq*
Kyrgyz	*qirg'iz*
- L -	
labor	*mehnat*
ladder	*narvon*
lamb	*qo'y go'shti*
land	*yer, tuproq*
last	*oxir, oxirgi*
late	*kech*
late	*kech*
late, to be~	*kechikmoq*
lazy	*dangasa, ishyoqmas*
leaf	*barg*
learn	*o'rganmoq*
leave	*ketmoq*
left (side)	*chap, chap tomon*
leg	*oyoq*
legend	*afsona*
letter	*xat*
library	*kutubxona*
lie down	*yotmoq*
lightning	*(n) chaqmoq*
like	*yoqtirmoq, yaxshi ko'rmoq*
lion	*sher*
lip	*lab*
list	*ro'yxat*
listen	*tinglamoq*
live	*yashamoq, hayot kechirmoq*
located	*joylashgan*
lonely	*yolg'iz, yakka*
long	*uzun, uzoq*
look at	*qaramoq (+ga)*
look for	*qidirmoq*
love	*sevmoq*
low	*past*
luck	*omad*
lunch, to have ~	*tushlik, tushlik qilmoq*
- M -	
main	*asosiy*
mainly	*asosan*
make a use of	*foydalanmoq*
man	*erkak, kishi, odam*
many	*ko'p*
map	*xarita*
March	*mart*
marketplace	*bozor*
married	*oilali, turmushga chiqqan (woman), uylangan (man)*
math	*matematika*
May	*may*
meat beef mutten pork	*go'sht* *mol go'shti* *qo'y go'shti* *cho'chqa go'shti*
medicine	*tibbiyot, dori-darmon (drugs)*
medium	*o'rtacha*

meet	*uchratmoq, uchrashmoq*
menu	*taomnoma*
method	*uslub*
metro	*metro*
midday	*tush, peshin*
middle	*o'rtacha, o'rta*
milk	*sut*
million	*million*
mine	*meniki*
mister	*janob*
mittens	*qo'lqop*
modern	*zamonaviy*
moment	*vaqt*
Monday	*dushanba*
money	*pul*
month	*oy*
monument	*haykal*
more	*yana, ko'proq*
mosque	*masjid*
mother	*ona*
mother-in-law	*qaynona*
mountain	*tog'*
mourning	*aza*
mouth	*og'iz*
move	*ko'chmoq, ko'chib ketmoq*
movie	*kino*
multi-storied	*ko'p qavatli uy*
murder	*qotillik, qatl etmoq, o'ldirmoq*
museum	*muzey*
music	*musiqa, muzika*
mustache	*mo'ylab*
my	*mening*

- N -

name	*ism, nom, ot (coll)*
narroq	*tor*
national	*milliy*
nationality	*millat*
natural	*tabiiy*
nature	*tabiat*
near	*yaqin*
necessary	*kerak, kerakli, zarur*
neck	*bo'yin*
negative	*salbiy*
neighbor	*qo'shni*
nephew	*jiyan*
never	*hech qachon*
newspaper	*gazeta (also ro'znoma)*
next	*keyingi, kelasi*
next year	*kelasi yil*
niece	*jiyan*
night	*tun*
nine	*to'qqiz*
ninety	*to'qson*
no	*yo'q*
nobody	*hech kim*
north	*shimol*
nose	*burun*
not	*emas*
notebook	*daftar*
nothing	*nech narsa, hech nima*
novel	*asar*
November	*noyabr*
now	*hozir, endi*
number	*raqam*
nurse	*hamshira*
nutritious	*to'yimli*

- O -

Okay	*xo'p, bo'pti*
observatory	*rasadxona*
observe	*kuzatmoq*
occupy	*egallamoq*
October	*oktabr*
odd (number)	*toq*
offer	*taklif etmoq*
official	*rasmiy*
oil	*1. yog' 2. neft*
old	*qari, keksa, eski*
old man	*chol*
old woman	*kampir*
one	*bir*
oneself	*o'z*
onion	*piyoz*
only	*faqat, yolg'iz*
open	*ochmoq*
opposite	*qarshi*
order	*buyruq, buyurmoq*
organization	*tashkilot*
originally	*asli, aslida*
other	*boshqa*
owner	*ega, xo'jayin*

- P -

page	*bet, sahifa*
pair	*juft*
palace	*saroy*
parents	*ota-ona*
park	*park*
pass	*o'tmoq*
pass away	*vafot emoq, olamdan o'tmoq*
pasta	*makaron*
pay	*to'lamoq*
peace	*tinchlik*

peaceful	*tinch*
peach	*shaftoli*
pearl	*marvarid*
pen	*ruchka*
pencil	*qalam*
pepper	*murch, qalampir*
percent	*foiz*
period	*davr*
person	*kishi, odam, shaxs*
personal	*shaxsiy*
photo	*surat, foto*
phrase	*ibora*
picnic, to have a~	*sayil, sayilga chiqmoq*
picture	*rasm*
pilaf	*palov, osh*
pill	*tabletka*
place	*o'rin, joy, yer*
plan	*reja, plan*
plane	*uchoq, samolyot, tayyora*
plant	*o'simlik*
plate	*likopcha*
platter	*lagan*
play (a musical instrument)	*chalmoq*
please	*iltimos, marhamat*
plentiful	*serob, ko'p*
plenty	*mo'l, ko'p*
poet/poetess	*shoir/shoira*
Poland	*Polsha*
Polish	*polyak, polyak tili*
polite	*xushmuomala, odobli*
poor	*kambag'al, nochor*
popular	*mashhur, taniqli*
popular (of the masses)	*ommabop*
portion	*porsiya*
post office	*aloqa bo'limi, pochta*
potato	*kartoshka*
prepare	*tayyorlamoq*
prescription	*retsept*
pressure	*bosim*
pretty	*chiroyli*
price	*narx*
private	*xususiy, shaxsiy*
problem	*muammo*
process	*jarayon*
product	*mahsulot*
province	*viloyat*
publish	*nashr etmoq, chop etmoq*
pumpkin	*oshqovoq*
purse	*sumka*
put	*qo'ymoq*
put (inside)	*solmoq*
- Q -	
quality	*sifat*
question	*savol, masala*
- R -	
rare	*tansiq*
rarely	*kamdan-kam*
read	*o'qimoq*
ready	*tayyor*
Really?	*Rostdanmi?*
rebuilt	*qayta qurmoq*
reception room	*qabulxona*
recess	*tanaffus*
recipe	*retsept*
recommend	*tavsiya qilmoq*
recover	*tuzalmoq*
relative	*qarindosh*
relevant	*tegishli*
remain	*qolmoq*
remedy	*davo*
remnant	*qoldiq*
rent	*ijara, igaraga olmoq*
repeat	*takrorlamoq*
report	*hisobot*
resemble	*o'xshamoq*
respect	*hurmat, hurmat qilmoq*
rest, to take a~	*dam, dam olmoq*
result	*natija*
retire	*nafaqaga/pensiyaga chiqmoq*
retirement	*nafaqa*
return	*qaytmoq*
rice	*guruch*
rich	*boy*
ride	*haydamoq, minmoq*
right (side)	*o'ng, o'ng tomon*
ring	*uzuk*
rite	*marosim*
room	*xona*
rooster	*xo'roz*
ruin	*vayron qilmoq*
ruler	*chizg'ich*
run	*yugurmoq, chopmoq*
Russia	*Rossiya*
Russian	*rus, rus tili*
- S -	
sack	*qop*
sacred	*ulug'*
sad	*xafa*
salad	*salat*

salary	*oylik, maosh*
salt	*tuz*
same	*bir xil*
sash	*belbog‘*
satin	*atlas*
Saturday	*shanba*
say	*aytmoq, demoq*
scar	*chandiq*
scarf	*ro‘mol*
scholar	*olim*
school	*maktab*
science	*fan*
sea	*dengiz*
search	*qidiruv*
season	*fasl*
second	*ikkinchi*
second (of time)	*soniya*
see	*ko‘rmoq*
select	*tanlamoq*
sell	*sotmoq*
seller	*sotuvchi*
sentence	*gap*
September	*sentabr*
serve	*xizmat qilmoq*
service	*xizmat*
seven	*yetti*
seventy	*yetmish*
shame	*uyat*
she	*u*
sheet	*varaq*
shoe	*poyabzal*
short	*pakana, past*
shorts	*shortik*
shoulder	*yelka*
shrink	*qisqarmoq*
shy	*uyatchang*
side	*yon*
signature	*imzo*
silk	*ipak*
since	*-dan beri*
sing	*kuylamoq, ashula aytmoq*
singer	*qo‘shiqchi*
sister	*opa (older), singil (younger)*
sister-in-law	*kelin*
sisters	*opa-singil*
sit	*o‘tirmoq*
situate	*joylashtirmoq*
situation	*vaziyat*
six	*olti*
sixty	*oltmish*
size	*razmer, o‘lchov*

ski	*chang‘i uchmoq*
sleep	*uxlamoq*
slippers	*shippak*
small	*kichik*
smart	*aqlli*
smile	*tabassum, jilmaymoq*
smoke	*chekmoq*
sneeze	*aksirmoq*
snow	*qor*
soil	*yer, tuproq*
some	*biror, ba’zi*
sometimes	*ba’zan*
son	*o‘g‘il*
song	*qo‘shiq, ashula*
son-in-law	*kuyov*
sort	*tur*
soul	*dil*
soup	*sho‘rva*
south	*janub*
Spanish	*ispan*
spices	*ziravor*
spicy	*achchiq*
spill	*to‘kmoq, to‘kib yubormoq*
spoon	*qoshiq*
spring	*bahor*
stamp	*marka*
stand	*turmoq*
star	*yulduz*
started	*boshlangan*
statesman	*davlat arbobi*
steam	*bug‘, dimlamoq*
stepfather	*o‘gay ota*
stepmother	*o‘gay ona*
still	*hali, hali ham*
stir	*aralashtirmoq*
stomach	*qorin*
stop	*to‘xtamoq*
store	*do‘kon*
storm	*bo‘ron*
strawberry	*qulupnay*
street	*ko‘cha*
strong	*baquvvat*
student	*o‘quvchi, talaba*
study	*o‘qimoq*
sugar	*shakar*
suit	*kostyum*
sun	*quyosh*
Sunday	*yakshanba*
supermarket	*supermarket*
superstition	*irim*
surgeon	*jarroh*

sweater	*sviter*
swim	*suzmoq*
Switzerland	*Shveytsariya*
- T -	
table	*jadval*
table (desk)	*stol*
Tajik	*tojik*
tailor	*tikuvchi*
take	*olmoq*
tall	*baland, novcha*
tandoor oven	*tandir*
tasty	*mazali*
tea	*choy*
teacher	*o'qituvchi*
teacup	*piyola*
teahouse	*choyxona*
teapot	*choynak*
teenager	*o'smir, o'spirin*
television	*televizor*
ten	*o'n*
text	*matn*
thank	*minnatdor bo'lmoq*
thanks	*rahmat*
Thanksgiving day	*Shukronalik kuni*
that	*u*
that	*o'sha, ana u*
theater	*teatr*
then	*so'ng, keyin*
there	*o'sha yerda*
therefore	*shuning uchun, shu sababli*
they	*ular*
thin	*ozg'in*
thirty	*o'ttiz*
this	*bu*
thousand	*ming*
three	*uch*
throat	*tomoq*
throw	*tashlamoq*
Thursday	*payshanba*
tie	*galstuk*
tiger	*yo'lbars*
tight	*tor*
time	*vaqt, davr*
today	*bugun*
tomato	*pomidor*
tongue	*til*
tooth	*tish*
top	*ust, ustida, ustiga*
town	*shahar*
tradition	*urf-odat*
traditional	*an'anaviy*
train	*poyezd*
tram	*tramvay*
travel	*sayohat, sayohat qilmoq*
treat	*davolamoq*
tree	*daraxt*
t-shirt	*futbolka*
Tuesday	*seshanba*
tulip	*lola*
turkey	*kurka, indyuk*
Turkmen	*turkman*
turn	*burilmoq*
twenty	*yigirma*
twins	*egizak*
two	*ikki*
typical	*oddiy*
- U -	
U.S.A	*AQSh, Amerika Qo'shma Shtatlari*
ugly	*xunuk*
uncle	*amaki, tog'a*
under	*tag, tagida, tagiga*
understand	*tushunmoq, anglamoq*
unfortunately	*afsuski*
university	*universitet*
until	*-gacha*
use	*ishlatmoq*
usually	*odatda*
- V -	
vacation	*ta'til*
valuable	*qimmatbaho, qimmatli*
various	*xilma-xil, turli, har xil*
vegetable	*sabzavot*
vegetable oil	*o'simlik yog'i*
very	*juda*
village	*qishloq*
- W -	
waist	*bel*
wait for	*kutmoq*
wake up	*uyg'onmoq*
walk	*yurmoq*
wall	*devor*
warm	*iliq*
wash	*yuvmoq*
watch	*soat*
water	*suv*
watermelon	*tarvuz*
we	*biz*
weak	*kuchsiz*
wear	*kiymoq, taqmoq*
wedding party	*nikoh to'yi*

Wednesday	*chorshanba*
week	*hafta*
weight	*vazn*
well	*yaxshi*
well-known	*taniqli, mashhur*
west	*g'arb*
what	*nima*
wheel	*g'ildirak*
when	*qachon*
where	*qayerda*
which	*qaysi*
whistle	*hushtak chalmoq*
white	*oq*
who	*kim*
why	*nimaga, nima uchun*
wide	*keng*
widow/widower	*beva*
wife	*xotin, rafiqa*
wind	*shamol*
window	*deraza*
wine	*vino*
winter	*qish*
woman	*ayol*
work	*ish, ishlamoq, mehnat qilmoq*
workbook	*mashqlar kitobi*
world	*dunyo, olam*
worry	*xavotirlanmoq, bezovtalanmoq*
wrap	*o'ramoq*
write	*yozmoq*
writer	*yozuvchi*
- Y -	
yes	*ha*
yogurt (plain)	*qatiq*
you	*sen, siz, sizlar*
young	*yosh*
your	*sizning*
- Z -	
zero	*nol*

Index of grammar terms, topics and language functions